中國收藏拍賣年鑑

十石題

CHINESE FINE ART &
ANTIQUES AUCTION
YEARBOOK **2017**

中国
收藏
拍卖
年鉴
2017

文物出版社

主编
张自成

图书在版编目（CIP）数据

中国收藏拍卖年鉴 . 2017 / 张自成主编 . -- 北京：
文物出版社，2017.9
ISBN 978-7-5010-5120-5

Ⅰ . ①中… Ⅱ . ①张… Ⅲ . ①收藏 – 中国 – 2017 – 年
鉴②拍卖 – 中国 – 2017 – 年鉴 Ⅳ . ① G262-54
② F724.59-54

中国版本图书馆 CIP 数据核字 (2017) 第 139278 号

中国收藏拍卖年鉴 2017

主　　编　张自成
责任编辑　陈　峰
装帧设计　王　鹏
责任印制　陈　杰
出版发行　文物出版社
社　　址　北京东直门内北小街 2 号楼
邮　　编　100007
网　　址　http://www.wenwu.com
邮　　箱　web@wenwu.com
经　　销　新华书店
制版印刷　北京图文天地制版印刷有限公司
开　　本　889x1194 毫米　1/16
印　　张　36.25
版　　次　2017 年 9 月第 1 版
印　　次　2017 年 9 月第 1 次印刷
书　　号　ISBN 978-7-5010-5120-5
定　　价　580.00 元

中国收藏拍卖年鉴 2017

专家顾问委员会

按姓氏笔画排列：

王奇志　南京博物院副院长

王明明　中国美术家协会副主席，北京画院院长，第十二届全国政协常委

云希正　国家文物鉴定委员会委员，中国文物学会玉器研究会常务理事

孔繁峙　中国文物学会副会长，北京市文物鉴定委员会主任，北京市文物局原局长

田黎明　中国艺术研究院中国画院院长、博士生导师

史跃峰　山东省城市商业银行合作联盟有限公司董事长

白国庆　文化部海外文化设施建设管理中心主任

冯　远　中央文史研究馆副馆长，中国文学艺术界联合会副主席，中国美术家协会副主席

西　沐　中国艺术品市场研究院副院长，文化部文化市场发展中心研究员

向德春　北京市文物局党组成员、副局长

许　彬　中国保险学会顾问

苏士澍　中国书法家协会主席，文物出版社名誉社长，第十二届全国政协常委

杜廼松　中央文史研究馆馆员，中国收藏家协会顾问，故宫博物院研究馆员

李小可　中央文史研究馆馆员，北京画院艺术委员会主任，李可染艺术基金会理事长

李　刚　吉林省博物院院长

李学勤　清华大学教授，中国收藏家协会顾问，夏商周断代工程专家组组长，首席科学家

杨　新　中国收藏家协会专家委员会副主任，国家文物鉴定委员会委员，故宫博物院原副院长

励小捷　中国文物保护基金会理事长，国家文物局原局长

肖燕翼　国家文物鉴定委员会委员，故宫博物院原副院长

邱宝昌　北京市律师协会副会长，中拍协法律咨询委员会委员

余　平　中国拍卖行业协会会长

沈　鹏　中国收藏家协会顾问，中国书法家协会名誉主席

中国收藏拍卖年鉴 2017

指导单位

（排名不分先后）

南京博物院

四川博物院

河南博物院

吉林省博物院

湖北省博物馆

中国园林博物馆

北京奥运博物馆

潍坊银行

北京古玩城

艺商传媒（北京）有限公司

中国保险学会文化体育旅游专业委员会

广东省南方文化产权交易所股份有限公司

文化建设是国家经济繁荣、社会发展的重要标志。"十三五"规划纲要中，中央提出"加快文化改革发展"，推进文化事业和文化产业双轮驱动，实现"文化产业成为国民经济支柱性产业"的目标要求。文化产业的发展被列入国家战略部署，而文物艺术品成为其重要组成部分。

中国文物艺术品作为中国古代历史和文化的载体，真实地记录了中华民族的兴衰荣辱，以实物的形态沉淀着我们中华民族勤劳智慧、不屈不挠的精神。华夏文明源远流长，祖先们自古就有收藏前人遗留下来的珍贵物品的传统。较早的文物收藏，大致可追溯到商周时期。汉代开始，王宫中设有专门机构用收集管理珍贵图书。隋唐以后的历代王朝，从皇室到民间都有大量收藏文物珍品的文献记载。尤其是宋至清代，民间收藏达到顶峰。所以，民间收藏对整个古代文物艺术品的创造与收藏具有巨大的推动作用。

改革开放以来，我国各项事业迅猛发展，国家综合国力的提升和人民群众收入的快速增长、文化素质不断提高，为文物艺术品的收藏和文物艺术品拍卖业的发展提供了肥沃的土壤，同时也为流失海外的文物回归创造了有利条件。自20世纪90年代中国大陆第一家现代意义的拍卖企业成立起，拍卖成为文物艺术品交易和收藏的重要途径。拍卖初期，参与拍卖进行文物艺术品收藏的多为个人行为，只有少数文博机构通过拍卖征集藏品。近年来，随着文化事业的发展，文物艺术品收藏正在成为企业收藏的新热点，开始从以往的个人爱好逐步走向机构行为发展的新趋势。

2016年作为"十三五"开局之年，也是文化产业改革发展的关键一年，文物艺术品收藏及市场也面临较大的发展机遇。文博行业各方面的规划已经开始实施，中央及相关部门颁布的一系列关于文物艺术品拍卖与收藏的政策性文件相继出台，为文化产业改革创新发展营造了良好环境。在文物艺术品市场，减量提质策略成为行业共识，企业机构进入收藏领域将影响中国艺术品收藏格局，并促进流散在海外的文物艺术品的回流。中国文物艺术品市场的格局在不断调整中逐渐走向成熟。但在现阶段仍然存在着行业生态不健康、管理不规范、专业人才匮乏、发展环境有待优化等问题，所以能够全面、准确、客观地分析认识当今文物艺术品市场现状以及发展趋势就显得尤为重要。

《中国收藏拍卖年鉴》作为国内最早、最权威、最有影响力的收藏拍卖类年鉴，一直致力于全面、客观、公正地反映全球中国文物艺术品收藏和拍卖市场的发展状况。2017年卷在此前基础上改版创新，除延续权威、学术、实用的定位外，更加注重国际化视角以及大数据的应用，推出了艺术品指数，为艺术产业链从业者全面、客观、系统地了解行业现状及发展提供可靠依据，对藏品体系研究及国际艺术市场动向把握有重要的参考价值。

《年鉴》以全球范围内的中国文物艺术品为关注对象，共分为艺术品市场综述、年度收藏与拍卖行业政策法规点评、中国文物艺术品全球拍卖市场报告、重要拍品图录、行业全球大事记、年度重要文献选编、政策聚焦及附录八大部分，对艺术市场交易行为进行整理分析，深度解读行业发展状况，精确把握市场前沿趋势。作为全面、系统地反映中国文物艺术品收藏动态的权威资料工具书，《年鉴》为指导今后中国文物艺术品市场的健康发展提供了一个重要的参考资料。

《中国收藏拍卖年鉴》的编辑出版一直受到国家相关部门及领导、知名专家、学者的重视与关注，并给予了很多帮助。对此我心存敬意并深表感谢！我衷心祝愿，《中国收藏拍卖年鉴》越办越好，能够受到广大收藏者、文物工作者及相关机构的喜爱，成为中国文物艺术品收藏及拍卖行业不可或缺的权威性参考书。

2017 年 7 月于京

Contents

目录

001 · 序言

001 · 第一章　艺术品市场综述

003 · 现状篇

　　009 · 2016 年拍卖市场

　　019 · 2016 年画廊市场

　　025 · 2016 年艺术博览会市场

　　032 · 2016 年机构收藏

　　037 · 2016 年艺术金融市场

045 · 问题篇

　　045 · 诚信问题

　　047 · 缺乏健全的鉴定及监管体系

　　049 · 缺乏科学权威的价格评估体系，市场退出机制建设滞后

　　050 · 税收问题

055 · 趋势篇

　　055 · 艺术品市场诚信机制建立

　　056 · 国际化竞争加剧，市场集中化趋势日益明晰

　　056 · 艺术品市场数据将成为一种战略资源

　　057 · 艺术财富管理是艺术金融的蓝海

　　058 · 平台 + 互联网深化发展，艺术品版权保护与创新驱动力突显

061 · 第二章　年度收藏与拍卖行业政策法规点评

069 ··· 第三章　中国文物艺术品全球拍卖市场报告

071 ··· 说明

073 ··· 全球艺术品市场概览

　　074 ··· 中国文物艺术品持续升温

　　074 ··· 全球三大区域市场呈现不同结构

　　077 ··· 板块轮动，瓷玉杂项广受欢迎

　　078 ··· 全球拍卖企业成交额排行榜

081 ··· 中国大陆地区市场

　　081 ··· 深度调整展成果，减量提质

　　083 ··· 精品拉动市场行情

　　084 ··· 中国书画保持主导地位，其他品类多元化发展

　　086 ··· 区域市场不同格局显现

088 ··· 亚太其他地区市场（含中国香港、中国澳门、中国台湾地区）

　　088 ··· 中国香港地区主导地位进一步巩固

　　089 ··· 高端市场强势发展，低端市场遇冷

　　093 ··· 板块轮动，油画及中国当代艺术延续精品路线

095 ··· 海外地区市场

　　095 ··· 价格水平全球最低

　　098 ··· 北美、欧洲差异显著

　　101 ··· 瓷玉杂项价格水平低，收藏品持续受热捧

104 ··· 中国书画全球指数

　　105 ··· 中国书画全球指数说明

107 ··· 中国书画全球指数结果分析

114 ··· 重点艺术家分析：张大千

114 ··· 张大千全球市场指数分析

116 ··· 张大千全球市场统计分析

120 ··· 附：指数报告样本数据说明

125 ···· 第四章　年度重要拍品图录

126 ··· 中国书画

126 ····· 古代

B 126	八大山人	138	焦秉贞	144	仇英	160	吴历
C 128	陈淳	138	金曜	R 145	任仁发	161	吴镇
129	陈洪绶	139	金农	S 146	沈周	X 161	夏昶
D 130	戴进	139	金廷标	147	石涛	162	夏圭
130	邓石如	139	巨然	148	释雪窗	162	项圣谟
130	丁观鹏	K 139	康熙帝	148	宋克	162	萧云从
130	丁敬	140	髡残	148	苏轼	162	解处中
131	戴明说	L 140	郎世宁	148	孙君泽	163	徐渭
131	董邦达	140	李方膺	T 149	唐寅	Y 163	杨嘉祚
131	丁云鹏	140	李含渼	W 150	王达	163	禹之鼎
132	董其昌	141	李士行	151	王铎	163	袁江
F 135	法若真	141	刘贯道	152	王翚	164	袁耀
135	方从义	141	陆治	155	王鉴	164	允禧
135	方琮	141	罗聘	156	王宸	164	恽寿平
135	傅山	142	吕纪	156	王时敏	Z 165	曾巩
G 136	高凤翰	142	吕学	156	王守仁	165	曾国藩
137	高克恭	M 142	马琬	156	王原祁	165	曾纡
137	龚贤	142	马远	157	温日观	165	查士标
137	关思	143	马臻	157	文伯仁	165	张即之
H 137	华嵒	143	梅清	158	文嘉	166	张骏
138	黄道周	N 143	倪瓒	158	文彭	166	张瑞图
138	黄居采	Q 143	钱维城	158	文徵明	167	张若霭
J 138	蒋廷锡	144	乾隆帝	160	吴宽	167	张为邦

167	张誉	168	赵孟頫	168	赵之谦	171	周臣
167	张仲	168	赵南星	169	郑板桥	171	祝允明
167	张宗苍	168	赵雍	171	郑簠	172	其他

176 ···· 近现代

C 176	陈佩秋	J 192	蒋兆和		201	溥儒		222	吴湖帆
176	程十发	K 192	康有为	Q 202	齐白石		224	吴作人
D 176	董寿平	L 192	赖少其		213	启功	X 224	谢稚柳
F 176	傅抱石		193	李可染		213	钱行健		226	徐悲鸿
G 184	关良		197	林风眠	R 213	任伯年	Y 230	亚明
184	关山月		197	刘奎龄	S 215	石鲁		230	杨之光
H 185	贺天健		197	鲁赤水	T 216	田世光		231	于非闇
185	弘一		198	陆俨少	W 216	魏紫熙	Z 231	张大千
186	黄宾虹	P 200	潘天寿		216	吴昌硕		245	张善孖
189	黄胄		201	蒲华		219	吴冠中		

246 ···· 当代

C 246	崔如琢	L 251	林永松	T 252	田青松		253	薛亮
F 250	范曾		252	刘丹	X 252	邢东	Z 253	周彦生
J 251	君寿		252	刘国松		253	许钦松		

254 ···· 油画及中国当代艺术

A 254	艾轩		256	靳尚谊	W 260	王海力	Y 267	俞晓夫
C 254	常玉	L 257	冷军		261	王怀庆		267	袁庆一
255	朝戈		257	林风眠		261	王式廓	Z 268	曾梵志
255	陈逸飞		257	刘海粟		261	王兴伟		269	张晓刚
F 255	方君璧		258	刘炜		261	王衍成		270	赵无极
255	方力钧		258	刘小东		262	吴大羽		273	周春芽
G 256	耿建翌	M 259	毛焰		263	吴冠中		274	朱德群
H 256	何多苓	S 259	尚扬	X 267	谢南星		275	朱铭
J 256	贾蔼力		260	苏天赐		267	许鸿飞		

276 ···· 瓷玉杂项

276 ···· 陶瓷器

299 ···· 玉石器

304 ···· 佛像唐卡

317 ···· 古典家具

322 ···· 金属器

327 ···· 文房雅玩

331 ···· 其他

336 ··· **收藏品**

336 ···· 古籍文献及手稿

345 ···· 邮品钱币

346 ···· 其他收藏品

347 ··· **珠宝尚品**

347 ···· 珠宝翡翠

363 ···· 钟表

365 ···· 2016 年高价拍品榜单

377 ···· 第五章　行业全球大事记

379 ···· 一月大事记

382 ···· 二月大事记

385 ···· 三月大事记

390 ···· 四月大事记

394 ···· 五月大事记

399 ···· 六月大事记

403 ···· 七月大事记

406 ···· 八月大事记

411 ···· 九月大事记

417 ···· 十月大事记

422 ···· 十一月大事记

428 ···· 十二月大事记

435 ······ 第六章　年度重要文献

437 ······ 引言

438 ······ 年度行业总体分析

446 ······ 年度行业经营特点

450 ······ 网络拍卖发展

454 ······ 年度行业发展评价

456 ······ 2017 年行业发展展望

461 ······ 第七章　政策聚焦

463 ······ 文化部办公厅关于印发《文化市场黑名单管理办法（试行）》的通知

467 ······《艺术品经营管理办法》

472 ······ 国务院关于进一步加强文物工作的指导意见

479 ······《文物拍卖标的审核办法》

483 ······ 中共中央办公厅、国务院办公厅印发《关于进一步深化文化市场综合执法改革的意见》

487 ······《网络拍卖规程》

493 ······ 最高人民法院关于人民法院网络司法拍卖若干问题的规定

499 ······《文物拍卖管理办法》

502 ······ 国家文物局、国家发展和改革委员会、科学技术部、工业和信息化部、财政部关于印发《"互联网 + 中华文明"三年行动计划》的通知

511 ········ 第八章　附录

512 ········ 全国文物评估鉴定机构

515 ········ 全国重要美术馆及文物艺术类博物馆

523 ········ 全国重要文物艺术品收藏组织

526 ········ 开设文物艺术相关专业高校

536 ········ 中国文物艺术品拍卖机构

550 ········ 海外地区主要文物艺术品拍卖机构

556 ········ 全球重要文物艺术品交易行业协会

559 ········ **后记**

Chapter 1
Art Market Overview

003 / Current Position

045 / Challenges

055 / Prospects

第一章　艺术品市场综述

003 · 现状篇

045 · 问题篇

055 · 趋势篇

2016 年是我国"十三五"规划起始之年，也是推进供给侧结构性改革的攻坚之年。据国家统计局发布的数据显示，初步核算，全年国内生产总值比上年增长 6.7%。尽管与前几年 8% 的经济增速相比，6.7% 的数字只能算是中速，但从全球范围来看，美国、欧洲自身预测的 GDP 增长水平约为 1.6%，日本不到 1%；可比性较强的金砖五国中，巴西、俄罗斯为负增长，印度为 6.6%。因此，中国经济的增长速度在全球各经济体中处于领先地位，对世界经济增长的贡献率排在第一位，为 33.2%。国务院参事室特约研究员姚景源认为，这意味着中国经济增速 5 年来持续下行的趋势开始趋于平稳，即为"缓中趋稳"。2016 年到 2017 年，我国经济将从"缓中趋稳"走向"稳中求进"。

回顾过去的 2016 年，世界经济依旧在低速增长的轨道之中徘徊。国际货币基金组织日前发布的经济展望认为，2016 年全球经济增长 3.1%，世界经济诸多领域复苏乏力。然而另一方面，经过长达八年的调整，全球经济在部分领域有初见成效的迹象，如国际大宗商品价格触底反弹，全球物价水平有所回升，发达经济体劳动市场有所改善。但是，世界经济复苏受到各类风险威胁的程度有所提升。贸易保护主义抬头、英国公投脱欧、特朗普当选美国总统、意大利修宪公投失败等现象均给全球化进程带来隐患。与此同时美联储加息步伐加快，或引起全球金融市场动荡。全球经济复苏不确定性加强。

一个国家或地区的经济发展对当地的艺术品市场有着深远影响。从 2008 年开始，全球艺术品市场出现重大调整，这些调整和全球的经济形势息息相关。据欧洲艺术基金会（The European Fine Art Foundation，简称 TEFAF）的研究报告显示，2008 年全球艺术品市场成交额同比上年减少 36.3%，此后市场一直处于波动震荡状态。以纽约和伦敦为中心的全球艺术品市场交易开始逐步降温，为以中国为代表的新兴艺术品市场的发展带来一种崭新的机遇。无论是中国本土的艺术品市场，还是海外的中国文物艺术品市场，都日益成为不可忽视的塑造全球艺术品市场的重要力量。

2016 年，经历了五年深度调整期的中国艺术品市场进入筑底阶段，呈现出高端市场与艺术消费市场同步发展的"二元结构"，伴随着市场的结构转型也产生了藏家群体的机构化与年轻化，艺术市场整体的国际化趋势更加深刻，艺术品资产化步伐加快，同时整体行业积极拥抱"互联网 +"的大潮。

一　市场进入筑底阶段

经济的发展具有明显的周期性，中国艺术品市场将近三十年的发展成长与股票、房地产等市场一样，同样依赖外部资金的推动，因而也会随着经济的周期性波动而呈现阶段性变化，繁荣期和调整期交替出现。中国艺术品市场的第一个繁荣期出现在 20 世纪 90 年代，艺术品市场起步时期的艺术品价值发现让买家注意到艺术品除了满足审美需求以外的投资潜力。随后，在 1997 年东南亚金融风暴之后，中国艺术品市场开始进入调整期，发展速度放缓。经过了五年左右的调整后，中国艺术品市场在 2003 年迎来了第二个繁荣期，大量买家将目光投向艺术品收藏，并且伴随着礼品市场的扩大，画廊、拍卖行等机构如雨后春笋般出现，由经济发达地区扩展到二三线城市；2008 年的金融危机给全球艺术品市场造成了震荡，然而中国艺术品市场却逆势而上，迎来了规模空前的第三个繁荣期。这一阶段，中国艺术品市场的发展动力由礼品市场逐渐转向艺术品投资与资产配置，同时由于大量投机性资本进入，造成了市场价格虚高、假繁荣的状态，市场泡沫化严重。2011 年下半年起，随着中国经济出现 20 多年来罕见的发展速度放缓，以及礼品市场整治、投机性热钱的退出，中国艺术品市场在遭遇了断崖式下滑后进入了新一轮的低位调整，市场转型、结构优化，这一深度调整期持续至今。

面对秋拍市场的亮眼表现，不少乐观者认为中国艺术品市场在 2016 年底已经开始触底反弹，但秉承严谨的态度而言，市场仅仅在个别版块释放了回暖的信号，全面的回暖还并未来临。据此，我们可以发现自 2011 年下半年就已经开始的市场波动下行趋势正在逐渐减缓并企稳。在本轮中国艺术品市场调整的过程中，市场已经进入筑底阶段，走过了最艰难的时期。

这一特征能够在很大程度上反映出整个中国艺术品市场现阶段的发展状况：首先，受到现阶段中国经济整体增速放缓的影响，艺术品市场的持续性调整状态逐步进入"深水区"，历史遗留性问题成为市场发展的瓶颈亟待解决，而痼疾的铲除需要各方长期协同合作创新。其次，与国家社会经济发展的新常态同步，泡沫逐渐退去，艺术品市场结构的消长还在进行中。特别是礼品市场受到整治后，投资市场规模的增长对整体艺术品市场规模的支撑还需要一个过程。

二 "二元结构"呈现

随着中国艺术品市场的持续转型,市场的参与者与市场形态也出现了重大变化,价值发现机制得到重塑。中国艺术品市场近几年——尤其是在 2016 年——出现了"二元结构"的态势,即在收藏投资市场不断发展的同时,消费市场也在不断地崛起,出现了"高端"市场与"低端"市场形态同步推进的格局。

高端市场的繁荣进一步说明了中国艺术品市场并不缺少资本,具备较高的艺术鉴赏能力与价值发现能力的成熟藏家对精品青睐有加。近年来,艺术价值和学术价值认可度高的艺术精品在市场上并不多见,一旦出现就会备受追捧,动辄产生亿元级别的作品成交,而与之相对的则是乏善可陈的一般性普品,一些前期被过度炒作的艺术家或艺术品甚至遇到了"有价无市"的尴尬境遇。这一现状也迫使艺术品交易机构采取减量提质的策略,推动艺术品市场更加成熟。

另一方面,艺术消费品的大众市场悄然兴起。按照国外的发展经验,人均 GDP 超过 5000 美元会出现对文化消费的"井喷"。据国家统计局公布的数据显示,在 2015 年时,我国人均 GDP 就已达 8016 美元,具备了实现文化消费超快速增长的经济基础。十万元人民币以下的艺术消费品越来越多地步入大众的生活,这一趋势的产生既受益于人们生活水平的提高以及对艺术审美产生的消费性需求,也离不开艺术衍生品、艺术版权、艺术授权、艺术品电商等业态的创新发展。艺术消费品市场的繁荣将进一步推动社会的审美培育、艺术品价值发现能力,并且鼓励艺术品市场的多层次发展,创造更多易于接受的艺术消费品,从而形成一个良性循环。

三 藏家群体机构化与年轻化

2016 年中国艺术品市场一个引人注目的现象是,多家大型企业集团、机构和企业家频频进入拍场,积极抢购顶级文物艺术品,如龙美术馆、宝龙集团、苏宁集团、新疆广汇集团以及著名收藏家王中军、张小军等。

企业集团争相涉足艺术收藏,实则将艺术品作为其企业资产配置的重要选项之一,这与国际很多企业和家庭财富管理同理。业内专家表示,大企业投资、收藏艺术品有两个重要原因。一是出于企业创始人的个人爱好;另一个重要原因是,投资艺术品日益成为企业开启多渠道投资模式的重要选择,以分担通胀、投资风险。此外,一些企业进行艺术品投资,不无合法避税的考量。根据国家相关政策,进行艺术品收藏可以获得税收方面一定抵免资格,这样既能够保值,又相当于给企业留出了后续发展的资金。除了"利"之外,收藏艺术品对企业自身亦会带来"名"。收藏对其文化建设、品牌形象宣传和社会公信力的提升起到了很大作用，可谓名利双收。

以新晋富二代、藏二代为代表的中青年收藏家在2016年亦积极进入艺术品市场。首先，这是市场的参与人群进行更替的必然结果，是产业发展过程中推陈出新的大势所趋。在市场人群的"换血"过程中，不乏子承父业者。当然，更多的情况属于年青一代财富群体的"慕名"加入。第二，多元收藏途径的拓展、新型收藏方式的应用，使得越来越多的年轻人能够更加便捷地认识艺术品市场，从而更容易进入这类群体中。其中，依托互联网发展起来的新型艺术品市场交易平台，具有受众更广、参与更便捷、功能更完善等优势，在适应时代发展要求的同时，也吸引着伴随互联网成长起来的年轻群体加入进来。第三，新的价值取向、新的艺术形式也是吸引年轻群体参与的重要原因，如新媒体艺术、综合媒材作品、装置等，其面对的收藏群体中很重要的一部分就是年轻的收藏家。与此同时，我们也可以看到，年青一代收藏家正在有意识地集聚成群体，并积极地通过媒体平台有计划、成规模地开展包括论坛等在内的宣传活动，开始发出自己的声音，于无形中确立了自身的位置。

四　国际化

2016年，中国艺术品市场国际化进程加快。国际化进程主要体现在以下三个方面：一是中国艺术品在国际艺术品市场中的份额与影响提升较快；二是中国艺术走出去更加频繁，不仅仅是中国艺术品、艺术家、艺术机构，更重要的是中国艺术及其市场影响力在海外提升，中国企业开始入股国际艺术机构，中国在世界艺术品市场治理过程中的作用在增加；三是国际艺术品市场本土化加快，不仅仅是国际性的艺术家及其作品、艺术资讯服务机构、市场经营机构（如画廊、拍卖行）不断进入中国，而且随着自贸区及保税业务的发展，中国藏家与投资机构越来越多地开始购买与收藏国际艺术家的作品。

然而，国际化竞争加剧也是中国艺术品市场受到巨大冲击的一个重要源头。我们看到，很多重要藏家在中国本土艺术品市场不能满足竞购需求的情况下，往往会选择将视野延展至世界范围内。最具典型性的是收藏大亨刘益谦的几次重要竞拍，从《功甫帖》到"鸡缸杯"，从"亿元唐卡"到名作《侧卧的裸女》，他的每次出手都刺激着世界拍卖领域的神经，而同样备受刺激的也包括中国本土拍卖市场的经营业绩。随着中国买家在国际艺术品市场上频繁"出手"，中国本土艺术品交易机构参与国际化竞争的程度会逐渐加深。这就要求中国本土艺术品交易机构除了能够积极地发掘优势市场资源、有针对性地培育收藏投资客户外，更要重视对服务的全面性、综合性创新与完善，应该有意识地通过打造品牌的国际化影响，以达到提升国际竞争力的目的。

五　艺术品资产化

中国艺术品市场近三十年的实践表明，依靠艺术品市场自身系统的力量无法解决已存在的问题。必须依靠资本的力量，在中国艺术品市场结构转型过程中，实现艺术金融发展的新突破。近年来，艺术品作为一种资产的认识已经得到市场的广泛认可。有收藏界人士表示："艺术品兼顾了增值保值、资产质押、企业宣传等功能。投资艺术品是资产管理的重要方式，也是一种'终极消费'。人民币贬值、遗产税方案、银行账户管理收紧等因素叠加而来，艺术品市场成了避风港。"2016 年，以艺术品及其资源资产化→金融化→证券化（大众化）为主线发展的轨迹与格局不断在形成。

一方面，"艺术 + 金融 + 平台"的代表——文化产权交易平台在 2016 年蓬勃发展。作为中国首创的交易模式，艺术品实物集成电子化交易使得艺术消费品能够具有较低的门槛以及较高的市场接受度，从而真正走进大众生活。然而，作为新生事物，这种交易模式存在一定的风险及问题是不可避免的，需要行业不断自律与创新、监管部门加强疏导、参与者增强风险意识及审美培育，共同引导新兴业态的发展。

另一方面，艺术资本市场在机构层面的发展同样活跃。越来越多的艺术品拍卖企业、艺术品交易平台快步进入资本市场，欲借助资本的力量加快转型和升级。一个突出的表现就是围绕艺术产业的企业上市（主板、创业板、新三板），或是以新三板为平台展开股权整合与并购业务，推动业态融合进程加快。2016 年，南方文交所借助南方出版传媒股份有限公司上市；泰康人寿保险及盛大集团入股苏富比，成为其第一及第二大股东；"保利国际拍卖""华谊兄弟创投"和"天辰时代"三方合作成立保利华谊（上海）国际拍卖公司；宏图高科收购匡时国际 100% 股权，成为"A 股拍卖第一股"，这些都成为艺术资本市场新的风向标。

六　平台 + 互联网

借助着互联网大潮的持续推进，2016 年，建立在"平台 + 互联网"机制上的交易模式不断深入创新，主要有两个方面：（1）艺术品电子商务平台；（2）艺术品实物集成电子化交易平台。这一趋势推动艺术消费品市场规模迅速扩大，同时也使得艺术品市场更加容易进入，培育了多元化的新买家。

2016 年，艺术品电子商务平台快速发展，涌现出一批兼具品牌性与创新精神的龙头企业，如易拍全球。与传统的线下艺术品交易相比，互联网平台对买家与卖家双方都有不可比拟的优势，节省成本、打破地域限制与信息不对称的同时也极大地丰富了艺术品市场的多层次发展。这一生机勃勃的领域也吸引了文化艺术领域外的一些大型电商平台涉足艺术品市场。

　　另一方面，艺术品实物集成电子化交易平台有进一步的发展，以"平台＋互联网"机制下的交易模式创新带动标的物的进一步扩容与丰富，如在文化产权交易所平台上推出的邮币卡、版画、非遗艺术品、金银币、纪念币等产品，成为继艺术品份额化交易后的又一次产品集中上市与实验。

2016 年拍卖市场

2016 年是"十三五"开局之年，也是中国文物艺术品拍卖市场止乱趋稳的一年。回首 1992 年 10 月敲响的中国大陆现代意义上的中国艺术品拍卖第一槌，至今已有 25 年。纵观这 25 年，伴随着中国社会翻天覆地的变化，中国文物艺术品拍卖市场也经历了 1992~2002 年的草创起步、2003~2011 年的快速扩张、2012 年至今的深度调整三大阶段。市场自 2012 年起开始低位震荡调整，经过 2014 年与 2015 年的量、额双减后，2016 年继续处于深度调整期，市场泡沫进一步减少，并伴随成交额小幅回升。2016 年的艺术品拍卖市场，尤其是秋拍，隐约释放出了回暖的信号，但是与高歌猛进的 2010 年到 2011 年相比，市场仍然处于冷静和理智的发展态势。经过理性回归、深度改革的艺术市场，未来几年内较难会出现由泡沫堆砌的喷发，也鲜会遭遇断崖式的下滑。

随着中国宏观经济的发展步入缓中趋稳的新常态，中国的艺术品拍卖市场也积极拥抱市场大环境的变化，顺应潮流，不断将拍卖的价值延伸、空间扩大，通过业务结构转型以及模式创新寻求集约化增长与发展。随着市场的理性回归，拍卖机构逐步调整预期、多元发展，积极参与国际化竞争。面对市场下行带来的冲击，拍卖机构积极寻求外部资源支持、跨界融合，并逐渐向互联网平台全面拓展。在刚刚过去的 2016 年，中国文物艺术品拍卖市场呈现出了以下五大特征。

一 新常态下，拍卖机构经营方式进一步向集约化发展

中国艺术品拍卖市场在快速扩张期积累了太多的泡沫，正是这次深度回调，市场淘汰掉大批鱼目混珠、毫无专业能力、信誉缺失的低档拍卖公司与不正规的市场

中国收藏
拍卖年鉴
2017

CHINESE FINE ART &
ANTIQUES AUCTION
YEARBOOK 2017

行为，有利于肃清拍卖环境，促使艺术品拍卖市场向着健康化、正规化发展。新常态下，响应国家"简政、提质、融合"的口号，艺术品拍卖机构也纷纷转向集约化的经营模式，精耕细作、减量提质。

首先，经营模式的集约化主要体现在专场策划的专业化。

新时期的拍卖市场不再是热钱横行，经过持续的深度整顿，更多的买家持观望态度，而重量级的拍品也逐渐被严肃藏家或者博物馆等机构收藏，从而退出流通市场。在这种情况下，拍卖机构的核心竞争力在于能否提供高质量的拍品与专业化的服务，将有限的资源发掘出最大的价值。

第一，越来越多的拍卖机构开始对拍品进行板块细分、深度研究以及学术梳理。例如，有的拍卖机构增加了名人名藏专场及大师专场场次，注重梳理不同时期、不同题材或者不同风格的作品，进行拍品分类细化，完善拍品流传记录，既在拍品筛选上做到了精益求精，又对藏家的收藏具有指导意义。又如，2016年西泠拍卖在重新梳理海派绘画发展脉络的同时，又在特色专场对拍品的品类进行拓展与筛选，传承西泠印社金石文脉的特点。实践证明，这种做法得到藏家极大认可，市场表现强劲。

第二，拍卖机构逐渐改变以投资性宣传为主的模式，以学术引领拍卖，并承担了更多文化艺术教育的社会责任。此举一方面可以提升拍卖活动的品质，使商业行为具有学术含量，在众多只专注于商业效益的常态拍卖中脱颖而出。另一方面，学术价值的引入还是一种信誉与文化含量，能够彰显拍卖机构影响艺术品市场的能力。例如，举办与专场相关的研讨会，各类公益性的有关文物艺术品收藏、鉴赏、投资的沙龙、讲座、展览，从而对新买家市场进行培养，并为藏家搭建突显互动性和文化性的交流平台。

其次，经营模式的集约化还着重体现于拍品减量提质。

处于经济增速放缓的大背景下，藏家越来越理性，拍卖行也采取了不少相应措施，例如减少上拍拍品数量、推进"小而精"的专场等。很多拍卖专场的上拍数量都减少到2011年以来的最低值。然而，市场并不缺钱，泡沫退去带走了对投机性普品的需求，但是重量级藏家对品相完好、流传有序的精品需求依然旺盛，亿元级成交的天价拍品在2016年达到了近几年来的新高。正如文化经济学者克莱尔·麦克安德鲁 (Clare McAndrew) 曾指出的那样，艺术品市场是受供给驱动的，精品的出现会带动市场交易的行情，而在拍品质量一般时，市场也会表现平平。

由此可见，在中国艺术品市场持续深度调整的阶段，具有稀缺性的高端艺术精品并未受到冲击。嘉德拍卖的董事总裁王雁南认为，"艺术品的价格变化和价值认定有其自身的特点，好的东西已经在人们脑子里有了很固化的价值判断。市场价格体系形成需要时间，需要人们不断的认识，需要一种共识。这种价值判断形成的过程也决定精品的价格不可能暴涨暴跌。反观那些艺术品中的普通作品，它们虽然具有一定投资价值，但在艺术品市场去泡沫化的阶段，需求急剧萎缩，会逐渐在大浪淘沙的艺术市场发展进程中被过滤。"

二 随着市场的理性回归，拍卖机构逐步调整预期、多元发展

近年来，艺术品市场的投机不法行为一定程度上受到抑制，礼品市场的整治进一步挤压泡沫，市场规范逐步完善，然而整个艺术品市场仍然信心不足。业内人士指出，艺术品市场中的"剪刀差"现象普遍存在，即拍卖和资本运营机构的预期与市场的实际表现存在较大差异。机构的预期在很多方面会明显超前于市场所展示出的趋势。当 2012 年中国艺术品市场开始进入调整期时，很多机构认为艺术品市场更大的增长浪潮即将在下一年来临，然而直到今天也没有看到这一预期的实现。这是惯性作用下的发展过程和结果，需要很长一段时期去吸收。回顾过去的 2016 年，中国艺术品市场的剪刀差出现了缩小的趋势，市场信心逐步回归、拍卖机构更加实事求是。

首先，拍卖机构开始理性对待市场，积极践行"供给侧改革"，降低拍品估价，以期吸引新老买家。

2016 年秋拍的多场拍卖都出现了藏家涌入现场的盛况，除了精品频出之外，较低的估价水平也是吸引新藏家入场、老藏家返场的重要因素。著名印尼华裔收藏家余德耀在接受媒体采访时就表示，"中国当代艺术市场趋于回归到理性，这些作品也到了正常的价格，老藏家是时候回归了。"从成交价格上看，即使拍品估价降低，精品依旧高价成交且成交数量比往年显著增加。100 万元以下的普品交易在数量和市场份额占比上具有突出优势。平价市场较受欢迎的原因，一则为市场理性回归，买家渐渐具备良好的收藏观和投资策略，二则受到市场治理的影响，投机、炒作拍品价格的现象大大减少，拍品价格逐渐回归实际价值，使得拍品价格体系更为科学和理性。

第二，随着新一代藏家的入场以及中产阶级对艺术品的消费性需求增加，拍卖机构积极开拓新买家，拍品更加多元化。

纵观 2016 年的拍卖市场，小品类、新品类、创新专场、跨界融合专场层出不穷。

在藏家不愿出售精品的大环境下，买家对一般性的常规拍品持观望态度，因此新兴的艺术家作品或者小门类拍品就悄然走俏。比如北京华辰拍卖开拓了新的拍品大类，与曾经开拓影像拍卖、苏绣拍卖一样，成立了亚洲艺术部；同时开发西洋艺术品、茶叶、农产品拍卖，并进行保税拍卖。从业者表示，"这些开拓活动看上去很传统，但也是中国艺术品拍卖企业在高速、高档、高效发展之后需要的沉静。在业界觉得拍卖没有可以拍的东西的时候，实际上是没有静心挖掘市场。"

第三，青年藏家带动专场新模式。

据波士顿咨询集团的数据显示，仅在中国，18~30 岁年龄阶段的消费者在商品与服务方面的消费正以每年 14% 的速度增长，比 35 岁以上人群高出了两倍。随着亚洲年轻收藏家的茁壮成长、不断涌现在各大拍场，2016 年，各大海外拍卖机构开始越来越多地利用名人效应来提高拍卖的影响力或者直接让明星名人参与策展，使出浑身解数向年轻藏家靠拢。其中最具有话题性的当属苏富比推出的由亚洲人气偶像 T.O.P 策展的 "#TTTOP" 晚间拍卖，涵盖亚洲及西方当代艺术，既有国际上备受认同的亚洲当代大师及后起新星，亦有来自西方的代表并排而列，糅合不同时代、文化、风格，以至思潮派别。虽然本场拍卖的成交情况并不如之前的媒体报道那般引人注目，但是就像 CNN 所报道的，这次与明星合作是苏富比公司想借此在亚洲年轻一代藏家中打开市场。

三 拍卖机构积极参与国际竞争

近年来随着投资领域和文化事业的国际化，艺术市场资金也出现了多向流动。由于海外的中国文物艺术品价格炒作相对较少、更有私人藏家不时推出罕见精品，因此不少中国买家将目光投向了海外的艺术市场，跨境购买名家名作。海外拍卖市场成交的中国文物艺术品总额逐年增长印证了这一趋势，在 artnet 发布的《中国文物艺术品全球拍卖统计年报》中也显示，从 2012 年起，海外市场的中国文物艺术品拍卖成交额逐年上升，由 2009 年的 5.7 亿美元（约合 39.4 亿元人民币），攀升至 2015 年的 26.4 亿美元（约合 171.8 亿元人民币）。

海外的艺术品经营机构，尤其是拍卖机构，瞄准了亚洲买家这一巨大的市场，积极调整市场策略以满足亚洲买家的需求。一大体现就是欧美各大拍卖机构已实践多年的亚洲艺术周，即营造多元化的"集中式"拍卖周，让藏家们可以在一周的时间内接触到涵盖各个不同领域和价格层次的亚洲艺术品。此外，一位佳士得的负责人在采访中透露，佳士得拍卖行在 2017 年推后了原计划的拍卖日期，以避开春节这一重大节日，方便亚洲藏家的购买计划。

面对海外市场的竞争，国内拍卖机构也不甘示弱，以"走出去"与"引进来"为策略，积极应对。

一方面，为争取国际客户，国内拍卖机构纷纷走出内地设立分支机构与办事处，吸取国际经验。

香港因其独特的地理位置、优厚的税收待遇，加上欣欣向荣的经济环境和健全的法律制度等支持，从 20 世纪 70 年代起就陆续吸引着全球大大小小的拍卖行，长久以来都是亚洲艺术品市场的必争之地。国际巨头苏富比、佳士得占得先机，随后台湾罗芙奥、日本伊斯特、韩国首尔、日本东京中央等先后进驻。2016 年，欧美两家老牌拍行礼昂腾博（Lyon and Turnbull）与弗里曼（Freeman's）也联手在香港举办拍卖。

中国的拍卖机构也在发展大陆业务的同时积极开拓香港市场，匡时拍卖于 2016 年 11 月底举行香港首拍，成为继嘉德、保利之后进军香港市场之后的第三大内地拍卖公司。

除了走出内地设立分支，国内拍卖机构竞争海外市场的另一种形式是通过参与国际知名拍卖机构的管理而学习其经营经验。2016 年 7 月，泰康人寿购买了全球最古老拍卖行苏富比 13.5% 的股份，成为该拍卖行最大的股东。泰康人寿在公告中披露称，支持苏富比现有董事会及管理层广泛发展战略，"为将来董事会提名提供意见"，并且提名的董事会成员或会和泰康人寿有关联关系。中国嘉德作为泰康人寿的大股东，加紧了与苏富比的联系。

另一方面，本土拍卖机构引进西方艺术品专场，拍品更加国际化。

近年来，伴随着全球化推动的文化碰撞融合，越来越多受西方教育影响的青年藏家步入拍场，同时重量级藏家对西方艺术品的接受程度也日益提高。从王健林以 1.72 亿元在纽约佳士得拍下毕加索《两个小孩》、王中军以 3.77 亿元在纽约苏富比拍得梵高《雏菊与罂粟花》，再到刘益谦以 10.84 亿元在纽约佳士得竞得莫迪利安尼《侧卧的裸女》，可以看出，国内藏家不只收藏本国艺术品，对海外艺术品的兴趣也在不断增长。

面对藏家需求的新动向，国内拍卖行也在近年增加了西方艺术品专场，扩大了原来只是由佳士得上海与苏富比北京在大陆对于西方艺术进行的尝试。例如，西泠拍卖在 2016 年秋拍首次推出了"西方大师绘画作品专场"，汇集西方艺术大师原作十余件；保利华谊（上海）在 2016 年 12 月推出"对话：重要东西方艺术夜场 从元人秋猎图到毕加索"专场，两大拍卖公司的尝试均取得了不错的成绩。

此外，拍卖机构积极进行拍卖模式创新。

除了走出去向海外拍卖机构学习经验、同台竞争，并且引进西方艺术品之外，国内拍卖行也立足国情发展出了新的模式。中国大陆的艺术品关税过高是长久以来备受关注的话题。据了解，刘益谦高价购买下的《功甫帖》和鸡缸杯至今在上海西岸艺术品保税仓库。为了简化艺术品进出关时的手续、引进海外精品及中国境外精品的回流，保税拍卖成为一种创新模式悄然发展。

所谓保税拍卖的机制，即是海外艺术品可以在通过中国海关时暂缓缴税，在进入保税区外的中国拍卖会或交易环节时才发生税收问题。对于收藏者及投资者而言，保税拍卖降低了其参与国内拍卖会的资金成本。与此同时，保税区的仓储也为艺术品长期存储和跨境流转提供了渠道。中国嘉德在 2016 年秋拍推出了首届"保税拍卖"，共推出 100 件保税拍品，有意借助回流艺术品促进大陆地区主体市场活跃度。

然而，嘉德并不是第一个尝试保税拍卖的机构。早在 2013 年 4 月 9 日，易拍全球就与北京华辰拍卖合作，策划发起了"中国首届西洋古董艺术品保税拍卖会——暨北京华辰 2013 厦门保税拍卖会"。此次拍卖活动，华辰拍卖通过易拍全球征集了三百余件（套）西方文物艺术品，在厦门保税区进行首场拍卖。此次拍卖成交额约一千万元人民币，作为新兴的国际化拍卖模式的初次尝试，对拍卖活动背后市场的无限可挖掘潜力具有深远影响。

四 应对经济下行，拍卖机构寻求外部支持

近年来全球经济持续低迷，而国内高增速的经济也开始逐渐放缓，过去粗犷型增长带来的问题在各领域开始显现，艺术品市场也不能避免。这一时期，资金短缺严重困扰着拍卖机构的运行，找到资金支持解决短期问题是迫在眉睫的事情，各家都在困境中突围、寻求转型。由于国内的艺术品市场起步较晚，发展过程中存在的问题较多，其自身存在局限性，因此在新时期的环境下，艺术市场的问题解决需要寻求外部力量的支持，主要表现在利用资本融资、跨界融合，使拍卖机构在经济下滑时期摆脱困境。

首先，国内几大拍卖机构采取不同形式引进资本运作。

近几年，国内几大拍卖机构分别采用不同形式上市或者与上市公司"挂钩"。

2014 年 3 月，北京保利国际拍卖有限公司依托保利文化集团率先在香港挂牌开盘，成为内地艺术品拍卖第一股；2016 年 6、7 月间，泰康人寿总斥资 2 亿多美元，以13.52% 的持股量成为苏富比拍卖行的第一大股东，而泰康人寿的第一大股东正是中国嘉德国际拍卖有限公司；2016 年 12 月，宏图高科发布公告，拟以 22 亿元现金收购北京匡时国际拍卖有限公司 100% 股份，并于 2017 年 1 月的股东大会通过此方案，意味着匡时将成为国内首家登陆 A 股的拍卖公司。通过上市融资成为这些公司在整体低迷的市场环境里，迅速扩张布局最为夯实的运营基础。依托于上市公司的资本与平台资源助力，这些拍卖机构将在品牌推广、业务拓展、市场营销、艺术品金融、大众艺术消费市场等方面全面优化升级，进一步增强公司的盈利能力、综合竞争能力和持续发展能力。

上市往往被视为公司成功的标志之一，对国内的拍卖行业而言，它不仅能够拓宽融资渠道、增加资金来源，还是促进拍卖市场国际化、规范化的一剂良药。企业上市后即成为公众公司，受监管。一方面这将促使企业自身脱胎换骨，改进企业的经营机制，剔除一些暗箱操作的违法行为，如假拍等之前困扰拍卖公司的问题，促使其成为一个可持续发展的现代企业；另一方面，因其财务情况的公开披露，会让人们更加信任上市的拍卖公司，上市后公司的影响力和知名度一般都会大幅提高，更容易被国内和国际市场所认可和接受。尽管资本的进入对拍卖企业也有潜在的不利影响，如决策受束缚、成本提高、被收购风险等，但是长远看来积极影响更为深远。

其次，跨界合作以期资源互补与共享，共同打造品牌。

除了吸纳社会资本之外，2016 年，跨界融合之风也吹入艺术市场，国内外拍卖机构不约而同地将目光转向了艺术行业之外的平台，以合作的形式将各方现有资源融合、最大化发挥效用。例如，2016 年 6 月，保利国际拍卖携手"娱乐教父"王中军先生旗下的华谊兄弟创投与天辰时代在上海成立了保利华谊拍卖公司，共同打造国际化拍卖平台。保利拍卖方面表示，此次合作实现了优质资源的整合："华谊兄弟除了在全球范围内的影响力外，周围聚集了众多全球一流企业家资源，这些企业家正是艺术品市场潜在的新买家，而华谊兄弟旗下各个公司的资源，也都会加盟到拍卖公司上。"而天辰时代通过在文化投资领域内的多年打拼，积累了丰富的文化产业资本运作经验与资源，推动了文化艺术的发展与交流。保利华谊（上海）首场拍卖于 12 月底结束，8.37 亿元的成交额也是市场对此次合作模式的认可。此外，苏富比在 2016 年也多次借力流行文化，推出了包括由"街头帝王"史蒂芬·拉扎里迪斯策展的街头艺术专场、由亚洲人气偶像 T.O.P 策展的 "#TTTOP" 晚间拍卖专场，以众多流行文化元素吸引了大量年轻藏家的关注。

五　拓展平台与"互联网 +"的应用融合

随着互联网大潮的深入发展，人们的消费方式发生了翻天覆地的变化，艺术品交易方式亦发生了转变。据国家统计局公布的数据显示，2016 年全年全国网上零售额 51556 亿元，比上年增长 26.2%。其中，实物商品网上零售额 41944 亿元，增长 25.6%，占社会消费品零售总额的比重为 12.6%，比上年提高 1.8 个百分点。文物艺术品拍卖作为消费市场的一部分，与互联网平台相结合有其生发的必然性。与传统线下拍卖相比较而言，互联网与拍卖融合具有传统拍卖所不具备的发展优势：

对买家而言，网络拍卖打破了传统拍卖在地域上的局限，买家不必长途辛劳参加现场拍卖，互联网技术使得足不出户、远程参拍竞价、拍遍全球的愿景得以实现，大大方便了买家的参与。其次，网络丰富的信息与大数据，以及资讯查询方便快捷、互动性强的特点，使得藏家可以随时随地查阅关于拍品的相关信息、学习相关知识、了解拍品的往年成交情况和行情，还可以通过网络和其他藏家或者专家自由地交流和探讨。这必将吸引更多人，特别是年轻人群参与艺术品竞拍。此外，伴随着生活水平的提高，人们对艺术品的消费性需求也产生了增长。

对拍卖企业而言，互联网技术可以最大限度地降低拍卖企业的运营成本、提高经营效率；其次，通过互联网这一有效的传播手段，可以让不便或无暇到达现场的用户在线浏览图录，省下拍卖公司四处巡展的时间与资金并且节约印刷图录的成本，可以最大限度地跨地域整合买家资源，不断培育新的买家资源成为可能。尤其重要的是，互联网平台的这些特征将有利于生机勃勃的中小型拍卖企业的存在与发展，打破几家独大、万马齐喑的市场格局，加速形成良性的、健康的、可持续的拍卖市场环境。

海外的成功经验

纵观欧美国家的艺术市场，互联网 + 艺术品拍卖的模式已然成势，在线拍卖平台和在线拍卖企业成为互联网技术融入艺术品拍卖的两大主流发展形态，且有机地融合到传统拍卖业务之中，形成了一种良性互动。根据佳士得公布的 2016 年业绩数据显示，其网上成交总额（Christie's LIVE™ 实时竞投及网上专场拍卖）增至 1.61

亿英镑，其中，网上专场拍卖成交额增长 109% 至 4980 万英镑。相较于已蔚然成风的大型拍卖机构，中小型拍卖企业更多地选择在线拍卖平台为其解决资金不足、无法依靠自身力量开展电子商务的难题。在线拍卖平台为合作拍卖机构提供线上竞拍服务，或者增加机构网站的浏览量以提高其知名度。线上艺术品交易平台已经成为艺术品拍卖当中不容小觑的力量。

根据 Hiscox 最新发布的线上艺术品交易报告显示，尽管全球艺术品拍卖市场的交易额在 2016 年尽显疲态，线上艺术品交易却同比上年增长了 15%，达到 37.5 亿美元。一万美元以下的低端市场韧性更强。照此增速，预计到 2020 年线上艺术品交易额将会增至 95.8 亿美元。其中，"80 后"买家更青睐 1000 英镑以下的艺术品、古董文玩、珠宝。针对不愿在网上购买艺术品的原因，三个最常被提到的理由分别是：实物和照片不符、品质信息不足、无法考察艺术品的物理状态；而可以有力说服消费者在线购买的因素是：完备的艺术品状态报告、权威认证证书、三十天退货保障。

我国的初步尝试

与全球趋势相似，近两年中国的传统艺术品拍卖市场持续调整，但在线艺术品拍卖和交易却日渐红火、增长迅猛。中国拍卖行业协会发布的《2016 年中国拍卖行业经营状况分析及 2017 年展望》显示，"据拍卖行业几个主要拍卖平台的不完全统计，2016 年网络拍卖成交额较 2015 年同比增加 14.28%。其中，2016 年中国拍卖行业网络平台上的拍卖公告、上拍标的、拍卖场次等逆势全面增长；上拍标的较 2015 年增长了 218%，全年成交额较 2015 年增长了 29.14%，平台活跃企业比 2015 年增加了 32.76%。"

在中国，通过网络平台参与艺术品交易的人群亦在快速增多。易拍全球每年都要做一个关于艺术品在线交易数据的统计，2016 年的数据显示目前市场上已有 40% 的用户曾经至少有一次在线交易艺术品的经历，有 45% 的用户愿意尝试在线交易，与 2015 年相比有明显的增长（2015 年这两个数字分别是 32% 和 38%）。而易拍全球本身 2016 年活跃买家的增长率达到 100%。此外，随着市场秩序的日益规范与买家信心的提升，越来越多高端藏家愿意加入到线上拍卖。如去年，中国顶级藏家刘益谦以 2406 万元在网络拍卖会上买下了"清乾隆蓬莱八仙八宝转亭珐琅音乐钟"。

另外，线上拍卖的蓬勃发展离不开法律法规的完善。此次新修订的《文物拍卖管理办法》的出台实施，最引起关注的就是对网拍的放开。中国拍卖行业协会副秘书长欧树英指出，此次《办法》的改变和最大亮点之一就是文物拍卖企业举行互联网文物拍卖活动不再需先经行政部门批准。此举将减少具备文物拍卖资质的企业进行文物拍卖活动时的审批程序，助其更好地开展活动。

中国收藏
拍卖年鉴
2017

CHINESE FINE ART &
ANTIQUES AUCTION
YEARBOOK 2017

2016 年画廊市场

　　以画廊行业为主体的艺术品一级市场的繁荣，是艺术品市场发展的坚实基础，它的产生和发展是艺术家及其艺术创作融入社会、进入市场、走入国际的重要途径。对于仍处于发展阶段的中国艺术品市场来说，画廊业的发展并不理想。在拍卖行迅猛发展的几年中，中国的画廊业受到拍卖行的严重挤压。受到整体经济走势的影响，国内大多数画廊从业者都曾表态，2016 年的艺术市场较往年有所回落。很多中小画廊纷纷关门，缺少优秀艺术家合作的画廊在新格局形成中退出市场，但拥有自己稳定艺术家和收藏群体的画廊，日子并没有那么难过。

　　2016 年，画廊业已经开始了市场重新布局的脚步。面临行业调整以及新格局建立，画廊的首要任务即是画廊市场逐渐细化市场分工，完善和健全代理机制，对艺术家作品的市场行情起到培育与掌控的作用。其次，明确画廊定位，加强品牌集中化模式，画廊在抱团取暖的同时思考差异化路线，促进未来市场的健康发展。另外，随着电商时代的来临，画廊也开始拓展新的经营模式，在新业态整合过程中寻找新的立足点及发展机遇。

画廊在中国的发展历程

　　画廊是西方艺术世界的"舶来品"，当代意义上的画廊，形成于 19 世纪的欧洲，由当时流行的沙龙体制演变而来。中国大陆的画廊随着改革开放的浪潮应运而生，在经历了探索初期的迷茫、经济危机的冲击之后步入新常态的发展阶段，并逐步走向规范化、制度化。我国出现真正现代意义上的艺术市场是在 20 世纪 90 年代初，随着大量艺术知识的推广和普及，艺术品市场如火如荼地发展起来，画廊业也迅速发展。

1991 年，澳大利亚人布朗·华莱士（Brian Wallace）在北京开办的红门画廊（Red Gate Gallery）开启了我国当代画廊业的发展。这家画廊真正将与艺术家实施签约代理制的形式带入中国当代艺术的一级市场。90 年代中后期，艺术品藏家或投资人创办画廊的模式逐渐增多。譬如，上海的艺博画廊、亦安画廊，北京的环碧堂等画廊创办者同时也具有金融、贸易等投资行业的专业身份。

进入 21 世纪以来，随着国家文化政策的逐步调整，促使更多海外资金进入中国画廊领域。专业画廊的数量迅速增长，诸如太白空间、常青画廊、佩斯画廊等外资画廊的大量涌入，促进着画廊行业的快速发展。另外，一批由中国人自己经营、较为优秀的当代画廊，如批评家皮力的尤斯贝斯艺术空间、策展人冷林的北京公社、音乐人黄燎原主持的现在画廊、唐人当代艺术中心、长征空间等也陆续出现在北京。这些画廊带来了西方画廊的制度规则和操作模式，逐渐将艺术家、批评家、经纪人、媒体、博览会、拍卖行等不同角色串联起来，并且形成"画廊区"等艺术区域和多元竞争的活跃场景。

中国画廊业在最近的十年里一直处于蓬勃发展的过程中，尤其是在北京、上海这样的一线城市。不过这种繁荣背后却也隐藏着举步维艰的尴尬。2012 年以来，我国艺术品市场进入持续深度调整时期，画廊业也不例外，有相当一部分经营能力不强、专业水平较低的画廊遭到淘汰，大批外资画廊的撤离更是加剧了淘汰的步伐。新旧画廊的混营状态、代理制难以普及、二级市场对一级市场的全面介入，无不反映着目前中国画廊业发展的困境，画廊业只有选择转型、调整才能突出重围。2016 年，画廊市场呈现以下四大现状。

现状 1：市场持续调整，面临行业重新布局

2011 年下半年起，中国经济与中国艺术市场在经历 20 多年快速发展后首次出现发展速度放缓，并长期处于调整状态。受经济下行压力和对礼品市场整治的影响，传统书画市场受到冲击，销售额与销售量双双下降。中国画廊在这种态势下，面临着巨大的挑战。许多基础薄弱的画廊无法抵抗市场的寒冬，纷纷倒闭关门，画廊行业面临重新布局。

首先，中国画廊市场的发展存在明显的区域性差异。山东、江浙等地区与内陆城市形成了以传统中国书画交易为主的市场，而以油画及当代艺术为主的画廊主要集中在北京、上海、深圳、广州等经济发达、外来人口居多的一线城市。2016 年，

上海一级市场的热度有目共睹。随着青年一代藏家的入场，以及东西方文化的碰撞加深，上海这座国际化都市对于当代艺术的优势就更加明显，画廊动态也更活跃。过去一年，包括香格纳画廊、没顶画廊、艾可画廊、华氏画廊在内的几家画廊都将空间迁至西岸。"西岸"已成为沪上艺术集聚地。台湾高雄艺博会负责人张学孔坦言："现在和未来，西方画廊来亚洲参展艺博会，它的首选地不会是东京、首尔、新加坡了，而是上海。"

其次，在经济低迷的环境下，画廊在经营表现上同样冷热不均。实力雄厚的画廊在艺术市场低迷调整的环境下表现仍然良好；中型画廊大多表示目前经营状况只有维持正常运营；小型画廊则大多挣扎在"生死"边缘，经营情况不容乐观。租金和人力成本的上涨也加剧了画廊主经营的压力。2016 年已经有新绎空间、亦安画廊、北京季节画廊、千年时间画廊等画廊搬离了 798 艺术区，而在近两三年中，中国当代艺术空间、陈菱蕙当代艺术空间、八大画廊、世纪翰墨、圣东方画廊等早期入驻798 艺术区的画廊也纷纷撤离。2016 年底，黑桥艺术区发布拆除搬迁公告，无疑为处境困难的画廊业再撒上一层冰霜。

然而，画廊业并没有走向崩溃，危机的另一面是艺术市场走向规范的机遇。市场的价格泡沫逐渐减退，艺术品自身的价值得以体现出来。以"中国画廊之都"山东青州为例：这几年，以投机为目的的画廊主随着市场的泡沫挤压而退出，部分画廊因经营不善退市；但反观青州最早的一批画廊主们，大多数利用自身的多渠道资源、良好的艺术家联系，不仅没有崩盘，反而在近段时间以来，销售行情较之前有了一定提升。此外，同样位于北京 798 艺术区的佩斯北京也表示"画廊有着成熟的商业机制，受周围环境影响并不大"。这也证明了画廊业所谓的"倒闭潮"是行业的重新布局，在不断地规范中保留优秀者、淘汰后进者，激发画廊重生，助推画廊市场走向更加健康的状态。

现状 2：新旧经营模式并存

一个成功画廊的经营既要有明确的学术定位，也要有成熟的市场定位。现今，中国画廊的整体发展水平还处于初级阶段，运营模式各不相同，传统的"代卖制"和当代的"代理制"模式并存，造成市场混乱。面对国内艺术品市场大环境的不利因素，画廊经营更需要不断探索、坚持创新、明确管理与经营模式。否则，就会像业内人士曾分析画廊业的发展时形容的那样，"在越来越强势的拍卖业及来势汹汹的艺术金融面前，在私下交易日益大行其道的今天，又不得不被打回原形——以'画贩子'的身份度日"。

中国传统画廊经营模式为"代卖制"，即画廊经营主要采用代售、寄售和买断三种模式，并且更倾向于经营被市场认可的成熟艺术家作品。例如燕京书画社，其下属的燕京书画社艺术沙龙和琉璃厂分社皆经营近现代及当代名家书画，其中近现代书画以收购为主。与此同时，还与不少当代书画家保持合作关系，并代理其中部分画家作品，从而与其保持长期合作关系。

现代画廊在成立之初完全借鉴西方画廊模式，将"代理制"作为运营核心，培育艺术家的市场发展。但受到历史文化、税收、管理等因素的影响，中国画廊市场的"代理制"并不完善。从定位上来看，完善成熟的代理制画廊是艺术家的经纪人，其职责是为代理画家做好市场培育与推广工作，对画家的作品用市场的规则合理定价，保障画家基本生活，使其专心创作。而画家也明确自己的权利与义务，不能私人买卖和市场运作，将营销出口全部整合在画廊，形成一个责任明确、共同成长、利益共享的健康发展模式。中国画廊代理制的最大问题恰恰是画廊与画家的矛盾，即画廊追求短期利益，不愿投入时间与资金来培养、推广艺术家；而艺术家绕过画廊私下出售作品的现象也是屡见不鲜，这些都直接导致了画廊与画家之间的信任危机。

与本土画廊新旧模式混杂、良莠不齐的现状不同，进驻到中国的外资画廊一般运营规模较大，而且具备较强的资金支持。通常，外资画廊尤其是老牌画廊已经形成了一套完整的代理机制，他们愿意与艺术家进行长期的代理合作、较早地介入中国当代艺术并培养了一批中国当代艺术家。如佩斯北京，作为缘起于美国纽约最为知名的当代艺术画廊之一，合作的艺术家十分多元化，不仅包括国内当代艺术家，如隋建国、张晓刚、岳敏君、宋冬等；同时基于强大的国际影响力，也代理一批西方当代著名艺术家，如大卫·德库宁、大卫·霍克尼、马克·罗斯科等。除了与艺术家的合作之外，外资画廊同样注重展览策划与推广，将学术和商业有机结合。与此同时，外资画廊也注重与其他画廊的合作，对艺术家的创作及作品有很强的包容性。外资画廊凭借其完善的代理机制可以在中国站稳脚跟，带给中国本土画廊的启示更多是根据中国特有的文化土壤来进一步改善画廊代理机制，明确画廊的市场定位。

现状 3：抱团发展，品牌集中化加强

在艺术品一级市场的寒冬中，"抱团取暖"成为我国画廊从业者的一个共识。将

画廊聚集在艺术区、进而加强品牌集中化建设，有利于原本力量弱小的画廊规模化集体发声，吸引艺术家与藏家的注意，从而达到共同发展。上海"西岸"已成为沪上艺术集聚地，香格纳画廊、艾可画廊、没顶画廊、华氏画廊、HI艺术空间、马凌画廊、阿拉里奥画廊成为第一批选址西岸的画廊。据目前的进驻情况显示，画廊会根据不同的需要，进驻不同的西岸区域。相似的画廊聚集发展在北京地区也很常见。较有影响力的、经营当代艺术品的画廊有超过一半分布在798艺术区、二十二院街艺术区、草场地艺术区以及酒厂艺术区、一号地国际艺术区、七棵树自由风艺术区等艺术园区内，还有一些画廊零星分布在各大商场、写字楼、酒店内。艺术区的发展和成熟为画廊品牌集中化提供了天然的有利条件，面对经营环境不容乐观的现象，画廊之间形成联盟，共同进行推广和宣传工作，达到双赢的目的。

业内著名的"青州模式"也是画廊抱团的产物。山东省青州市的书画市场火热，一个县级市托起了如此规模的市场，其特殊性业内有目共睹。青州的画廊之间相互协作，共同宣传推广艺术家。在这种模式下，投资风险由这些画廊共同承担，即便投资的艺术家没有潜力无奈放弃，也不会有太大损失。对画廊与画家而言，"青州模式"成了共赢的最佳方式。曲家辉对青州模式进行追踪调查后得出结论，在青州画廊几十年的运营过程中，已经形成了业内称之为"青州模式"的常态化运营体系，面对市场低谷，有其独特的应变方式，这种常态化的运营模式让青州有能力安然挑战困境。当市场遭遇寒冬，以投资或投机为目的的经营者随着市场"挤泡沫"遭到排挤，部分画廊因经营不善而转行或退市；而部分青州的"第一代"（按自身收藏喜好而进入市场）画廊经营者们，利用自身的多种经营模式、多渠道资源、深厚的经营基础不仅维持了画廊正常运营，而且2016年以来销售行情较之前也有了一定的提升。新入市场的画廊主为了获得更大的生存空间、得到长足发展，更多地表现出一种积极的创新态势。

现状4："互联网+"来袭，带动业态新发展

随着"互联网+"思维的深入，中国的艺术品市场也全面进入互联网时代，艺术品电商发展迅速，为艺术品市场的扩大提供平台和机遇。中国画廊业无论是作为艺术品市场大环境的一部分，还是出于自身的提升和优化拓展逻辑，商业网络化都成为一种趋势。

2016年，艺术品线上销售平台逐步得到买家的认可，传统画廊的生存空间受到挤压。中国文化管理协会艺术品市场管理委员会理事马健表示，"从在线推广到自己

中国收藏
拍卖年鉴
2017

CHINESE FINE ART &
ANTIQUES AUCTION
YEARBOOK 2017

运营艺术新媒体，再到搭建完整的平台，不同画廊与互联网的融合层次可能有所不同，但画廊触网一定是大势所趋"。画廊与线上平台的结合为画廊业开辟了新的发展通道，也使中国艺术品市场出现了新的增长点。

线上平台对画廊的推广作用显著。尤其是一些地方性画廊，网络的跨地域性使他们获得了全国各地甚至海外的新客户。有传统画廊主曾表示"传统意义上的等客上门已经不适合了，将来网络肯定是艺术品的重要销售渠道"。实体画廊与线上平台的结合，往往能够吸引不同群体的买家，两种渠道各有优势，互为补充。从现阶段来看，线上交易更倾向于低端艺术品，而画廊销售的作品往往价格区间较高，两种方式销售的商品并不冲突，线上交易不会成为制约实体画廊发展的障碍。

2016 年艺术博览会市场

　　艺术博览会是随着商品经济与市场的发展从工业品博览会中分化出来的、专门的艺术品展示与交易平台，最早出现在西方。其历史迄今为止还不足五十年，在我国发展的历史更是不到二十年，但它却迅速成为艺术市场的重要组成部分，形成了以艺博会、画廊、拍卖会为三大支柱的艺术市场格局。近年来，我国的艺术博览会从香港、北京、上海、广州、深圳等一线城市扩散，二、三线城市也开始举办艺博会，无论是场次还是规模都在逐年扩张。特别是 2016 年，在国内宏观经济增速放缓、艺术品市场整体处于调整的状态下，拍卖市场理性回归、画廊市场面临重新布局，而艺博会却呈现逆市上扬的态势。

　　自 1993 年在广州举办的第一届中国艺术博览会起，我国的艺博会发展至今经历了初创起步期、规范探索期、发展分化期三个阶段。20 世纪 90 年代是我国艺博会的初创起步期，以中国艺术博览会为典型代表，突出特点是由政府主办，属于计划和市场经济结合的阶段。当时我国艺术品市场正处于萌芽期，画廊和艺博会几乎同时起步发展；在一级市场缺失的情况下，画廊及其他艺术机构（如艺术品商店、艺术院校、艺术家及其工作室等）共同构成艺博会的主体，定位不明晰的问题使当时的艺博会更像是"艺术大卖场"。

　　在经历了第一阶段的无序与混乱后，艺博会进入了规范探索期，从开始的新鲜热闹过渡到逐渐规范竞争，其市场行为的特征逐渐形成。文化部退出主办中国艺术博览会之后，艺博会的机制逐步与国际接轨，完善自身市场并与国际市场对接成为大势所趋。随着艺博会举办数量的大幅增长，竞争的加剧促使主办方开始反思。一些有前瞻眼光的举办者开始尝试以国际化标准来树立品牌，中艺博国际画廊博览会

（CIGE）、上海艺博会和"艺术北京"在这一时期较有代表性。

2008 年至今是我国艺博会的发展分化阶段，大大小小、各种名目的艺博会出现在各省市，呈现出井喷之势。艺博会在热度大涨的同时也暴露出了"同质化"的问题，寻求自身特色成为这一时期的主题。现在的艺博会已不再像初创时期追求大而全，而是开始在某一方面精耕细作，不断细分市场，增强创新机制，力求做成特色品牌。

对市场而言，艺博会蓬勃发展是市场需求的体现。除了城市的市场大氛围，艺博会的品牌、市场细分及深耕、买家服务和体验都成为是否能够获得高人气的重要因素。从 2016 年的几场大型艺博会来看，主办团队注重品牌创新与自身特色的彰显，根据需求不断明晰定位。艺博会市场正从混沌的野蛮生长进入相对稳定的阶段。高密度的艺博会举办，也反映了艺术品市场除了拍卖与画廊之外的发展空间。另外，艺博会积极扶持本土画廊与培养青年艺术家，对于艺术市场发展与完善产业链有着重要的意义。

现状 1：去中心化格局明晰，地域特点显现

艺博会是艺术与商业有效融合的重要媒介与渠道，也是交流艺术动态的推广平台。它将海内外艺术品交易机构齐聚在一起，为业内人士及专业藏家提供最新最全的"一站式"购物体验，同时也为艺术爱好者提供很好的学习机会。艺术博览会对于藏家与爱好者的地位决定着其具有广泛的群众基础、社会传播性与影响力，促成"遍地开花、落地生根"的生长态势。

艺博会"去中心化"格局日益显著。从 2013 年开始，不同于以往在北京、上海、广州、香港等一线城市的举办，中国的艺术博览会逐渐向二、三线城市拓展。作为中国艺术市场重镇的北京和上海两地，在 2016 年艺博会市场中仍然保持领先地位，呈现一片繁荣景象。除京沪两城外，中国港台地区艺博会相对稳定。香港地区主要凭借自身地缘、政策优势着重打造辐射亚洲市场的香港巴塞尔，台湾地区则以举办台北国际艺术博览会为代表。值得注意的是，2016 年艺博会扩展到了一线城市以外的地区，这些地方举办的艺术博览会与城市发展之间的结合较为紧密，逐渐成为城市的文化艺术产业名片。例如南昌开办了艺术南昌国际博览会、南京开办了艺术南京国际艺术品博览会、厦门开办了艺术厦门博览会、深圳开办了"艺术深圳"、澳门开办了"艺术澳门"、宁波举办了宁波国际城市艺术博览会、三亚举办了"三亚艺术季"等等。

艺博会"遍地开花"的形势标志着我国已经进入到艺术消费的时代，二、三线城市在经济快速发展之后呈现出对艺术品消费的需求。另一方面，中国的艺术品市场

有很强的地域性，艺术博览会发展正在走向结合地区独特文化艺术资源的多元化发展。一线城市艺博会趋于国际化，二、三线城市艺博会注重地区特色文化，是我国现今艺博会举办的大形势。一个城市的艺术活动应该与城市本身的自然人文特点、产业结构、发展规划相联系。例如 2016 年的"艺术澳门"，主办方利用澳门作为旅游城市的优势，打造出涵盖澳门本地博物馆、文化艺术空间、画廊、博物馆等多处艺术机构的特色艺术地图：在热门旅游景点澳门旅游塔展出"艺术澳门非牟利艺术机构展"，在历史建筑将军俱乐部内举办三场艺术论坛，在澳门艺术博物馆展出第二届澳门版画三年展等，以全城艺术展览联动的模式与旅游产业的结合，回归澳门本土。"艺术澳门"是典型的将城市文化、旅游与艺博会紧密联系的模式，为艺博会走进大众视野做了有力推动。

现状 2：人气高涨、销售活跃

2016 年，虽然中国经济增速放缓，但消费仍然稳步增长，文化艺术消费成为新的经济增长点和经济转型升级新的支撑点。在这一年中，中国艺术博览会在数量和水准方面均呈现出增长态势。老牌与新兴艺博会均表现不俗，在参观人次、成交量等指标上有所攀升，艺博会市场活跃。艺博会逐渐转向成为面向大众的艺术推广平台，推出了适合不同阶层购买的作品。

从 2016 年几场大型艺博会的成交结果来看，中低档价位的艺术品成交量上涨。根据艺术市场研究中心（AMRC）的数据统计，老牌艺博会"艺术北京"仍有着较高的人气，2016 年共吸引 9.5 万人次参观，参观人数超过同年 3 月香港巴塞尔艺博会官方公布的 7 万人次。成交作品数量 900 余件，成交机构数达 150 家，占参展机构的 94%。从销售作品构成来看，十万元以下作品最受欢迎，占据了销售作品的七成；其次是 10 万至 50 万元的作品。2016 年，上海艺博会首次搬迁至世博展览馆，优良的设施与环境，为集聚人气和提高成交量创造了良好的条件。根据官方数据，2016 年总成交量达 1.5 亿元，较之去年增加了约 800 万元，再创历史新高。与上海艺博会同月举办的还有 ART021（上海廿一当代艺术博览会），参展画廊数量较上一年增加了 30%~40%。ART021 注重国际化与品牌效应，吸引了众多的明星藏家，参观人数达到 6 万余人次。主办方注重对画廊的甄选，高质量、国际化的参展商选择使其销售成绩不俗，售出作品的价格大都位于 50 万以内。

另外，艺博会观展体验与配套服务水平的提高也是促使其人气高涨的一个原因。随着艺术市场的国际化扩展以及藏家群体从赋闲阶级扩展至"忙于工作的有钱人"，艺博会的便利特性就显得尤其重要。因此，举办一场艺博会已不仅仅只是出租摊位这么简单，提供给藏家的观展服务及独特体验同样重要。这一点从上海艺博会搬迁至世博展览馆促使其成交量大幅提升就可窥探一二：新馆拥有国际一流的现代化专业设施，整个展场内无一根立柱且集中在同一平面，所有展板全部采用 3.5 米高的新展板。此外，持续提升的 VIP 服务，全新的"艺博讲堂"品牌活动都成为吸引藏家的重要方面。专业设施与服务的提高必然会带给观众不同于以往的体验，助力艺博会取得更好的销售成绩。

现状 3：明晰自身定位、重视品牌效应

近几年，中国艺博会举办的数量涨幅惊人，而在飞速扩张的同时，"同质化"问题也开始显现。在竞争加剧的情势下，"转型""重构"成了当下艺博会举办者必须面对的挑战。"本地不需要那么多相似的艺博会"执掌首届上海艺术博览会国际当代艺术展的 Lorenzo A. Rudolf 曾说，"艺博会数量的递增，势必会接受市场洗牌。"艺博会如此高密度地进入人们的视线，对主办方或参展画廊而言，想要在这样非常集中又快节奏的艺博会中突出重围，必须有鲜明的特色、精准的定位。

一线城市的艺博会在激烈的竞争中表现更为突出、更加注重专题展示。从港台地区针对水墨艺术的香港水墨艺博会、专注于亚洲当代艺术的台北国际艺博会，到大陆地区的针对有一定经济实力和资深藏家服务的上海二十一当代艺术博览会、以影像为专题的影像上海艺术博览会，这些专题特性突出的艺博会都在慢慢耕耘，在一定程度上反映出打造特色鲜明的艺术博览会在未来将是重要发展趋势。

以影像上海艺术博览会为例，可以看出专业划分清晰、专题展示创新的重要性，以及在画廊展示、艺术引导与艺术家培养方面所呈现的规划与协调。影像上海艺术博览会由世界摄影组织主办，自 2014 年首届举办以来取得了不错的销售成果。2016 年的影像上海艺博会主要由核心（Main）、连接（Connected）和平台（Platform）三大板块构成。Main 是博览会的中心部分，呈现博物馆级别的现当代艺术摄影作品，申请画廊的资格须每年至少举办四次展览并且具有国际艺术家。Connected 是 2016 年新推出的板块，关注打破摄影与移动影像之间的艺术学科壁垒的艺术家作品，这是中国大陆首个集中展示此类作品并推介收藏的博览会项目。Platform 板块聚焦首次亮相中国大陆的国际画廊，增加博览会的国际风范。影像上海创办三年已经形成了自己鲜明的特色，不断挖掘专业深度，以达到品牌效应，这是国内艺术博览会在近几年来都在努力做的转型，同时也代表着艺博会市场本身在不断走向成熟、走向

完善的艺术体系。

现状 4：保持本土文化、拓展海外效应

从雄心勃勃的国际化到参展画廊逐渐本土化，这已经成为很普遍的艺博会现象。"艺术北京"创办人董梦阳认为艺博会"根本上还是以国际化的方式为本土服务"。现今的艺博会举办者不再一味追求国际化，而是将本土文化做扎实，在本土资源文化价值最大化的同时，拓展国际影响力和海外效应，做到兼顾本土与国际，使二者共生发展。"艺术北京"在创办之初定位于国际化艺术博览会，放眼国际艺术市场。由于文化差异在经历了经营不善之后调转方向，深耕"本土化"。随着本土化路线的成熟发展，"艺术北京"社会影响力逐步扩大，观展人数逐年增加，参展商整体水平提升。2016 年最大的亮点是以"迷思"为主题的特展来帮助公众解读西方艺术品，反映出"艺术北京"在把握市场资源方面立足本土的定位，培育和引导国内藏家群体的过程。

2016 年 3 月举办的香港巴塞尔艺博会在本土与国际的平衡中表现突出。第四届香港巴塞尔艺博会汇集了来自全球 35 个不同国家及地区的 239 间顶级画廊，展出了 4000 余位艺术巨匠的孤品。其中，"亚洲视野"特色单元为 28 家在亚太地区拥有展览空间的画廊提供平台，推出了包括个展、独有历史材料及主题式群展在内的展览项目。这一单元的设立一方面是为了确保推出具有代表性的亚太地区画廊，为本土画廊提供较好的商业机会，以便在亚洲艺博会市场维系领先地位；另一方面也可以保持"严格的编辑控制"，让巴塞尔艺博会不偏离国际化水准。

另外，从参加艺术博览会的海外展商数量也可以看出艺博会对本土与国际定位的变化。创办于 2013 年的 ART021 经过四年的运作，逐渐从立足本土到全面与国际接轨。在这四年中,国外画廊逐年增加,特别是日本画廊以乘积方式增长。2016 年，ART021 展出来自全球 29 个城市、共计 84 家画廊带来的上千件当代艺术佳作，参展的海外画廊数量首次超过了本土画廊。

在国际艺博会市场中，军械库艺博会 (Armory Show) 作为纽约本土特色明显的艺博会，也许能给我国正徘徊在"本土"与"国际"中的艺博会些许启示。2016年，军械库艺博会有来自 36 个国家和地区的 205 家画廊参展，虽然比上届画廊参展数量有所减少，但是依靠纽约的地域优势和本土的艺术资源，军械库艺博会在竞争激烈的艺博会热潮中还是显示了强劲的势头与特色。军械库艺博会新任总监本杰

明·吉诺奇奥（Benjamin Genocchio）在强调本土性的同时，将国际化的视野带入艺博会的战略拓展。"聚焦"单元是一大亮点，关注全球不同区域的艺术生态。2016年，这一单元将焦点转向了非洲艺术，由八个特别项目诠释"透视非洲"这一主题，呈现非洲新兴艺术家和流散艺术家的面貌。军械库不追求创造一个临时的艺术氛围，它是纽约艺术生态的一部分，特色是基于纽约，与城市紧密相连。军械库在目前群雄纷争的局面下，没有走扩张的道路，而是做到本土价值最大化和针对性的国际策略。这也充分说明本土是艺博会最根本、最丰富的土壤，离开本土的国际化会失去发展的方向。

现状 5：贯通产业链、促进市场成熟发展

在整个艺术市场生态链中，一级市场是联结艺术生产和艺术消费等非常重要的一个环节。当作为艺术品一级市场的画廊业发展成为一个规格巨大的产业群体，便需要艺博会作为产业发展的新生点，来拓展其展示、交流和交易的空间。西方艺术市场经过长期的发展，目前已形成了一整套完备的机制，由画廊、拍卖行、艺博会共同为艺术市场提供稳定坚实的基础。

从国内当前阶段来看，以拍卖为主的艺术品二级市场仍处于强势地位。画廊业作为一级市场，与拍卖业相比弱势地位明显。我国面临的是一级市场发展缓慢、市场规则不明确、产业链不完备的现状。由于中国艺术品市场的特殊结构，画廊、艺博会和拍卖行三者虽有竞争，但处于最重要的市场调整阶段，主要目标还是培育出健康成熟的中国艺术品市场。画廊在市场中扮演着从"艺术创作"到"艺术市场"的中介角色，有效地区分和整合学术价值和市场资源。它担当的是平台角色，而艺博会则是这一平台集聚化的体现。

现今，越来越多的艺博会开始着重培养中国本土画廊的参与度，这体现出只有培植出成熟的本土市场，才能为国际化打下坚实的基础。之前参展机构鱼龙混杂、参展商名单高度重合的情况已经被艺博会举办者用规范招商标准、严格执行准入机制所代替，以此来提高艺博会的质量。严格控制数量是对艺博会和画廊的尊重。艺博会对参展画廊提高要求，在一定程度上促使画廊业健康发展。例如，据主办方介绍，ART021 的首要目标是扶持中国本地画廊，在艺博会中引入的海外画廊的一大目的是为中国画廊做标杆。2016 年的 ART021 用限定主题的方式，鼓励中国画廊深思熟虑地引入作品，让中国画廊在艺博会上得到的不仅是销售业绩，同时也有学术水

平的提高。

　　一个健康、成熟的艺术生态对于艺术市场的发展具有决定性意义。我国现阶段艺博会的发展正在为培育良好的市场做出积极的尝试。艺博会通过自身在艺术产业链中的重要地位，在帮助中国画廊学习先进的策划经营理念，提升中产阶级的艺术品位，在不同文化氛围中挖掘艺术的多样性等问题上的作用显得尤为重要。

2016 年机构收藏

当 1992 年 10 月敲响大陆文物艺术品拍卖的第一锤，中国艺术市场便打破了国家指定特许经营的壁垒伴随着拍卖会机制的引入，艺术市场初现繁荣，民间藏家手中的珍贵文物逐渐浮出水面，大批流散在海外的中国文物艺术精品也开始通过拍卖向内地回流。1995 年起，国有博物馆初涉拍卖市场，通过购买文物为博物馆馆藏注入新鲜血液。

近年来，实力雄厚的大型企业携大量资本进入艺术品市场的活跃表现，对市场的信心恢复起到良性的引导作用，不仅在很大程度上推动了国内艺术品市场走出低迷的状态，更使得艺术品收藏从个人行为变为一种企业投资行为。与此同时，企业资本进驻艺术品市场也开启了企业美术馆、博物馆的时代，这些民营美术馆、博物馆的蓬勃发展对高质量的艺术品产生巨大需求。

另一方面，以优化藏品结构为目的，海外的博物馆会不定期处理部分藏品，因此拍卖市场上也偶见流传有序、出身名门的博物馆级中国文物艺术品。近期有代表性的如美国大都会美术馆的一批中国瓷器，以及日本藤田美术馆的几件国宝级青铜器及古代书画作品。

一 国有博物馆藏品征集市场化：逐步健全体制，与市场有机融合

国有博物馆始终是我国文物艺术品收藏的最坚强保障，最早的国家收藏行为甚至可追溯到汉代的"石渠阁"。改革开放以后，随着人们的物质生活水平提高、越来越重视精神文化层面的发展，国家大力发展文化事业，博物馆行业蓬勃发展，各省级博物馆相继新建或扩建，并辐射至地市（县）。1980 年至 1985 年，全国每 10 天

新建一座博物馆，1984 年达到高潮，每 2.4 天就有一座新博物馆出现，到 80 年代末，我国已有一千座博物馆。博物馆数量剧增导致藏品需求膨胀。与此同时，市场经济的深入发展给博物馆以前主要依靠考古发掘、调拨移交和私人捐赠的传统入藏渠道带来新活力，参与竞拍成为博物馆征集藏品的重要途径之一。

历史上由于各种原因散落在海外的中国文物艺术精品随着拍卖市场的繁荣浮出水面，为了让国宝重归故里，国有博物馆参与竞拍也成为必然选择。本着防止国宝外流、最大程度保护珍贵文物、发挥文物历史价值的原则，1995 年北京翰海秋拍，故宫书画专家徐邦达力排众议，在中央和国家文物局的支持下，以 1980 万元买下稀世珍宝北宋画家张先的《十咏图》手卷，创下当时中国书画艺术品拍卖价格的最高纪录，既阻止了国宝外流，也开创了国有博物馆从拍卖市场购买文物的先河。此后，许多珍贵的文物精品通过拍卖会形式被国有大型博物馆征购入藏。

法律法规的逐步健全也为国有博物馆藏品征集的市场化带来了新的机遇。20 世纪 90 年代中期的拍卖会上，国有文物收藏单位与其他民间及海外藏家共同竞价。然而国有博物馆等权威机构的参与可能导致其他买家跟价而增加购买成本，或现场突发高价超出国有收藏单位预算，以致失去购藏机会等多种不可控情况。针对这一问题，1997 年《国务院关于加强和改善文物工作的通知》在同年实施的《拍卖法》基础上，提出"定向拍卖"和"优先购买权"的概念。2002 年的《文物保护法》规定优先购买"价格由文物收藏单位的代表与文物的委托人协商确定"，并在 2003 年将此概念统一描述为"国家优先购买权"。有法可依后，2002 年，采用"指定拍卖"形式，由国家文物局作为唯一的竞拍者，在中贸圣佳秋拍现场以 2999 万元购得北宋书法家米芾《研山铭》，是海外文物回流的重要里程碑。

纵观国有博物馆进入拍卖市场的 30 余年，法律法规逐步健全，国有博物馆在不扰乱市场经济规律的前提下，不断寻找节约成本购藏文物的最佳方案。在这条崭新道路上摸索前进的过程中，国有博物馆面对各方压力与干扰，与艺术品市场深入互动，确实为征集藏品开辟了一条新渠道。2016 年新颁布的《文物拍卖管理办法》规定了优先购买权的行使方式，即协商定价或定向拍卖，"不得进入公开拍卖流程"。

二 企业收藏：增强资产配置与品牌内涵，开启企业博物馆时代

文物艺术品拍卖市场为国有博物馆提供新藏品的同时，也为企业收藏和私人博物馆的发展创造了有利条件。2016 年，拍卖市场上亿元级的中国文物艺术品多为企业竞得，

中国收藏
拍卖年鉴
2017

CHINESE FINE ART &
ANTIQUES AUCTION
YEARBOOK 2017

企业美术馆/博物馆积极参与拍场角逐，完善收藏体系。中国艺术品市场发展至今，国内市场上的文物艺术品价格不断上扬，近年逐步超越海外市场，大部分传统藏家的经济实力已不足以涉足高端市场，而实力雄厚的企业的介入，带动了艺术品市场投资收藏企业化和机构化的发展趋势。由企业家个人爱好转向企业资产配置与品牌建设，并向公共艺术教育过渡的趋势，引领着我国企业收藏进入企业博物馆时代。

国内企业的收藏历史相对较短，且多起源于企业家的个人收藏。近年来，大量企业资本进入艺术品市场，一方面是由经济环境导致。国内股市的不稳定、房产限购的调控、人民币的贬值，以及遗产税征收的落地，使得非常有限的投资渠道愈加收窄，而艺术品收藏正成为逐利性资本为数不多的、既便捷同时又有效的选择途径。另一方面艺术收藏不仅能够拓展企业品牌内涵，提升社会公信力，树立企业文化、塑造形象，也有助于企业的资产配置、财务安排。艺术品作为新兴的资产配置选项，在低迷的经济形式的笼罩下成为一个安全的避风港。

毫无疑问，企业收藏的重要意义，还在于其能够变私藏为公共资源。在国外，由美国著名财富家族洛克菲勒提供财务支持的纽约现代美术馆，以及索罗门·R.古根海姆基金会旗下的古根海姆博物馆等，都是享誉全球的私人博物馆，也是从企业收藏发展而来的典型代表。在国内，很多企业收藏也以国外先进案例为标杆，涌现出一批相对成熟的美术馆、博物馆，逐渐成为国有博物馆收藏的有力补充。2000年，中国保利集团以总价3000多万港币拍得的圆明园猴首、牛首、虎首，与澳门实业家何鸿燊捐赠的猪首共同珍藏在保利艺术博物馆内。宝龙集团在2013年秋季拍卖会上以1.288亿元高价购藏了黄胄的精品画作《欢腾的草原》，又在2016年保利秋拍分别以1.955亿元和1.6445亿元购得齐白石《咫尺天涯——山水册》和张大千《瑞士雪山》，集团旗下美术馆相继在青岛、上海开馆，包括美术馆、拍卖行、画廊、艺术中心的全方位产业链正在形成。在2016年保利秋拍的任仁发《五王醉归图卷》，被苏宁集团以3.036亿元购得，该集团已在南京和上海两地建设苏宁博物馆，此次大手笔购藏正是为了完善博物馆的藏品体系。藏有2.8亿港元的明成化斗彩鸡缸杯、3.48亿港元的永乐御制红阎摩敌刺绣唐卡、3.08亿元的王羲之《平安帖》，以及10.84亿元莫迪利亚尼的《侧卧的裸女》等一系列重量级藏品的龙美术馆创办人刘益谦，又在2016年以2.7068亿港元（折合人民币约2.25亿元）购得张大千《桃源图》、以1.73亿元拍得蒋廷锡《百种牡丹谱》。近年来万达集团在拍卖市场上也收获颇丰：1.72亿元的毕加索《两个小孩》，1.27亿元的莫奈《睡莲池与玫瑰》，潘天寿、石鲁、李可染、吴冠中、石齐等百位近代画家的千幅馆藏级作品等。据悉，为了将顶级的艺术展示给大众，万达美术馆正在筹备当中。

三 博物馆藏品淘汰市场化：优化馆藏结构，利于民间收藏

2016 年的艺术品拍卖市场除了各大企业及重量级藏家竞相角逐场面火爆，一场在纽约举办的拍卖会也引起了国内艺术圈的广泛关注。2016 年 9 月，纽约佳士得推出"美藏于斯——大都会艺术博物馆珍藏中国瓷器"专场，共 403 件藏品全部来自美国大都会艺术博物馆，囊括了从宋元到明清各时期的陶瓷作品，大部分来自 19 至 20 世纪知名经济学家、慈善家的捐赠，包括小约翰·洛克菲勒、塞缪尔·艾凡礼、摩根等。其中 204 件采用传统现场拍卖的方式进行，估价从 600 美元到 90 万美元不等，而另外 199 件则采取线上拍卖的方式，其中很多拍品无底价起拍。这样的价格划分满足了藏家不同层次的需求，为他们提供有差别的机会，而低估价也吸引了大量新买家入场。从成交结果来看，线上线下专场均斩获白手套，403 件瓷器共计交出了 1370 万美元（折合人民币约 9136 万元）的成绩单，其中"清康熙豇豆红釉莱菔尊 三行六字楷书款"以 204.5 万美元（折合人民币约 1365 万元）夺魁全场。

相比于其他民间收藏拍卖会，顶级博物馆释出的藏品来源正宗、流传有序，常常带有名人的光环效应，是藏家拥有显赫来源的珍品的绝佳机会。尽管此次大都会委托拍卖的瓷器多为博物馆库房内的重复藏品或有瑕疵的残品，精品比例很少，但作为其建馆 146 年来首度出售中国瓷器，且数量如此巨大，还是在中国文物艺术品收藏圈引起了轰动。

事实上，这并非大都会第一次拍卖藏品，更不是欧美博物馆第一次拍卖藏品。据统计，在过去 5 年中，佳士得曾代表博物馆及其他非营利机构拍卖过 257 件中国艺术品，成交率高达 98%。早在 2004 年，中国嘉德就接受波士顿美术馆委托成功拍卖其馆藏瓷器；2007 年，波士顿美术馆又委托中国嘉德拍卖了一批中文古籍，斩获白手套。2009 年，洛杉矶艺术博物馆的 29 件绘画作品出现在苏富比的拍卖清单上。2011 年，克利夫兰艺术博物馆馆藏的 32 件大师级油画、保罗·盖蒂博物馆的 15 件藏品、宾夕法尼亚美术馆和卡内基艺术博物馆的各 5 件藏品，都出现在拍卖会场上。2014 年，纽约现代艺术博物馆送拍藏品张大千《水殿风来》，大都会出售了一批西方古典大师绘画。2015 年秋拍，大都会又释出了不少绘画、雕塑、银器、家具和瓷器。

受到博物馆行业道德规范和各国博物馆条例的约束，博物馆当然不能随心所欲

中国收藏
拍卖年鉴
2017

CHINESE FINE ART &
ANTIQUES AUCTION
YEARBOOK 2017

出售藏品。在博物馆体系相对发达的欧美国家，实际已经形成了一套相对成熟的藏品退出机制。当博物馆认为某件藏品与整体的收藏方向不符，不再适合继续收藏，或是维护状况不佳，抑或是从未陈列展出过，在经过严格的估价过程后，先得到馆长的同意，然后取得董事会全票通过，才可以进行公开出售。《国际博物馆协会博物馆职业道德》2014 年修订版规定：从博物馆藏品或标本的注销或处理中得到的货币或补偿应全部用于藏品的利益，通常用于藏品的征集。《大英博物馆条例》要求：每次处理的物品必须是由基金会选出的，并且回收来的资金要求用于继续购买新作品。美国博物馆协会对于艺术类博物馆的要求更为严格：出售藏品的目的必须限制在为了购买新的艺术品。在 2008~2010 三个财年内，大都会艺术博物馆售出的馆藏总价大约 3700 万美元，所得收益用于优化博物馆藏品结构。大都会前馆长托马斯·P. 坎贝尔认为"就像园丁隔一段时期会修剪一次树枝那样，'出售馆藏'是任何博物馆运营都会有的健康的程序。这并不是投机行为"。

诚然，博物馆出售馆藏不是普遍现象，所售藏品数量在艺术市场所占比例也微乎其微，但杰出的来源出处、丰富的展览记录，往往成为艺术品独特的附加值，这无疑为转向集约化发展的艺术品市场找到新的增长点。

2016 年艺术金融市场

最近十年，中国艺术品市场的繁荣吸引了大量的资本涌入，加速了艺术金融的发展。作为一个新形态，艺术金融不是简单意义上的"艺术"＋"金融"，也不能理解成艺术产业与金融业的融合，而是指在艺术品及其资源资产化、产业化发展过程中的理论创新架构体系、金融化过程与运作体系、以艺术价值链构建为核心的产业形态体系，以及服务与支撑体系等形成的系统活动过程的总和。

如果将 2014 年中国艺术金融的发展称之为"挤出效应"年（货币超发，资产荒蔓延，经济长期处于低增长的"L"型发展运行中，艺术品作为优质资产效应被不断地"挤出"，艺术品资产越来越成为资产财富管理的重要工具），那么 2016 年则为"增量创新"年。中国艺术金融在传统金融主战场进展不大的情况下，由系统内在驱动与强大外部需求牵引而带来的创新发展效果明显。2016 年中国艺术金融及其产业取得了进一步发展，其主要的贡献来自平台交易，尤其是邮币卡电子化交易，银行、证券等其他层次市场的增长不明显，整体产业结构发展较为失衡。此外，艺术金融发展的互联网格局明显，有两大方向：一是艺术金融介入艺术电商；二是互联网艺术金融发展的势头可期，特别是基于艺术品及其资源资产化综合服务平台的发展完善基础上的艺术众筹、P2P 的发展会进一步释放创新活力。

随着艺术品资产化的步伐加快，艺术品已经成为人们保值增值的资产之一，催生了一系列的艺术银行业务、艺术品基金、文化产权交易所等创新的业态发展。

一　艺术银行业务

随着艺术金融的发展，"艺术银行"这一新兴名词也被推到了风口浪尖。艺术银行包含两个方面的含义：艺术银行（Art bank）和艺术银行业务（Art banking）。前者是以艺术品为存取租赁物的委托机构，多为公益性，旨在扶植本土艺术的发展；后者指艺术品投资的银行业务，主要由私人银行发展而来。在我国发展较为迅速、备受关注的是以投资为导向的艺术银行业务，主要包括艺术品质押融资和艺术财富管理。

我国的艺术银行业务吸收了欧美的发展经验，存在较多共同点，如：目标客户多为高资产净值人士、与艺术品专家紧密合作、将赞助艺术活动作为企业社会责任和文化品牌宣传等战略性投入。然而，由于我国的艺术银行业务起步较晚，且市场机制建设不够完善，银行机构普遍持谨慎和观望的态度。2007年开始，民生银行首开了艺术品理财产品的先河，对50万元以上的高端客户发售了"非凡理财——艺术品投资计划"。2009年，潍坊银行开始与画廊合作，进行了首个艺术品质押融资业务。随后，中国工商银行、招商银行、农业银行等也纷纷试水艺术品质押贷款业务，但是由于业务领域较为陌生、未能形成行之有效的风险管控模式，规模体量一直较小。近几年，以潍坊银行、包商银行为代表的地方性银行灵活发挥自身优势、结合当地实际，大胆进行业务模式创新，建立了专业的艺术品质押贷款队伍和配套服务设施，取得了不错的成绩。

艺术品质押融资

目前我国以银行为主导的艺术品质押融资有三种模式。第一种是常规模式，与其他动产的质押融资并没有本质区别。例如，2015年5月深圳同源南岭文化创意园有限公司以其收藏的中国苏绣艺术大师任慧娴的一批苏绣艺术品作为质押物，向建行深圳分行贷款3000万元。为了进行精确评估，经文化部推荐，组织了由5名专家组成的评估小组，对这批苏绣进行了实地查勘、市场调查、询证和评估，最终确认154件苏绣的市场总价值为5000万元；第二种是潍坊银行使用的"预收购"模式。早在2009年，潍坊银行就开始了金融资本与艺术品市场融合的探索，提供艺术品质押融资服务，以其认可的艺术品为质押标的，向符合授信条件的借款人提供授信等综合性金融服务，成为中国商业银行首次以书画为质押标的发放贷款的银行。截至2016年11月末，潍坊银行艺术品质押融资贷款业务累计投放45亿元人民币，形成了集艺术品融资服务、艺术品仓储服务、艺术家推荐与策展服务、中国艺术金融数据库于一体的相对完整的艺术金融服务产业链；第三种则是大型机构主导模式。这种模式的典型案例是，乌鲁木齐商业银行、乌鲁木齐农村信用合作社、万盛达小额贷款公司与和田玉市场信息联盟交易中心共同签约，确定每年向全国玉石行业提供一定规模的贷款。玉石质押融资主要接受和田玉白玉子料的质押，其贷款方式依据《和田玉白玉子料分等定级标准》，结合当季和田玉市场信息联盟发布的价格行情，由新疆和田玉市场信息联盟交易中心的专家对质押和田玉进行评估。银行的放贷金额一般是评估价的七折，小贷公司的放贷金额一般是评估价的二至三折。

对比而言，欧美的艺术银行业务发展历史悠久、体系较为完善，业务流程更为灵活。以美国银行机构为例，由于信用环境发展成熟，在受理艺术品质押贷款业务时，银行只需根据借款人的信用记录和整体财务状况，以及公认的第三方艺术品鉴定评估机构对抵押标的物的评估，就可提供评估价格一定折扣的贷款。例如，花旗银行的私人银行部通过"艺术品咨询服务"给客户提供艺术品质押贷款服务，融资额度可以达到艺术品价值的 50%。

其次，欧美的艺术银行业务更多地是对客户投资业务的拓展。历史最久和规模最大的几家商业银行，如瑞士联合银行集团、德意志银行、摩根大通银行、花旗银行、巴黎银行、荷兰银行等，都已有完整的艺术银行业务部门，提供一整套的艺术品投资管理与咨询服务，银行可从这类业务中收取可观的费用并且增强顶级客户对银行的满意度与黏性。

值得注意的是，近几年，互联网企业开始撼动艺术品与银行的关系版图。贷款是商业银行的重要收入之一，然而嗅觉灵敏、反应快速的互联网企业依托着庞大的用户优势，开始抢占原来属于银行的消费贷款市场。艺术品电商平台根据以往客户交易和支付习惯等因素数据评分，结合风险控制模型，可以给予客户几千至几万元不等的个人消费信用贷款额度。消费者在电商平台上购买艺术品时，可以选择分期或赊购等方式，使金融与艺术品消费巧妙对接，刺激销售额大幅攀升。

易拍全球与潍坊银行联合推出的艺术品消费类金融产品——"易拍小贷"是艺术金融领域的一项创新举措。它通过对买家在易拍全球的交易频次、平均交易金额、交易量等交易行为记录，进行大数据分析，为买家进行严格的信用评分，将买家分成不同的信用等级，根据不同条件，为买家量身打造小额消费贷款服务。买家可以利用贷款进行竞拍，不占用个人资金周转空间，大大提高了资金的灵活度，摆脱暂时的现金流限制，在收藏和艺术投资领域抢占先机。

二　艺术品基金

2000 年以来，伴随着全球艺术市场的繁荣，欧美国家涌现出了大量的艺术品

中国收藏
拍卖年鉴
2017

CHINESE FINE ART &
ANTIQUES AUCTION
YEARBOOK 2017

基金。艺术品基金大多属于私募范畴，主要面向高净值的合格投资者，一般遵循风险共担、收益共享的原则，将投资者分散的资金集中起来，由基金托管人托管、基金管理人运作，并通过多种艺术品组合的投资方式，以达到最终实现较高收益的目的。中国的艺术品基金是向欧美学习的产物，主要发行方为信托公司与私募基金公司。2010 年是"中国艺术品基金元年"，金融机构、企业、基金公司纷纷推出艺术品基金，其资产规模迅速接近 10 亿元。根据德勤《艺术与金融报告》发布的数据显示，截至 2012 年底，中国的艺术品基金的数量达到 90 支，规模达到 14.81 亿美元，数量、规模和热度都远远超过同期欧美艺术品基金的水平。

然而，伴随着 2012 年开始的艺术品市场回调，中国艺术品投资基金发行的规模和数量一直在下降。德勤《艺术与金融报告》根据公开发布的数据显示，2015 年，中国的艺术品基金数量萎缩至 34 支，规模降至 6.52 亿美元。由于经济增速放缓、市场监管加强以及礼品市场的萎缩，艺术品市场规模明显下滑。在这种情况下，艺术品基金的运营变得较为艰难，艺术品基金兑付风波不绝于耳，再加上银监会对艺术品等高风险的资产要求更高的资本金，导致信托公司和私募基金公司发行艺术品基金的动力大大下降。

艺术品基金在飞速发展的同时暴露了其不稳定性的根本——鉴定估值难、持有和运营时间过短。后者在这一时期的问题尤为严重。中国人民大学艺术品金融研究所副所长黄隽指出，艺术品基金运营模式与一般的基金产品不同，成本费用较高。艺术品信托基金产品除了要支付投资者与其他信托产品相似的收益率外，还要覆盖较高的成本，艺术品基金回报率要超出常规项目很多才能达到要求。因此，艺术品基金一般需要较长的持有和运作时间才能够分摊和覆盖成本，艺术家的成长也需要时间，在短期内让艺术品快速升值的压力会非常大。国外艺术品基金通常期限为 5~15 年，甚至更长。在 2009~2011 年中国艺术品市场爆发式发展的时期，国内发行的艺术品基金期限大多为 2~3 年，不少艺术品基金踏准了节奏、搭上大势的顺风车，取得了较好的收益，也刺激多家信托公司发行艺术品信托基金。2012 年以后，一些艺术品基金将期限延至 4~5 年，但是投资者大多急功近利，不关心艺术品行业的特性，对较长的投资周期没有信心，认可度不高。为了在短期内达到高回报，会迫使一些基金公司通过制造事件、炒作和过度包装等提高艺术家的知名度。急功近利的运作强化了艺术品的投机行为，削弱了艺术品的精神属性，不仅会伤害艺术家，也不利于艺术市场的长远发展。

相关政策的出台为艺术品基金的回归与发展提供了条件，但在艺术品市场整体低迷的大背景下，艺术品基金要实现突围就必须进行创新。2014 年 7 月，证监会发布《私募投资基金监督管理暂行办法（征求意见稿）》，以艺术品为投资对象的私募基金被纳入监管范畴，合伙制基金也被明确认定适用此监管方法。这一消息使得投资者信心受到提振，使得私募模式代替公募成为主流方向，迎来了艺术品基金的回归期。这一阶段艺术品基金领域出现了特色化的新尝试，也吸引了券商、互联网金融等新资本的加入。在券商创新大会上，监管层在创新"十一条"中大力鼓励另类投资领域的金融创新，包括资产证券化、贵金属、大宗商品和艺术品等。此外，2016 年，更多信托资本通过服务艺术品市场及艺术家来寻求发展机遇。2016 年初，建信信托与青年艺术 100 联姻，推出了为期 12 个月的艺术品消费信托产品，为艺术品与金融的对接提供了新的思路。在信托计划运行期间，由受托人负责投资资产、运行和管理，委托人可选择行使消费权购买艺术品，也可选择放弃消费权。艺术品消费信托基于客户对艺术品的兴趣爱好，目的是推动优质的艺术品消费，而不是保值增值的投资，即回到了艺术品文化精神产品的原点。目前，艺术品消费信托还在探索和尝试阶段，最终效果还需要市场的检验。

三 文化产权交易所

文化产权交易所（简称文交所）最早的雏形来自于法国，但事实上落地生根、投入实践却是在中国，因此文交所是中国独创的产物，是中国艺术金融领先于世界的创新。文交所一方面是为文化产权交易提供服务的专业化平台，另一方面又与银行、证券等构成文化领域的多层次市场，是其中重要的组成部分。文交所的出现降低了大众参与艺术市场的门槛，依托文化产权结合实物的艺术金融产品，从真正意义上让艺术品走进"寻常百姓家"；同时，电子交易平台为艺术市场引入"互联网思维"，加快了平台化发展。

文交所自 2009 年产生至今仅八年时间，八年间文交所经历了创立、扩张、修整，可谓是"摸着石头过河"。2009 年至 2011 年为文交所草创阶段与快速发展扩张阶段。2009 年 6 月，上海文化产权交易所正式挂牌成立，由此，以文化物权、股权、债权、知识产权等为交易对象的专业化市场平台首次在国内出现。当年 11 月，深圳文化产权交易所也挂牌成立。随后，在国家政策推动下，天津、沈阳、郑州、南京、南昌等城市相继成立文交所，全国掀起文交所建设热潮。

中国收藏
拍卖年鉴
2017

CHINESE FINE ART &
ANTIQUES AUCTION
YEARBOOK 2017

2011年下半年至今为文交所的整顿清理阶段。由于制度设计缺陷以及缺乏相应的监管，文交所出现了过度投机现象。为了保护投资者利益，中央连续出台了《关于清理整顿各类交易所 切实防范金融风险的决定》《关于贯彻落实国务院决定加强文化产权交易和艺术品交易管理的意见》，叫停艺术品份额化交易。2016年4月，国务院在全国范围内启动了为期一年的互联网金融专项整治，明确互联网企业未取得相关金融业务资质不得依托互联网开展相应业务。清理整顿各类交易场所部际联席会议也发出了风险提示函，要求解决交易场所存在的违法违规问题。这一持续数年的整治给多数文交所带来影响，但是从长期来看，也使得生存下来的文交所拥有了更为规范的运营模式，避免了风险与泡沫。

综合目前全国各文交所的经营范围，主要可归纳为实物交易、文化产业与项目投融资、文化创意版权交易、文化产业配套服务四方面。

1. 实物交易在目前阶段主要表现为艺术品实物集成电子化交易，是在艺术品份额化被叫停后的创新发展，以南京文交所、南方文交所为首的"邮币卡电子盘"实践带动了此次交易模式创新的热潮。艺术品实物集成电子化交易基于综合服务平台，在会员中对标准化标的物进行持续的电子化交易。由于交易物价值认同度高、单价较低易于参与、交易方式灵活等原因，以邮币卡为主的艺术品实物集成电子化交易发展迅猛。据统计，2016年邮币卡电子盘的交易规模达4000亿元人民币。在邮币卡电子盘的引导下，越来越多的创新发生在艺术品实物集成电子化交易的过程中。以南方文交所艺术交易中心为例，其交易品种涵盖字画、玉石瓷器、非遗工艺品、艺术材料、限量复制品等广泛门类，挂牌价由十元至数千元不等。

2. 文化企业与项目投融资主要为了解决文化产业轻资产带来的融资与股份改造困难，需要具备一定资质的专业平台进行。如深圳文交所的国有产权交易中心、上海文交所的文化企业股权挂牌交易服务、北京"文交联合"文交所的文化项目众筹服务等。

3. 文化创意版权交易是文化创意产业蓬勃发展的产物，文交所可以对各类文化创意版权进行评估、登记、信息发布、交易结算、权属过户等全流程服务。

4. 文化产业配套服务发挥了文交所的服务功能，使其不仅仅是交易平台。文交所的配套服务日益多元化，除了传统的文化艺术品托管、鉴定、所有权登记、公正等服务外，还开辟了企业战略咨询、法律咨询、资产评估等，提升了文化资源的配置效率。

　　作为中国创新的业态产物,文交所的发展举世瞩目。据统计显示,截至2016年底,我国发布指数的78家主流邮币卡交易平台全年总交易额已达3.965万亿元。然而,在文交所蓬勃发展的同时也不应忽视其背后存在的诸多风险与问题。中国艺术产业研究院副院长西沐教授表示,"文交所的社会定位与智能还未确立,探索还将是一个较长的过程。再加上由于文化艺术资源特性的影响,使得我们跨过这一过程的基本动力无疑就是创新"。他指出"改革的方向不外乎两个:一个是与通过治理整顿的文交所进行整合与融合;二是转型为交易中心或其他平台形式,创新产品"。

党的十八届三中全会提出"鼓励金融资本、社会资本、文化资源相结合","十三五"规划纲要提出把文化产业建成我国的支柱产业。当前，在推进供给侧改革、重构新型供需关系的背景下，发展文化产业对于稳增长、促改革、调结构、惠民生、防风险以及提升国家软实力等将发挥不可替代的作用。艺术品市场作为文化产业重要的组成部分，其健康发展的重要性不言自明。

中国艺术品市场进入深度调整期已五年有余，宏观经济增速放缓对其有一定影响，然而最主要的原因还是中国艺术品市场及其产业支撑体系长期以来存在的痼疾难以得到解决，这已成为中国艺术品市场发展转型的瓶颈。归根结底，中国艺术品市场的最根本的问题是诚信机制还没有完全建立，使得商品经济体系中最为基础的货真价实、公平交易原则难以实现。在此基础上，艺术品鉴定及价格评估机制不健全、退出机制欠缺的问题加剧阻碍了艺术品市场健康有序的发展。从艺术品市场外部来看，法律监管的缺失以及不合理的税收制度也助长了中国艺术品市场的问题滋生。

一　诚信问题

长久以来，业内人士普遍认为诚信问题的核心就是"三假"问题，即制假、售假、假拍。事实上，艺术品市场的诚信机制欠缺问题并不能笼统地归咎为某一方的责任，市场参与主体都有各自的利益诉求，各方都存在不同形式的有悖诚信的行为。

1."制假"现象动摇艺术品市场根基

"制假"现象的横行成为藏家进入艺术品收藏与投资的主要风险之一，极大地挫伤了艺术市场的信心。艺术市场从业者及研究者均认为，艺术品如果买对了是没有风险的，它最大的风险在于你买的是赝品。2011年拍出的天价"汉代玉凳"仍让人记忆犹新，这套由江苏玉雕匠人在2010年加工的工艺品，在中间商的包装下，成了2000多年前的"文物精品"。一般来说，仿制艺术品被分成三类：质量最好的拿去拍卖，质量居中的拿到古董市场，而水平较差的就流向了跳蚤市场。高质量的艺术品是艺术品市场得以发展的根基，多年来，许多赝品在一个又一个买家手上流转，价格也一路高升，当其真伪大白时，不仅会动摇藏家的收藏信心，也将对艺术品市场带来重创。

2."假拍"现象严重扰乱市场秩序

影响文物艺术品价格的因素很多，然而当艺术品与股票、房地产并列成为主要投资渠道时，市场需求便成为价格公式里的大比例权重，哄抬价格的"假拍"行为严重扰乱了正常的市场秩序。委托人和拍卖人联手"做局"，在拍卖过程中自拍自买、虚高市价，把一些价值普通的艺术品炒作成潜力股，造成升值空间巨大、作品抢手的假象，进而达到误导普通藏家盲目跟进的目的。也有部分拍行为提高成交率，在拍卖会现场安排"托儿"，一是起到烘托气氛的作用，让不明就里的藏家跟风举牌；二是在拍品乏人问津时阻止成交价过低或流拍，让市场看上去比实际更红火。早在2004年颁布的《中华人民共和国拍卖法》中就规定"委托人不得参与竞买，也不得委托他人代为竞买"，2015年的修订版也保留了此项。香港的《假拍卖条例》对"假拍卖"做了更详细的解释，"拍卖之后所付的价钱低于所出的最高价；拍品售价的全部或部分货款在拍卖结束后退还或拨归出价人；用以支付拍品的全部或部分货款由拍卖发起人或协助发起人提供"则均谓之假拍卖。

3."售假"现象遏制市场良性发展

如果说"假拍"故意扰乱市场价格规律，那么"拍假"则严重侵害了买受人的利益，使拍卖人声誉受损，甚至给原作艺术家带来难以挽回的伤害。诚然，拍品不保真是国际艺术品拍卖的行业惯例，在西方近300年的艺术品拍卖史上，没有一家拍行能做到完全保真，就连苏富比、佳士得这样的全球领军拍卖企业，尽管拥有世界一流的鉴定团队，也从不承诺保真拍卖。我国的《拍卖法》第61条规定："拍卖人、委托人在拍卖前声明不能保证拍卖标的的真伪或者品质的，不承担瑕疵担保责任。"但是我们讨论的"拍假"区别于这种受学术水平及科技条件限制而无法鉴别、导致赝品被拍卖的情况，即：拍卖公司不能够知假拍假，不能有意识地推卖赝品，更不能以"瑕疵不担保"为保护伞，回避自身的法律责任。

文物艺术品售假的另一个重灾区便是各地古玩市场。古玩市场由于入场零门槛，文物种类繁多，价格相对较低，常有买家抱着"捡漏"的心态盲目出手。由于缺乏相关法律法规保障，古玩市场的赝品比例远远高于拍卖市场，甚至有业内人士认为古玩市场上九成以上都是赝品。

哈佛大学前亚洲艺术品策展人罗伯特·D.莫里说"市场上总会有赝品，不过是比例问题"，而目前来看，对赝品的担忧似乎已经影响到了人们对中国艺术品市场的热情。依据《TEFAF2016全球艺术品市场报告》显示，2011年至2015年，中国文物艺术品拍卖市场的流拍率由49%一路攀升至57%，流拍率的持续走高一方面说明市场供需存在不平衡，另一方面也是由于拍品质量问题引起买家顾虑，出手谨慎。如果艺术

中国收藏
拍卖年鉴
2017

CHINESE FINE ART &
ANTIQUES AUCTION
YEARBOOK 2017

品的真实性得不到保障，将会遏制新藏家继续进入市场。

4."交割率低"降低市场整体信用度

除了业界诟病已久的"三假"现象，"交割率低"成为阻碍中国艺术品拍卖市场良性发展的另一颗毒瘤。竞拍成功后不能完全付款的情况虽然存在于国际艺术品市场，但在我国拍卖市场尤为严重。在发展较为成熟的欧美艺术品市场，参与者非常看重自己的声誉和信用，加之法律法规严格，拍场上的举牌和落锤行为都具有法律效力。我国《拍卖法》第 39 条虽然明确规定买受人拒付款的行为属于违约，但国内艺术品拍卖实践中却鲜有拍卖人因买受人拒付款而将其诉诸法律的案件，可见拒付款的违规成本之低。

为应对拍后拒付款的现象，国内各家拍卖行更倾向于提前预防，在《拍卖规则》中要求竞买人在领取竞买号牌前交纳竞买保证金。文化部在 2016 年 2 月发布的《文化市场黑名单管理办法（试行）》中指明，约束监督的对象仅限于经营主体，即拍卖行；而对于恶意参拍、拒付款的买受人，虽然目前还没有建立法律层面的黑名单体系，但不少拍卖行已经开始尝试公布交割率。中拍协每年会对交割率做出统计：截至 2016 年 5 月 15 日，在 2015 年成交的所有拍品中，完成结算的比率（按成交价格计算）为 58%，较 2014 年增长了 4 个百分点，已经达到 5 年来最高值。而在成交额超过一千万元的拍品中，完成结算的比率（按成交价格计算）更从 2014 年的 35% 增长至 2015 年的 52%，增长了 17 个百分点。整体交割率虽然呈现缓慢上升趋势，但未完全付款的比例仍然过高，由此形成的"三角债"关系对以诚信为基础的拍卖市场来说是致命的。在买家提高自身信用的基础上，也需要为自己的失信行为付出代价。

拍卖市场是一个由委托人、拍卖人和买受人三方共同形成的利益链条，其中任何一环的失信行为都将给整个市场环境带来沉重打击，也必将波及其自身的利益。中国的艺术品拍卖市场还处在由投机行为向理性收藏与投资的转型期，需要参与者自我意识的觉醒，更需要健全的法律体系加以约束。

二　缺乏健全的鉴定及监管体系

诚信机制的建立依赖于健全的鉴定及监管体系。然而，我国目前权威鉴定机构有限，艺术品市场整体缺乏科学公正的鉴定程序与标准；此外，规范艺术品鉴定的法律法规也不完善、行业自治的法律监管体系受到忽视。这些问题进一步加剧了诚信问题的恶化。

1. 缺乏科学权威的鉴定程序与标准

目前国内有上百家鉴定机构，但截至目前仅有 65 家（见附录）经文物行政部门

中国收藏
拍卖年鉴
2017

CHINESE FINE ART &
ANTIQUES AUCTION
YEARBOOK 2017

批准和工商部门登记注册，大部分只是在工商部门登记却未得到文物部门的批准与认可，往往鉴定水平参差不齐，造成了艺术品鉴定行业的混乱。其次，中国文物艺术品品类丰富、历史悠久、数量庞大，相关专家学者鉴定需依靠科技手段和个人经验的结合。但是，个人经验只可意会，无法准确地描述，更没有办法做科学的界定。此外，民间鉴定机构易受利益驱动影响。目前艺术品市场上民间鉴定机构的收费标准是被鉴定评估的文物艺术品评估结果的1%~5%，即最终评估结果呈现的价格越高，鉴定评估机构的获益也就越大，导致鉴定结论的利益导向性太强。只有彻底斩断鉴定收费和艺术品估价水平间的利益链，才能保证鉴定结论的客观公正性，遏制"出钱就给证"的扭曲现象。

2. 缺乏规范艺术品鉴定的法律规则

我国艺术品市场的法律机制适应市场需要，不断调整修改、自我完善，对艺术品行业的发展起到了至关重要的促进作用，但仍存在问题。

文物鉴定是一个主观认知的过程，必然存在出错的概率性和风险性，国际拍卖行业惯例"不保真"也是建立在鉴定的本质——辨伪而非判真——之上的。然而文物艺术品鉴定机构开展的有偿鉴定活动，实质上是一种经济行为，理应对其所做的鉴定结论负责，承担虚假鉴定的法律责任。文化部2016年1月颁布的《艺术品经营管理办法》规定了艺术品经营单位从事艺术品鉴定、评估等服务，应当"书面出具鉴定、评估结论，鉴定、评估结论应当包括对委托艺术品的全面客观说明，鉴定、评估的程序，做出鉴定、评估结论的证据，鉴定、评估结论的责任说明，并对鉴定、评估结论的真实性负责"。然而，哪些机构或个人有资格出具鉴定报告？如何判断鉴定结论是否正确？以及鉴定结论不正确，且对买受人利益造成损害时如何解决、如何问责等等问题都还有待解决。文物鉴定的失误率客观存在，但不能成为逃避责任的挡箭牌。

2015年修订的《拍卖法》中规定了拍卖人有"说明拍卖标的的来源和瑕疵"和"委托法定机构对拍卖标的进行检验、鉴定、评估"的义务，2016年《艺术品经营管理办法》也要求"艺术品经营单位应买受人要求，应当对买受人购买的艺术品进行尽职调查"，提供来源证明或第三方证明文件，但都未对买受人如何维权做出解释。2009年的《中国拍卖行业拍卖通则（文化艺术品类）》中规定，买受人自拍卖日起30日内可以向拍卖人提出赝品退货的要求，相比于苏富比和佳士得赝品退货5年的时限，30日内要求买受人发现问题并完成取证，是否过于苛刻？另外，如何判定拍卖人、委托人是否"知假拍假"？拍卖人、委托人提交的鉴定证书或其他同类证书，是否意味着瑕疵担保？这些问题还需要进一步讨论。

3. 忽视行业自治的监管体系

当前我国艺术品拍卖市场上存在的赝品盛行、虚假交易、知假拍假等问题，并不是个别现象，而是困扰整个行业的普遍现象。只有整个行业共同建立规则、共同遵守、互相监督，才能扭转目前的乱象。作为现代拍卖行业的发源地，英国早在1845年就颁布了世界上第一部拍卖法律《1845年拍卖商法案》（Auctioneers Act 1845）。英国拍卖法律法规经过不断演变，形成了有拍卖法律、拍卖行政法规、拍卖规章和拍卖操作规程四个层面组成的拍卖行业监管体系。但同时由于相对于其他行业而言，拍卖的法律法规较为零散，严格的行业自治是英国拍卖市场得以健康发展的重要保障。英国拍卖企业众多，也为此成立了很多行业协会，拍卖行可以根据其业务性质或范围选择加入一个或多个行业协会，各行业协会基本会对其下属会员规定相应的从业规范。比如英国古董经销商协会规定：会员必须保证对其所拍卖的物品已尽到查验、核实之义务，一旦拍品被认定为赝品，会员必须保证向当事人退货；如果会员被发现故意拍卖赝品的，行业协会将取缔其会员资格。

我国的文物艺术品拍卖模式承袭的是英美的职业授权操作模式，即获得授权的职业者拥有执业的权利，行业协会对从业者有着严格的准入原则和考核体系。2011年，中国拍卖行业协会颁布的《中国文物艺术品拍卖企业自律公约》是我国行业自治的重要里程碑，《公约》执行机构定期公布成员名单，对违反公约的成员，也会采取相应的处罚措施。在我国艺术品市场的大环境下，层级较低的行业规范只能要求拍卖企业自律，而拍卖行的违规行为不置于法律框架下，一定程度上也无法切实保障竞买人的合法权益。艺术品市场的许多问题不是市场本身可以解决的，还需要依靠法律机制调整、完善。我们在引入西方艺术品拍卖模式的过程中，也要结合我国艺术品市场起步较晚、发展迅速、交易额庞大、学术理论未成体系等特点，建立健全的艺术品市场法律法规及行业规范。

三 缺乏科学权威的价格评估体系，市场退出机制建设滞后

随着艺术品资产化进程加快，人们购买艺术品已经不再单纯是为了审美需求而进行收藏，更多买家出于保值、增值的投资需求。完善的市场退出机制能够有效地控制并降低投资风险，因而能否顺利将资金退出市场成为评判投资好坏的重要标准之一。西沐教授指出，艺术品市场的退出机制核心即是艺术品的变现及流转能力。

然而，无论对个人还是机构而言，我国艺术品市场目前的退出模式较为单一，主要为通过拍卖将艺术品变现。虽然一级市场私下交易也是艺术品变现及流转的渠道之一，但是由于缺乏公开透明，往往较为混乱，使得投资者望而却步。此外，前几年活跃一时的文交所份额化交易提供了艺术品投资市场退出的新模式，然而出现的严重投机问题给投资者带来了巨大风险，被监管方叫停。因此，拍卖在目前承担了艺术

中国收藏
拍卖年鉴
2017

CHINESE FINE ART &
ANTIQUES AUCTION
YEARBOOK 2017

品市场退出的主要功能。但是由于拍卖会举办频率较低、成本较高以及能否成交存在较大的不确定性，拍卖并不是最为理想的艺术品变现及流转方式。

退出机制的滞后使得艺术品投资风险难以有效控制，极大地阻碍了中国艺术品市场资产化、金融化、证券化（大众化）的进一步发展。究其原因，除了上文提到的缺乏健全的文物艺术品鉴定体系及监管体系之外，另一个重要原因即是缺乏科学权威的价格评估体系，使得艺术品的估价常常与实际价值偏离较大。业内人士普遍认为，艺术品质押融资的难点就在于质押物艺术品的鉴定和估值，以及其评估结果的认可度。潍坊银行开创了艺术品质押贷款"预收购"模式，绕开了价格评估的难题，将市场的风险转回到市场，然而并没有从根本上解决此项业务的难点。同样的，国内现阶段开展艺术品保险业务的保险公司较少，主要原因就是艺术品估价体系尚未建立，价格难以确定；保险公司和投保方在艺术品的估价方面常常存在巨大的分歧，为了免受过高的责任，不敢贸然承保。据此，建立健全的艺术品鉴定体系和价格评估体系迫在眉睫。

艺术品的异质性和交易的不频繁性是其作为投资品区别于其他传统金融资产的两大特性，因此艺术品的价格评估需要更为专业化及具备权威的个人或组织机构完成。反观我国现状，由于拍卖市场挤压一级市场强势发展、成为主要的艺术品投资市场退出方式，拍卖公司承担了主要的艺术品价格发现、价值塑造功能。但是拍卖市场的逐利特性决定其并不能成为一个完全有序规范的市场，无法对艺术品价格的评估进行科学公正的反映。对比西方发达国家的艺术品投资市场发现，专业的鉴定评估工作主要由评估师完成，而没有一个评估师是全能的，他们十分看重自己的权威性和在业界的信用度。在美国，评估师须是国家认可的评估协会的成员，协会对其进行认证和考核。美国业界普遍认可的三大评估师协会为美国评估师协会（Appraisers Association of America）、美国社会评估师协会（American Society of Appraisers）、国际评估师协会（International Society of Appraisers）。同时，协会定期对会员进行信用资质的评级，一旦评级过低则会被开除，取消评估师的资格。艺术品评估协会对评估师进行认证和考核，但估价规则与规范要按照国家认可的《价值评估行业统一操作标准》（Uniform Standards of Professional Appraisal Practice，简称 USPAP）规定执行。USPAP 对估价的规则、规范、评估过程以及评估报告撰写都有明确的要求。

四 税收问题

　　税收是艺术品市场发展的重要政策环境。在中国现行税制下，艺术品市场的交易、流通、出入境、财富管理等不同环节分别需要缴纳不同税种，主要包括：艺术品一级市场上，市场交易主体（主要是画廊）需要缴纳增值税；艺术品二级市场上，市场中介企业（主要是拍卖行）需要缴纳营业税；国外艺术品入境环节，进口商需要缴纳关税和进口环节增值税；艺术品一级和二级市场上，画家和拍卖委托人分别需要缴纳个人所得税，画廊和拍卖行都需缴纳企业所得税。

税收在一定程度上规范了艺术品市场，但问题也随着市场规模的扩大而显现出来。有业内人士称中国现行的艺术品市场综合税收为世界之最，成为艺术品市场发展的绊脚石。高额的进口税收、画廊与画家面对重税出现的地下交易和逃税现象、拍卖行所承担的重复征税问题，都严重阻碍着艺术品市场的健康发展。

首先，高昂的综合税收削弱中国艺术品市场的国际竞争力。

艺术品作为一种特殊商品，行业内对减税的呼声一年高过一年。高税费就像一道高墙，将海外的藏家和艺术品挡在门外，不利于中国艺术界与海外的跨文化交流，长远来看会削弱我国艺术品市场的国际竞争力。

我国艺术品进口关税近年来持续下调，从 12% 下降到 2012 年起暂行的 6%，再到 2016 年底，国务院关税税则委员会审议通过《2017 年关税调整方案》，其中有关艺术品的关税暂行税率再次降至 3%。对此，业界普遍持支持赞赏态度，但同时也认为对行业影响不大，艺术品综合税率依然过高。中国拍卖行业协会副秘书长欧树英表示，"减税放活市场。但光减税是不够的，相比 17% 的增值税，关税减免的只是'毛毛雨'"。

相比其他国家而言，中国的综合税费明显处于高位。所有艺术品在进口时都会涉及两种税：一是海关征收的进口关税；二是进口后所在国家税务机关在国内环节征收的税。美国、英国、加拿大、新西兰、韩国、白俄罗斯等国以及中国香港、台湾地区的艺术品进口关税为零；即便是征收的国家，税率也很低，比如摩洛哥王国的关税仅征收 1.25%。对于文物艺术品进境环节的增值税，英国仅征收 5%（以非营利为目的的艺术品进口免征增值税），德国仅征收 9.5%（优惠税率为 7%），而我国高达 17%。假设某大陆藏家从国外购买了一件 100 万美元的作品，运费和保险费等先忽略，仅进口关税 (100 万 ×3%) 就是 3 万美元。另外还需缴纳 17% 的增值税 (100 万 +3 万)×17%=17.51 万美元。这多出来的 20.51 万美元税收费用大大增加了藏家收藏艺术品的成本，限制了国际艺术品在中国的流通。而且在实际交易中，除了增值税部分，艺术品消费还要承担消费税、营业税等多种流转税费，艺术品进口的综合税率往往超过 30%。

诚然，正如中国财政科学研究院副院长王朝才所言，中国是发展中国家，艺术行业相关税收不能跟发达国家相比。但同时，他也不否认政府未来会按照相关程序对艺术行业的税收进行调整的可能。

其次，艺术品综合税收过高，阻碍海外文物回流进程。

据联合国教科文组织的不完全统计，1840年至1949年的100年间，我国大量文物流失海外：在全世界47个国家、200多个博物馆中，中国文物数量达164万件，加之民间收藏，流失海外的中国文物可能超过1000万件。

近20年来，拍卖一直是中国文物回流的重要途径，但是也因为高昂的综合税率问题，整个文物回流渠道并不畅通。根据规定，凡是文物收藏单位，以接受境外机构、个人捐赠、归还和从境外追索等方式获得的中国文物，免征关税和进口环节增值税、消费税。而这一规定却不适用于民间收藏。民间收藏文物艺术品须正常征收进口关税、增值税；超过100年以上的文物可以免收关税，但仍要征收17%的增值税。

近两年来，包括刘益谦、王中军、王健林等民营企业家、收藏家在海外为文物回流做出了很大贡献。但是由于国内现行税收政策的限制，民间机构或藏家购买文物仍至少要交17%增值税，致使许多藏家都将从海外购得的流散中国文物送到香港的免税自由港或者境内的保税区保管，以规避交纳高额关税和增值税。这样做的后果是在文物的展示与交易方面存在着很多困难，无法真正为文物落户、实现真正意义上的贸易交流，这些都在消耗着民间收藏家参与文物回流的热情，阻碍海外文物回流的步伐。

再次，高税负引发画廊市场乱象，加重一、二级艺术品市场倒挂问题。

中国的画廊在成长发展中同样面临着高税收压力问题。根据规定，全年销售额在80万元以下的画廊，按照小规模商业企业缴纳3%增值税；全年销售额在80万元以上的画廊，则需缴纳17%增值税。如果算上其他税种，年销售额在80万元以下的画廊税负水平总体在4%至6%之间。年销售额在80万元以上的画廊，增值税、营业税、消费税三项相加最高会达到30%。如果再加上企业所得税，总税率会高达50%。

画廊业实际税负高，直接导致逃税现象普遍。一些画廊为了逃避高额的税负采取私下交易，随意的定价不仅涉及的是偷税漏税的问题，长远来看会严重破坏艺术品市场秩序，致使海外的优质画廊不敢进入国内，无法形成健康成熟的画廊机制，影响艺术品市场的健康发展。

作为二级市场的拍卖行需缴纳的流转税是营业税，税率为佣金的5%。对于卖方来说，需按扣除佣金后的实际成交额缴纳3%的个人所得税。佣金通常占拍卖成交价的20%左右，因此如果按照拍卖额计算，二级市场流转环节纳税额占艺术品拍卖价的1%（即5%乘以20%）。因此，虽然二级市场每次交易都要缴纳这一税负，存在重复征税的问题；但是从单次交易来看，艺术品二级市场的流转税税负远远低于一级市场。这也致使某些画廊及画家为了逃避高税负，将本来在一级市场上交易的艺术品直接拿到二级市场上进行交易，一定程度上助推了拍卖市场的火爆。画廊生存艰难，承担不起一级市场的功能，拍卖行"越俎代庖"，发展强势，进一步加剧了国内一二级艺术品市场倒挂现象。

尽管中国艺术品市场备受各种问题的侵扰，但我们也应看到，随着中国艺术品市场近年来的结构调整和资源整合，以及从业者和监管部门的重视，从根源着手的市场治理方案也进入议程。尤其在刚刚过去的 2016 年，各项文物艺术品市场监管法律法规经不断修订、完善后密集出台，在简政放权的同时更加严密细化，与时俱进规范艺术品市场。

2016 年 3 月 15 日，文化部新修订的《艺术品经营管理办法》正式施行，该新办法不仅将"美术品"改为"艺术品"，而且将近年来艺术品网络化、金融化等新领域纳入监管范围内，并要求卖家有责任为消费者提供真实性证明，建立明示担保、尽职调查、鉴定评估、信用监管等一系列新的制度。11 月，国家文物局颁布并实施《文物拍卖管理办法》，明确了文物拍卖管理的范围、文物拍卖经营许可审批的条件和程序、文物拍卖标的审核备案的要求、国家优先购买权行使的方法、文物拍卖企业及专业人员信用信息记录等内容。同时，新规内容还放开网络拍卖，所有取得文物拍卖资质的拍卖企业均可从事互联网文物拍卖活动。此外，2016 年，国家监管部门加大对国内文交所的清理整顿力度，清理整顿各类交易场所部际联席会议也发出了风险提示函，要求解决交易场所存在的违法违规问题。

当下中国艺术品市场的痼疾是多年发展积累下来的，需要时间及各方的共同努力与创新来解决。2016 年行业政策的出台为市场向健康方向发展提供了良好的环境，行业的成熟发展迫使从业者与机构积极地参与市场问题的解决。相信经过诚信机制的建立、健全法律与监管机制、完善鉴定与评估体系后，我国艺术品市场会迎来更为稳定、可持续的发展。

2016 年秋拍的表现证明了中国艺术品市场已经止乱趋稳，带来了提振市场信心的作用。艺术品市场已经探底并逐渐走出最困难时期，释放出回暖信号。在 2017 年及可以预见的未来，中国艺术品市场将迎来信心回归、平稳发展，并呈现以下五大发展趋势。

一 艺术品市场诚信机制建立

随着规范行业法规、建立国家艺术品鉴定体系等措施在艺术品市场中逐渐发挥作用，我国艺术品市场在各方努力与推动下，针对艺术品交易各环节的诚信机制将逐步建立并完善。

首先，国家正在积极推动"艺术品鉴证质量溯源体系"的建立。中国国家标准化管理委员会已成立艺术品鉴证与质量溯源标准化委员会，中国国家认证认可监督管理委员会也成立艺术品鉴定认证专门委员会，包括书画、瓷器等在内的 8 个国家行业认证标准已制定并发布，珠宝、玉石、红木家具、贵重木材鉴定方面也在有序推进。针对艺术品鉴证备案所不能覆盖的品类复杂、数量庞大的其他民间藏品的鉴定问题，在 2016 年，中国文物信息咨询中心配合国家文物局，与全国行业组织中国收藏家协会，携手共同发起成立民间文物艺术品备案中心。通过建立和管理民间文物艺术品身份证方式，实现法人、公民个人的文物艺术品的物权登记，形成开放、共享的民间文物艺术品数据资源库，实现文物艺术品的有序流传。

如何将艺术品市场拽出诚信危机的泥潭、构建艺术品市场信用体系，监管部门也在不断做积极尝试。2016 年 2 月，文化部印发了《文化市场黑名单管理办法》，在全国试行文化产品黑名单制度，通过立规矩、明底线、信用约束，督促经营者将违规文化产品主动定向清除，强化行业自律，增强监管效能，构建以信用监管为核心的事中事后监管体系。同年颁布的《艺术品经营管理办法》也强调要"建立艺术品市场信用监管体系"，强化市场主体责任，扩大社会监督，提高监管效能，净化市场环境。另外《文物拍卖管理办法》中也首次提出建立文物拍卖企业及文物拍卖专业人员"信用信息记录"，并向社会公布。信息的公开、透明依赖社会各界的监督必然是未来行政管理的重要手段。对于艺术品征信体系的建立，有学者建议在现有《征信业管理条例》的基础上，进一步推动信用信息数据的收集、公开、使用、披露，建立以征信体系为核心的艺术品市场信用体系。

二 国际化竞争加剧，市场集中化趋势日益明晰

近年来，中国藏家在海外艺术品市场频频高调出手成为热点关注，中国艺术品市场对全球艺术品市场的影响也不容小觑，越来越多的艺术品交易机构将目光投向了中国市场。未来一段时期内，艺术品市场国际化竞争会日益加剧。

这一趋势从香港的艺术品拍卖机构日益国际化的变化就可以看出：从最初的国际顶尖拍卖行佳士得、苏富比入驻香港，到亚太及中国大陆地区知名拍行，再到最近几年的欧美二三线拍卖行也纷纷加入争夺市场资源。2016 年，欧洲老牌拍卖行礼昂腾博（Lyon & Turnbull）与弗里曼（Freeman's）加入香港拍卖市场，礼昂腾博中国部主管 Lee Yong 在接受采访时说："虽然从大数据上显示中国艺术品市场自 2012 年进入调整期，但我并不认为市场不好，只是藏家开始变得更加理性。只要你能找到质量够好的东西，市场并不缺资金。因此我并不觉得时机有问题。"国家坚持改革开放深化也为中国艺术品市场积极参与国际竞争提供了基础。2016 年 8 月，中国决定在已有自贸试验区建设取得成效的基础上，在辽宁省、浙江省、河南省、湖北省、重庆市、四川省、陕西省新设立第三批 7 个自贸试验区。自贸区的设立将有助于建设一个接轨国际、贸易自由、投资便利和金融自由化的典型自由贸易区。

国际化竞争加剧的同时，中国艺术品市场也将更加集中化发展。在过去的 2016 年里，嘉德、保利、匡时三足鼎立之势已然初现。这三家拍卖行进一步巩固了各自在内地的优势地位，跨区域布局，更先后在香港站稳脚跟，试图打破佳士得与苏富比两大国际拍卖行在这一亚洲艺术品市场桥头堡长期垄断的市场格局。而反观 2016 年内地中小拍卖行拍卖场次继续萎缩至谷底，拍卖市场集中度在未来将进一步提高。

三 艺术品市场数据将成为一种战略资源

随着中国艺术品市场与互联网艺术金融的不断发展，数据作为一种重要的市场资源与资产受到业界及资本市场的广泛关注。可以说，中国艺术品市场的发展，又面临一次重要的战略发展机遇。

目前，中国艺术品市场数据的挖掘层面较浅，基本上还处于现象分析与点的应用

层面，具体应用于三方面：艺术品鉴证溯源、艺术品市场行情描述及预测、艺术品估价。但是，业界并没有建立起将艺术品市场数据作为一种新的战略性资源与重要资产的认识，不少艺术品投资机构及信息服务机构只是把数据作为一个支撑性的业务与手段，还没有很好地建立起来以数据为核心的资产管理体系。这一方面是因为艺术品市场数据的基础障碍难以突破，即数据的采集与数据库的科学建设。以画廊业和私下交易为代表，艺术品市场中的大量数据不公开，而以拍卖数据为代表的公开数据往往真实性存疑、质量参差不齐；同时，由于艺术品种类繁多、数量巨大，建立完整、科学的数据库工程浩大。另一方面是因为传统数理研究方法在艺术品市场研究应用中难以展开。艺术品本身存在的异质性使量化分析难度极大，由于影响艺术品市场的因素极多，都会对艺术品交易产生深刻影响，致使各类指数和估价量化模型都有局限，具体算法和逻辑关系还需经过长期验证。

随着中国艺术品市场走向理性、成熟，特别是随着国家对艺术产业的重视，中国艺术品市场数据作为艺术产业发展的战略领域，是更需要优化发展的重要手段与途径。艺术品市场数据新的产业业态会不断涌现，新的机遇与机会将受到越来越多的关注。艺术品市场数据将从分析应用层面不断向资源、资产的战略方向转变，从研究层面转向市场化应用，从边缘市场走向大众市场，吸引更多研究机构参与研究探索与跨界开发。

四 艺术财富管理是艺术金融的蓝海

随着中国艺术品市场与艺术金融业态的快速发展，艺术财富管理这一新兴概念不断浮出。艺术财富管理在我国不仅需求巨大，其生发条件业已成熟。国际经验表明，人均 GDP 达到 3000 美元是生存型向享乐型转移的关键节点，人均 GDP 超过 5000 美元时会出现对文化消费的"井喷"。根据国家统计局的数据显示，我国人均 GDP 在 2015 年已达到 8016 美元，在解决了基本生活需求以后，多余资金的保值增值使人们对财富管理有了强烈的需求。近些年来，艺术品的收益远远超过股票等资产，和中国的房地产一样成为高收益的资产之一。在德勤和 ArtTactic 共同发布的《2016 年艺术与金融报告》中，针对财富经理的调查显示，78% 的财富经理认为艺术品和收藏品应该是财富管理计划的组成部分，79% 的财富经理正在为客户提供艺术品和动产方面的咨询。业内专家指出，艺术财富管理方面，最重要的就是管理创新取向问题。艺术财富管理创新的取向是平台＋互联网＋资产管理，综合服务平台加艺术品资产管理，使艺术财富管理成为现实；同时，平台＋互联网＋资产管理这一发展取向，正在成为中国艺术财富管理大众化发展的重要路径。

　　研究艺术金融产业的重要目的是关注艺术金融产业资源的优化配置，根本目的之一就是研究探讨围绕艺术价值发现所进行的、促进艺术金融资源在艺术金融产业转换及发展层面上的优化配置。艺术品投资者如何将资金以最合理的方式在不同资产之间进行配置，以实现在一定风险水平下的最大收益是资产配置的主要内容。我们知道，资产配置对象的多样性和不同配置资产之间的相关性决定了资产组合的质量，资产组合中资产的类别越多、不同资产间的相关性越低，则资产组合在一定风险水平下的收益率也就越高。从当今金融市场环境看来，艺术品以其稀缺性、不可再生性及价值增值特性，使其回报率远远超过其他投资品种的平均水平。艺术品作为财富人群资产配置的选择之一，属性特别，与股市、房市关联性小，与股市及其他金融商品有反向互补的特性，市场分散且间隔明显，是有效的风险结构性金融产品。因此，将艺术品纳入财富人士的资产配置组合，能够达到分散风险、实现投资多样化、提高资产配置收益的理想诉求。

　　艺术品市场的繁荣、专业性较高以及存在的不规范和缺乏透明的问题，为财富管理机构的业务发展提供很大空间。艺术品的财富管理不仅有客户和金融机构两方，艺术品专业咨询机构也会参与其中。财富管理的专业机构作为受托人购藏艺术品的守门人，处于客户和不规范的艺术品市场之间，帮助客户降低风险。私人银行可以为客户提供艺术品咨询和鉴定估值服务，组织客户参加艺术展、古董博览会和拍卖会、代客买卖等。私人银行还可以为客户提供艺术品质押贷款融资和艺术品理财产品。在艺术品财富管理方面，家族办公室会认真考虑客户的经历和理念，提供包括艺术品流传考证（尽职调查）、法律归属、定价估值、买卖程序、资金进出、税收谋划、保险保管、专业运输以及潜在陷阱提示等全方位专业的策划和咨询服务。家族办公室人员可以为客户提供包括艺术品鉴定师、拍卖师、策展人和文物保护专家咨询等外包服务，帮助客户找到合适的专家和艺术品。

五　平台＋互联网深化发展，艺术品版权保护与创新驱动力突显

　　随着去产能、去库存、调结构的执行，一批传统支柱产业相继出现萎缩和衰退，急需新的产业补充，而文化产业正是接续新产能的重要增长点。"十三五"规划纲要提出把文化产业建成我国的支柱产业。按照平均增速估算，2016 年我国文化产业的增加值占国内生产总值的比重将超过 5%，初步达到成为支柱产业的标准。从国际上看，美国文化产业占 GDP 的比重约为 31%，日本约为 20%，欧洲各国平均水平在 10%~15% 之间，韩国超过 15%，与这些国家相比我国文化产业的发展潜力仍十分巨大。

　　艺术消费作为文化产业的重要部分，已经显示出巨大的发展潜力与趋势。艺术衍

生品是艺术消费的主要构成,"平台+互联网"概念的出现及应用进一步推动了艺术衍生品产业的发展。与此同时,艺术品知识产权保护与创新的驱动作用将会日益突显。例如,以"平台+互联网"机制上的交易模式创新将进一步扩容并丰富标的物。不少文交所平台推出的艺术品交易中心,就是把不同类型的艺术家及其作品进行授权并衍生复制,形成标准化的交易标的物,进行平台化的公开交易。由于平台化交易是一个公开交易市场,交易的规模大、影响力高,极大地引起了艺术家及参与者对艺术品版权的关注,将会从前沿实践方面不断推动对艺术品版权的认知以及艺术品版权市场的发展。

Chapter 2

Commentary: Arts & Culture Policies

第二章 年度收藏与拍卖行业政策法规点评

年度收藏与
拍卖行业政策法
规点评

一 《艺术品经营管理办法》

由文化部颁布。旨在加强对艺术品经营活动的管理，规范经营行为，繁荣艺术品市场，保护创作者、经营者、消费者的合法权益。

较之前的相关规定（《美术品经营管理办法》等），进一步明确了监管对象、放宽了市场准入、划清了行业底线、加强了事中事后监管。

《办法》建立了明示担保、尽职调查、信用监管等一系列新的制度，特别是将网络艺术品、投融资标的物艺术品、鉴定评估等纳入监管领域，对艺术品市场实行全方位内容监管。

对于收藏与拍卖行业，《办法》更加强调了经营者的主体责任（如禁止经营相关艺术品、鉴定评估责任与义务等），有利于促进艺术品公开透明交易，维护公平竞争，保障消费者、收藏者的利益。

关注：专家委员会的产生及发挥作用；对违法违规经营行为的监管和处罚力度。

二 《文化市场黑名单管理办法（试行）》

由文化部颁布。旨在加强文化市场内容监管，加大对严重违法经营主体的惩戒力度，保护未成年人合法权益，促进行业诚信自律，净化市场环境。

文化市场黑名单制度是文化市场信用监管的基本制度。《办法》将含有禁止内容且社会危害严重的文化产品、严重违反文化市场有关法规规章的经营主体列入文化市场黑名单，并向社会公布，实施信用约束、联合惩戒等措施，是强化市场主体责任、加强行业自律、扩大社会监督的创新之举。

对于收藏与拍卖行业，《办法》规定将违法失信者公开曝光，有利于警示和震慑

中国收藏
拍卖年鉴
2017

CHINESE FINE ART &
ANTIQUES AUCTION
YEARBOOK 2017

违规主体，保障公平竞争，维护市场秩序。

关注：对严重违法失信者多部门实施联合惩戒，让其"一处受罚，处处受限"，久久为功，形成机制；加强约束，净化市场。

三 《关于进一步加强文物工作的指导意见》

由国务院印发。明确了新时期文物工作的指导思想、基本原则、主要目标和具体举措，是当前和今后一个时期指导文物保护利用工作的纲领性文件。

《意见》提出要"鼓励民间合法收藏文物"，"切实加强文物市场和社会文物鉴定的规范管理，积极促进文物拍卖市场健康发展"，围绕当前文物收藏、鉴定、流通领域的实际情况和存在问题，指明了努力方向，部署了工作任务。构建满足公众基本鉴赏需求、保障公众合法收藏权益的制度格局，是文物工作的应有之义。

对于收藏与拍卖行业，《意见》释放了积极信号，要求重视民间收藏活动，规范文物经营和鉴定行为，为民间收藏文物提供基本保障，有利于调动社会力量参与文物保护利用工作，形成全社会保护文物的新格局。

关注：鼓励"合法收藏"的具体举措；在"简政放权、放管结合、优化服务"改革背景下，如何做到放权与规范的有机结合，推动文物市场繁荣有序发展；在尚无上位法律依据（如文物鉴定资质资格准入制度）的前提下，对无门槛、无标准、无责任的社会鉴定活动如何规范管理，切实保障公众权益。

四 《文物拍卖标的审核办法》

由国家文物局颁布。旨在加强文物拍卖标的审核管理，规范文物拍卖经营行为，推动文物市场健康有序发展。

《办法》是《国务院关于进一步加强文物工作的指导意见》印发后，文物部门出台的第一个规范性文件。《办法》进一步规范了文物拍卖标的申请、受理、审核、批复、监管的程序和要求，明确了不得拍卖标的的范围。相较以往相关规定，《办法》减少了文物拍卖标的的拍前审核备案环节，减轻了企业经营负担；同时加强了事中事后监管（监拍、备案、信用记录等），强化了省级文物行政部门的责任。

对于收藏与拍卖行业，《办法》划定了收藏和经营的"红线"，强调不得收藏和拍卖（1）出土、出水文物；（2）被盗窃、盗掘、走私的文物；（3）被非法掠夺的中国文物；（4）涉嫌损害国家利益或者有可能产生不良社会影响的物品等，同时也为拍卖企业"松绑减负"，增加内在活力。

关注：拍卖企业及其专业人员能否尽到文物征集鉴定责任，既不触碰法律"红线"，也不"知假拍假"；文物部门如何改变"管真不管假"的观念，莫让文物拍卖市场成为假文物流通的渠道。

五 《关于进一步深化文化市场综合执法改革的意见》

由中共中央办公厅、国务院办公厅印发。旨在进一步深化文化市场综合执法改革，促进文化市场持续健康发展。

《意见》针对文化市场发展与管理面临的新形势、新要求，提出要进一步完善文化市场综合执法，形成权责明确、监督有效、保障有力的文化市场综合执法管理体制，推动现代文化市场体系建设，更好地维护国家文化安全和意识形态安全，更好地促进文化事业、文化产业繁荣发展。

对于收藏与拍卖行业，文化市场的健康繁荣发展离不开诚信、规范的市场秩序和公正、有力的执法监管，驱逐了"劣币"，"良币"才有更大的发展空间。

关注：整合文化市场执法权，加快实现跨部门、跨行业综合执法，源头治理、标本兼治，维护文化市场正常秩序。

六 《网络拍卖规程》（ GB/T32674-2016 ）

由国家质量监督检验总局、中国国家标准化管理委员会发布。旨在为网络拍卖活动提供标准化指引。

《规程》是我国首部规范网络拍卖活动的国家标准，明确网络拍卖活动的范畴、基本原则和业务流程，规范网络拍卖秩序和当事人行为，引导形成依法有序、公开透明的网络拍卖市场。

对于收藏与拍卖行业，网络拍卖具有超越时空、公开透明、便捷高效、成本低廉等优势，特别是在物联网、大数据、人工智能时代，更可为各方提供广泛、智慧、精准、个性化的服务，其发展之势不可限量，必将带来收藏、拍卖行业的全面革新。但网络不是"法外之地"，网络拍卖必须遵守相关法律和职业准则。

关注：拍卖业相关法律法规在网络拍卖中的实施；网络拍卖人的管理与服务；网络

拍卖成交后的执行，以及电子信用记录（切莫让线下的恶意欠款"流行"网上）。

七 《关于人民法院网络司法拍卖若干问题的规定》

由最高人民法院发布。旨在规范网络司法拍卖行为，保障网络司法拍卖公开、公平、公正、安全、高效，维护当事人的合法权益。

《规定》对网络司法拍卖的平台准入规则、运行模式、各主体之间的权责划分、具体的竞拍规则进行了全面规范。

对于拍卖行业而言,包括法院执行在内的(公共) 财产处置将采用更加公开、高效、便捷的方式(包括技术手段)，仅靠摇号、公关取得拍卖权的低端经营方式迟早要退出历史舞台。文物艺术品拍卖因其专业特性暂时不会被电脑和网络替代，但专业化的道路没有止境。

关注：公安、海关、工商等执法部门和人民法院、人民检察院依法没收、追缴的文物，以及银行、冶炼厂、造纸厂及废旧物资回收单位拣选的文物，不得作为拍卖标的。

八 《文物拍卖管理办法》

由国家文物局颁布。旨在加强文物拍卖管理，规范文物拍卖行为，促进文物拍卖活动健康有序发展。

《办法》围绕 "放管服" 改革这一主线,厘清政府与市场的关系,在加强规范管理、确保文物安全的前提下，激发企业经营活力，增加市场有效供给，推动文物拍卖活跃有序发展。一是下放文物拍卖经营许可审批权限，二是简化文物拍卖标的审核备案程序，三是取消文物拍卖资质分类管理，四是放开互联网文物拍卖经营限制。

对于收藏与拍卖行业，《办法》为促进文物拍卖市场健康有序发展、鼓励民间合法收藏文物提供了基本制度保障，立场鲜明，举措有力，宜抑宜扬，业界普遍给予高度评价。

关注：文物经营的门槛可否再降? (《文物保护法实施条例》中 "5 个人" 的规定何时修改?) 政府把市场责任还给市场主体了，拍卖企业能否担得起这份 "重托"?

九 《"互联网 + 中华文明"三年行动计划》

由国家文物局、国家发展和改革委员会、科学技术部、工业和信息化部、财政部联合发布。旨在将互联网的创新成果与中华传统文化的传承、创新与发展深度融合，深入挖掘和拓展文物蕴含的历史、艺术、科学价值和时代精神，丰富文化供给，促进文化消费，形成更广泛的以互联网为基础设施和创新要素的文物合理利用新形态，彰显中华文明的独特魅力。

《行动计划》指出，要建立政府引导、社会参与、开放协作、创新活跃的业态环境，扩展文物资源的社会服务功能，为满足人民群众多层次、多形式、多样化的精神文化需求，促进文化繁荣和经济社会发展做出新的贡献。

"行动计划"开辟了互联网时代文化传承的新境界。对于收藏与拍卖行业，一方面可以加强与文博机构的合作，积极参与"行动计划"，通过文物价值挖掘创新、文物数字化展示利用、互联网 + 文物教育、授权经营等，担负起传承中华优秀传统文化的责任，推动文物信息资源的创造性转化和创新性发展，树立行业良好形象；另一方面可以深入吸收应用"行动计划"的成果，提升文物知识、鉴定技能、收藏素养，培育潜在资源，增加发展动能。

关注：行动的社会参与、成果的全民共享。

Chapter 3
Global Market Report of Chinese Art & Antiques

071 / Introduction

073 / Global Art Market Overview

081 / Mainland China Art Market

088 / Asia-Pacific Art Market(Including Hong Kong， Macao and Taiwan)

095 / International Art Market

104 / Fine Chinese Paintings & Calligraphy: Global Index

114 / Artist Analysis: Zhang Daqian

120 / Appendix

第三章　中国文物艺术品全球拍卖市场报告

071 ··· 说明

073 ··· 全球艺术品市场概览

081 ··· 中国大陆地区市场

088 ··· 亚太其他地区市场（含中国香港、中国澳门、中国台湾地区）

095 ··· 海外地区市场

104 ··· 中国书画全球指数

114 ··· 重点艺术家分析：张大千

120 ··· 附：指数报告样本数据说明

扫码解析艺术市场

说明
Introduction

数据来源

本报告所使用数据均来自易拍全球研究院，拍品信息经过专家及编辑的人工专业筛选。作为一个中立的开放平台，易拍全球研究院与艺术类高等学府、相关政府机构、行业组织、金融机构等展开多角度合作，通过研究各细分领域下艺术品在不同历史时期、不同交易市场、不同交易形式及不同法律法规下的交易表现及特性，揭示艺术品真实价值及艺术品行业的发展规律、趋势及方向。

地区划分

中国大陆：除香港、澳门、台湾三地，中国其他各省、自治区、直辖市；
亚太其他地区：包括中国香港、中国澳门、中国台湾、日本、韩国、新加坡等；
海外地区：包括北美洲、欧洲、大洋洲及除中国大陆和亚太其他地区外的地区。

由于拍卖行业市场格局划分的特殊性，中国香港、中国澳门、中国台湾地区与中国大陆地区在政策法规、市场模式等方面存在较大差异，因此将上述三地纳入亚太其他地区，仅为学术研究观点。

统计范围

1.时间范围：
2016 年数据：2016 年 1 月 1 日~2016 年 12 月 31 日。
2.拍卖企业范围：
易拍全球研究院对数据库收录的全球上千家拍卖企业从规范性、服务水平、经营业绩、诚信度四个维度进行考量，甄选来自全球的 337 家拍卖企业的拍品数据用于本报告。中国大陆地区入选的拍卖企业共 123 家，均符合《中华人民共和国拍

中国收藏
拍卖年鉴
2017

CHINESE FINE ART &
ANTIQUES AUCTION
YEARBOOK 2017

卖法》、《中华人民共和国公司法》和《拍卖监督管理办法》等相关法律，具备国家文物局批准的文物拍卖企业资质；亚太其他地区及海外地区入选的拍卖企业共214家，入选资质参考各行业自律协会的评定。

3.拍品范围：

中国文物艺术品：中国艺术家创作的艺术品、收藏品以及在中国境内及海外交易的中国文物；

最低估价不低于5000元人民币（包括以咨询价上拍）的中国文物艺术品；

无底价拍品不包含在本报告中；

撤回的拍品不包含在本报告中。

拍品分类

中国大陆、亚太其他地区和海外地区的拍品数据均采用统一的分类标准：

中国书画：中国画、中国书法；

油画及中国当代艺术：油画、雕塑／装置、版画、综合媒材、水粉／水彩、影像等；

瓷玉杂项：陶瓷器、玉石器、古典家具、佛像唐卡、文房雅玩、金属器等；

收藏品：古籍文献、手稿、碑帖、邮品钱币等；

珠宝尚品：钟表、珠宝翡翠等。

汇率

拍品信息涉及多国外币，统一使用拍品成交当年平均汇率，以换算后的人民币为最终统计样本。

其他

- 报告中所有百分比及"万"以上单位的绝对数值均保留小数点后一位。
- 成交价格包含佣金。
- 由于本报告是对公开拍卖市场的直接客观反映与解读，因此私人洽购以及结算进度未纳入数据考量范围。

全球艺术品
市场概览
Global Art Market
Overview

16世纪初，当葡萄牙航海家们的船队首次载着10万件景德镇五彩瓷器回到欧洲大陆，中国文物艺术品便开始在世界舞台上崭露头角，大放异彩。到17世纪末，荷兰东印度公司的全球贸易路线将中国的外销瓷规模推向顶峰，玉器、漆器、丝绸、壁纸、家具等随之风靡欧洲市场，更是随着欧洲商人和殖民者的脚步踏上了美洲大陆。进入19世纪之后，鸦片战争的爆发、西方掀起的西域探险热及大量的盗墓走私，都为中国文物艺术品流向海外提供途径。据中国文物学会统计，19世纪以来超过1000万件品类丰富、工艺精美的中国宫廷艺术品、墓葬文物和宗教文物等以低廉的价格流向海外，或辗转进入博物馆[1]，或活跃在一、二级文物艺术品交易市场。部分收藏惊人的海外古董商和藏家，正是在这一时期广泛扩充中国文物艺术品的收藏。

20世纪初，以美、英、法、德为代表的欧美拍卖会上就出现了中国艺术品专场。苏富比和佳士得分别于1973和1986年在中国香港举办首场拍卖会，并于1994年在上海成立办事处。20世纪90年代初，中国大陆也举办了首场中国艺术品拍卖会。自此，中国文物艺术品以拍卖形式为媒介，在全球各地相互交流的大幕正式拉开。

全球的艺术品市场呈现出不同的格局与模式。海外地区一、二级市场经过近三百年的发展，已拥有成熟的行业格局。2016年全球艺术品销售额为450亿美元，同比上年增长了1.7%；但是艺术品公开拍卖的成交额却大幅下降，销售正从拍卖转移至私人领域，既有拍卖行的私洽交易也有经纪人促成的业务[2]。然而中国大陆的艺术品交易模式虽引自欧美，但在中国市场中，拍卖行和画廊几乎在同一时期进入中国大陆，拍卖行以其大体量的成交额和较高的市场关注度不断挤压一级市场，以销售为主的画廊陆续惨淡收场。在拍卖模式方面，中国大陆的艺术品拍卖借鉴英美体系，拍卖公司集鉴定、评估、拍卖、保管诸多功能于一身；而国际艺术品拍卖市场的另一大阵营——欧陆体系（以法、德为代表）却是拍卖、鉴定、评估分别由不同的机构独立

---

1 据联合国教科文组织在2003年发布的《全球防止非法贩运文化财产报告》显示：在全球47个国家的218家博物馆中，藏有中国文物164万件。
2 Dr. Rachel A.J. Pownall. TEFAF Art Market Report 2017.

完成，互不干涉。这就造成英美与欧陆两大体系的市场格局、目标群体、自我定位、品类细分都呈现出较大差异。

由于全球艺术品市场存在以上提及的多方面差异性，本报告将全球艺术品拍卖市场按照中国大陆、亚太其他地区（含中国香港、中国澳门、中国台湾地区）、海外（除中国大陆及亚太其他地区以外）三大区域市场分别进行横向对比与深度解析。

一　中国文物艺术品持续升温

据欧洲艺术基金会（TEFAF）统计，2016 年，全球艺术品拍卖市场成交额为 169 亿美元（约合人民币 1114.3 亿元）。其中，中国文物艺术品在全球拍卖的成交额达到 468.5 亿元人民币，占据市场总份额的 42.1%，这一比例与 2015 年的 31.4% 相比有大幅提升。尽管全球艺术品销售正呈现出由公开拍卖市场转移至私人洽购以及经纪人促成业务的趋势，致使全球艺术品拍卖成交额较 2015 年下跌 18.8%[3]，但是在 2016 年度，中国文物艺术品公开拍卖的成交额却比上年增长了 15.4%。中国文物艺术品在全球艺术市场的重要性日益显著。

二　全球三大区域市场呈现不同结构

2012~2016年中国文物艺术品全球成交额
（单位：十亿元）

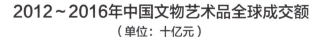

3　Dr. Rachel A.J. Pownall. *TEFAF Art Market Report 2017.*

2016 年度，公开拍卖的中国文物艺术品有 65% 在中国大陆成交，成交额高达304.5 亿元人民币；其次是占据市场份额 28% 的亚太其他地区（含中国香港、中国澳门、中国台湾地区），成交额为 131.1 亿元人民币；余下的 7% 位于海外地区（中国大陆及亚太其他地区以外），成交额为 32.9 亿元人民币。全球三大区域市场的市场份额在过去五年间呈现出不同的波动起伏趋势。2015 年，市场总体份额达到近年来最低值——405.9 亿元人民币，与此同时中国大陆市场占全球市场份额的比例也降至61.8% 的最低点，而亚太其他地区市场与海外市场却分别达到近年来的最高点——29.3% 与 8.9%。亚太其他地区与海外地区市场的中国文物艺术品拍卖成交总额从2012 年仅为中国大陆市场的三分之一，到近两年超过大陆市场的一半，反映出中国文物艺术品正在进一步走向世界、价值得到发现。

2016年中国文物艺术品全球平均成交价格
（单位：元）

全球三大区域艺术市场不仅市场份额差异较大，各自的平均成交价格也水平悬殊。2016 年，亚太其他地区市场的中国文物艺术品拍卖平均成交价格最高，为 75.3万元 / 件（套），远超排名第二的中国大陆市场，为 39.6 万元 / 件（套）；而海外市场的平均成交价格最低，为 12.3 万元 / 件（套）。观察各成交价格区间的拍品数量分布可进一步说明这一现象：在低端价位（成交价为 10 万元人民币以下）市场，海外成交的拍品数量占据此细分市场总量的 28.2%，亚太其他地区仅占 11.1%；而在高端价位（成交价为 500 万元人民币及以上）市场，海外成交的拍品数量骤缩至 5.8%，亚太其他地区增加至 29.1%。

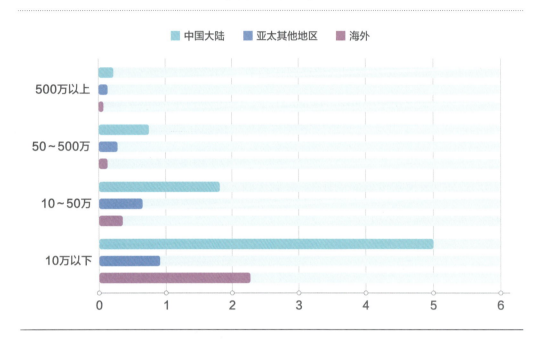

2016年中国文物艺术品成交价位分布
（单位：万件/套）

此外，通过近五年来的趋势图可以看出，这三大区域市场的平均成交价格水平一直相差较大，并且呈现出不同的发展轨迹。持续处于高位的亚太其他地区市场在经历了接连的剧烈下滑后，从2014年开始企稳并上升；大陆市场的平均成交价格水平总体较为稳定，在2016年迎来显著提高；而海外市场近年来价格水平呈下滑趋势，仅在2015年出现小幅回升，随后的2016年又出现较为明显的下跌。这与地区财富集中程度、市场成熟度、拍卖机构经营策略、买家接受度等因素不无关系。详细解读见随后篇章。

2012～2016年中国文物艺术品全球平均成交价格
（单位：万元）

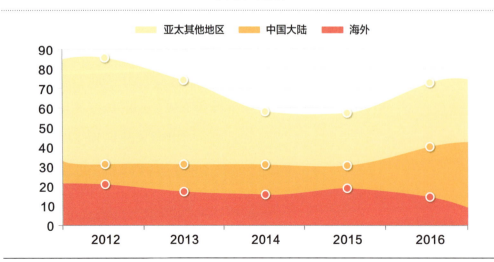

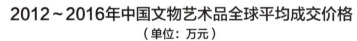

三　板块轮动，瓷玉杂项广受欢迎

2016 年，在全球范围内公开拍卖的五大类中国文物艺术品中，中国书画板块成交额最高，达 239.3 亿元人民币，占据总成交额的半壁江山（51.1 %）。追随其后的是瓷玉杂项板块，成交额为 140.3 亿元人民币。这两大板块共同主导了全球中国文物艺术品的整体市场份额（81.0%）。当透过成交量这一指标来衡量时，这两大板块的排序便发生了变化：瓷玉杂项以 5.2 万件（套）成交量位列第一，略高于中国书画的成交量 4.8 万件（套）。

瓷玉杂项板块在成交量维度的反超，打破了数年来中国书画在成交量及成交额方面均领先的记录。这很大一部分原因在于海外市场 2016 年成交量的显著提升，尤其是瓷玉杂项板块，其成交量与 2015 年的 1.9 万件（套）相比，大幅上涨了 20.2%。

2016年中国文物艺术品各品类全球成交额
（单位：亿元）

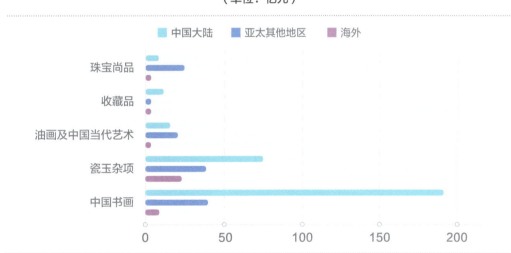

2016年中国文物艺术品各品类全球成交量
（单位：万件／套）

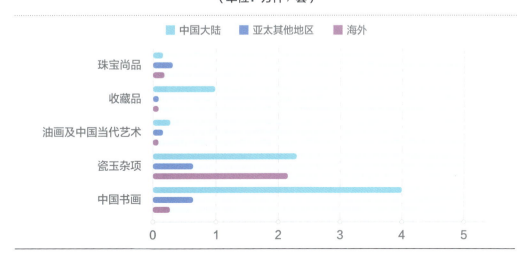

四 全球拍卖企业成交额[4]排行榜

2016 年TOP 25

排名	企业名称	成交额（元）
Top1	北京保利国际拍卖有限公司	5,656,913,710
Top2	北京匡时国际拍卖有限公司	4,801,095,915
Top3	中国嘉德国际拍卖有限公司	4,545,943,310
Top4	香港苏富比有限公司	4,081,222,688
Top5	佳士得香港有限公司	3,974,067,903
Top6	保利香港拍卖有限公司	1,974,470,646
Top7	西泠印社拍卖有限公司	1,863,535,325
Top8	广州华艺国际拍卖有限公司	1,015,910,920
Top9	北京东正拍卖有限公司	977,622,475
Top10	北京翰海拍卖有限公司	904,557,225
Top11	中鸿信国际拍卖有限公司	751,962,830
Top12	中贸圣佳国际拍卖有限公司	718,293,200
Top13	纽约苏富比有限公司	709,329,389
Top14	广东崇正拍卖有限公司	659,138,370
Top15	佳士得纽约有限公司	623,718,260
Top16	保利华谊	594,164,750
Top17	上海嘉禾拍卖有限公司	558,266,925
Top18	北京荣宝拍卖有限公司	536,404,688
Top19	上海明轩国际艺术品拍卖有限公司	520,430,200
Top20	北京传是国际拍卖有限责任公司	508,816,675
Top21	北京银座国际拍卖有限公司	415,045,640
Top22	香港邦瀚斯拍卖行	388,143,216
Top23	北京诚轩拍卖有限公司	374,332,360
Top24	南京经典拍卖有限公司	362,963,345
Top25	宝港国际拍卖有限公司	348,765,226

4 仅统计符合报告收录数据标准的拍品

2015 年TOP 25

排名	企业名称	成交额（元）
Top1	北京保利国际拍卖有限公司	5,394,849,345
Top2	佳士得香港有限公司	3,904,144,840
Top3	香港苏富比拍卖有限公司	3,793,019,440
Top4	中国嘉德国际拍卖有限公司	3,575,232,815
Top5	北京匡时国际拍卖有限公司	1,929,790,750
Top6	西泠印社拍卖有限公司	1,843,966,325
Top7	保利香港拍卖有限公司	1,593,532,970
Top8	佳士得纽约有限公司	1,438,513,538
Top9	北京翰海拍卖有限公司	1,408,077,250
Top10	上海嘉禾拍卖有限公司	930,752,500
Top11	广州华艺国际拍卖有限公司	888,180,985
Top12	纽约苏富比有限公司	688,898,541
Top13	广东崇正拍卖有限公司	593,127,770
Top14	北京东正拍卖有限公司	564,288,950
Top15	中贸圣佳国际拍卖有限公司	507,019,200
Top16	中古陶（北京）拍卖行有限公司	448,172,710
Top17	天成国际拍卖有限公司	435,949,721
Top18	株式会社东京中央拍卖	399,366,178
Top19	北京诚轩拍卖有限公司	359,378,795
Top20	香港嘉德	352,124,464
Top21	上海朵云轩拍卖有限公司	347,442,025
Top22	北京九歌国际拍卖股份有限公司	328,332,175
Top23	上海明轩国际艺术品拍卖有限公司	307,454,600
Top24	伦敦苏富比有限公司	305,111,360
Top25	北京传是国际拍卖有限责任公司	299,918,075

　　纵览全球拍卖企业成交额排行榜，集中趋势进一步明晰。榜单中前五位虽然排名顺序发生变化，但无新面孔加入。排名前五的拍卖企业所占市场总额在 2016 年高达 49.2%，与 2015 年的 45.8% 相比更加集中。而成交额排名前 25 位的拍卖企业所占市场份额在 2016 年达到 80.8%，相比 2015 年的 80.4% 亦有略微提升。这意味着

中国收藏
拍卖年鉴
2017

CHINESE FINE ART &
ANTIQUES AUCTION
YEARBOOK 2017

中国本土三大拍行（北京保利、中国嘉德、匡时国际）和两大国际巨头（佳士得、苏富比）进一步主导中国文物艺术品拍卖市场。

2016 年，排名前五的重点拍卖企业纷纷采取措施，试图在全球艺术品拍卖市场下行的大环境下力求资源利用最大化。榜单冠军北京保利国际拍卖公司在全门类上仍然保持着优势领先地位，并且在创新门类上勇于尝试。作为"大中华战略"最重要的一步，保利国际拍卖联手华谊兄弟与天辰时代共同成立保利华谊（上海）国际拍卖有限公司，进军上海市场，首场拍卖便取得了 8.4 亿元成交额的佳绩。此次强强联手，将有助于推动上海乃至整个长三角地区艺术品市场的发展，为其共建国际化拍卖平台打下良好基础。

北京匡时国际拍卖有限公司在 2016 年成立十周年，由 2015 年榜单第五名上升至第二名，在本年度拍卖市场中表现亮眼，成交额涨幅达 148.8 %。2016 年 12 月，宏图高科发布公告拟以 22 亿元现金收购北京匡时国际拍卖有限公司 100% 股份，引起业界广泛关注。2017 年 1 月股东大会通过现今收购方案，意味着匡时将成为国内首家登陆 A 股的拍卖公司。匡时国际率先"借道上市"，对其之后的资源整合、品牌推广等方面都是全面的升级。

中国嘉德在 2016 年拍卖市场的表现稳定，成交额稳步上升的同时，加快了扩张布局的步伐，增加国际化影响。2016 年 7 月，泰康人寿以 13.52% 的持股量成为苏富比第一大股东。而中国嘉德作为泰康人寿的第一大股东，拉近了与苏富比的联系，促进了嘉德国际化的进程和全球范围内拍卖市场的交流。

对于处于榜单第四、五名的世界拍卖巨头苏富比与佳士得来说，2016 年都是风波不断的一年。两家拍卖企业在经历了管理高层离职风波与佣金调整之后，在本年度表现平平。2016 年，恰逢佳士得成立 250 周年，虽然全球业绩有所下滑，但佳士得私人洽购业务与网上拍卖的提升为其注入了新的增长点。在北京开设新艺术空间也突显出其对中国市场的拓展。

中国大陆地区
市场

止乱趋稳，市场
结构优化

Mainland China Art
Market

一 深度调整展成果，减量提质

中国大陆艺术品市场经过长达五年的深度调整后，在 2016 年终于筑底并释放出回暖的信号。自 2012 年出现的断崖式下滑开始，中国大陆地区的艺术品市场就步入了震荡期，持续至 2015 年，艺术品拍卖市场各方面指标均出现不同程度的下滑。2015 年更是成交额同比上年减少了 27.4%，成交量减少了 29.9%，不免令人担忧市场何时才会触底。然而，2015 年虽然"量额双减"，但是平均成交价格已经结束了连续多年的下滑趋势，出现 3.6% 的小幅回升。再到 2016 年，成交额、成交率均止跌转增，平均成交价大幅提升。

经历了 2015 年的"量额双减"之后，大陆地区的中国文物艺术品拍卖市场在 2016 年迎来了"减量提质"。拍卖企业延续了 2015 年开始减少供给的趋势，主动减少上拍量，加大高质量拍品的征集力度，专场设置愈加精耕细作。2016 年，大陆市场的成交量小幅下降至 7.7 万件（套），专场数量继续减少，平均每个专场的上拍数量也从 2012 年的 148 件逐年减少至 116 件。而与此同时，2016 年成交额达到 304.5 亿元人民币，同比上年显著提高 21.4%，而平均成交价格更是大幅提升 29.2%，达到 39.6 万元人民币，创下五年来最高水平。

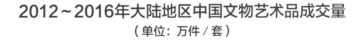

2012～2016年大陆地区中国文物艺术品成交量
（单位：万件／套）

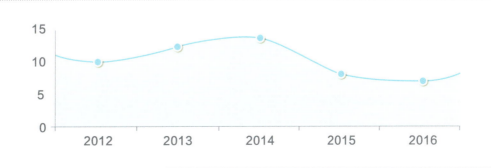

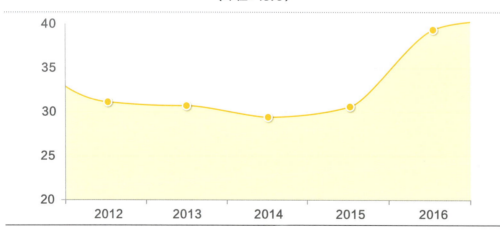

2012～2016年大陆地区中国文物艺术品成交率

2012～2016年大陆地区中国文物艺术品成交额
（单位：亿元）

2012～2016年大陆地区中国文物艺术品平均成交价格
（单位：万元）

回顾历史，中国大陆艺术品市场在2012年经历了巨幅下挫后，在2013年也迎来了回升，然而本次市场的向好与2013年的回调有着本质上的不同。2013年虽然成交量与成交额比上年有所提高，然而平均成交价格却下降1.7%，说明市场规模的提升主要源于量的改变。大批资金流向中低端市场，也从一个侧面反映出来市场信心不足、投机性买家增多。反观本轮市场变化，成交额、成交率、平均成交价格多项重要

082

指标均大幅上涨，是多年深度调整后市场结构优化的呈现。2016 年，中国大陆市场成交率为 100% 的"白手套"专场数量高达 102 场，与 2015 年相比激增 47.8%。这离不开拍卖机构苦练内功，提高专场策划的专业性及学术性，深挖精品、生品，提供高质量的配套服务。

二 精品拉动市场行情

成交率是对市场供求的直观反映。成交率高可以在一定程度上表明市场需求强劲，反之则意味着市场动力不足。回顾中国大陆市场近五年各个估价区间的成交率，可以发现基本遵循着估价区间越高，成交率则越高的趋势，这也印证了艺术品市场是供给驱动型市场，即高质量、罕见精品的出现往往能够拉动买家的需求，而普品、多次重复出现的相似作品则市场反响平平。这一现象在近两年的市场表现尤为突出。

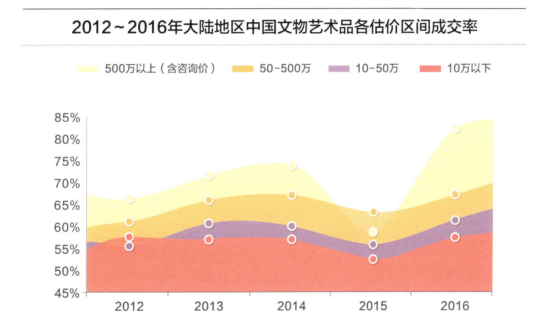

2012～2016年大陆地区中国文物艺术品各估价区间成交率

由上图大陆市场各估价区间（最高估价）成交率可以发现，高端市场的成交率波动最为剧烈。2015 年中国大陆地区艺术品市场整体成交率下滑 5.9%，其中估价在 500 万元人民币以上的拍品（包括以咨询价上拍的作品）成交率大幅下降 16.1%，降至五年来最低水平。这表明 2015 年精品的供给较弱，迫使藏家将更多的目光投向海外市场，因此也接连出现了海外拍场数件艺术品由中国藏家以天价竞得的新闻。2016 年的中国文物艺术品市场进行了"供给侧改革"，各估价区间的拍品成交率均有提升，其中高端市场成交率激增 23.6%，说明市场需求依然强劲，市场信心提振，精品艺术品拉动市场行情。

三 中国书画保持主导地位，其他品类多元化发展

中国书画板块在大陆市场常年占据着半壁江山。尽管中国书画类拍品的成交量从 2014 年的 7.3 万件（套）连续大幅下滑至 2016 年的 4.0 万件（套），但是 2016 年此门类拍品成交量占总体比例仍然高达 51.6%，成交额为 189.5 亿元人民币，保持在 62.2% 的总体市场份额。中国书画板块依然主导着中国大陆艺术品市场的走向。

伴随着成交量的下滑，中国书画类拍品的平均成交价格一路攀升，从 2014 年的 31.6 万元 / 件（套）提高至 2016 年的 47.8 万元 / 件（套）。从成交价格区间分布来看，2016 年，中国书画在 500 万元人民币以下的中、低端市场成交的拍品数量较上年减少 10.5%，而在 500 万元人民币以上的高端市场成交的拍品数量增加了 25.1%，其中尤其是亿元级超高端市场成交的拍品数量更是比上年翻了两番，达到 9 件（套）。这说明本门类拍品的质量进一步提高，精品在市场出现增多。因此，如何深挖征集精品以及鲜少露面的"生品"成为盘活书画市场的关键，这就要求拍卖企业对拍品的来源进行深入的考证，对拍品的价值进行细致的发掘。

纵观 2016 年的中国书画拍卖市场，许多相对陌生的艺术家名字和精品成为黑马。北京保利秋拍"中国古代书画夜场"中的清宫旧藏任仁发《五王醉归图卷》以 3.036 亿元的天价成为年度最高价的中国文物艺术品。究其高价原因，可以发现与画家的作品存世少、精品多，且多为世界各地国家级博物馆收藏关系密切，这决定了任仁发的作品进入拍卖市场的起点。另外此幅《五王醉归图卷》曾为清宫旧藏，并著录于《石渠宝笈续编》，流传有序。上述都显示出任仁发的《五王醉归图卷》作为顶级文物艺术珍品的收藏与投资价值。无独有偶，相似的情形还有 2.07 亿元成交的唐宋八大家之一曾巩的唯一传世书法作品《局事帖》、首次现身拍卖市场便以 1.73 亿元成交的元四大家之一吴镇的《山窗听雨图》、1.74 亿元成交的著录于《石渠宝笈》并深藏清宫 200 余年的蒋廷锡《百种牡丹谱》，都在 2016 年打破艺术家个人成交记录。小众市场突然发力，一方面说明市场向好、精品现世，另一方面说明藏家艺术底蕴的提升，逐渐形成自己的收藏体系和审美标准，不再一味追赶市场热度，更加关注作品自身的艺术价值。

2016 年，古代书画因精品、市场少见的生品出现，引来多位实力雄厚的企业藏家护航，实现成交量和成交额双双上升。近现代书画则从结构上进行大力度调整，作为拍卖中群众基础最大的板块，与往年近现代大师一枝独秀不同，在 2016 年秋拍中，齐白石、张大千、傅抱石等共同撑起了天价作品的市场，各大家的实力趋于平稳。2016 年，中国书画门类 500 万元人民币以上成交的 558 件（套）高价拍品中，古代书画成交额占总额 46.4%、近现代书画占 51.0%、当代书画占 2.6%。从总成交量占比来看，古代书画为 35.6%，近现代书画为 60.6%，当代书画为 3.9%。可以看出，中

国书画的高端市场仍然以古代与近现代书画为主。对比 2015 年中国书画高端市场，2016 年此细分市场成交额激增 58.4%，这主要得益于古代书画的"量质双增"——成交量同比增长 67.2%，而成交额同比增长高达 134.4%。

2016年大陆地区细分品类成交量

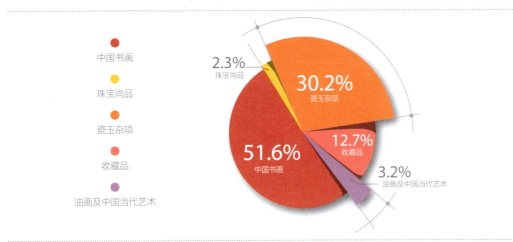

2016年大陆地区细分品类成交额

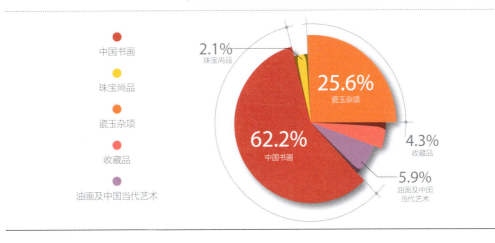

　　2016 年，在中国大陆市场整体成交量下滑的情况下，仅收藏品这一门类的拍品成交量比上年提升了 14.0%，达到 9773 件（套）。其中，50 万元人民币以上成交的中高端市场，涨幅高达 55.1%。收藏品本是中国大陆市场规模最小的板块，近两年快速升温，尤其是高端市场的发展显示出巨大的潜力。这表明古籍手稿、碑帖等曾经较为冷门生僻、专业门槛高的小品类已经逐渐进入藏家视野，市场收藏、投资兴趣多元化发展。譬如长期精耕于金石碑帖领域的西泠印社在 2016 年秋拍的"吉金嘉会·金石碑帖专场"及古籍善本专场总成交额超 2600 万元人民币，成交率达 80% 以上；中贸圣佳 2016 年春季拍卖"中国碑帖·古籍·书札专场"中，拍卖了新中国文人邓拓旧藏的一批古籍善本，其中，清宫"天禄琳琅"旧藏《纂图互注扬子法言》以 2300 万元人民币成交，创造了古籍善本单册成交的世界纪录。

　　油画及中国当代艺术类拍品的成交率及平均成交价格近五年来一直在所有门类中保持最高。2016 年,尽管本门类的成交量下降幅度最大,为 29.4%,成交率也小幅下降,然而平均成交价格却一改往年下行趋势,上涨幅度高居所有门类之首,激增 53.2% 至 71.9 万元 / 件 (套)。这是由于油画及中国当代艺术在 500 万元人民币以上的高端市场成交量增加,而中低端市场成交量均显著下降造成的。这意味着本门类拍品经过长达五年的调整,市场泡沫逐渐退去,结构不断优化,那些久经市场考验的高质量作品吸引新藏家入场、老藏家返场。北京保利 2016 年秋拍"中国现当代艺术夜场"中吴大羽与吴冠中专题均全部成交,吴冠中 11 件作品共拍出 1.437 亿元,其中《竹海》以 4370 万元高价成交。

四　区域市场不同格局显现

2016年大陆细分地区中国文物艺术品成交量

2016年大陆细分地区中国文物艺术品成交额

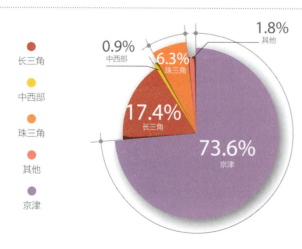

京津地区一直是中国大陆艺术品市场的重镇，并且这一趋势在过去的一年中继续突显。2016 年，京津地区成交额为 224.1 亿元人民币，占大陆市场总份额的比例高达 73.6%，为近五年来最高；成交量为 4.56 万件（套），占大陆市场总份额的 59.3%。成交额与成交量均较 2015 年有不同程度的提升。京津地区的平均成交价格在大陆市场最高，为 49.1 万元／件（套）。

长江三角洲地区是 2016 年唯一成交额有所下降的区域。2016 年，长江三角洲地区的成交额同比上年降低 4.1%，至 52.9 亿元人民币；与此同时，其成交率的增幅 8.5% 却为各区域最高，平均成交价格 24.2 万元／件（套）也远低于京津地区与珠江三角洲地区。从本区域市场的品类分布来看，收藏品板块的成交量所占地区总量比例（12.8%）高于其他大部分地区，这表明长三角地区成交的拍品更偏向于中低端价格区间，艺术品消费市场得到培育。

珠江三角洲地区所占市场份额长期处于京津地区与长三角地区之后的第三位，但是其成交率与平均成交价格一直较高。2016 年，珠江三角洲地区的成交率为中国大陆市场最高，达 70.0%，平均成交价格仅次于京津地区，为 33.6 万元／件（套）。本区域因邻近香港，市场开放、资本活跃，高净值人士较为密集。根据胡润研究院发布的《2016 胡润财富报告》显示，截至 2016 年 5 月，广东成为千万资产人群最多且增长最快的省份：千万资产人群数量为 24 万人，增幅达到 17.7%，远超大陆地区 10.7% 的增长率[5]。高净值人士为了资产保值与增值多有着强烈的投资性需求，随着艺术品投资在资产配置日益重要的地位，更多的高净值人士愿意通过蓝筹艺术品进行长期投资，一定程度上拉动了珠江三角洲地区高端艺术品市场的购买需求。

2016年大陆细分地区与品类成交量（单位：万件／套）

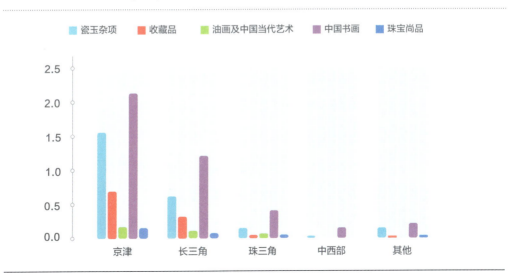

5　胡润研究院，《2016 胡润财富报告》

中国收藏
拍卖年鉴
2017

CHINESE FINE ART &
ANTIQUES AUCTION
YEARBOOK 2017

亚太其他地区市场
（含中国香港、中国
澳门、中国台湾地区）

徘徊震荡，高端
市场发力

Asia-Pacific Art Market

一　中国香港地区主导地位进一步巩固

　　香港是中国文物艺术品交易市场的关键地域，连通大陆与海外，享有"桥头堡"的美誉。大陆的拍卖企业将在香港建立分支机构视为国际化的第一步，而海外拍卖企业也将香港视为打开亚洲市场的大门。2016 年，中国香港在亚太其他地区市场的主导地位进一步突显，成交量占亚太其他地区市场的 67.3%，而成交额所占比例更是高达 91.6%，比 2015 年有所提升。

　　香港的中国文物艺术品拍卖市场的繁荣离不开其独特的地理位置、优厚的税收待遇，加上成熟的经济环境和健全的法律等支持。然而更直接作用于其发展的，是拍卖企业与买家对香港的青睐。从 20 世纪 70 年代起，香港就陆续吸引着全球大大小小的拍卖行，长久以来都是亚洲艺术品市场的必争之地。国际巨头苏富比、佳士得占得先机，随后台湾罗芙奥、日本伊斯特、韩国首尔、日本东京中央、中国嘉德、北京保利、北京匡时、北京翰海等先后进驻，而香港本土也发育起一批有实力的拍卖企业。此外，近年来欧美中小规模的拍卖企业也开始瞄准香港市场。2016 年，欧美两家老牌拍卖企业礼昂腾博（Lyon and Turnbull）与弗里曼（Freeman's）联手在香港举办拍卖。可以预见，无论是大陆拍行走向国际，还是海外拍行进军亚洲，越来越多的拍卖企业都将选择香港作为其开疆拓土的首选之地。

　　中国香港市场在吸引拍卖企业入驻的同时也成了买家的重要目的地。大陆地区自 2017 年起将艺术品进口关税从最初的 12% 降低至 3%，然而高昂的进口增值税仍为 17%；相比之下，香港地区零关税、零增值税的优厚环境就对买家具有强大的吸引力，尤其是在成交价动辄上百万甚至千万的中国文物艺术品拍卖市场。除此之外，由于香港吸引了全球各地的拍卖企业建立分支（在邮品钱币拍卖领域首屈一指的英国老牌拍卖企业斯宾克甚至将总部移师香港），这些拍卖企业或为国际巨头、资金实力雄厚，或为家族企业、历史悠久，均有很强的征集能力及宽广的资源平台，上拍拍品质量高且品类多元。

二 高端市场强势发展，低端市场遇冷

2016 年，亚太其他地区市场仍然处于震荡调整期，起伏较为显著。年度成交量为 1.7 万件（套），同比上年减少 15.1%，成交率也延续 2015 年下降的趋势跌至 49.4%；而同期成交额却上升 10.4%，达到 131.1 亿元人民币。2016 年，亚太其他地区的平均成交价格大幅提升 30.0%，至 75.3 万元／件（套），这也是自 2012 年以来亚太其他地区的平均成交价格首次由下跌转为上涨。

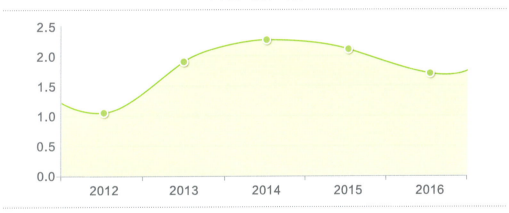

2012～2016年亚太其他地区中国文物艺术品成交量
（单位：万件／套）

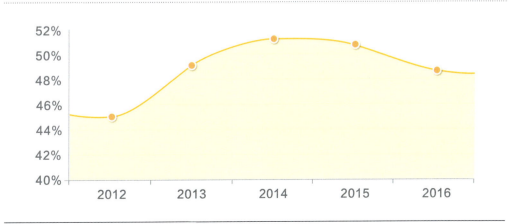

2012～2016年亚太其他地区中国文物艺术品成交率

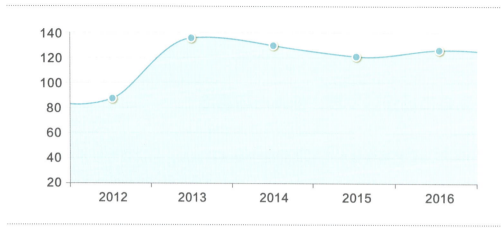

2012～2016年亚太其他地区中国文物艺术品成交额
（单位：亿元）

2012～2016年亚太其他地区中国文物艺术品平均成交价格
（单位：万元）

　　亚太其他地区市场本次的平均成交价格上涨是由于高端市场成交率提高及低端市场成交率下降双重作用的结果。成交率可以从一定程度上反映出拍品的质量与市场的认可度。2016年，估价在500万元人民币及以上（包括以咨询价上拍的拍品）的高端市场拍品成交率同比上年提高14.0%，而与此同时，估价10万元人民币以下的低端市场拍品成交率同比上年下降3.1%。高端价位市场的成交率虽然在2013~2015年持续走低，但在2016年又恢复到高位；而低端市场的成交率尽管自2012年起一路攀升，但一直处于较低水平，且在2016年再次遇冷下跌。这表明以中国香港为首的亚太其他地区继续在高端市场发力，而低端市场则再次回到低迷状态。本轮高端市场发力，名家名作屡爆天价：香港苏富比成交的张大千泼彩作品《桃源图》（2.27亿元）；保利香港成交的吴冠中《周庄》（1.98亿元）；香港佳士得成交的常玉《瓶菊》（9053万元）、朱德群《雪霏霏》（8025万元）、林风眠《渔村丰收》（3473万元）等等。

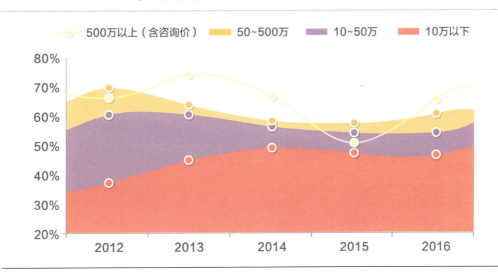

2012～2016年亚太其他地区中国文物艺术品各估价区间成交率

从不同成交价格区间的拍品分布来看，亚太其他地区也一直是高端市场强势、低端市场薄弱的发展格局，并且这一格局在 2016 年得到了进一步强化。2012 年，亚太其他地区的低端市场成交量占总成交量的比例仅为 40.4%，而同时期的中国大陆地区此比例是 63.6%。近两年亚太其他地区低端市场有所发展，但是其成交量所占比例也未曾超越 55%，明显低于大陆地区低端市场的成交量。从成交额来看，2015 年，亚太其他地区低端市场的成交额占市场总额 3.8%，而高端市场占 50.8%；到 2016 年，低端市场份额进一步缩小至 2.8%，而高端市场份额扩张至 58.5%。

事实上，亚太其他地区艺术品市场，尤其是中国香港市场，在国际巨头拍卖企业与本土资源不断融合的过程中，形成了自己独特的拍卖品类体系，珠宝、名酒佳酿、奢侈品、现当代艺术、西洋家具及西方艺术品等大量在香港聚集上拍，一些中小型拍卖企业更是推出各具特色的拍卖专场引人注目。2015 年，法国艾德拍卖在港首拍直接呈现了系列欧洲连载漫画与插画，获得成交率将近 100% 的好成绩。

2012～2016年中国文物艺术品全球平均成交价格
（单位：万元）

大陆　　亚太其他地区　　海外

横向对比全球三大区域市场近五年的平均成交价格，亚太其他地区一直远高于中国大陆及海外地区，并且这一差距在进一步拉大。这与亚太其他地区的财富集中程度有密切关系，本地区的高净值人士密度高、增速快。据瑞士瑞信银行发布的《2016全球财富报告》统计，2016年，全球财富的分配更加不均，亚太地区（除去中国大陆及印度以外）的财富同比上年增长8.3%，这在全球财富普遍下降的大背景下尤为突出[6]。亚太地区的超高净值人士（个人资产高于5000万美元的人群）人数同比上年增长10%，也远高于全球这一群体3%的平均增速[7]。财富的高度集中也带动了本地区的艺术品收藏及投资。苏富比的总裁及首席执行官Tad Smith在接受采访时透露，2016年苏富比成交价格最高的10件拍品中，有5件是由来自亚洲的买家购买；佳士得也在年报中显示，2016年亚洲新客户的消费额占所有新买家消费额的35%。高净值人群对财富管理的目的还是以增值为主，并且他们的投资渠道也日益多元化。根据胡润百富《2017中国千万富豪品牌倾向报告》显示，高净值人群对艺术品收藏的兴趣达到七成，并且28%的高净值人士真正选择将艺术品投资作为资产配置的渠道之一。古代书画成为最受富豪青睐的收藏品类，收藏比例达到13.9%。

此外，以中国香港为首的亚太其他地区资本市场活跃、金融业发达、法律体系健全，并且艺术品投资配套服务完善，为高净值人士投资艺术品提供了良好的环境。香港作为自由港，凭借一流的国际机场、智能的货柜码头、极高的通关效率、先进的仓储服务，成为亚洲艺术品交易中心。20世纪90年代，全球知名艺术品保险公司AXA安盛保险进入香港市场，为艺术品交易保驾护航。

6　瑞士瑞信银行（2016），《2016 全球财富报告》，p6
7　瑞士瑞信银行（2016），《2016 全球财富报告》，p27

三 板块轮动，油画及中国当代艺术延续精品路线

2016年亚太其他地区细分品类成交量

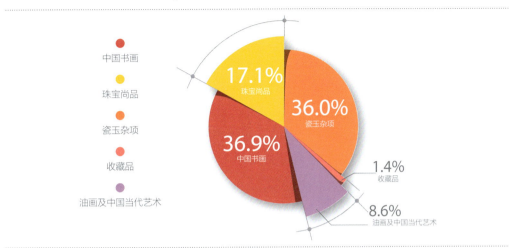

2016年亚太其他地区细分品类成交额

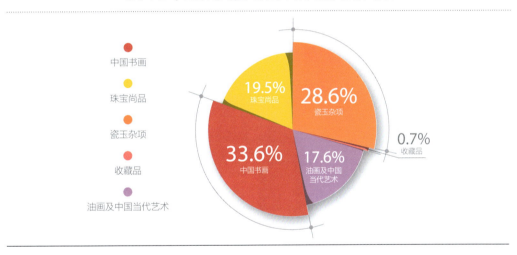

2016 年，亚太其他地区市场成交量最多的门类依然是中国书画，瓷玉杂项类拍品以 6266 件（套）的成交量位居第二，同比上年下降 2.1%。亚太其他地区市场各门类拍品在 2016 年的成交量均有不同程度下跌。然而，瓷玉杂项类拍品在 10 万元人民币以下的低端价位成交数量显著增长，在此区间的成交量远超中国书画，一反往年中国书画主导各个价格区间成交量的常态。

油画及中国当代艺术一直为亚太其他地区市场平均成交价格最高的门类，并且远远超出其他门类的价格水平。2016 年，本门类拍品的成交量为 1495 件（套），同比上年减少 33.4%，而成交额几乎保持不变，稳定在 23.0 亿元人民币，因此油画及中国当代艺术的平均成交价格大幅上涨，达到 154.1 万元 / 件（套），使其他门类拍品更加望尘莫及。此外，油画及中国当代艺术 64.4% 的成交率也在亚太其他地区名列前茅，这表明本门类拍品进一步巩固了以精品为主的方向。"泛亚洲"化是亚太其他地区甚

至海外地区油画及当代艺术品类的一大趋势。其实早在 2009 年起,苏富比就将原先在纽约、伦敦、巴黎举办的"亚洲当代艺术专场拍卖"合并转移至香港,而到了近几年,得益于中国、日本、韩国、新加坡、马来西亚等国的当代艺术家陆续登上国际舞台、受到海外市场认可,当代艺术创作也越来越打破民族和文化的限制,国际拍卖企业更加倾向于整合亚太市场,将亚洲当代艺术家合力推出。

珠宝尚品是亚太其他地区第三大市场份额的板块,也是本地区唯一的成交额有所下降的板块,由 2015 年的 31.5 亿元人民币下滑至 2016 年的 25.6 亿元人民币,下降 18.6%。与此同时,珠宝尚品也是成交量下降最多的板块,2016 年成交量为 2976 件(套),同比下降 33.0%。由于成交量下滑的幅度远大于成交额,因此珠宝尚品的平均成交价格依然有所增长,达 86.0 万元 / 件(套),为本地区第二高价门类。

2016年亚太其他地区细分价位与品类成交量(单位:件)

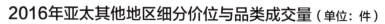

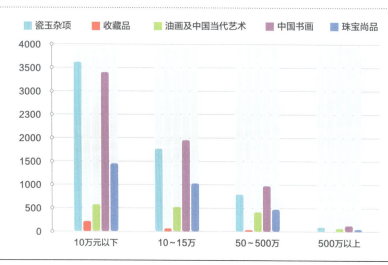

海外地区市场

价值发现暗藏

机遇

International Art Market

一 价格水平全球最低

从 21 世纪初的圆明园兽首拍卖,到 2016 年在法国以天价成交的乾隆"御笔之宝"玉玺,再到 2017 年在美国以 31 件拍品、总成交额 18.11 亿元创下纪录的日本藤田美术馆专场,海外的中国文物艺术品拍卖市场近几年日益引起人们的注意。在大陆及亚太其他地区市场已被深度开发、拍品价格抬升的情况下,到海外市场寻找尚未受到过度关注的拍品,正逐渐成为一种趋势。与此同时,艺术品电商平台的快速发展也为国内买家提供了海外代拍等便利服务,解决了地域、时间、语言等问题带来的壁垒。根据 Hiscox 发布的《2016 线上艺术品交易报告》显示,尽管全球艺术品拍卖市场持续低迷,主打低端艺术品市场的线上艺术品交易份额却逆市增长 24%,相对于中高端市场,对市场增长放缓呈现出更强的韧性。

海外的中国文物艺术品拍卖市场与大陆市场的减量提质、亚太其他地区市场的高端市场倾向形成鲜明对比,尽管近年经常爆出天价,但是其总体还是中低端的艺术消费品市场的培育与发展。近五年,海外市场的中国文物艺术品拍卖成交量持续上扬,从 2012 年的 1.11 万件(套)一路攀升至 2016 年的 2.66 万件(套);2016 年的上升幅度尤为显著,同比上年增加了 24.6%。伴随着成交量的接连上涨,海外市场的成交额却呈波动上升趋势。海外市场的中国文物艺术品成交额在 2015 年达到历史最高点——36.2 亿元人民币之后,在 2016 年下降 9.2% 至 32.9 亿元人民币。与此同时,成交率也呈下降趋势,由 2013 年最高点的 71.8% 持续下滑至 2016 年的 59.3%。尽管如此,2016 年度海外市场的成交率依然高于同期的大陆市场(58.5%)及亚太其他地区市场(49.4%)。

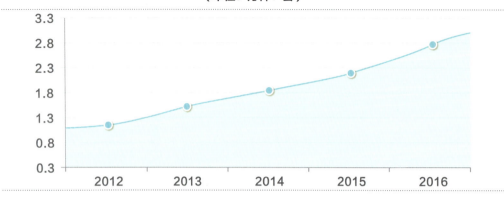

2012～2016年海外地区中国文物艺术品成交量
（单位：万件／套）

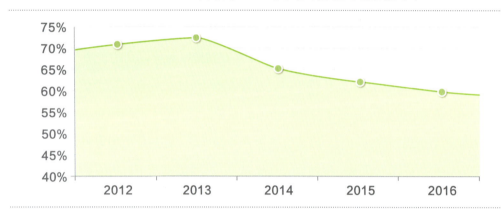

2012～2016年海外地区中国文物艺术品成交率

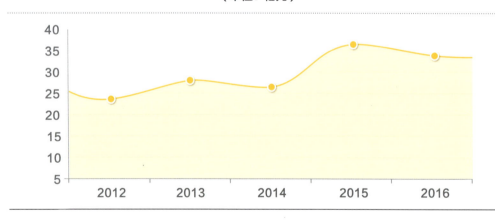

2012～2016年海外地区中国文物艺术品成交额
（单位：亿元）

海外市场的平均成交价格在全球三大区域市场中最低，且近年来整体呈现进一步下降的趋势。2012年，海外市场的平均成交价格为21.5万元／件（套），经历了连续两年的下滑后，在2015年小幅上升至17.0万元／件（套），然而2016年再次下滑27.9%，降至12.3万元／件（套），跌至五年来最低水平。这是由于2016年海外市场成交量的增长主要来自于10万元人民币以下的低端市场，增幅达到33.4%，而其他价格区间的成交量均有所下降。在大陆及亚太其他地区市场的平均成交价格均显著上涨的情况下，海外市场的价格水平与之差距日益拉大。除了市场的结构性变化之外，

中国收藏
拍卖年鉴
2017

CHINESE FINE ART &
ANTIQUES AUCTION
YEARBOOK 2017

本趋势与 2016 年度海外政治经济局势不稳定性增加有关。英国脱欧导致英镑大幅贬值，欧元区也受到震荡影响都在一定程度上影响了海外市场的价格水平。另外，中国大陆的"减量增质"成果在本年度开始显现，生品、精品频出使大量买家将关注点放在了更为方便的大陆及亚太其他地区市场，带来海外高端市场的相对冷淡。

2012～2016年海外地区中国文物艺术品平均成交价格
（单位：万元）

2012～2016年海外地区中国文物艺术品各估价区间成交率

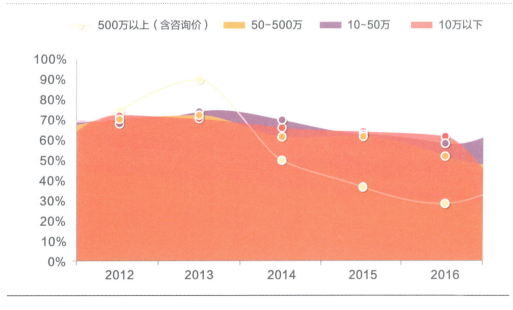

虽然海外市场的成交率整体呈下滑趋势，但是各个估价区间的拍品成交率走势有所不同。区别于中国大陆及亚太其他地区市场整体成交率随着估价区间的升高而提高，海外市场则正好相反——估价区间越高，成交率越低且下滑越快。2016 年，海外市场估价在 500 万元人民币以上的拍品（包括以咨询价上拍的作品）成交率为 23.9%，同比上年下降 10.7%，这一价格区间的成交率水平远远低于同期的大陆市场（81.5%）及亚太其他地区市场（64.3%）；而在估价 10 万元人民币以下的低端市场，海外市场的成交率高达 60.0%，高于同期大陆市场的 56.8% 与亚太其他地区市场的

45.5%。这一现象表明低端市场的艺术品消费在海外市场接受度更高、受众更为广泛；而受到文化及审美因素的影响，中国文物艺术品高端拍卖市场在海外较为小众。

值得注意的是，海外市场的中国文物艺术品拍品大量采用无底价，或者估价很低的形式上拍，出于统一数据统计标准的考虑，这些拍品未纳入统计范畴。

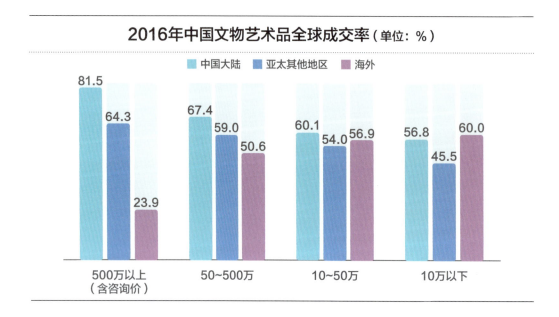

2016年中国文物艺术品全球成交率（单位：%）

二　北美、欧洲差异显著

海外的中国文物艺术品拍卖市场长久以来由北美与欧洲地区主导。根据欧洲艺术基金会的报告，2016 年北美整体艺术品拍卖市场的成交额剧烈下降 41%，欧洲整体艺术品拍卖市场的成交额下降 13%。尽管海外市场明显呈现出由公开拍卖市场转移至私人洽购以及经纪人促成的业务，但是 2016 年北美与欧洲地区的中国文物艺术品拍卖成交额与成交量依然主导海外市场份额。

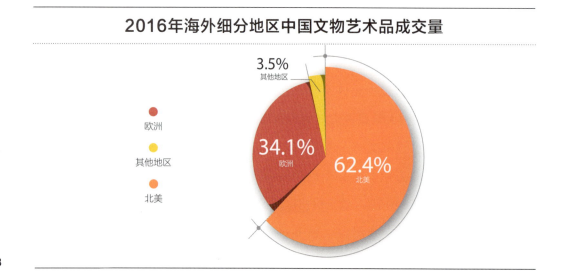

2016年海外细分地区中国文物艺术品成交量

2016年海外细分地区中国文物艺术品成交额

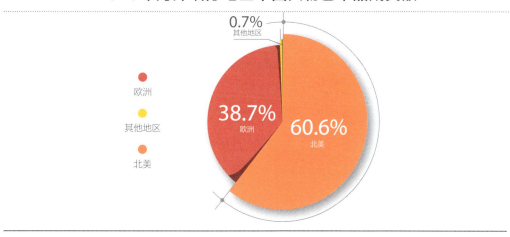

　　北美地区市场长期以高成交额与高成交率统领海外的中国文物艺术品拍卖市场。2016年，北美地区中国文物艺术品拍卖成交量同比上年增长45.0%，达到1.7万件（套），占据海外市场总成交量的62.4%；而成交额却下降18.2%至19.9亿元人民币，占海外市场总额的60.6%。由于成交量的提升主要来源于低端市场，因此2016年北美地区的平均成交价格比上年降低43.6%，至11.9万元/件（套），低于平均的估价水平，更是首次低于欧洲市场。回顾来看，北美地区的成交量自2012年起开始缓慢上升，到2015年迎来了连续的大幅上涨，然而动力主要源自中低端市场，这与线上拍卖的蓬勃发展密不可分。佳士得2016年的年报显示，2016年线上拍卖的成交额同比上年增长109%，并且通过线上成交的亚洲艺术品份额显著。

　　欧洲地区市场以较低的估价水平以及较低的平均成交价与北美地区市场形成对比。2016年，欧洲市场的平均成交价为13.9万元/件（套），同比上年提升11.3%，却远低于2012年19.2万元/件（套）的平均成交价水平。近五年，欧洲的中国文物艺术品拍卖市场的成交量经历了先增后降的过程，从2012年占据海外市场总量的53%上升至2014年的59%，随后持续下滑并被北美地区超越，到2016年下降至五年来最低点34.1%，至9143件。欧洲市场的成交额近五年也呈波动下降的趋势，2016年成交为12.7亿元人民币，占海外市场总额的38.7%。

2012～2016年北美及欧洲中国文物艺术品成交额
（单位：亿元）

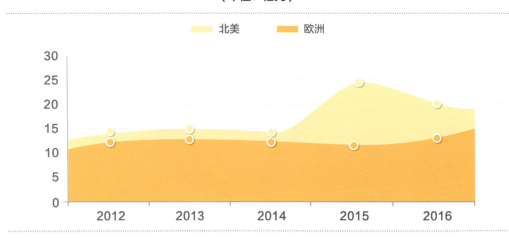

2012～2016年北美及欧洲中国文物艺术品成交量
（单位：万件）

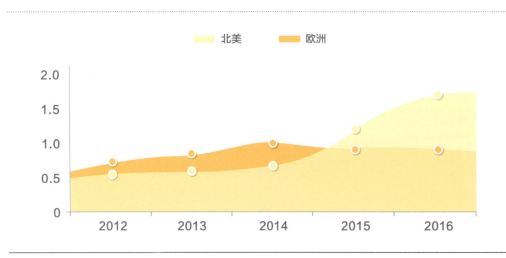

　　具体到国家来看，美国无论在成交量还是成交额方面都稳居海外市场第一，远超其他国家，甚至超过整个欧洲市场的中国文物艺术品拍卖市场份额。位列其后的依次是法国与英国。2016 年，受到英国脱欧带来的英镑贬值、市场信心动荡等因素的影响，英国的中国文物艺术品拍卖市场成交额同比上年下降 25.4% 至 4.58 亿元人民币，成交量下降 2.8% 至 3594 件（套），平均价格下降 23.3% 至 12.7 万元人民币，被法国反超，近五年来首次退居海外市场第三的地位。根据瑞士瑞银发布的《2016全球财富报告》显示，2016 年，由于英镑贬值、股票市场动荡，使得英国的整体财富缩水 10%，成为 2016 年全球财富减少最多的国家之一[8]。

　　反观法国的中国文物艺术品拍卖市场在 2016 年的表现，成交量同比上年略微上调 0.98% 至 1320 件（套），而成交额大幅上涨 84.5% 至 6.36 亿元人民币，因此平均

8 瑞士瑞信银行（2016），《2016 全球财富报告》，p8

成交价格显著上涨 85.2% 至 48.2 万元 / 件（套），达到近五年来最高水平。法国德鲁奥拍卖中心 1.54 亿元人民币成交的乾隆"御笔之宝"玉玺、巴黎佳士得以 0.99 亿元人民币成交的辽 11 世纪铜鎏金大日如来坐、以 3808 万元人民币成交的宋木彩绘观音坐像……法国市场在 2016 年的精彩表现离不开数件高价拍品的成交，使其首次跃居海外市场份额第二。

值得注意的是，尽管欧洲市场的估价水平远低于海外整体市场，但是法国的平均成交价格近五年来保持为海外最高。这说明海外市场的中国文物艺术品仍然存在数量可观的低价上拍的精品。欧美地区的政治经济不确定性也许会影响当地艺术品市场的信心，加之英镑、欧元的贬值进一步导致成交价格处于较低水平，而这也许会是进入市场、发掘精品的好机会。

三 瓷玉杂项价格水平低，收藏品持续受热捧

从拍品类别来看，海外的中国文物艺术品市场较为集中，瓷玉杂项板块长久以来都是中流砥柱，左右着海外市场的规模。2016 年，海外市场瓷玉杂项的成交量同比上年增长 20.2%，达 2.25 万件（套），占据海外市场总量的 83.7%。虽然瓷玉杂项的成交量逐年攀升，但是其成交额却呈下降趋势。2016 年，海外瓷玉杂项成交额下降 12.7% 至 24.88 亿元人民币，占据海外市场总额的 75.7%，而在 2013 年这一比例为 83.0%。因此，2016 年瓷玉杂项板块拍品的平均成交价格显著下降 28.2% 至 11.0 万元 / 件（套），降至五年来最低水平，而这一价格水平在全球也是最低。然而，海外市场瓷玉杂项类拍品的成交率 58.7% 高于同期的中国大陆（52.9%）及亚太其他地区市场（43.4%），同时本板块的平均估价水平为 12.8 万元 / 件（套），高于平均成交价格，说明海外市场的瓷玉杂项类拍品的市场接受度高并且竞买人较为分散。

2016年海外地区细分品类成交量

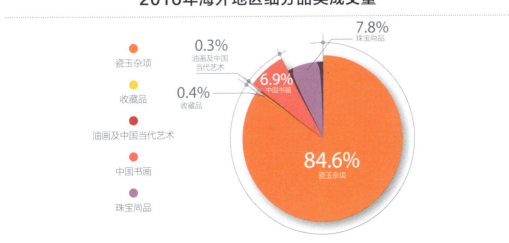

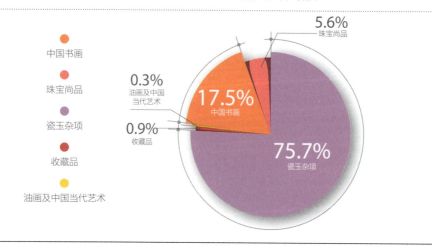

2016年海外地区细分品类成交额

中国书画

珠宝尚品

瓷玉杂项

收藏品

油画及中国当代艺术

5.6%
珠宝尚品

0.3%
油画及中国
当代艺术

17.5%
中国书画

0.9%
收藏品

75.7%
瓷玉杂项

　　海外市场流传有序、精品频出的拍品质量保证和竞争压力相对较小的市场氛围，吸引着越来越多的大陆藏家去海外"淘宝"。据统计，有超过 1000 万件中国文物流散在海外，而其中仅 164 万件入藏博物馆，可以想见民间精品藏量何其巨大。这从近年来海外藏家、古董商、博物馆等相继少量释出的中国文物精品可见一斑。由于地域、语言、时间等因素影响，海外的中国艺术品市场受关注度远不如大陆及亚太其他地区，拍品成交价也相对较低。2005 年，清乾隆御制金桃皮鞘"天字十七号""宝腾"腰刀首次在德国慕尼黑赫尔曼历史公司拍卖会亮相时，仅以 130 万元成交；而第二年进入亚太其他地区市场后，这件拍品在香港苏富比以 4470 万元的高价成交；无独有偶，2006 年在法国第戎拍卖行以 944 万元成交的清乾隆白玉御题诗"太上皇帝"圆玺，第二年出现在香港苏富比秋拍时，翻了五番以 4611 万元成交，而 2011 年再次出现在北京保利秋拍时，则达到 1.61 亿元的天价。从成交率来看，名家收藏的私人专场尤为受到青睐。从 2015 年的"灵逸博雅：井上恒一珍藏中国艺术"、"锦瑟年华——安思远私人珍藏"，到 2016 年的"古韵天成——临宇山人珍藏"、"费立哲神父珍藏中国古典家具"、"罗伊与玛丽莲·派普夫妇珍藏中国绘画"、"艺海观涛：坂本五郎珍藏中国艺术——高古"等，都达到 90% 以上的成交率，甚至斩获多个"白手套"专场。

　　以古籍手稿与碑帖为代表的收藏品板块所占市场份额微小，但是近年来在海外的中国文物艺术品市场持续走热。2016 年，海外市场收藏品版块成交的拍品有 88.89% 为信札手稿、碑帖与古籍。其中，在亚洲艺术周期间，纽约苏富比上拍的赵之谦的《信札五十六通》，以 109.00 万美元成交（约合人民币 709.70 万元），成为近五年来海外成交的收藏品门类最高价。2016 年，海外市场收藏品成交量为 101 件，同比上年减少 11.4%，但是 50 万元人民币以上成交的中高价位拍品显著增多，使得 2016 年收藏品板块成交额同比上年增长 134.3%，达到 3062.0 万元人民币。中高价位成交拍品的增长使得本门类拍品在 2016 年的平均成交价格比上年提升 149.7%，达到 28.6 万元 / 件（套），而这一数字在 2012 年仅为 10.84 万元 / 件（套）。值得注意的是，本门类拍品的成交率高达 68.7%，远高于同期的中国大陆市场与亚太其他地区市场。由于信札手稿、碑帖与古籍等拍品专业程度高，对藏家的审美水平、知识储备要求较高，因此拍卖企业征集的此类拍品多为流传有序、信息较为完整的名家名藏精品。

与中国大陆市场及亚太其他地区市场相反，2016 年，中国书画类拍品在海外市场行情低迷。此门类在海外市场的成交量同比上年有所下降，并且收缩的成交量主要集中于高端市场，中低端价位市场的成交量反而有所增长，因而使得中国书画的成交额下降至 5.77 亿元人民币，但是平均成交价格却温和上涨 5.4% 至 31.4 万元 / 件（套）。这一数字在 2012 年为 50.1 万元 / 件（套），五年来的下跌幅度超过三分之一。然而，中国书画在海外市场的成交率同比上年有所提升，至 69.4%，也高于同期中国大陆及亚太其他地区市场。

2016年海外地区细分品类成交率

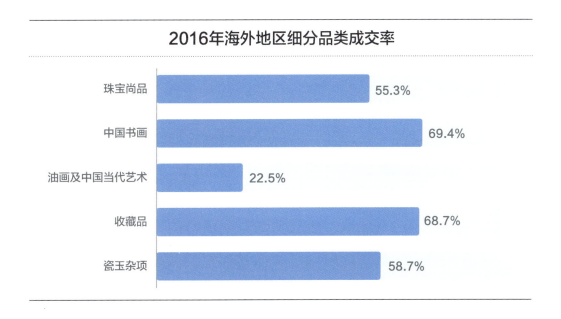

中国书画
全球指数

Fine Chinese Paintings
& Calligraphy: Global
Index

中国收藏
拍卖年鉴
2017

CHINESE FINE ART &
ANTIQUES AUCTION
YEARBOOK 2017

中国书画作为中国文物艺术品的重要门类，在全球范围内的中国文物艺术品拍卖市场始终保持着举足轻重的地位。即使是在波动调整期，中国书画的成交额也占据着整体市场份额的半壁江山，而市场蓬勃时期这一板块能够超过市场总成交额的三分之二。由此可见，中国书画对中国文物艺术品拍卖市场走势的影响巨大，透过中国书画这一板块市场行情的分析可以对整个中国文物艺术品拍卖市场有一定程度的把握。通过成交额、成交量、成交率、平均成交价格等常见指标进行的统计描述能够反映一部分市场表现，然而由于这些指标较为单一，而艺术品市场受内外部多重因素影响，仅凭统计分析难以深入理解艺术品市场。

艺术品区别于其他商品的一大特性就是其异质性，即每件艺术品均独一无二，不同艺术品之间没有直接可比性、无法通过算数方法来计算多件艺术品的平均价格。为了解决这一问题，近年来，构建标准化的艺术品指数的研究蓬勃发展。艺术品理论和实践表明：构建艺术品指数最大的挑战在于控制艺术作品的异质性。目前，国际上广泛研究与应用的艺术品价格指数建模方式有两种：重复销售回归和特征回归。

重复销售回归（Repeat Sales Regression）采用同一件艺术品在两个时间点的销售价格变化（又称为一对重复销售数据）构建艺术品指数。此方法认为艺术品的基本特征（如材质、尺寸等）不随时间而变化，从而解决艺术品的异质性问题。由于艺术品拍卖成交的频率普遍较低，因此重复销售数据只占全部交易数据的很小一部分，采用该方法构建艺术品指数时存在样本选择偏差的问题。但当重复销售的数据对数很大或样本期数超过 20 年时，推荐使用此方法构建艺术品指数。"梅摩艺术品指数"就是采用此种方法编制。

特征回归（Hedonic Regression）基于艺术品的基本特征构建艺术品指数。该方法将艺术品价格变动中的特征因素进行分解，以显现出各项特征的隐含价格，并从价格的总变动中剔除特征变动的影响，达到反映纯价格变动的目的，在此基础上构建艺术品指数。通常所选取的特征包括：艺术家、尺寸、材质、题材等。采用此方法构建指数时可以选用所有的艺术品交易数据。在已有研究文献中，特征回归方法已经被普遍地应用于艺术品指数的研究，特征回归模型也已经被广泛地应用于各类艺术品指数的编制。例如被财经记者、银行机构以及保险公司等引用的 Artprice 艺术品指数、潍坊银行的中国艺术品市场指数均使用此种方法编制。

由于目前国内已有的艺术品指数存在一定局限：或为简单的平均数计算，模型较为简单、无法反映艺术品市场真实趋势；或指数体系较为笼统单一；或数据范围仅局限于中国某个地区（如中国），缺少海外地区的数据。本报告基于国内外已有指数模型的研究，结合专业艺术史研究，推出中国书画全球指数，意在通过科学的模型编制以及全球范围的拍卖数据对中国书画这一具有代表性的艺术品门类在全球艺术品市场的走势做出解析。

一　中国书画全球指数说明

中国书画全球指数来自于艺拍全球艺术品指数，其体系下设综合指数、地区指数、分类指数以及艺术家个人指数。艺拍全球艺术品指数基于数据库的海量数据，对拍卖行以及拍品进行严格筛选，并对纳入指数计算的每一件拍品进行多维度特征分类、将其标准化，再以多元线性回归法拟合出作品的价格水平，从统计学角度分析市场整体价格水平随时间的变化走势。

每类指数均分为价格指数与溢价指数两种指数模型，分别从价格水平与市场热度对目标市场进行解析。所有指数均以 2007 年为基期，基期指数值为 100，指数每半年更新一次。

艺拍全球艺术品指数模型介绍：

（1）价格指数

中国书画价格指数（或其他子类价格指数）是反映一定时期内中国书画（或其他子类）拍卖市场的价格水平变动趋势和程度的相对数指标。该指数模型采用国际上广受研究论证的特征回归模型（Hedonic Regression），模型考虑的特征因素包括但不限于艺术家知名度、作品尺寸、幅式、题材、技法、款印、创作时间、是否为代表作、成交时间、拍卖机构。该指数消除了作品本身的特征因素变动对价格的影响，可以真实、准确地反映中国书画作品标准化后的纯价格变动。此外，中国书画全球价格指数能够与标准普尔指数等金融指数，以及狭义货币供应量 M1 这样的宏观经济指标进行标准化比较分析，为市场分析与投资决策提供科学可靠的依据。

以下为价格指数模型的公式：

$$\log P_{i,t} = c + \sum_{k=1}^{K} \alpha_k x_{k,i,t} + \sum_{t=1}^{T} \beta_t time_{i,t} + \varepsilon_{i,t}$$

$P_{i,t}$ 为艺术品 i 在第 T 时期的销售价格；$x_{k,i,t}$ 表示艺术品 i 在第 t 时期第 k 个特征值；a_k 为艺术品第 k 个特征的隐含价格；$time_{i,t}$ 为艺术品 i 的成交时间；b_t 为时间对艺术品价格的边际影响，构建指数的基础。

（2）溢价指数

中国书画溢价指数（或其他子类溢价指数）表示一定时期内中国书画（或其他子类）拍品的实际成交价格超过估价水平的相对数指标。指数值越高，则表明该板块的拍卖市场整体热度越高、景气度越高。溢价指数具有一定的先行意义，能够在一定程度上对预测下一期价格指数走势提供参考。该指数的编制参考了香港恒生 AH 股溢价指数模型。

以下为溢价指数模型的公式：

$$Index_{pt} = \left(\frac{\sum_{i=1}^{N_t} \frac{P_{hi} - P_{ai}}{P_{ai}} / N_t - \sum_{i=1}^{N_0} \frac{P_{hi} - P_{ai}}{P_{ai}} / N_0}{\left| \sum_{i=1}^{N_0} \frac{P_{hi} - P_{ai}}{P_{ai}} / N_0 \right|} + 1 \right) \times Index_{p0}$$

$Index_{pt}$ 为第 t 期的溢价指数值；P_{hi} 表示艺术品 i 的拍卖成交价，P_{ai} 表示艺术品 i 的估价上下限的平均值；N_t 表示第 t 期选取的样本数量；N_0 表示基期选取的样本数量；$Index_{p0}$ 表示基期的溢价指数值。

需要说明的是，溢价指数是对成交价格相对估价水平的考察，因此以咨询价上拍的艺术品没有纳入模型考虑范围。同时，由于咨询价上拍的拍品一般为难以估价的罕见精品，数量极少，因此对溢价指数整体的走势不会有明显影响。

数据范围：

样本拍卖行：从中国大陆地区、亚太其他地区、海外地区共选取了 50 家经营规范、成交结果透明度高、规模级别不同的具有代表性的拍卖企业。

样本艺术家：综合考虑时期、美术史地位与成就、专业书刊、重要拍卖机构图录等因素后选取了 101 位具有代表性的中国书画艺术家。

时间：第一期 2007 年 1 月 1 日～2016 年 12 月 31 日。

数据量：12.61 万条全球范围内公开拍卖的成交记录。

二 中国书画全球指数结果分析

1. 书画市场阶段性明显

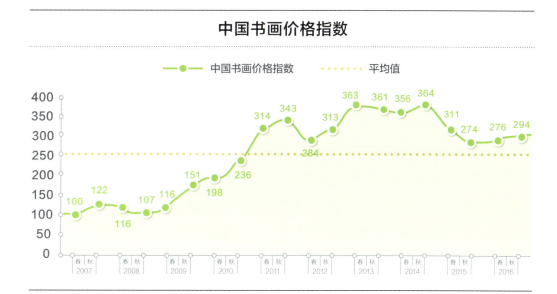

中国书画价格指数

中国书画全球价格指数的均值为 249.9 点，远高于基期 2007 年的 100 点，表明近十年中国书画的价格水平涨幅显著。指数走势整体波动较大，呈现波动上升的趋势，最高点（2014 年秋的 364 点）与最低点（2007 年春的 100 点）相差达 264 点。

通过价格指数走势图可以看出，近十年中国书画在全球艺术品市场经历了四个阶段：

1. 低位平稳期：2007 年春至 2009 年春，指数值较为稳定地保持在 100 点到 122 点之间。金融危机致使全球艺术品拍卖市场连续剧烈下跌[9]，而与此同时中国书画的价格水平未受明显影响。

2. 爆发增长期：2009 年春至 2011 年秋，指数值大幅快速上涨，从 2009 年春的 116 点连续攀升至 2011 年秋的 343 点，平均年增幅高达 76 点。这段时期全球艺术品市场正在经历金融危机之后的回升期，金融市场的恢复带来热钱涌入，中国书画在全球艺术品拍卖市场的价格水平势如破竹。

3. 徘徊震荡期：2011 年秋至 2015 年秋，书画指数值波动起伏明显，最高点（2014 年秋的 364 点）与最低点（2015 年秋的 274 点）相差 90 点。这段时期内，中国书画在全球艺术品拍卖市场的成交量与成交额也呈现出显著波动。

4. 企稳回升期：从 2016 年开始，书画指数开始回升。然而，这次指数走势回升

---

9 Dr. Clare McAndrew. *TEFAF Art Market Report 2016.* p27

与 2012 年的回升有着明显的不同。2012 年春到 2013 年春，指数值由 284 点上升至 363 点，幅度高达 79 点，与爆发增长期的平均年增幅相仿；而 2015 年秋到 2016 年秋，指数值上升幅度仅有 20 点，说明本轮回升更为平稳。结合前文的成交额、成交量、成交率等指标分析也可得出 2016 年的中国书画拍卖市场止乱趋稳，释放回暖信号。

从中国书画在全球拍卖市场的单位面积成交价格图来看，其走势与价格指数相似，然而在特定时点的波动幅度更大。例如，在 2011 秋开始的深度调整期，书画市场的单位面积成交价格剧烈下挫，2012 年春季同比上年下滑了 38.62%，而在 2016 年秋季又同比上年增长了 34.47%。如此大幅度的变动扰乱了对市场的冷静分析，无法客观反映市场走势。实际上，这是因为单位面积平均价格曲线仅仅是对价格与面积关系的反映，所表现的仅是书画作品的价格受到面积的影响，没有考虑其他特征因素。这是十分片面且不准确的，因为即便是同样面积的作品，由于艺术家、创作年代、技法、题材、款印、幅式等特征的不同，价格往往会千差万别。而价格指数模型综合考虑了以上提及的各种特征因素，使得指数走势图能够反映书画作品"标准化"之后的纯价格变动。

中国书画平均价格（单位：元/cm²）

中国书画溢价指数

中国书画溢价指数近十年的均值为 133.77 点，高于基期的 100 点，整体热度较高。中国书画溢价指数滞后一期之后与价格指数的相关系数为 0.6，具备较高的相关性，表明艺术品市场的价格水平受临近时点的市场热度影响。这也反映了艺术品市场，尤其是中国书画市场是信心市场——市场热度提升会提振信心，直接导致随后的拍卖市场整体价格水平上升。

对比中国书画溢价指数与价格指数走势图可以发现，溢价指数的走势相对平稳，仅在 2008 年秋季出现了低于基点的波谷，反映出金融危机对艺术品市场热度有一定的影响，却对价格水平影响不大。近十年，中国书画在全球艺术品市场共出现了三轮较为明显的波峰，分别为 2010 年春至 2011 年春、2013 年春、2016 年春至 2016 年秋。三次波峰与中国书画价格指数的三次上升走势相符。值得注意的是，前两轮的溢价指数波峰持续时间较短，且幅度均在 46 点以内。这两段时期均有大量投资艺术品的投机性热钱涌入市场。而 2016 年春开始的波峰持续时间长、涨幅高达前所未有的 59 点，表明中国书画市场在经历了数年的调整期后，终于迎来了新一轮的行情启动。

2. 书法市场快速升温

作为中国书画的重要组成部分，2016 年，书法的拍卖市场呈现出快速升温的趋势。2007 年至 2015 年，书法作品的全球指数走势与中国书画大致相同。2015 年春至今，书法指数开始脱离中国书画指数的发展轨迹，两者显示出较大的不同。2015 年春至2015 年秋，中国书画指数呈下降趋势，下降幅度为 37 点；而与此同时，书法指数只出现了小幅下降，幅度为 2 点。2015 年秋至 2016 年秋，中国书画指数持续小幅上升，而同期的书法指数先下降 19 点，随即大幅上涨 77 点。整个 2016 年度书法价格指数上涨 58 点，远超同期中国书画价格指数的 20 点，说明书法作品的拍卖市场价格水平升温更加显著。

3. 不同时期作品价格水平走势各异

中国书画从创作时期的维度可划分为古代、近现代、当代。回顾自 2007 年起近十年的中国书画三大时期指数走势，可以发现不同时期的中国书画拍卖市场特点各异。

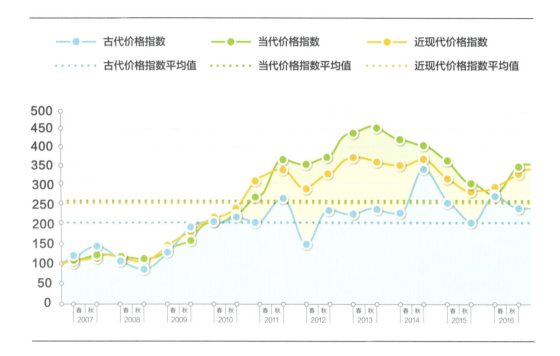

1) 精品引领古代书画，价格水平波动剧烈

古代价格指数

近年来，古代书画板块由于其作品的稀缺性和经过深挖出现的精品而备受瞩目，尤其是宋元精品引领古代书画市场，表现十分强劲。例如，2017 年 3 月，纽约佳士得"藤田美术馆藏重要中国艺术"专场，南宋陈容所作《六龙图》以 4896.8 万美元

高价成交（约合人民币 3.375 亿元），刷新了 2016 年北京保利以 3.036 亿元人民币成交的元代任仁发所作《五王醉归图卷》的记录。古代书画精品的出现往往能带动起市场的行情。

2007 年至 2016 年，古代书画价格指数平均值为 199.72 点，指数最高点（2014 年秋的 343 点）与最低点（2008 年秋的 98 点）相差 245 点。由过去十年的指数走势可得，古代书画每隔三至四年就会出现一次剧烈波动形成的峰值点，且波动幅度呈增强趋势。第一次波峰出现在 2007 年秋，波动幅度为 51 点；第二次波峰在 2011 年秋，波动幅度达 166 点；最近的一次波峰在 2014 年秋，波动幅度高达 243 点。

古代书画的溢价指数近十年平均值为 98.5 点，低于基期的 100 点。这或许是由于古代书画对审美及鉴定的专业门槛要求更高，并且估价水平也往往高于其他时期的书画作品，因此买家更为谨慎。古代书画溢价指数曲线的起伏非常剧烈，呈现出多个波峰与波谷交错的走势。2008 年秋达到波谷 53 点，而在 2010 年秋又蹿升至波峰 158 点，随后一直处于震荡状态。此外，古代书画溢价指数与其价格指数的相关性较低，与价格水平的变动没有显著的联系。

2）近现代书画平稳复苏

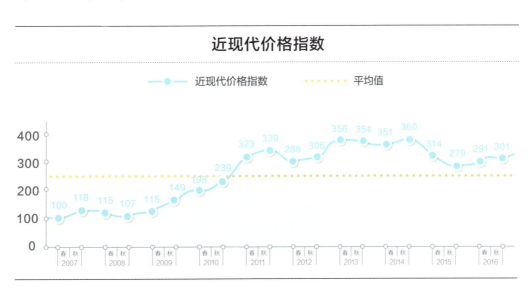

近现代价格指数

作为中国书画版块的中流砥柱，近现代书画市场一直较为稳定。在经历了长达 5 年时间的调整后，2016 年市场呈现逐渐复苏的迹象。这很大一部分原因受益于企业收藏对于高端艺术品的需求，进一步提升了近现代书画的行情。例如，齐白石的《咫尺天涯——辛未山水册》由宝龙集团以 1.955 亿元高价竞得，张大千的《巨然晴峰图》以 1.035 亿元由宝龙集团竞得，傅抱石的《风光好》以 6612.5 万元由苏宁集团竞得。

近十年，近现代书画指数平均值为 250.23 点，指数走势整体波动较大，总体呈现前期稳步上升、近期小幅波动的趋势。最高点（2014 年秋的 360 点）与最低点（2007

年春的 100 点）相差 260 点。2011 年秋之前的变动趋势及幅度与中国书画综合指数相似。2011 年秋至 2015 年秋近现代书画指数开始温和震荡，波动幅度在 81 点以内。2016 年起，近现代书画指数开始企稳并小幅增长。

近现代溢价指数

近现代书画溢价指数滞后一期与其价格指数的相关系数高达 0.7，两者相关性显著。2011 年春近现代书画溢价指数达到近十年的波峰 271 点，随后一段时期处于较为平稳且较高的水平，并于 2015 年秋开始一路攀升至 2016 年秋的 244 点，增幅达 118 点。由于近现代书画溢价指数先行于其价格指数的走势，因此据其近期连续增长的趋势可以预测近现代书画的价格水平将持续升温。

3）当代书画结构调整

当代价格指数

当代书画是近年来价格攀升较为明显的版块，与此同时也备受争议。诚然，艺术品市场涌现出了不少优秀的当代书画艺术家的作品，然而更多的是由于艺术品基金等市场力量炒作而出现的价格虚高的泡沫。业内人士普遍认为当代书画目前的市场调整并非周期性的，而是结构性的。

近十年，当代书画价格指数平均值为 252.61 点，指数走势整体波动极大，最高点（2013 年秋的 449 点）与最低点（2007 年春的 100 点）相差达 349 点。2011 年秋之前的变动趋势及幅度与中国书画综合指数相似。2011 年秋当代书画市场进入调整期，指数走势经历了小幅上涨后，迎来了连续的下滑，2013 年秋至 2016 年春，指数值下降幅度高达 180 点。虽然 2016 年秋季当代书画价格指数开始回升，但是仅凭一个报告期的变化难以判断是否已走出调整期。

当代溢价指数

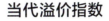

当代书画溢价指数曲线波峰集中且周期较长，近十年的指数平均值为 181.79 点，高于基期的 100 点，并且明显高于其他时期的书画溢价指数平均值，表明当代书画市场近十年热度较高。当代书画溢价指数的波峰出现于 2011 年春，指数值高达 293 点；而到 2016 年春，其指数值又下跌至 104 点，起伏十分剧烈。此外，当代书画溢价指数的走势与其价格指数的相关系数极低，具体表现为在 2011 年秋至 2016 年春，当价格指数处于较高水平时，溢价指数整体呈现快速下滑趋势。究其原因，是由于 2011 年之前当代书画市场增长过快导致价格虚高、严重偏离作品实际价值，而与此同时，过高的估价引起了拍卖市场的热度降低。2016 年秋当代书画溢价指数的大幅上升或许是市场冷静、泡沫退去后的反映。

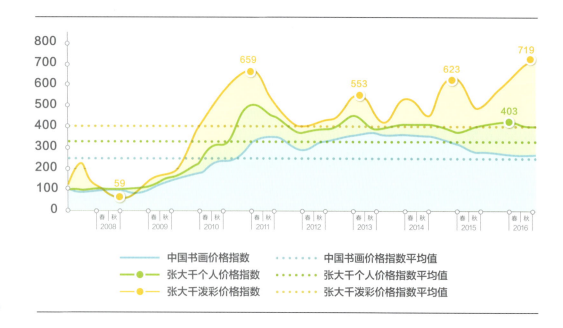

重点艺术家分析：张大千

Artist Analysis:
Zhang Daqian

2016 年，张大千在全球的艺术品拍卖市场的成交额位列中国艺术家榜首。张大千能诗善画，作品题材涉及山水、花鸟、人物，无一不能、无一不精。其画风在早期主要以临古仿古居多，后游历各地并旅居海外，开创了新的艺术风格，特别在山水画方面卓有成就，重彩、水墨融为一体，并造就了 20 世纪中国画坛最具传奇色彩的泼彩技法。

实际上，近年来张大千的作品在全球艺术品市场都备受关注，经常爆出天价成交的作品，如 2016 年在香港苏富比以约合人民币 2.3 亿元成交的《桃源图》，以及在北京保利以超过 1.6 亿元人民币成交的《瑞士雪山》。因此，张大千又享有艺术品拍卖市场"常青树"的美誉。本部分将通过价格指数、溢价指数以及多维度的统计分析，对 2007 年至 2016 年张大千的作品在全球艺术品拍卖市场的表现做出深入解读。

一　张大千全球市场指数分析

近十年，中国书画全球价格指数的平均值为 249.9 点，张大千个人价格指数平均值为 324.78 点，而张大千泼墨／泼彩作品指数平均值为 415.26 点。对比看来，与基期 2007 年的 100 点相比，张大千个人价格指数的增长幅度明显高于整体中国书画价格指数，尤其是其泼彩作品的价格指数涨幅最大。

分阶段来看，2007 年春至 2013 年春，三个价格指数的走势较为一致，其中泼彩价格指数的涨跌幅均超过同期的张大千个人价格指数，而后者的波动幅度又超过中国书画价格指数，说明张大千作品的价格水平较为敏感。2013 年秋开始，泼墨／泼彩价格指数呈现出波动上升的趋势，并且自 2015 年秋至 2016 年秋连续大幅上扬，指数值达到了近十年来最高水平的 719 点。这一趋势反映出经过深度调整，精品比例较高的泼彩作品经过了市场的考验，脱颖而出。相比之下，张大千个人指数在这一时间段的走势就平稳得多。值得注意的是，2013 年秋至 2016 年秋，中国书画价格指数整体呈现下降走势，下滑 67 点；而同期的张大千个人价格指数在小幅波动后仅下降 4 点，再一次表明了张大千作品的价格水平在市场振荡调整期表现较为稳定。

张大千作品平均价格

从张大千作品的单位面积平均价格走势来看，泼墨／泼彩作品的平均价格明显高于张大千整体作品，并且这一价格差距日益明显。然而，泼彩作品的平均价格在 2016 年春达到了峰值 2883 元／平方厘米，相比 2007 年春的平均价格增长了 13 倍，而又在随后的 2016 年秋季拍卖季下挫至 1856 元／平方厘米。平均价格走势动荡之剧烈，致使无法根据其来判断张大千泼彩作品的市场行情。

值得注意的是，2016 年张大千的泼墨／泼彩价格指数保持上涨，而同期的平均价格曲线却出现明显下挫。这是由于 2016 年成交的张大千泼墨／泼彩作品普遍尺幅较大，因此造成了泼彩作品平均价格下滑的结果，并不能代表其整体的价格水平下降。价格指数由于综合考虑了作品尺寸以外的多方面特征因素，因而能够避免仅因某个特征因素的异常而导致对价格水平的偏差反映。

中国收藏
拍卖年鉴
2017

CHINESE FINE ART &
ANTIQUES AUCTION
YEARBOOK 2017

张大千个人溢价指数

张大千作品的溢价指数近十年平均值为 178.44 点，与 2007 年基期的 100 点相比增幅较大，市场热度较高。张大千溢价指数滞后一期与其价格指数的相关系数为 0.5，相关性较为明显。2010 年春至 2011 年春的波峰与其价格指数的快速上升趋势相符。虽然 2016 年春溢价指数出现的显著上扬与随后的个人价格指数趋势不一致，但是与其泼墨／泼彩作品的价格指数走势相符，表明张大千泼墨／泼彩作品的市场热度快速升高。此外，由于溢价指数具有一定的先行性，因此根据其继续上升的走势可以预测张大千作品，尤其是其泼墨／泼彩作品的价格水平会在下一拍卖季持续攀升。

二　张大千全球市场统计分析

从地理分布来看，2007 年至 2016 年，张大千通过公开拍卖成交的作品数量有76% 在中国大陆地区，22% 在以中国香港为代表的亚太其他地区成交，其余将近 2% 的数量在北美地区，而欧洲及海外其他地区数量极少。以成交额来衡量，大陆仍占据 66% 的高份额，亚太其他地区的市场份额为 33%，远高于此地区的成交量比例，表明亚太其他地区成交的张大千作品多集中在高端价格市场。

张大千成交额（单位：元）

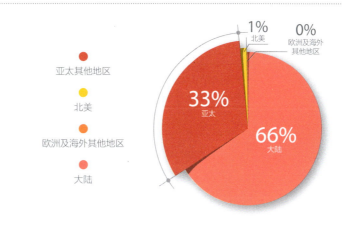

亚太其他地区
北美
欧洲及海外其他地区
大陆

1% 北美
0% 欧洲及海外其他地区
33% 亚太
66% 大陆

张大千成交量（单位：件/套）

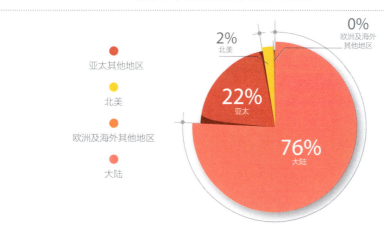

亚太其他地区
北美
欧洲及海外其他地区
大陆

2% 北美
0% 欧洲及海外其他地区
22% 亚太
76% 大陆

　　从题材分布来看，2007年至2016年，张大千在全球拍卖市场成交的作品以山水与人物为主。其成交量最多的为山水题材，占总量的30%，紧随其后的是花鸟（28%）与人物（25%），余下的17%为书法与其他类别作品。题材分布数量较为平均，但是不同题材所占市场份额却差异较大。山水题材作品的成交额占市场总额42%，明显超过这一题材的数量比例，这是由于张大千的泼彩山水作品多为其艺术生涯晚期的集大成之精品，成交价格高。市场份额排名第二的为人物题材作品，占32%，同样高于这一题材的数量比例，因为张大千以工笔仕女为代表的人物作品成交价格也普遍较高。此外，花鸟类作品占市场份额21%，书法及其他类别作品仅占市场份额的5%。

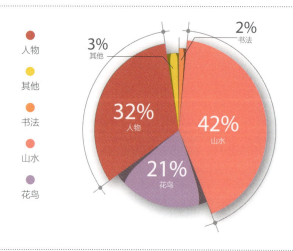

张大千题材成交额

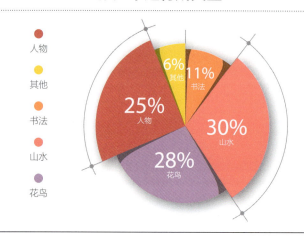

张大千题材成交量

人物
其他
书法
山水
花鸟

　　从成交价格区间来看，2007 年至 2016 年，张大千在全球艺术品拍卖市场成交的作品多聚集于中高端市场。其作品成交量最多集中于 50~500 万元人民币的价格区间，达 48.6%；其次是 10~50 万元人民币的价格区间，占总成交量的 32.4%；其余的 20% 较为平均地分布于 10 万元以下的低端市场与 500 万元以上的高端市场。以成交额来衡量，成交价格在 500 万元人民币以上的高端市场的作品占成交额的 57.8%，50~500 万元人民币成交的作品占市场总额 37.6%，余下的 4.5% 分布于 50 万元人民币以下的中低端市场。

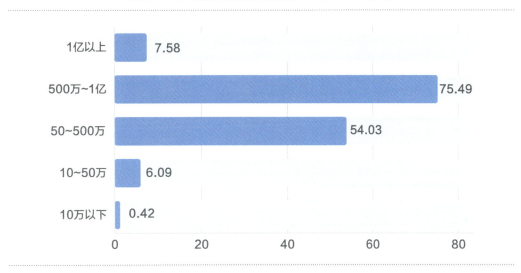

张大千书画作品成交额分布（单位：亿元）

张大千书画作品成交量分布（单位：件/套）

中国收藏
拍卖年鉴
2017

CHINESE FINE ART &
ANTIQUES AUCTION
YEARBOOK 2017

附：指数报告样
本数据说明

Appendix

样本拍卖行：

中国大陆地区［21家］：

中国嘉德国际拍卖有限公司

北京保利国际拍卖有限公司

北京翰海拍卖有限公司

北京匡时国际拍卖有限公司

北京诚轩拍卖有限公司

北京华辰拍卖有限公司

北京荣宝拍卖有限公司

中贸圣佳国际拍卖有限公司

北京中拍国际拍卖有限公司

北京东正拍卖有限公司

苏富比（北京）拍卖有限公司

上海朵云轩拍卖有限公司

上海驰翰拍卖有限公司

上海泓盛拍卖有限公司

上海道明拍卖有限公司

江苏爱涛拍卖有限公司

南京经典拍卖有限公司

西泠印社拍卖有限公司

广州华艺国际拍卖有限公司

广州市皇玛拍卖有限公司

福建东南拍卖有限公司

亚太其他地区（含中国香港、中国澳门、中国台湾地区）[13 家]：

保利香港拍卖有限公司

香港邦瀚斯拍卖行

佳士得香港有限公司

香港苏富比艺术空间

淳浩拍卖有限公司

东京中央拍卖（香港）有限公司

罗芙奥股份有限公司

景薰楼国际艺术拍卖公司

台湾富德国际拍卖股份有限公司

中诚国际艺术拍卖

新加坡 33 拍卖行

日本伊斯特拍卖有限公司

株式会社东京中央拍卖

海外地区 [16 家]：

佳士得纽约有限公司

佳士得伦敦有限公司

佳士得巴黎有限公司

纽约苏富比有限公司

伦敦苏富比有限公司

巴黎苏富比有限公司

邦瀚斯伦敦有限公司

邦瀚斯纽约有限公司

邦瀚斯旧金山有限公司

邦瀚斯悉尼有限公司

邦瀚斯墨尔本有限公司

Doyle（纽约多伊尔拍卖行）

Chiswick Auctions（齐仕阁拍卖公司）

Auctionata（奥克申纳塔拍卖行）

Lempertz（德国伦佩茨）

Koller（阔乐拍卖行）

时期划分：

在中国书画的历史时期划分上，目前最通用和约定俗成的划分方法是将 1911 年辛亥革命发起、清朝覆亡作为重要参考点，辛亥革命之前的时间段称为"古代时期"；辛亥革命至新中国成立的时间段称为"近代"；"现代"时期指新中国成立至改革开放；"当代"则是在改革开放后至今。而对于艺术家的时期划分来说，难以严格采用中国书画这种历史事件的时间划分，因为有些艺术家跨越了两至三个时期，如果按其生卒年来说，很难定义艺术家属于哪一个时期。

基于此，《中国收藏拍卖年鉴》对于中国书画艺术家年代的划分，以中国书画历史划分为基础，结合其创作活跃时间及艺术影响两大参考依据，将书画家分为三个时期：古代、近现代、当代。1911 年辛亥革命的发起结束了中国封建社会的历史，各种西方制度与思想不断影响着国人，这是近代美术的开始。因此，作品集中在辛亥革命之前的书画家称为古代书画家。近现代中国画是在引入西方美术思潮的文化环境中，中国画家继承中国传统艺术思想和艺术表现形式，经过创新与尝试，最终发展起来的有鲜明时代特色的中国画。所以，书画作品创作年代及其活跃期集中于清末至 20 世纪下半页、经过创新形成时代与自身风格的书画家称为近现代书画家。当代书画家则是活跃在当今书画市场中，不断产生新作品、新影响的艺术家。此划分方法也许仍然存在不足之处，但我们力求做到客观，给广大读者和专业人士一个相对完整、清晰的书画脉络。

样本艺术家：

古代（19 位）：

八大山人　王文治　王原祁　王　翚　仇　英　文征明　石　涛　刘　墉
李　鱓　　吴大澂　何绍基　沈　铨　郑　燮　赵之谦　恽寿平　翁同龢
唐　寅　　董其昌　蓝　瑛

近现代（53 位）：

丁衍庸　于右任　于非闇　王雪涛　王　震　弘　一　亚　明　朱屺瞻
朱新建　任伯年　刘海粟　齐白石　关　良　李可染　李苦禅　杨善深
吴作人　吴昌硕　吴冠中　吴湖帆　吴　徵　何海霞　启　功　张大千
张善孖　陆俨少　陈大羽　陈少梅　陈半丁　陈佩秋　林风眠　林散之
周思聪　郑孝胥　赵少昂　赵朴初　饶宗颐　娄师白　钱松喦　徐悲鸿
高剑父　唐　云　黄君璧　黄　胄　黄宾虹　崔子范　董寿平　程十发
傅抱石　谢稚柳　溥心畲　黎雄才　潘天寿

当代（29 位）：

王子武　王西京　王明明　方楚雄　方增先　龙　瑞　田黎明　史国良
冯　远　刘大为　刘文西　江宏伟　孙其峰　李　津　杨明义　何家英
沈　鹏　范　扬　范　曾　林　墉　欧阳中石　周京新　周彦生　郑百重
贾又福　徐乐乐　徐　希　黄永玉　喻继高

Chapter 4
High Value Lots in 2016

126 / Fine Chinese Paintings & Calligraphy

254 / Oil Paintings & Chinese Contemporary Art

276 / Chinese Antiques & Artworks

336 / Chinese Manuscripts & Collectibles

347 / Jewellery & Watches

365 / Top 10 High Value Lots in 2016

第四章　年度重要拍品目录

126 ······ 中国书画

254 ······ 油画及中国当代艺术

276 ······ 瓷玉杂项

336 ······ 收藏品

347 ······ 珠宝尚品

365 ······ 2016 年高价拍品榜单

扫码解析艺术市场

中国收藏
拍卖年鉴
2017
CHINESE FINE ART &
ANTIQUES AUCTION
YEARBOOK 2017

中国书画
Fine Chinese
Paintings &
Calligraphy

中国书画 —— 古代 —— 八大山人

八大山人　山水花卉册
佳士得香港　2016/11/28
LOT 916
册页（六开）　水墨纸本
32×50.5cm×6
成交价　RMB 34,732,760

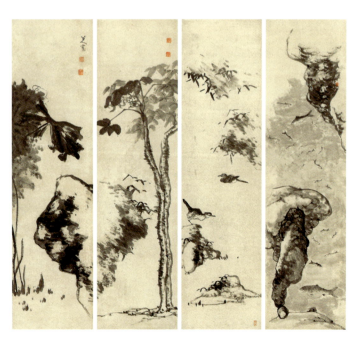

八大山人　花鸟
中国嘉德　2016/11/13
LOT 1274
四屏立轴　水墨纸本
182.5×49cm×4
成交价　RMB 43,700,000

八大山人 墨莲
佳士得香港 2016/11/28 LOT 1018
立轴 水墨纸本 139×36cm
成交价 RMB 5,296,440

八大山人 松鹿图
中鸿信 2016/8/10 LOT 203
立轴 纸本设色 91.5×31cm
成交价 RMB 6,670,000

八大山人 1692 年作 墨荷图
北京匡时 2016/6/7 LOT 1516
纸本立轴 144×57cm
成交价 RMB 8,165,000

中国书画 ———— 古代 ———— 八大山人

八大山人 猫石图
北京传是 2016/6/4
LOT 75
立轴 水墨纸本
173×72cm
成交价 RMB 20,700,000

八大山人
1701 年作 扬子江图
北京匡时 2016/6/7
LOT 1511
纸本立轴 150×64.5cm
成交价 RMB 14,950,000

127

陈淳　水仙图

中鸿信　2016/1/3　LOT 242

手卷 水墨纸本　26×240.5cm

成交价　RMB 55,615,000

陈淳　三秋图

东方大观　2016/11/13　LOT 423

立轴 水墨纸本　119×80cm

成交价　RMB 6,095,000

中国书画───古代───陈淳

陈淳　白阳山居图

北京匡时　2016/12/6　LOT 1716

手卷 纸本　32.5×271cm

成交价　RMB 14,950,000

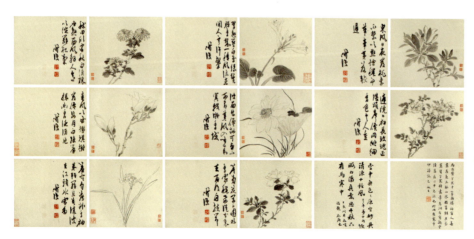

陈淳　花卉·书法册

北京银座　2016/12/8

LOT 246

册页 设色纸本

画心 24.6×27cm×16；

题跋 39.5×30cm×2

成交价　RMB 22,425,000

陈淳　嘉靖壬寅（1542 年）作 书古诗
广东崇正　2016/6/12　LOT 427
手卷　水墨纸本　引首 28×92cm；
画心 27.3×354.3cm；后跋 27.8×55cm
成交价　RMB 32,200,000

陈洪绶　文姬归汉
北京荣宝　2016/12/3　LOT 709
立轴 设色绢本　121×48cm
成交价　RMB 16,100,000

陈洪绶　花卉草虫册
北京匡时　2016/12/6
LOT 1817
册页（十二帧）绢本
22×16cm×12；题跋 30×42cm
成交价　RMB 46,000,000

陈洪绶　花鸟草虫册
佳士得香港　2016/11/28　LOT 1004
册页（八开）设色绢本　20×13.4cm×8
成交价　RMB 5,820,840

中国书画　古代　陈淳　陈洪绶

129

中国收藏
拍卖年鉴
2017

CHINESE FINE ART &
ANTIQUES AUCTION
YEARBOOK 2017

中国书画 —— 古代 —— 戴进　邓石如　丁观鹏　丁敬

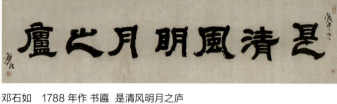

邓石如　1788年作 书匾 是清风明月之庐
西泠印社　2016/6/26　LOT 2380
镜片 纸本　42.5×168cm
成交价　RMB 15,525,000

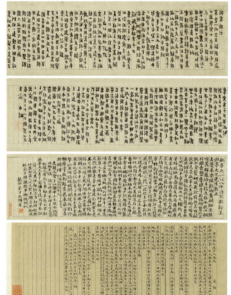

丁敬、金农、厉鹗
钱塘三先生合卷
广东崇正　2016/6/12
LOT 455
立轴 水墨纸本
丁 19.5×68cm；
金 18×108.5cm；
厉 19.5×56.5cm
成交价　RMB 6,785,000

丁观鹏　人物
宝港国际　2016/5/31
LOT 740
手卷 设色绢本
题首 28×74cm；
画 28×134cm；
跋文 28×48cm
成交价　RMB 6,921,880

戴进　耄耋图
中鸿信　2016/8/10　LOT 202
立轴 纸本设色　126×44 cm
成交价　RMB 8,970,000

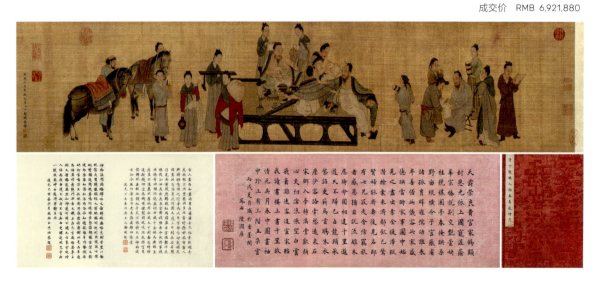

丁云鹏　王右丞诗意图
北京保利　2016/6/5　LOT 5047
立轴　设色纸本　146×59cm
成交价　RMB 5,750,000

戴明说　1673 年作
行书临《家侄帖》
北京匡时　2016/6/7
LOT 1479
立轴　绫本　269×51.5cm
成交价　RMB 5,175,000

董邦达　桃源春晓
佳士得香港　2016/11/28　LOT 999
立轴　设色纸本　144.5×65cm
成交价　RMB 33,753,880

丁云鹏　1586 年作　少陵秋兴图
北京匡时　2016/6/7　LOT 1506
纸本手卷　引首 32.5×97cm；本幅 32.5×138cm
成交价　RMB 28,750,000

中国书画───古代───戴明说　董邦达　丁云鹏

131

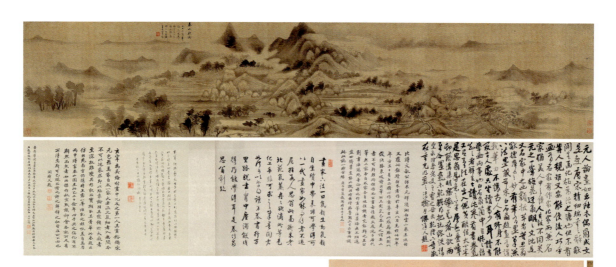

中国收藏
拍卖年鉴
2017

CHINESE FINE ART &
ANTIQUES AUCTION
YEARBOOK 2017

董其昌　春山欲雨
保利香港　2016/4/4　LOT 760
手卷　水墨绢本
引首 38×100cm；画 38×196cm；题跋 34×68cm
成交价　RMB 6,930,140

中国书画┈┈┈古代┈┈┈董其昌

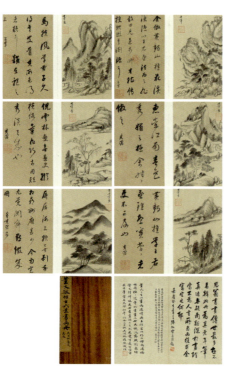

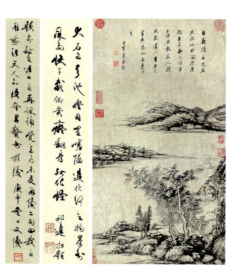

董其昌　仿黄山望山水
北京华辰　2016/5/13
LOT 674
立轴　水墨纸本
83×46.5cm
成交价　RMB 9,200,000

董其昌　仿古六景书画册
中国嘉德　2016/5/15　LOT 1402
册页（六开十二页）水墨纸本 22×13.5cm×12；
后跋 27.5×51.5cm
成交价　RMB 10,465,000

董其昌　1636 年作
书画合璧卷
北京匡时　2016/12/6
LOT 1807
手卷　纸本　引首 22.5×110cm；
绘画 30×83cm；
书法 30×265cm；
题跋 30×22cm
成交价　RMB 19,550,000

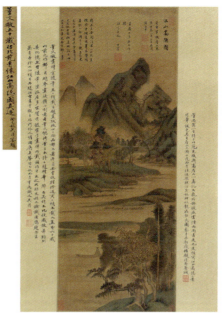

董其昌 秋林晚翠图
中鸿信 2016/8/10 LOT 230
立轴 绢本设色 104.5×38 cm
成交价 RMB 6,325,000

董其昌 枯木寒林图
中鸿信 2016/8/10 LOT 225
立轴 纸本水墨 125×65 cm
成交价 RMB 6,670,000

董其昌 1604年作 江山高隐图
西泠印社 2016/6/26 LOT 2600
立轴 设色绢本 73.5×29.5cm
成交价 RMB 6,900,000

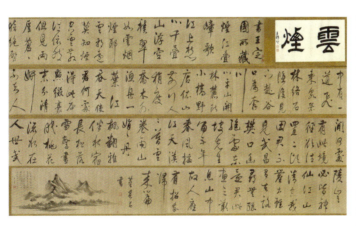

董其昌 云烟书画卷
佳士得香港 2016/5/30 LOT 3015
手卷 水墨绢本 36.5×1034cm
成交价 RMB 12,100,720

董其昌 书画合璧山水小景
北京匡时 2016/12/6 LOT 1806
册页（十二帧） 绫本 纸本
书法 38.5×25.5cm×6；绘画 38.5×26cm×6
成交价 RMB 5,175,000

董其昌 求米得米卷
中鸿信 2016/8/10
LOT 224
手卷 金笺水墨
引首 27×55cm
画心 26×127cm
题跋 32×40 cm
成交价 RMB 16,100,000

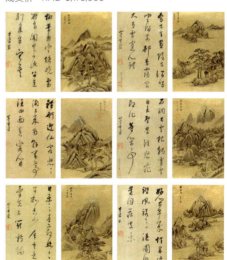

中国书画 古代 董其昌

133

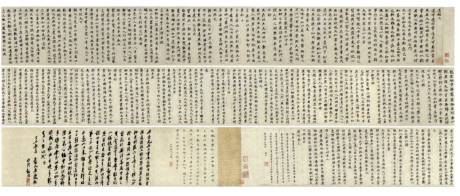

董其昌
小楷临徐浩书《道经》
北京保利　2016/12/4
LOT 4014

手卷　水墨纸本
画心 23×468cm；
题跋 23×93cm
成交价　RMB 5,290,000

董其昌　草书临怀素《寄边
衣诗》及张旭《千字文》卷
中鸿信　2016/8/10　LOT 227

手卷　绢本水墨
引首 37×108cm；题跋 38×76cm；
画心 38×405cm
成交价　RMB 15,000,000

董其昌　1634 年作
行书朱太常梅花诗　临晋唐各家书法合册页
北京匡时　2016/12/6　LOT 1723

册页　纸本
本幅 21.5×13.5cm×30；题跋 21×14cm；
26×34cm×2；22.5×8cm
成交价　RMB 7,130,000

董其昌　行草书《瘗塔铭》
佳士得香港　2016/11/28
LOT 1013

手卷　水墨纸本
29×370cm
成交价　RMB 5,191,560

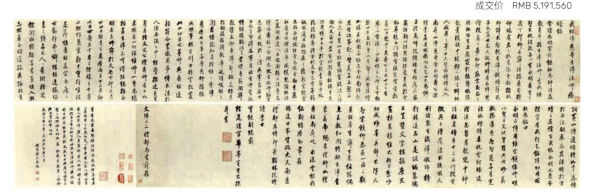

中国收藏
拍卖年鉴
2017

CHINESE FINE ART &
ANTIQUES AUCTION
YEARBOOK 2017

中国书画　古代　董其昌

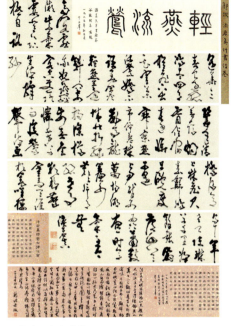

法若真　自书诗卷
广东崇正　2016/6/12　LOT 435
手卷　水墨纸本
引首 30×85.5cm；画心 31×542cm；后跋 32.5×236cm
成交价　RMB 5,865,000

方从义　墨戏
北京匡时　2016/6/7　LOT 1513
纸本立轴　62×32cm
成交价　RMB 12,650,000

傅山　隶书孟郊《游华山云台观》
北京银座　2016/7/9　LOT 229
立轴　水墨绢本　161×47.5cm
成交价　RMB 6,900,000

中国书画——古代——法若真　方从义　方琮　傅山

方琮、谢遂、董诰
清乾隆　掐丝珐琅仿书卷式卷轴盒
内附水墨书法手卷三卷
北京匡时　2016/12/6　LOT 3158
盒长 19.2cm；
手卷 13.8×62.5cm
成交价　RMB 17,250,000

傅山　华严经及唐诗卷
西泠印社　2016/6/26　LOT 2623
手卷　绢本　引首 84.5×23.5cm；画心 213.5×23.5cm；题跋 51.5×23.5cm
成交价　RMB 17,250,000

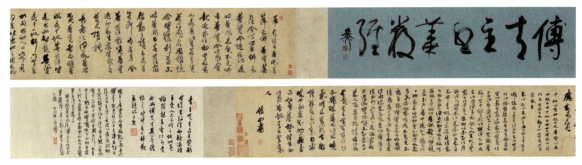

135

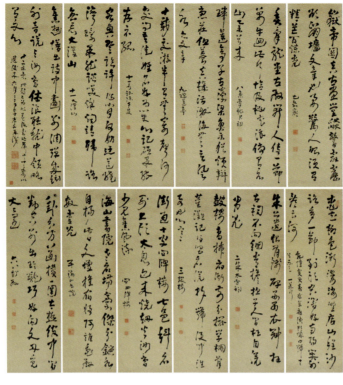

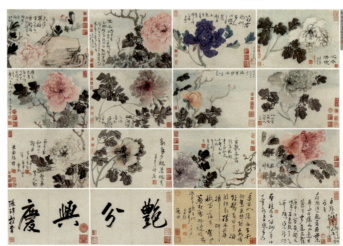

中国书画 —— 古代 —— 傅山　高凤翰

傅山　1679 年作　草书王阳明诗
北京匡时　2016/6/7　LOT 1481
立轴 纸本　443×53cm
成交价　RMB 8,050,000

傅山　行书五言诗
北京保利　2016/6/5
LOT 5062
立轴　水墨绫本　202×50cm
成交价　RMB 5,750,000

高凤翰　乾隆癸亥
（1743 年）作
口号示姪辈
广东崇正　2016/6/12
LOT 451
十二屏立轴　水墨纸本
142.5×44cm×12
成交价　RMB 5,060,000

高凤翰　乙卯（1735 年）作　明月梅花
广东崇正　2016/6/12　LOT 452
立轴　水墨纸本　176.5×90cm
成交价　RMB 5,865,000

高凤翰
戊申（1728 年）作　牡丹册
香港嘉德　2016/11/28
LOT 471
册页（十四开）设色纸本
23.5×33.5cm×14
成交价　RMB 5,257,110

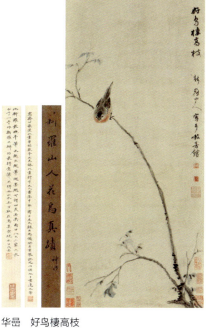

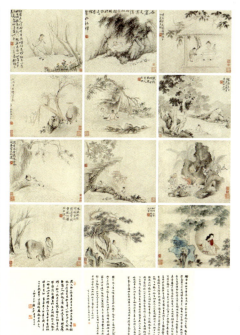

高克恭　云山图
中鸿信　2016/8/10　LOT 206
立轴　绢本设色　155.5×56 cm
成交价　RMB 8,970,000

华嵒　好鸟栖高枝
北京匡时　2016/12/6　LOT 1815
立轴　纸本　86×37cm
成交价　RMB 5,635,000

华嵒　1745 年作　闲日韶华册
上海明轩　2016/11/10　LOT 282
册页（十二开）　设色纸本　27.5×33cm×12
成交价　RMB 19,550,000

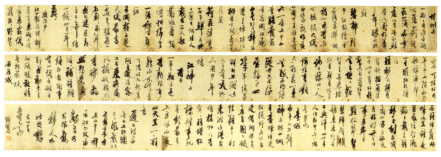

龚贤　行书自作词
北京匡时　2016/6/7　LOT 1475
手卷　绢本　23×665cm
成交价　RMB 36,225,000

关思、张宏等　袖里奇峰
中国嘉德　2016/11/13　LOT 1262
手卷　水墨、设色纸本
引首 23×75.5cm；画 23.5×815.5cm；
跋 23.5×126cm；跋 26.5×30cm
成交价　RMB 9,200,000

龚贤　云山隐居图
东方大观　2016/5/17
LOT 415
立轴　水墨泥金笺本
180.5×50cm
成交价　RMB 9,085,000

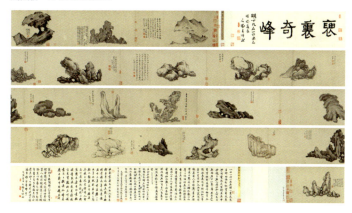

中国书画 ─────── 古代 ─────── 高克恭　龚贤　关思　华嵒

137

黄道周　1644 年作　楷书　曹远思推府文治论
西泠印社　2016/6/26　LOT 2621
手卷　绫本
引首 78.5×32cm；
画心 263×31.5cm；
题跋 43×31.5cm
成交价　RMB 20,125,000

黄居采　药苗三兔图
香港嘉德　2016/11/28　LOT 476
手卷　设色绢本　画心 30×212cm；题跋 30×82cm
成交价　RMB 5,156,600

焦秉贞　秋千闲戏故事图
宝港国际　2016/5/31　LOT 743
册页　设色绢本　26.5×18cm×8
成交价　RMB 34,609,400

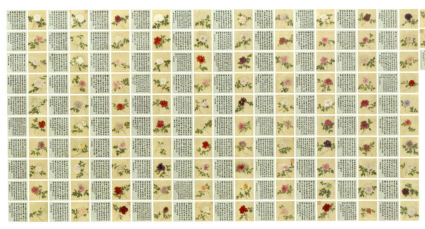

蒋廷锡　百种牡丹谱
北京匡时　2016/6/7　LOT 1559
绢本册页　43×43cm×200
成交价　RMB 173,650,000

金曜　1729 年作　花鸟草虫卷
北京盈时　2016/7/17　LOT 1030
手卷　设色纸本　29×364cm
成交价　RMB 5,175,000

中国书画 ——— 古代 ——— 黄道周　黄居采　蒋廷锡　焦秉贞　金曜

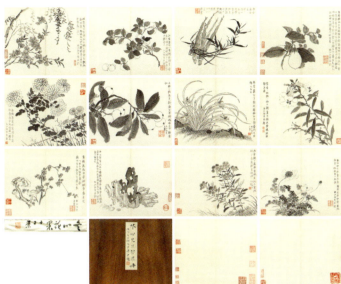

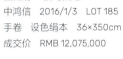

金廷标　相马图卷
中鸿信　2016/1/3　LOT 185
手卷　设色绢本　36×350cm
成交价　RMB 12,075,000

金农　乙亥（1755年）作　花果册
中国嘉德　2016/5/15　LOT 1391
册页（十二开）　水墨纸本　24×30cm×12
成交价　RMB 48,300,000

巨然　溪山兰若图卷
东京中央（香港）　2016/11/27　LOT 350
手卷　设色绢本　35.3×462cm
成交价　RMB 29,485,591

康熙帝　临米芾行书五言诗
北京匡时　2016/12/6　LOT 3160
168×47.5cm
成交价　RMB 6,900,000

康熙帝　行书临米芾书法
北京匡时　2016/6/7
LOT 1553
绢本立轴　163×62.5cm
成交价　RMB 6,325,000

康熙帝　1707年作　楷书《般若波罗蜜多心经》
北京东正　2016/11/11　LOT 249
册页（六开）　纸本　每开尺寸 29.5×26cm；
展开尺寸 29.5×180cm
成交价　RMB 17,250,000

中国书画　──　古代　──　金农　金廷标　巨然　康熙帝

· · · ·

中国书画 古代 髡残 郎世宁 李方膺 李含渼

髡残　1661年作　清辉满江
北京匡时　2016/12/6　LOT 1813
立轴　纸本　162×46cm
成交价　RMB 9,430,000

郎世宁　乾隆二十年（1755年）作　八骏图
宝港国际　2016/5/31　LOT 733
镜片　设色绢本　114×55cm
成交价　RMB 98,389,580

李含渼　康熙己巳（1689年）作　水村图
中国嘉德　2016/5/15　LOT 1393
手卷　设色纸本　引首 21×93cm；画 21.3×145.3cm；跋 21.3×683cm
成交价　RMB 5,750,000

李方膺　1741年作　晴江墨妙册
北京保利　2016/12/4　LOT 4018
册页（十一开）　水墨纸本　23.5×29cm×10
成交价　RMB 8,050,000

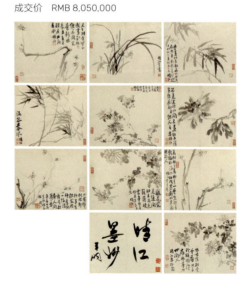

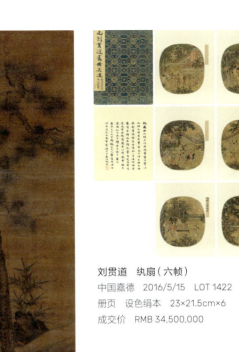

刘贯道　纨扇（六帧）
中国嘉德　2016/5/15　LOT 1422
册页　设色绢本　23×21.5cm×6
成交价　RMB 34,500,000

李士行　双松高士图
北京保利　2016/6/5　LOT 5051
立轴　水墨绢本　154×90cm
成交价　RMB 8,280,000

陆治　雪景山水
北京匡时　2016/6/7
LOT 1505
纸本立轴　151.5×26cm
成交价　RMB 7,245,000

罗聘
1775 年作　潇湘图
北京保利　2016/12/4
LOT 4016
立轴　水墨纸本
219×135cm
成交价　RMB 9,775,000

罗聘
嘉庆四年（1799 年）作
疏影横斜图
中国嘉德　2016/11/13
LOT 1231
手卷　水墨纸本
24×300cm
成交价　RMB 6,440,000

141

中国收藏
拍卖年鉴
2017

CHINESE FINE ART &
ANTIQUES AUCTION
YEARBOOK 2017

吕纪　包氏江村世业图
北京匡时　2016/6/7　LOT 1526
纸本手卷　引首 28×118cm；本幅 28×153cm；题跋 28×160cm
成交价　RMB 7,705,000

中国书画 ── 古代 ── 吕纪　吕学　马琬　马远

马远　水乡清夏图
北京匡时　2016/6/7　LOT 1512
绢本镜心　直径 25cm
成交价　RMB 11,040,000

吕学　1703 年作　为郎廷极画《渔樵耕读图》
北京东正　2016/5/14　LOT 432
手卷　绢本　引首 36×131cm；
本幅 36×700cm；题跋 36×90cm
成交价　RMB 10,925,000

吕纪　苍鹰图
北京匡时　2016/12/6
LOT 1823
立轴　绢本　245.5×145cm
成交价　RMB 5,865,000

马琬　1369 年作
翠谷幽居
佳士得香港　2016/5/30
LOT 934
立轴　水墨纸本
66×28cm
成交价　RMB 7,840,000

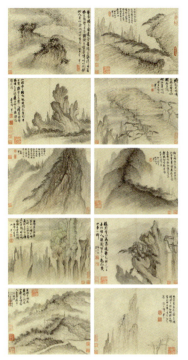

马臻　林下抚琴图
北京匡时　2016/12/6　LOT 1576
立轴　绢本　105×48cm
成交价　RMB 8,165,000

梅清　黄山文殊台
中鸿信　2016/8/10　LOT 197
立轴　纸本水墨　142×54 cm
成交价　RMB 9,200,000

梅清　甲戌（1694 年）作 黄山十景
中国嘉德　2016/5/15　LOT 1399
册页（十开）　设色纸本　26×34cm×10
成交价　RMB 25,300,000

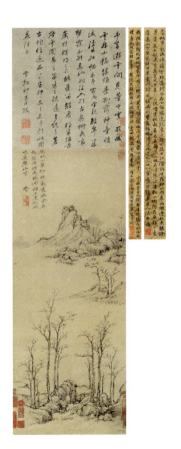

倪瓒　秋林图
中鸿信　2016/1/3　LOT 245
立轴　水墨纸本　画心 84×35cm；题跋 36×35cm
成交价　RMB 9,080,000

倪瓒　1362 年作　溪山亭渚图
西泠印社　2016/12/17　LOT 2832
立轴　水墨纸本　96.5×37cm
成交价　RMB 5,750,000

钱维城　1767 年作　春暖回舟津门江国图
佳士得香港　2016/5/30　LOT 955
立轴　设色纸本　168×114.3cm
成交价　RMB 11,080,000

中国书画 ——— 古代 ——— 马臻　梅清　倪瓒　钱维城

143

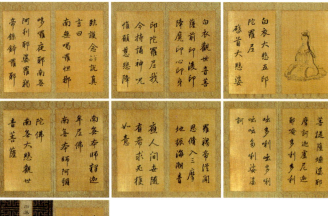

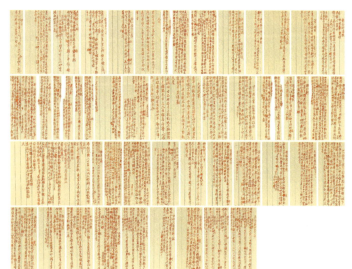

钱维城、乾隆帝　花卉图
广州华艺　2016/11/26
LOT 29
册页（八开）　设色纸本
13×18.5cm×8
成交价　RMB 24,840,000

乾隆帝　御笔临董其昌白衣大悲五印陀罗经
中鸿信　2016/8/10　LOT 222
册页　绢本水墨　11×6.5cm×13
成交价　RMB 7,000,000

仇英　询路图
北京保利　2016/6/5　LOT 5009
扇面　设色金笺　17×50cm
成交价　RMB 5,750,000

乾隆帝　1776 年作　御制朱笔诗稿
北京匡时　2016/6/7
LOT 1558
纸本镜心　尺寸不一
成交价　RMB 21,850,000

中国书画 ┈┈┈ 古代 ┈┈┈ 钱维城　乾隆帝　仇英

144

中国收藏拍卖年鉴 2017
CHINESE FINE ART &
ANTIQUES AUCTION
YEARBOOK 2017

仇英、文徵明　嘉靖庚子
（1540 年）作　赵飞燕外传
东京中央　2016/8/31　LOT 107
手卷　水墨纸本
画 30.5×1056cm；跋 30.5×89cm
成交价　RMB 5,648,628

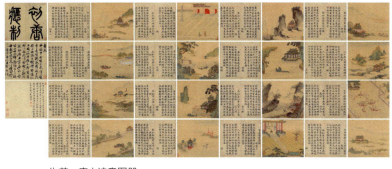

仇英　唐人诗意图册
北京保利　2016/12/4　LOT 4049
册页（十六开）设色绢本　24×27cm×16
成交价　RMB 94,300,000

仇英　铁杵磨针图
东京中央（香港）2016/11/27　LOT 366
立轴　设色绢本　169×75cm
成交价　RMB 26,632,147

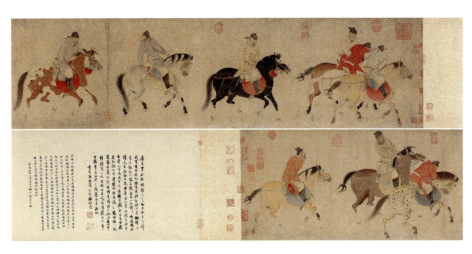

任仁发　五王醉归图卷
北京保利　2016/12/4
LOT 4050
手卷　设色纸本
题跋 35×65.5cm；
画心 35×210.5cm
成交价　RMB 303,600,000

中国书画──古代──仇英　任仁发

145

沈周 随兴
中国嘉德 2016/5/15 LOT 1410
册页(十三开) 设色纸本 24×39cm×13
成交价 RMB 8,970,000

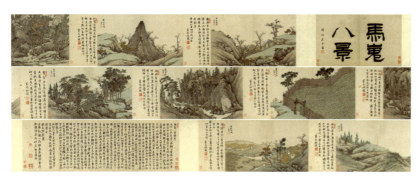

沈周 马嵬八景
北京保利 2016/6/5
LOT 5073
手卷 设色纸本
引首 35×59cm;画心 35×638cm;
题跋 35×114cm
成交价 RMB 23,000,000

沈周 剑阁图
北京匡时 2016/6/7 LOT 1527
纸本手卷
绘画 42.5×332cm;书法 44.5×471cm
成交价 RMB 6,785,000

沈周 1499 年作 鼋画溪诗画
北京匡时 2016/12/6 LOT 1810
手卷 纸本
绘画 32×361cm;书法 32×290cm
成交价 RMB 20,125,000

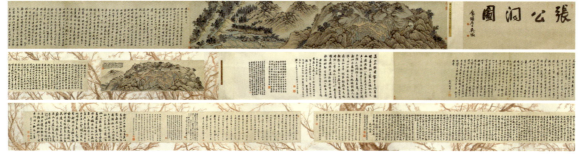

沈周 游张公洞图并引
香港嘉德 2016/11/28 LOT 475
手卷 设色纸本
引首 49×109cm;画一 45×252cm;题一 45×355cm;题二 45×88cm;题三 45×54.5cm;
画二 29×102.5cm;题一 27×286.5cm;题二 27×47cm;题三 29×373cm
成交价 RMB 20,233,100

中国书画 古代 沈周

石涛　冰姿雪色图
北京保利　2016/6/5
LOT 5036
立轴　水墨纸本　103×38cm
成交价　RMB 6,900,000

石涛　剩水残山
北京匡时　2016/6/7　LOT 1517
纸本立轴　176×90cm
成交价　RMB 46,575,000

石涛　兰草菊石图
中鸿信　2016/8/10　LOT 201
立轴　纸本水墨　118×57.5cm
成交价　RMB 5,175,000

石涛　1696 年作　春江垂钓图
北京匡时　2016/12/6　LOT 1812
立轴　纸本　91×37cm
成交价　RMB 15,870,000

石涛　1702 年作　仿云林溪山闲亭图
北京东正　2016/11/11　LOT 252
立轴　纸本　86×38.5cm
成交价　RMB 13,800,000

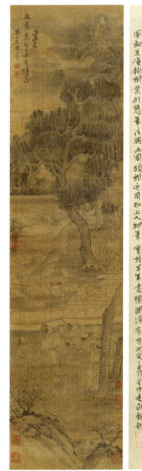

石涛　大江红树图
北京匡时　2016/12/6
LOT 1811
手卷　纸本
引首 32×98cm；
本幅 31.5×59cm；
题跋 32×98cm
成交价　RMB 11,500,000

石涛　画龙点睛
北京华辰　2016/11/15　LOT 728
立轴　水墨绢本　76×20cm
成交价　RMB 14,720,000

中国书画 ———— 古代 ———— 石涛

147

释雪窗　光风转蕙图
西泠印社　2016/6/26
LOT 2604
立轴　水墨绢本　70×37cm
成交价　RMB 7,015,000

孙君泽　阁楼山水
北京匡时　2016/12/6
LOT 1821
立轴 绢本
135×76.5cm；
成交价　RMB 47,150,000

中国收藏
拍卖年鉴
2017
CHINESE FINE ART &
ANTIQUES AUCTION
YEARBOOK 2017

中国书画 ——— 古代 ——— 释雪窗　宋克　苏轼　孙君泽

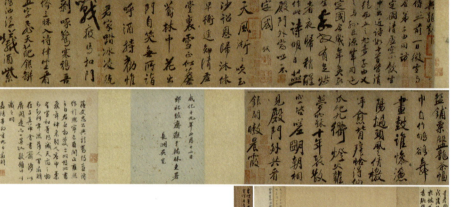

苏轼　行草书「兴龙节」
东京中央　2016/8/31
LOT 104
手卷　纸本
书 27.5×200cm；
跋 27.5×22.5cm；
跋 27.5×40.5cm；
跋 27.5×10cm
成交价　RMB 14,735,550

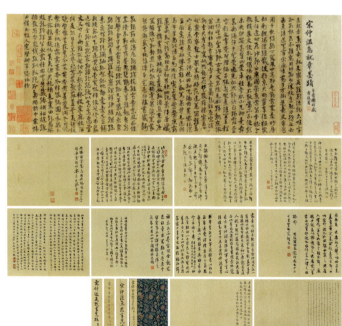

宋克　临《急就章》并
诸家题跋
中国嘉德　2016/5/15
LOT 1423
册页（十三开）水墨纸本
宋克：38×7.5cm；
37.9×44.8cm；
37.8×43.5cm；
后跋：尺寸不一，
约 36×45cm
成交价　RMB 92,000,000

唐寅　秋山行旅图
中鸿信　2016/1/3　LOT 244
立轴　水墨绢本　147×65cm
成交价　RMB 11,500,000

唐寅　富贵如意
北京传是　2016/6/4　LOT 76
立轴　设色绢本　118×63cm
成交价　RMB 13,800,000

唐寅　渔杆图
中鸿信　2016/8/10　LOT 208
立轴　绢本设色　141×52 cm
成交价　RMB 5,175,000

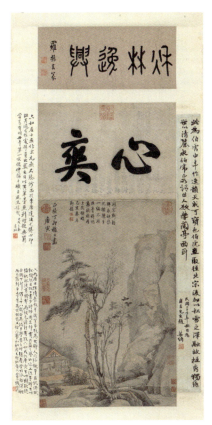

唐寅　正德丁卯（1507 年）作　秋林逸兴
香港嘉德　2016/11/28　LOT 473
镜心　设色纸本
诗堂 18×40cm；画心 86×40cm
成交价　RMB 20,233,100

唐寅　1522 年作 墨荷图
西泠印社　2016/12/17　LOT 2831
立轴　水墨纸本　90×46cm
成交价　RMB 7,590,000

唐寅　落花诗意图
北京匡时　2016/12/6　LOT 1715
立轴　纸本　34×60.5cm
成交价　RMB 39,675,000

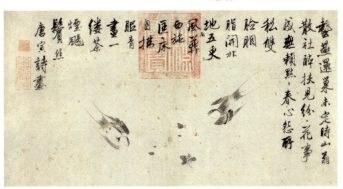

中国书画 ──── 古代 ──── 唐寅

149

唐寅　听瀑图
北京保利　2016/6/5　LOT 5010
扇面　水墨金笺　18×48cm
成交价　RMB 5,750,000

唐寅　行书七古诗卷
中国嘉德　2016/11/13
LOT 1249
手卷　水墨纸本
书法 30×262cm；
后跋 30×40cm
成交价　RMB 59,570,000

中国收藏
拍卖年鉴
2017

CHINESE FINE ART &
ANTIQUES AUCTION
YEARBOOK 2017

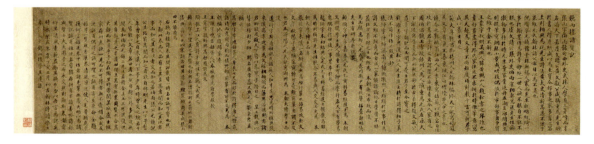

唐寅　观云　招辞书画卷
香港嘉德　2016/11/28　LOT 474
手卷　设色纸本　画 26×84.5cm；书 26×104cm；跋 26×89cm
成交价　RMB 9,880,570

王达　1407 年作
行书听雨楼诸贤记
北京匡时　2016/6/7　LOT 1466
手卷　纸本　24.5×113cm
成交价　RMB 8,050,000

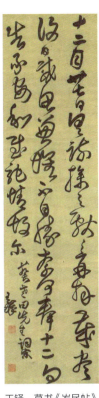

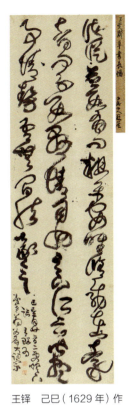

王铎　草书《岁尽帖》
佳士得纽约　2016/3/16　LOT 819
水墨绫本　立轴　198×53cm
成交价　RMB 5,736,191

王铎　己巳（1629 年）作
草书临《诸从帖》
中国嘉德　2016/5/15　LOT 1408
立轴　水墨纸本　347×99cm
成交价　RMB 25,875,000

王铎　行书《三宿岩作》
北京保利　2016/6/5　LOT 5063
立轴　水墨绫本　251×50cm
成交价　RMB 9,430,000

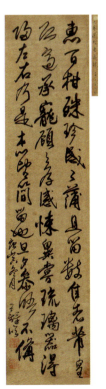

王铎　1640 年作　雒州香山作
北京匡时　2016/6/7　LOT 1482
绫本　立轴　247×53.5cm
成交价　RMB 40,825,000

王铎　庚寅（1650 年）作
草书《惠柑帖》
广东崇正　2016/6/12　LOT 434
立轴　水墨花绫本　208.5×49.5cm
成交价　RMB 6,325,000

王铎　1645 年作
临褚遂良《道妙帖》
北京匡时　2016/6/7　LOT 1483
立轴　绫本　242×52cm
成交价　RMB 11,500,000

中国书画　───　古代　───　王铎

151

中国收藏
拍卖年鉴
2017

CHINESE FINE ART &
ANTIQUES AUCTION
YEARBOOK 2017

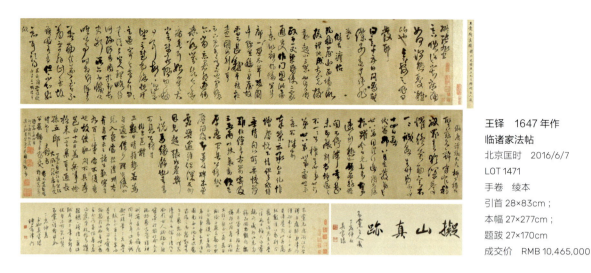

王铎　1647 年作
临诸家法帖
北京匡时　2016/6/7
LOT 1471
手卷　绫本
引首 28×83cm；
本幅 27×277cm；
题跋 27×170cm
成交价　RMB 10,465,000

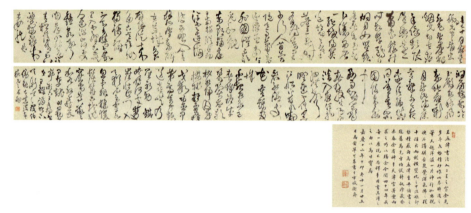

王铎　1641 年作
草书唐诗八首
北京匡时　2016/12/6
LOT 1854
手卷　绫本
本幅 26×455cm；
题跋 28×42cm
成交价　RMB 18,400,000

王铎　1651 年作
行书《蒋鸣喈像赞》
北京匡时　2016/6/8
LOT 1701
手卷　纸本　21×231cm
成交价　RMB 6,900,000

王翚　1683 年作
万山烟霭长卷
北京保利　2016/12/4
LOT 4045
手卷　水墨纸本
引首 40×119cm；
画心 40×651cm；
题跋 40×137cm
成交价　RMB 32,200,000

中国书画 ─── 古代 ─── 王铎　王翚

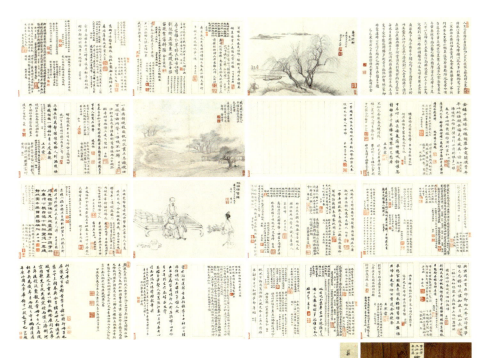

王翚　1684 年作
丹台积雪
北京匡时　2016/6/7
LOT 1520
绢本立轴　222.5×64.5cm
成交价　RMB 8,050,000

王翚、费而奇、禹之鼎　丁丑（1697 年）作　折柳送春图　并诸家题咏
中国嘉德　2016/5/15　LOT 1392
册页（十六开）设色、水墨纸本　22×30.5cm×16
成交价　RMB 9,660,000

中国书画

古代

王翚

王翚　1706 年作　仿宋元山水巨册
北京保利　2016/6/5　LOT 5069
册页（十二开）设色绢本　36×33cm×12
成交价　RMB 33,350,000

王翚　丙申（1716 年）作　仿江参山水图
香港嘉德　2016/11/28　LOT 467
立轴　设色纸本　121.5×48cm
成交价　RMB 8,272,410

王翚 1713 年作
太华仙观图
西泠印社 2016/12/17
LOT 2819
立轴 设色纸本
画心 133×60cm；
题跋 133×7cm×2
成交价 RMB 9,200,000

王翚 1672 年作
竹坞幽居
北京保利 2016/12/4
LOT 4021
立轴 设色绢本
56×34cm
成交价 RMB 18,975,000

中国书画 —— 古代 —— 王翚

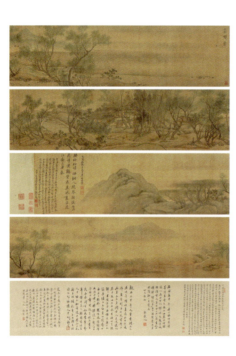

王翚 1669 年作
水村图
北京匡时 2016/12/6
LOT 1808
手卷 绢本
本幅 24.5×345cm；
题跋 25×103cm
成交价 RMB 5,175,000

王翚 戊辰（1688 年）作
寒山积雪图
宝港国际 2016/11/29
LOT 525
立轴 设色绢本
203×52cm
成交价 RMB 5,878,524

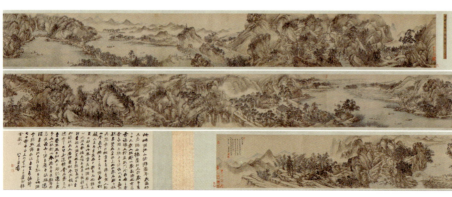

王翚 1696 年作
江山卧游图
保利华谊 2016/12/22
LOT 765
手卷 设色纸本
画 34×755cm；跋 38×95cm
成交价 RMB 48,300,000

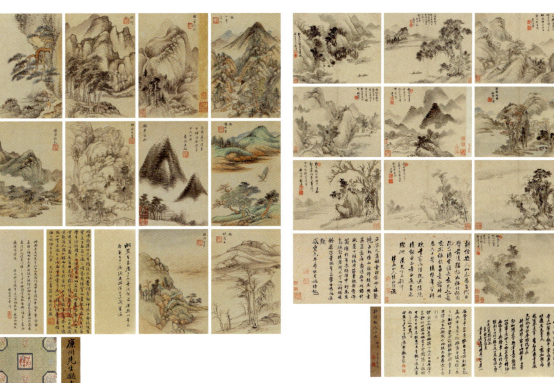

王鉴　1669年作　拟古山水册
北京保利　2016/12/4　LOT 4007
册页（十开）　设色／水墨纸本　20×14cm×13
成交价　RMB 14,720,000

王翚　仿古山水册
北京保利　2016/12/4　LOT 4022
册页（十开）　设色纸本　23×29cm×10
成交价　RMB 5,520,000

王鉴　仿古山水册
北京保利　2016/12/4　LOT 4046
册页（十开）　设色纸本　22×13cm×10
成交价　RMB 5,980,000

王鉴　己酉（1669年）作　仿巨然清溪待渡图
中国嘉德　2016/5/15　LOT 1394
立轴　设色纸本　211×99cm
成交价　RMB 35,650,000

中国书画 ———— 古代 ———— 王翚　王鉴

155

中国收藏
拍卖年鉴
2017

CHINESE FINE ART &
ANTIQUES AUCTION
YEARBOOK 2017

王翚　1724 年作 富春山居图
北京银座　2016/12/8　LUI 249
手卷　水墨纸本　36×765cm
成交价　RMB 7,935,000

中国书画——古代——王翚 王时敏 王守仁 王原祁

王时敏　戊午（1678 年）作　隶书七言诗
中国嘉德　2016/5/15　LOT 1395
立轴　水墨纸本　196.5×76cm
成交价　RMB 9,200,000

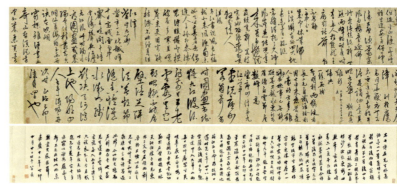

王守仁　草书七诗集
东京中央　2016/2/29　LOT 854
手卷　纸本　书 32.5×442cm；跋 32.5×218cm
成交价　RMB 9,209,719

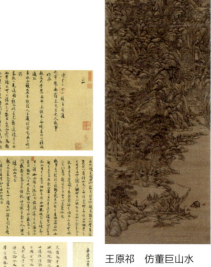

王原祁　仿董巨山水
北京保利　2016/6/5
LOT 5027
立轴　水墨绢本
164×52cm
成交价　RMB 7,475,000

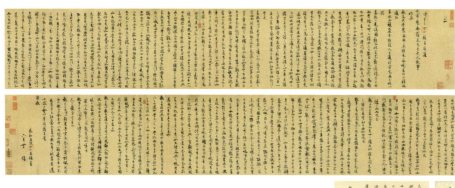

王守仁　复罗整庵太宰书
北京匡时　2016/6/7　LOT 1465
手卷　纸本　本幅 25.5×294cm；题跋 25.5×45cm
成交价　RMB 30,475,000

156

中国书画———古代———王原祁　温日观　文伯仁

王原祁　京江诗思图
广州华艺　2016/5/26　LOT 41
立轴　设色纸本　91.5×43cm
成交价　RMB 14,950,000

王原祁　仿黄鹤山樵山水
保利香港　2016/4/4　LOT 722
立轴　水墨纸本　93.5×41cm
成交价　RMB 5,148,104

王原祁　1696 年作　高风甘雨图
北京匡时　2016/6/7　LOT 1519
纸本立轴　145×72.5cm
成交价　RMB 21,275,000

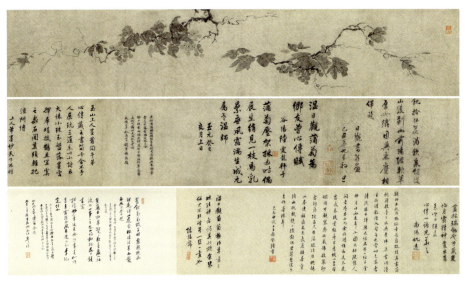

温日观　墨葡萄卷
中鸿信　2016/1/3
LOT 246
手卷　水墨绢本
27×188.5cm
成交价　RMB 13,052,500

文伯仁　溪山行旅
佳士得香港　2016/11/28
LOT 904
手卷　设色洒金笺
29×373cm
成交价　RMB 6,345,240

157

中国收藏
拍卖年鉴
2017

CHINESE FINE ART &
ANTIQUES AUCTION
YEARBOOK 2017

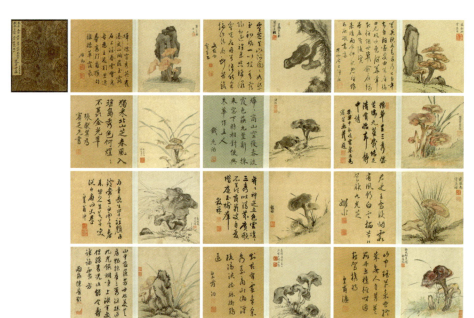

文嘉、陆治等　癸丑（1553年）、
丙辰（1556年）、
丙寅（1566年）作
宾芝图题咏
中国嘉德　2016/5/15
LOT 1416
册页（十二开二十四页）
设色、水墨纸本
24×20.5cm×24
成交价　RMB 9,200,000

文彭　1555年作 草书《渔父词》十三首
北京匡时　2016/12/6　LOT 1861
手卷　纸本　31.5×545cm
成交价　RMB 7,015,000

中国书画

古代

文嘉　文彭　文徵明

文嘉、文彭　琵琶行诗图合璧
中贸圣佳　2016/5/16　LOT 438
立轴　设色纸本　131×44cm
成交价　RMB 5,750,000

文徵明　秋山论道
上海工美　2016/1/9　LOT 157
立轴　设色纸本　104×38cm
成交价　RMB 10,465,000

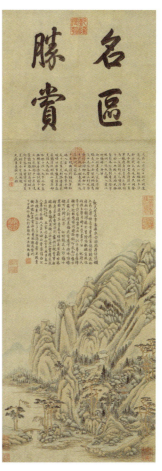

文徵明 深山冬旅
佳士得香港 2016/5/30 LOT 956
立轴 设色纸本 140.2×33cm
成交价 RMB 5,080,000

文徵明 嘉靖辛卯（1531年）作 云壑观泉图
中国嘉德 2016/5/15 LOT 1412
立轴 设色绢本 152.5×64cm
成交价 RMB 13,800,000

文徵明 1508年 天平山图
西泠印社 2016/12/17 LOT 2830
立轴 设色纸本 诗堂 33×26.5cm；
画心 66.5×33cm
成交价 RMB 8,050,000

中国书画 —— 古代 —— 文徵明

文徵明 1516年作
赠启之画并题
北京匡时 2016/6/7
LOT 1502
绢本镜心 23.5×78cm
成交价 RMB 6,785,000

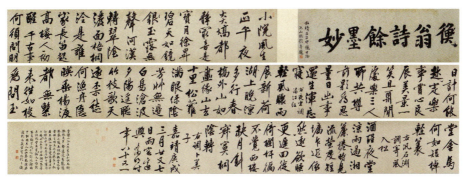

文徵明 行书诗余墨妙卷
北京保利 2016/6/5
LOT 5057
手卷 水墨纸本
引首 36×111cm；
书心 36×810cm
成交价 RMB 5,750,000

文徵明　癸巳（1533年）作 草书词二首
中国嘉德　2016/11/13　LOT 1247
手卷　水墨纸本　35×584cm
成交价　RMB 5,750,000

文徵明　行书《前后赤壁赋》卷
北京保利　2016/12/4　LOT 4047
手卷　水墨纸本　28×418cm
成交价　RMB 7,820,000

中国书画

古代

文徵明　吴宽　吴历

吴宽　行书《灯下观白氏集简济之君谦二友》
上海明轩　2016/1/10　LOT 173
立轴　水墨纸本　120×50cm
成交价　RMB 12,075,000

吴历　赠半厓先生山水册
北京保利　2016/6/5　LOT 5028
册页（十一开）水墨纸本　尺寸不一
成交价　RMB 13,800,000

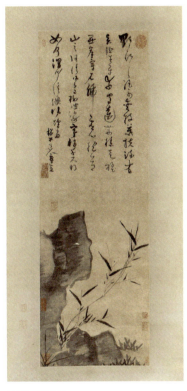

吴镇　羲皇企隐册
东京中央　2016/9/1
LOT 561
册页（八开）　水墨纸本
扉页 29×25cm×2；
画·对题 24.5×24cm×2；
24.5×24.5cm×2；
25.5×29cm×2；
23×28.5cm×2；
23×29cm×2；
25×29cm×2；
跋 32×32.5cm×2
成交价　RMB 11,665,644

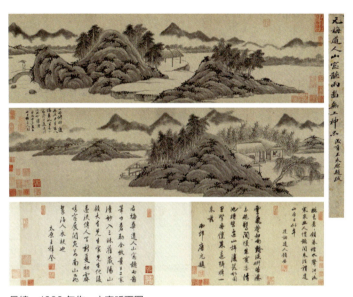

吴镇　1338 年作　山窗听雨图
北京匡时　2016/12/6　LOT 1818
手卷　纸本　本幅 28×203cm；题跋 28×45cm×2
成交价　RMB 172,500,000

吴镇　野竹图
北京保利　2016/6/5　LOT 5074
立轴　水墨纸本　100×33.5cm
成交价　RMB 77,625,000

夏昶　苍崖春雨图卷
东方大观　2016/5/17　LOT 427
手卷　水墨纸本　画 37×697cm；跋 37×182cm
成交价　RMB 18,170,000

中国书画 —— 古代 —— 吴镇　夏昶

161

中国书画

古代

夏昶 夏圭 项圣谟 萧云从 解处中

• • • • • • • • •

夏昶　嶰谷清风图
中国嘉德　2016/11/13　LOT 1277
立轴　水墨纸本　133×63cm
成交价　RMB 28,750,000

项圣谟　青山钓艇图
中国嘉德　2016/11/13　LOT 1271
立轴　水墨纸本　111.5×45.5cm
成交价　RMB 5,290,000

萧云从　洗砚图
北京保利　2016/6/5　LOT 5034
立轴　设色纸本　234×102cm
成交价　RMB 8,280,000

项圣谟　桃源梦
东方大观　2016/5/17
LOT 431
手卷　设色纸本
画 28×107cm；跋 28×78cm
成交价　RMB 7,590,000

解处中　洛阳春色图
北京匡时　2016/12/6　LOT 1714
镜心 纸本　151×81cm
成交价　RMB 25,530,000

夏圭　山庄暮雪图
北京保利　2016/6/5　LOT 5075
立轴　设色绢本　24.4×26cm
成交价　RMB 27,025,000

162

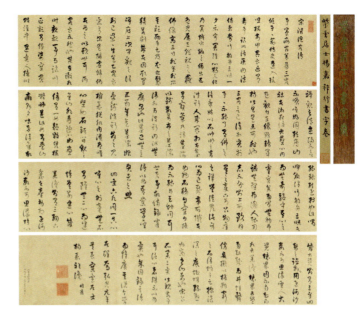

徐渭　草书七言诗
北京匡时　2016/6/7　LOT 1480
立轴　绢本　127.5×55cm
成交价　RMB 8,855,000

杨嘉祚　弘光元年（1645年）作 行书《潜溪客语》卷
广东崇正　2016/6/12　LOT 431
手卷　水墨纸本　33.2×576cm
成交价　RMB 6,555,000

禹之鼎　许力臣小像
北京匡时　2016/6/7　LOT 1507
纸本手卷　本幅 35.5×103cm；题跋 35.5×580cm
成交价　RMB 7,935,000

禹之鼎　1686年作　侍直图卷
中贸圣佳　2016/11/14　LOT 308
手卷　设色绢本　引首 43×110cm；画心 43×97cm
成交价　RMB 7,475,000

袁江　蓬莱仙境
北京保利　2016/6/5
LOT 5029
十二条屏　设色绢本
184×41cm×12
成交价　RMB 23,000,000

中国书画 ———— 古代 ———— 徐渭　杨嘉祚　禹之鼎　袁江

163

袁耀　甲午（1774年）作　绿野堂图十二条通景
北京华辰　2016/10/26　LOT 402
立轴　设色绢本　220×60cm×12
成交价　RMB 9,200,000

袁耀　1767年作　蓬莱仙境
北京保利　2016/12/4　LOT 4028
立轴　设色绢本　217×137cm
成交价　RMB 5,060,000

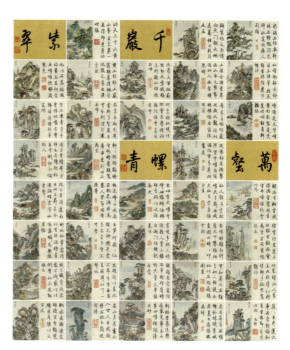

允禧、乾隆帝　黄山三十六峰图
广州华艺　2016/11/26　LOT 30
册页（三十六开）　设色纸本　7.5×5cm×36
成交价　RMB 23,920,000

恽寿平　仿古山水册
北京保利　2016/6/5
LOT 5071
册页（十开）　设色纸本
27×38cm×10
成交价　RMB 81,650,000

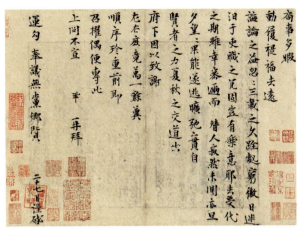

曾巩　局事帖
中国嘉德　2016/5/15　LOT 1424
镜心　水墨纸本　29×39.5cm
成交价　RMB 207,000,000

曾国藩　看云归岫草堂
北京保利　2016/6/5　LOT 5067
横幅　水墨纸本　44×167cm
成交价　RMB 5,635,000

查士标　戊戌（1658 年）作　旅邗写景
中国嘉德　2016/5/15　LOT 1405
册页（八开）　设色纸本
画 23.5×14cm×8；跋 30×18.5cm
成交价　RMB 6,900,000

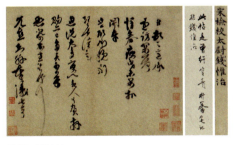

曾纡　过访帖
中国嘉德　2016/11/13　LOT 1279
镜心　水墨纸本　32.5×45cm
成交价　RMB 40,250,000

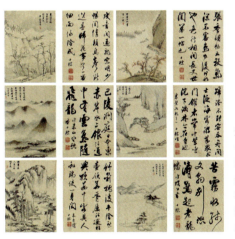

查士标　书画合璧
中国嘉德　2016/5/15
LOT 1406
册页（六开十二页）
水墨、设色绢本
21.5×15.7cm×12
成交价　RMB 7,245,000

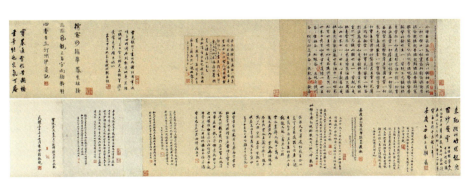

张即之
楷书《华严经》残卷
北京保利　2016/12/4
LOT 4048
手卷　水墨纸本
题跋 34×60cm；
画心 34×296cm
成交价　RMB 63,250,000

中国书画　——　古代　——　曾巩　曾国藩　曾纡　查士标　张即之 ● ● ● ● ● ●

165

中国收藏
拍卖年鉴
2017

CHINESE FINE ART &
ANTIQUES AUCTION
YEARBOOK 2017

中国书画 ——— 古代 ——— 张骏 张瑞图

张瑞图 草书桃源行
北京匡时 2016/6/7 LOT 1469
手卷 绢本 31×610cm
成交价 RMB 8,625,000

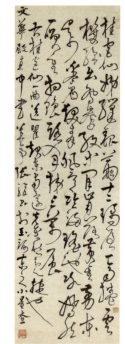

张骏 草书桂宫仙
中国嘉德 2016/11/14
LOT 1328
镜心 水墨纸本
113×36cm
成交价 RMB 5,290,000

张瑞图 1623 年作 草书诗卷
北京匡时 2016/12/6 LOT 1855
手卷 绢本 引首 30.5×80cm；
本幅 32.5×594cm；题跋 32×70cm
成交价 RMB 12,650,000

张瑞图 1628 年作 行书七言诗
北京匡时 2016/6/7 LOT 1486
立轴 绫本 303×77.5cm
成交价 RMB 11,270,000

张瑞图 草书 明人诗
西泠印社 2016/12/17 LOT 2785
立轴 绢本 159×42.5cm
成交价 RMB 5,865,000

张为邦 中元普度图
北京匡时 2016/12/6
LOT 1827
镜心 纸本 50×380cm
成交价 RMB 11,500,000

张若霭 落叶空阶
佳士得香港 2016/5/30 LOT 910
立轴 设色纸本 188×55cm
成交价 RMB 18,040,000

张誉 兰亭修禊图卷
东方大观 2016/11/13 LOT 477
手卷 水墨纸本 26×294cm
成交价 RMB 5,232,500

张若霭 莲塘浴鸭图
北京保利 2016/6/5 LOT 5025
立轴 设色纸本 130×67cm
成交价 RMB 5,750,000

张仲 紫禽啅果
北京保利 2016/12/4 LOT 4044
册页 设色绢本 画 20×22cm；跋 20×22cm
成交价 RMB 17,250,000

张宗苍 虚斋鹤梦
佳士得香港 2016/11/28
LOT 970
立轴 浅绛纸本
42.5×33cm
成交价 RMB 24,943,960

中国书画——古代 张若霭 张为邦 张誉 张仲 张宗苍

167

中国收藏
拍卖年鉴
2017

CHINESE FINE ART &
ANTIQUES AUCTION
YEARBOOK 2017

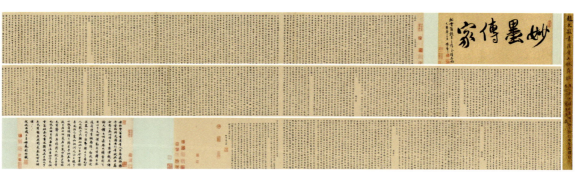

赵孟頫　书七赋并识卷
东京中央　2016/2/28　LOT 408
手卷　纸本　引首 25.5×56cm；画心 25.5×665cm；跋 25.5×57.5cm
成交价　RMB 6,753,794

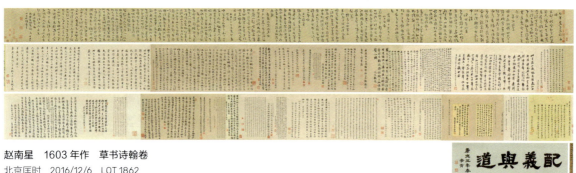

赵南星　1603 年作　草书诗翰卷
北京匡时　2016/12/6　LOT 1862
手卷　纸本　引首 29.5×93cm；本幅 31.5×516cm；题跋 31×790cm
成交价　RMB 43,930,000

赵雍　前浦理纶图
上海明轩　2016/11/3　LOT 218
立轴　浅绛纸本　101×53.6cm
成交价　RMB 28,750,000

赵之谦　1870 年作　四时花卉屏
西泠印社　2016/6/26　LOT 2561
四屏　设色纸本　128.5×32cm×4
成交价　RMB 9,430,000

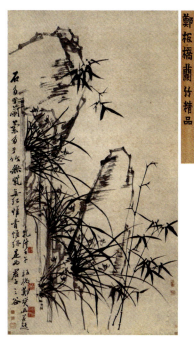

赵之谦 点景花卉巨册
中鸿信 2016/1/3 LOT 236
册页 设色纸本 33×25cm×12
成交价 RMB 11,800,000

郑板桥 墨竹兰石图
保利香港 2016/4/4 LOT 731
立轴 水墨纸本 136×74cm
成交价 RMB 17,820,360

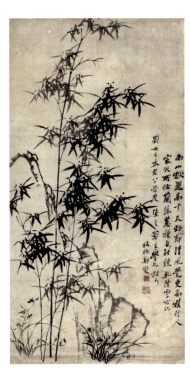

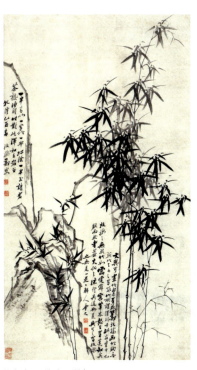

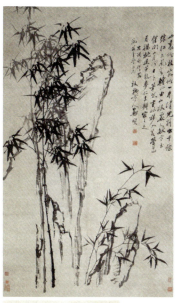

郑板桥 1756年 竹石兰蕙图
中国嘉德 2016/5/15 LOT 1389
立轴 水墨纸本 186.5×97cm
成交价 RMB 25,300,000

郑板桥 仿文同竹石图
东方大观 2016/5/17 LOT 405
立轴 水墨纸本 180×101cm
成交价 RMB 7,590,000

郑板桥 竹石图
北京匡时 2016/6/7 LOT 1528
纸本立轴 诗堂 45×105cm；本幅 170×105cm
成交价 RMB 7,245,000

中国书画 ⋯⋯ 古代 ⋯⋯ 赵之谦 郑板桥

169

中国收藏
拍卖年鉴
2017

CHINESE FINE ART &
ANTIQUES AUCTION
YEARBOOK 2017

中国书画 —— 古代 —— 郑板桥

郑板桥　行书
广东崇正　2016/6/12　LOT 444
四屏立轴　水墨纸本　112×29.5cm×4
成交价　RMB 5,060,000

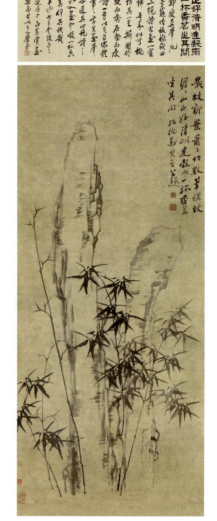

郑板桥　竹石图
北京匡时　2016/12/6　LOT 1814
立轴　纸本
诗堂 33×87.5cm；本幅 197×87.5cm
成交价　RMB 17,250,000

郑板桥　行书自书诗
北京盈时　2016/7/17　LOT 1028
立轴　水墨纸本　140×78cm
成交价　RMB 9,430,000

郑板桥　行书《红桥修禊》诗卷
上海嘉禾　2016/6/25　LOT 8050
手卷　纸本　画心 28×166.5cm；跋 28×33cm

成交价　RMB 7,820,000

郑簠　戊辰（1688年）作　昼锦记
广东崇正　2016/6/12　LOT 456
十二屏立轴　水墨纸本　159×53.8cm×12
成交价　RMB 13,455,000

周臣　行旅图
中贸圣佳　2016/11/14　LOT 486
立轴　设色绢本　170×98cm
成交价　RMB 9,085,000

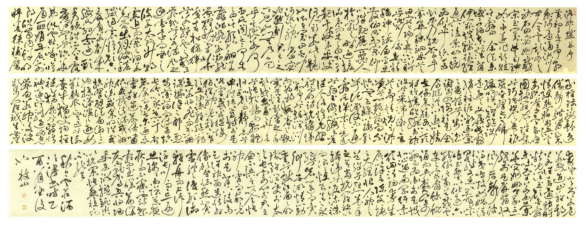

祝允明　1525年作　草书《洛神赋》
北京匡时　2016/6/7　LOT 1476
手卷　纸本　32.5×845.5cm
成交价　RMB 8,970,000

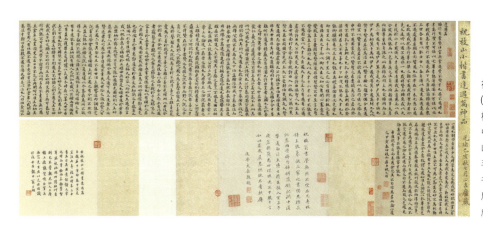

祝允明　甲寅
（1494年）作
楷书逢遇篇
中国嘉德　2016/11/13
LOT 1245
手卷　水墨纸本
书法 24×131.5cm；
后跋 24.5×80cm
成交价　RMB 7,245,000

中国书画　古代　郑簠　周臣　祝允明

171

中国书画 ———— 古代 ———— 其他

康熙黄河督运图·奉旨荣任图
上海明轩　2016/1/10　LOT 276
手卷　设色绢本
100×670cm；99×388cm；99×336cm
成交价　RMB 5,175,000

唐贤写经遗墨并近代诸家诗画
中国嘉德　2016/5/15　LOT 1425
册页（二十一开）尺寸不一；
写经约 24.5×14cm；跋文约 23.5×10.5cm
成交价　RMB 57,500,000

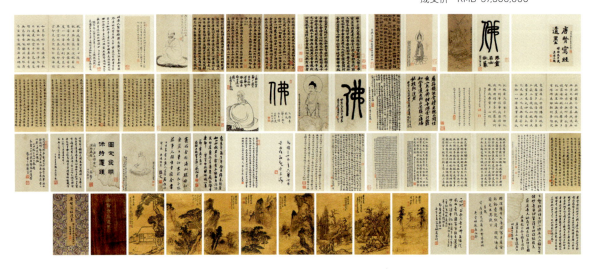

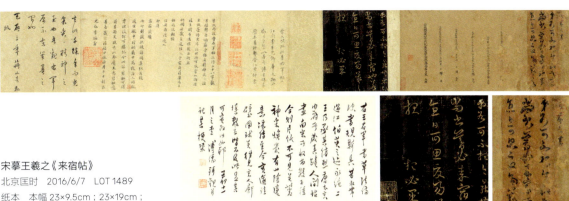

宋摹王羲之《来宿帖》
北京匡时 2016/6/7 LOT 1489
纸本 本幅 23×9.5cm；23×19cm；
题跋 22.5×88cm；23.5×44cm
成交价 RMB 9,430,000

春山行旅
中国嘉德 2016/5/16 LOT 1620
立轴 设色绢本 191×111cm
成交价 RMB 12,650,000

吴越刻雷峰塔藏经（局部）
上海朵云轩 2016/6/28 LOT 240
手卷 纸本 经芯 7.5×216cm；手卷通长 620cm
成交价 RMB 28,750,000

中国书画 ———— 古代 ———— 其他

中国收藏
拍卖年鉴
2017

CHINESE FINE ART &
ANTIQUES AUCTION
YEARBOOK 2017

竹雀图
中国嘉德　2016/11/13　LOT 1280
立轴　设色绢本
画 116.5×52.5cm；跋尺寸不一
成交价　RMB 13,800,000

寒山过客
佳士得香港　2016/11/28　LOT 951
立轴　水墨绢本　113×39.5cm
成交价　RMB 7,079,400

芍药图
中国嘉德　2016/11/13　LOT 1278
镜心　设色绢本　24.3×24.3cm
成交价　RMB 20,700,000

石勒听讲图
佳士得香港　2016/11/28　LOT 901
手卷　设色绢本　27.5×87.2cm
成交价　RMB 6,869,640

中国书画 ┈┈┈┈ 古代 ┈┈┈┈ 其他

竹林清阁

东京中央（香港） 2016/11/27 LOT 371

立轴 设色绢本 104×55cm

成交价 RMB 5,469,102

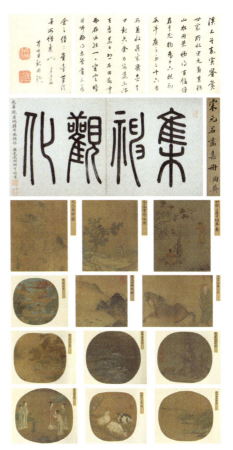

宋元名画集册

北京匡时 2016/12/6 LOT 1820

册页（十二帧） 纸本 绢本 尺寸不一

成交价 RMB 14,375,000

元人秋猎图

保利华谊 2016/12/22 LOT 769

手卷 设色绢本 59×1240cm

成交价 RMB 63,250,000

中国书画 —— 古代 —— 其他

175

中国收藏
拍卖年鉴
2017

CHINESE FINE ART &
ANTIQUES AUCTION
YEARBOOK 2017

中国书画

近现代

陈佩秋 程十发 董寿平 傅抱石

陈佩秋　翠盖愬禽
上海嘉禾　2016/12/21　LOT 8041
镜片　设色纸本　131×58cm
成交价　RMB 7,130,000

程十发　1978 年作　香山采风图
西泠印社　2016/12/17　LOT 3052
镜片　设色纸本　180×96.5cm
成交价　RMB 9,200,000

董寿平　黄山松谷
中国嘉德　2016/5/15　LOT 1183
立轴　设色纸本　165×83cm
成交价　RMB 5,750,000

董寿平
1978 年作　松瀑图
中国嘉德　2016/11/12
LOT 789
镜心　设色纸本
144×333cm
成交价　RMB 10,580,000

傅抱石　1960 年作
湘夫人
中国嘉德　2016/5/15
LOT 1254
立轴　设色纸本
99×54cm
成交价　RMB 24,150,000

傅抱石　棒槌岛景象
广州华艺　2016/5/26
LOT 256
镜框　设色纸本
48.5×57cm
成交价　RMB 11,500,000

傅抱石　入眼荒寒一洒然
保利香港　2016/4/4　LOT 349
立轴　设色纸本　95×43cm
成交价　RMB 9,405,190

傅抱石　1961 年作　千山
上海明轩　2016/1/10　LOT 147
立轴　设色纸本　107×72cm
成交价　RMB 12,305,000

傅抱石　1965 年作　井冈山
佳士得香港　2016/5/31　LOT 1383
立轴　设色纸本　73×99cm
成交价　RMB 13,609,120

傅抱石　1946 年作　山鬼
中国嘉德　2016/5/15　LOT 1253
立轴　设色纸本　134×67cm
成交价　RMB 51,750,000

傅抱石　山瀑清会
北京诚轩　2016/5/13　LOT 71
立轴　设色纸本　173×92cm
成交价　RMB 40,250,000

中国书画 ———— 近现代 ———— 傅抱石

傅抱石　1954 年作
云中君和大司命
北京保利　2016/6/4
LOT 3320
镜心　设色纸本
114×315cm
成交价　RMB 230,000,000

177

中国收藏
拍卖年鉴
2017

CHINESE FINE ART &
ANTIQUES AUCTION
YEARBOOK 2017

傅抱石　1948 年作　水阁围棋
北京保利　2016/6/4　LOT 3322
立轴　设色纸本　113.3×39.7cm
成交价　RMB 11,500,000

傅抱石　高士观瀑
北京保利　2016/6/4　LOT 3324
立轴　设色纸本　109×61.2cm
成交价　RMB 9,200,000

傅抱石　海天落照图
北京保利　2016/6/4　LOT 3321
立轴　设色纸本　105×60cm
成交价　RMB 17,250,000

傅抱石　1964 年作　镜泊飞泉
佳士得香港　2016/5/31　LOT 1384
立轴　设色纸本　82.2×106.5cm
成交价　RMB 6,067,120

傅抱石　1962 年作　假日千山
上海嘉禾　2016/6/25　LOT 8011
镜框　设色纸本　28×38cm
成交价　RMB 8,625,000

傅抱石　1945 年作　秋山策杖
北京匡时　2016/6/6　LOT 706
立轴　纸本　137.5×33.5cm
成交价　RMB 19,550,000

傅抱石　深山访友
北京匡时　2016/6/6　LOT 707
立轴　纸本　133×45cm
成交价　RMB 13,800,000

傅抱石　侧耳含情披月影
北京匡时　2016/6/6　LOT 709
立轴　纸本　113.5×66cm
成交价　RMB 29,900,000

傅抱石　1960 年作
钟声扣白云
北京荣宝　2016/6/5　LOT 459
立轴　设色纸本　53×61cm
成交价　RMB 23,520,000

傅抱石　夜游玄武湖
上海嘉禾　2016/6/25　LOT 8012
立轴　设色纸本　28×39cm
成交价　RMB 8,510,000

傅抱石　梅花山
中鸿信　2016/8/10　LOT 414
镜芯　纸本设色　44×69 cm
成交价　RMB 7,800,000

中国书画 —— 近现代 —— 傅抱石

179

傅抱石　返布拉格途中雨景
广州华艺　2016/11/26　LOT 255
镜框　设色纸本　27.5×47cm
成交价　RMB 7,590,000

傅抱石　1947年作　松涧寻幽
北京匡时　2016/9/23　LOT 271
镜心　纸本　89.5×56cm
成交价　RMB 8,740,000

中国收藏
拍卖年鉴
2017

CHINESE FINE ART &
ANTIQUES AUCTION
YEARBOOK 2017

中国书画 —— 近现代 —— 傅抱石

傅抱石　乙酉（1945年）作　风光好
中国嘉德　2016/11/12　LOT 717
立轴　设色纸本　108.5×60cm
成交价　RMB 66,125,000

傅抱石　丙戌（1946年）作　泰山巍巍图
中国嘉德　2016/11/12　LOT 718
立轴　设色纸本　85×58cm
成交价　RMB 17,250,000

傅抱石　1941年作
松荫清话
上海明轩　2016/11/3　LOT 167
立轴　设色纸本　102×30cm
成交价　RMB 5,520,000

傅抱石　湘夫人
荣宝斋（上海）　2016/11/27
LOT 551
镜心　设色纸本　68×67.5cm
成交价　RMB 12,075,000

傅抱石　乙酉（1945 年）作　兰亭雅集
香港嘉德　2016/11/28　LOT 141
镜心　设色纸本　34.5×40cm
成交价　RMB 26,595,820

傅抱石　乙酉（1945 年）作　对弈图
中国嘉德　2016/11/12　LOT 719
立轴　设色纸本　138×30cm
成交价　RMB 6,900,000

中国书画──近现代──傅抱石

傅抱石　观瀑
宝港国际　2016/11/29　LOT 397
立轴　设色纸本　67×32cm
成交价　RMB 6,084,788

傅抱石　1962 年作　倚栏观瀑图
东京中央（香港）　2016/11/27　LOT 27
镜框　设色纸本　87×48cm
成交价　RMB 5,371,439

傅抱石　1945 年作　夜破东羌图
苏富比香港　2016/10/4　LOT 1482
立轴　设色纸本　106.2×60.7cm
成交价　RMB 23,770,400

181

中国收藏
拍卖年鉴
2017

CHINESE FINE ART &
ANTIQUES AUCTION
YEARBOOK 2017

中国书画 ┈┈┈┈ 近现代 ┈┈┈┈ 傅抱石

傅抱石　白岳黄山两逸民
北京保利　2016/12/4　LOT 2045
立轴　设色纸本　126×50cm
成交价　RMB 11,500,000

傅抱石　1962 年作
疑是银河落九天
北京保利　2016/12/4
LOT 2028
镜心　设色纸本　132×39cm
成交价　RMB 6,900,000

傅抱石　1945 年作
秋山登临
北京保利　2016/12/4
LOT 2078
立轴　设色纸本　138×40cm
成交价　RMB 6,095,000

傅抱石　1945 年作　溪桥听瀑
苏富比香港　2016/10/4　LOT 1497
立轴　设色纸本　116.7×39.5cm
成交价　RMB 7,499,200

傅抱石　山鬼
北京保利　2016/12/4　LOT 2012
镜心　设色纸本　36×47cm
成交价　RMB 10,350,000

傅抱石　1964 年作　韶山诗意
保利华谊　2016/12/22　LOT 687
镜心　设色纸本　70×93cm
成交价　RMB 45,425,000

傅抱石　1945 年作
袁安卧雪
北京匡时　2016/12/5
LOT 123
横披　纸本　38×139cm
成交价　RMB 5,577,500

傅抱石　1948 年作　宝研楼图
北京匡时　2016/12/5　LOT 823
镜心　纸本　35×106cm
成交价　RMB 50,600,000

傅抱石　1943 年作　行吟图
北京保利　2016/12/4　LOT 2010
立轴　设色纸本　48×48cm
成交价　RMB 5,750,000

傅抱石　1943 年作　携琴访友图
西泠印社　2016/12/17　LOT 3037
立轴　设色纸本
诗堂 65.5×21.5cm；画心 104.5×65.5cm
成交价　RMB 5,520,000

傅抱石　1963 年作　峡江图
北京匡时　2016/12/5　LOT 822
立轴　纸本　104.5×60.5cm
成交价　RMB 12,420,000

傅抱石　1943 年作　听阮图
西泠印社　2016/12/17　LOT 3035
镜片　设色纸本　87.5×58.5cm
成交价　RMB 13,800,000

中国书画 —— 近现代 —— 傅抱石

183

中国书画 ———— 近现代 ———— 关良　关山月

关良　1978~1979 年作　武剧人物卷
北京翰海　2016/6/3　LOT 534
设色纸本　51×2400cm
成交价　RMB 5,175,000

关良　丰收图
中国嘉德　2016/11/12　LOT 759
立轴　设色纸本　136.5×68cm
成交价　RMB 7,820,000

关山月　绿色长城
中国嘉德　2016/11/12　LOT 787
镜心　设色纸本　67.5×136.5cm
成交价　RMB 9,200,000

关山月　1998 年作　山中一夜雨
广东崇正　2016/6/12　LOT 166
镜片　设色纸本
题跋 130.4×38.5cm；
130.4×176.4cm
成交价　RMB 9,430,000

关山月　1961 年作　牡丹江
北京保利　2016/12/4　LOT 2029
立轴　设色纸本　134×88cm
成交价　RMB 5,290,000

关山月　1942 年作
青城山全景图
北京匡时　2016/12/5
LOT 857
横披　纸本　46×262.5cm
成交价　RMB 8,050,000

贺天健 1953 年作
北国风光
中国嘉德 2016/11/12
LOT 788
镜心 设色纸本
150×358.5cm
成交价 RMB 8,050,000

弘一 格言集略
中国嘉德 2016/5/15 LOT 986
四屏立轴 水墨纸本 49.5×14.5cm×4
成交价 RMB 6,440,000

弘一 行楷华严经集句
北京保利 2016/6/5
LOT 4148
立轴 水墨纸本
148×81cm
成交价 RMB 12,880,000

弘一 1941 年作 楷书警训数则
北京匡时 2016/6/7 LOT 1416
手卷 绢本 25.5×152cm
成交价 RMB 6,095,000

中国书画 —— 近现代 —— 贺天健 弘一

185

黄宾虹　癸巳（1953年）作　高阁清话
中国嘉德　2016/5/15　LOT 1198
镜心　设色纸本　45×126cm
成交价　RMB 56,350,000

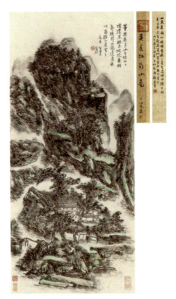

黄宾虹　1948年作　蜀游小景
保利香港　2016/4/4　LOT 354
立轴　设色纸本　108×49cm
成交价　RMB 7,425,150

中国书画 ──────── 近现代 ──────── 黄宾虹

黄宾虹　1953年作　深山古道
中国嘉德　2016/5/15　LOT 1199
立轴　设色纸本　97×39cm
成交价　RMB 23,000,000

黄宾虹　长江舟行
中国嘉德　2016/5/15　LOT 1200
立轴　设色纸本　120×40cm
成交价　RMB 6,900,000

黄宾虹　1949年作　振衣冈图
北京保利　2016/6/4　LOT 3335
镜心　设色纸本　132.5×33cm
成交价　RMB 6,900,000

黄宾虹　1947年作　闽江泛舟
北京保利　2016/6/4　LOT 3336
立轴　设色纸本　149×79cm
成交价　RMB 19,550,000

黄宾虹　1909年作　黄山诗意
北京传是　2016/6/4　LOT 345
立轴　设色纸本　135×68cm
成交价　RMB 5,750,000

黄宾虹　1951 年作　嘉陵江景
北京匡时　2016/6/6　LOT 677
镜心　纸本　34×153.5cm
成交价　RMB 11,500,000

黄宾虹　1955 年作
西泠山水图
西泠印社　2016/6/25
LOT 760
立轴　设色纸本
71.5×39.5cm
成交价　RMB 13,800,000

黄宾虹　秋林逸居
上海嘉禾　2016/6/25
LOT 8034
立轴　设色纸本
128×65cm
成交价　RMB 9,085,000

黄宾虹　1952 年作
宿雨初收图
西泠印社　2016/6/25
LOT 756
立轴　设色纸本
画心 90×31.5cm；
诗堂 31.5×26.5cm
成交价　RMB 6,900,000

黄宾虹　1947 年作
黄山松林图
北京匡时　2016/9/23
LOT 279
立轴　纸本　117×49cm
成交价　RMB 6,900,000

中国书画 —— 近现代 —— 黄宾虹

187

黄宾虹　1946 年作　江岸泛舟
佳士得香港　2016/11/29　LOT 1369
镜框　设色纸本　26×137.5cm
成交价　RMB 10,540,440

黄宾虹　1940 年作
白云圣境
北京保利　2016/12/4
LOT 2042
镜心　设色纸本　41×109cm
成交价　RMB 11,500,000

黄宾虹　云山逸居图
北京荣宝　2016/12/3　LOT 254
立轴　水墨纸本　133.5×58.5cm
成交价　RMB 7,475,000

中国书画 —— 近现代 —— 黄宾虹

黄宾虹　1953 年作　拟张恂山水
北京保利　2016/12/4　LOT 2026
立轴　设色纸本　86×32cm
成交价　RMB 14,375,000

黄宾虹　1949 年作　振衣冈图
北京保利　2016/12/4　LOT 2088
镜心　设色纸本　132.5×33cm
成交价　RMB 6,440,000

黄宾虹　1946 年作　落日五湖
北京保利　2016/12/4　LOT 2040
立轴　设色纸本　113×47cm
成交价　RMB 5,290,000

黄宾虹　1947 年作　仁山智水

北京保利　2016/12/4　LOT 2087

立轴　设色纸本　67×34cm

成交价　RMB 5,290,000

黄宾虹　翠微深处

北京匡时　2016/12/5　LOT 588

立轴　纸本　73.5×33.5cm

成交价　RMB 6,670,000

黄宾虹　1925 年作　云峰胜境图

西泠印社　2016/12/17　LOT 3016

立轴　设色纸本　147.5×81.5cm

成交价　RMB 11,270,000

黄胄　1965 年作　大漠风雪

北京匡时　2016/6/6　LOT 722

镜心　纸本　102×208cm

成交价　RMB 10,350,000

黄胄　1981 年作　于阗歌舞

北京东正　2016/5/14　LOT 439

立轴　纸本　136.5×68cm

成交价　RMB 8,280,000

中国书画 ———— 近现代 ———— 黄宾虹　黄胄

黄胄　叼羊图
北京传是　2016/6/4　LOT 408
镜片　设色纸本　122×490cm
成交价　RMB 32,200,000

中国收藏
拍卖年鉴
2017

CHINESE FINE ART &
ANTIQUES AUCTION
YEARBOOK 2017

中国书画 —— 近现代 —— 黄胄

黄胄　1975 年作　新疆歌舞
北京保利　2016/6/4　LOT 3357
镜心　设色纸本　179×95cm
成交价　RMB 8,280,000

黄胄　1965 年作　幸福一代
北京匡时　2016/6/6　LOT 719
立轴　纸本　95×131.5cm
成交价　RMB 7,130,000

黄胄　1962 年作　上学图
北京荣宝　2016/12/3　LOT 227
镜心　设色纸本　112×228cm
成交价　RMB 12,075,000

黄胄　1964 年作　饲鸡图
北京荣宝　2016/12/3　LOT 113
立轴　设色纸本　134×66cm
成交价　RMB 5,520,000

黄胄 1976 年作 日夜想念毛主席
广东崇正 2016/12/11 LOT 558
立轴 设色纸本 172×96cm
成交价 RMB 16,100,000

黄胄 1981 年作
雪夜巡诊图
北京保利 2016/12/4
LOT 2082
立轴 设色纸本
179×96cm
成交价 RMB 5,290,000

黄胄 1975 年作 饲鸡图
北京保利 2016/12/4
LOT 2083
立轴 设色纸本 135×96cm
成交价 RMB 7,590,000

黄胄 1973 年作
幸福一代
北京匡时 2016/12/5
LOT 855
横披 纸本
96.5×299cm
成交价 RMB 20,125,000

中国书画 ———— 近现代 ———— 黄胄

191

蒋兆和 1939年作 琴音悠悠
北京匡时 2016/12/5 LOT 842
立轴 纸本 99.5×62.5cm
成交价 RMB 5,405,000

康有为 1923年作 行书楹联二副
北京匡时 2016/12/5 LOT 922
立轴 纸本 333×47.5cm×2；355×47.5cm×2
成交价 RMB 14,375,000

赖少其 黄山梦游图
广州华艺 2016/11/26 LOT 542
镜框 设色纸本 144×366cm
成交价 RMB 14,375,000

李可染　1985 年作　荷塘消夏图
中国嘉德　2016/5/15　LOT 1238
镜心　水墨纸本　87×51.5cm
成交价　RMB 23,000,000

李可染　1988 年作　山水清音
佳士得香港　2016/5/30　LOT 3023
镜框　设色纸本　90.5×58.5cm
成交价　RMB 20,279,600

李可染　1962 年作　漓江胜景图
北京保利　2016/6/4　LOT 3328
镜心　设色纸本　68×45cm
成交价　RMB 20,700,000

李可染　1979 年作　井冈山主峰图
北京传是　2016/6/4　LOT 344
镜框　设色纸本　107×67cm
成交价　RMB 20,700,000

李可染　1986 年作　高岩飞瀑图
北京保利　2016/6/4　LOT 3332
镜心　水墨纸本　128×68cm
成交价　RMB 18,400,000

李可染　井冈山主峰图
北京匡时　2016/6/6　LOT 697
立轴　纸本　137×69cm
成交价　RMB 13,800,000

中国书画 —— 近现代 —— 李可染

李可染　柏树
北京保利　2016/6/4　LOT 3329
镜心　设色纸本　43.8×58.4cm
成交价　RMB 6,210,000

李可染　1980 年作　蜀山春雨图
北京保利　2016/6/5　LOT 4128
镜心　设色纸本　83×50cm
成交价　RMB 5,520,000

李可染　革命圣地韶山
北京匡时　2016/6/6　LOT 696
立轴　纸本　71×107cm
成交价　RMB 83,950,000

李可染　1980 年作　桂林山水
上海嘉禾　2016/6/25　LOT 8010
镜片　设色纸本　68.5×45.5cm
成交价　RMB 5,865,000

中国书画 —— 近现代 —— 李可染

李可染　1985 年作　五牛图
北京保利　2016/6/4　LOT 3327
镜心　水墨纸本　68×135cm
成交价　RMB 6,900,000

李可染　人在万点梅花中
广州华艺　2016/11/26　LOT 321
立轴　设色纸本　69×54.5cm
成交价　RMB 7,072,500

李可染　1962 年作　秋山揽胜千帆渡
北京传是　2016/12/4　LOT 579
镜框　水墨纸本　69.5×45.5cm
成交价　RMB 37,375,000

李可染　千岩竞秀万壑争流
东京中央（香港）　2016/11/27　LOT 221
镜框　设色纸本　134.5×70cm
成交价　RMB 27,107,721

李可染　林区放筏
中国嘉德　2016/11/12　LOT 786
立轴　设色纸本　69×46cm
成交价　RMB 16,100,000

李可染　1966 年作　蜀山春雨图
北京匡时　2016/12/5　LOT 839
镜心　纸本　80.5×49cm
成交价　RMB 9,085,000

李可染　林区勘探
荣宝斋（上海）　2016/11/27　LOT 592
镜心　设色纸本　69×36cm
成交价　RMB 5,520,000

中国书画 —— 近现代 —— 李可染

195

中国收藏
拍卖年鉴
2017

CHINESE FINE ART &
ANTIQUES AUCTION
YEARBOOK 2017

李可染　峨眉秋色
保利香港　2016/10/3　LOT 1000
镜心　设色纸本　55×43.5cm
成交价　RMB 8,625,800

李可染　1959 年作　阳朔公园
广东崇正　2016/12/11　LOT 509
镜片　设色纸本　47.6×39.7cm
成交价　RMB 5,405,000

李可染　1975 年作
漓江天下景
广东崇正　2016/12/11
LOT 712
镜片　设色纸本　70×87.5cm
成交价　RMB 25,300,000

李可染　1977 年作　襟江阁
北京匡时　2016/12/5　LOT 838
镜心　纸本　69×46.5cm
成交价　RMB 8,740,000

李可染　鱼米之乡
北京银座　2016/12/8　LOT 70
立轴　设色纸本　66×43.5cm
成交价　RMB 6,210,000

中国书画 ———— 近现代 ———— 李可染

林风眠　1989年作　红衣仕女
中国嘉德　2016/5/14　LOT 121
纸本　彩墨　69×69cm
成交价　RMB 9,430,000

林风眠　山居话旧
中国嘉德　2016/11/12　LOT 757
镜心　设色纸本　66×66cm
成交价　RMB 5,750,000

林风眠　仕女册
中国嘉德　2016/11/12　LOT 562
册页（十二开）　设色纸本　33×22.5cm×12
成交价　RMB 7,590,000

林风眠　1960年作　渔获图
中国嘉德　2016/11/13　LOT 103
纸本　彩墨　67×67.5cm
成交价　RMB 5,175,000

鲁赤水　墨荷
广东崇正　2016/12/11　LOT 714
立轴　水墨纸本　116×53cm
成交价　RMB 5,060,000

刘奎龄　戊辰（1928年）作　瑞禽
中国嘉德　2016/11/12　LOT 756
四屏立轴　设色绢本　140×32.5cm×4
成交价　RMB 5,520,000

中国书画
———
近现代
———
林风眠　刘奎龄　鲁赤水

197

陆俨少　1986 年作　庐山姐妹峰
北京保利　2016/6/4　LOT 3318
镜心　设色纸本　179×96.5cm
成交价　RMB 6,900,000

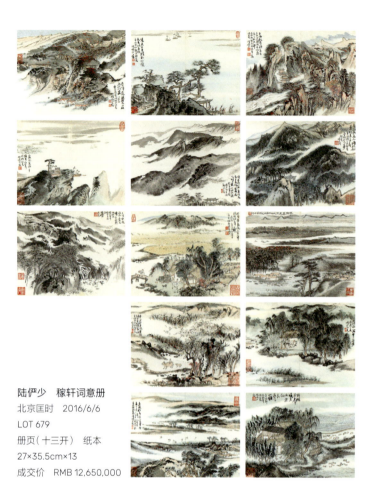

陆俨少　稼轩词意册
北京匡时　2016/6/6
LOT 679
册页（十三开）　纸本
27×35.5cm×13
成交价　RMB 12,650,000

陆俨少　险水宏图
上海嘉禾　2016/6/25
LOT 8038
镜片　设色纸本
56.5×154cm
成交价　RMB 55,430,000

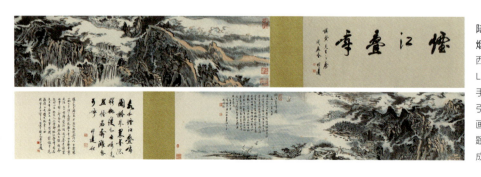

陆俨少　1985 年作
烟江叠嶂图
西泠印社　2016/6/25
LOT 789
手卷　设色纸本
引首 84.5×34.5cm；
画心 274×34.5cm；
题跋 60×33.5cm
成交价　RMB 6,900,000

中国书画 — 近现代 — 陆俨少

陆俨少 1977 年作 双马石哨口
中国嘉德 2016/11/12 LOT 783
立轴 设色纸本 137.5×68cm
成交价 RMB 7,820,000

陆俨少 人勤春早
中贸圣佳 2016/11/14 LOT 383
镜心 设色纸本 137×69cm
成交价 RMB 8,970,000

陆俨少 丁巳(1977 年)作
深山采药
上海嘉禾 2016/12/21 LOT 8038
立轴 设色纸本 124.5×59cm
成交价 RMB 7,475,000

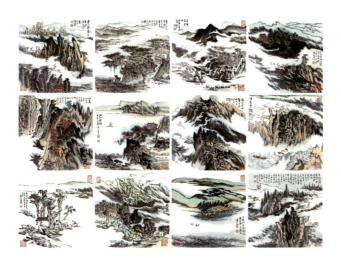

陆俨少 1984 年作 云山得意图
广州华艺 2016/11/26 LOT 355
册页(十二开) 设色纸本 34×34.5cm×12
成交价 RMB 7,245,000

陆俨少 1983 年作 高江急峡图
西泠印社 2016/12/17 LOT 3039
立轴 设色纸本 133×67.5cm
成交价 RMB 8,050,000

中国书画 —— 近现代 —— 陆俨少

199

中国收藏
拍卖年鉴
2017

CHINESE FINE ART &
ANTIQUES AUCTION
YEARBOOK 2017

潘天寿　1954 年作　竹谷图
佳士得香港　2016/5/31　LOT 1368
立轴　设色纸本　100×46cm
成交价　RMB 15,117,520

潘天寿　戊辰（1928 年）作　游春图
上海嘉禾　2016/6/25　LOT 8016
立轴　设色纸本　178.5×46cm
成交价　RMB 6,900,000

潘天寿　1961 年作　红荷
北京匡时　2016/6/6　LOT 688
立轴　纸本　132.5×44cm
成交价　RMB 16,100,000

中国书画 ──── 近现代 ──── 潘天寿

潘天寿　1966 年作　红荷
北京保利　2016/12/4　LOT 2038
立轴　设色纸本　88.5×48cm
成交价　RMB 5,290,000

潘天寿　1956 年作　欲雪
北京保利　2016/12/4　LOT 2027
立轴　设色纸本　82×81cm
成交价　RMB 46,000,000

潘天寿　菊石
广州华艺　2016/11/26　LOT 327
立轴　设色纸本　135×50.5cm
成交价　RMB 7,590,000

潘天寿 1958 年作
鹰石图
北京匡时 2016/12/5
LOT 830
立轴 纸本 137×68cm
成交价 RMB 17,250,000

蒲华 西湖小隐图
中国嘉德 2016/5/15
LOT 1205
手卷 设色纸本
引首 32×81cm；
画 34×250.5cm；
跋 34×290cm
成交价 RMB 8,165,000

潘天寿 1944 年作 登高观波图
北京匡时 2016/12/5 LOT 831
立轴 纸本 139.8×34.5cm
成交价 RMB 5,117,500

溥儒 丙子（1936 年）作
观画图
中国嘉德 2016/5/15
LOT 1250
手卷 水墨纸本
画心 32×82cm；
引首 32×98.5cm；
后纸 32×131cm
成交价 RMB 5,520,000

溥儒 江南春
北京匡时 2016/6/6
LOT 662
手卷 绢本
引首 10×40cm；
本幅 9.5×115cm；
题跋 9.5×87cm
成交价 RMB 7,245,000

中国书画 —— 近现代 —— 潘天寿 蒲华 溥儒

201

中国收藏
拍卖年鉴
2017

CHINESE FINE ART &
ANTIQUES AUCTION
YEARBOOK 2017

中
国
书
画

近
现
代

齐
白
石

齐白石　1946 年作　菊酒延年
保利香港　2016/4/4　LOT 352
立轴　设色纸本　103.5×34cm
成交价　RMB 8,118,164

齐白石　1949 年作　水殿荷香
北京诚轩　2016/5/13　LOT 129
立轴　设色纸本　154×61cm
成交价　RMB 10,235,000

齐白石　贝叶工虫
中国嘉德　2016/5/14　LOT 773
镜心　设色纸本　103.5×34cm
成交价　RMB 5,462,500

齐白石　贝叶草虫
中国嘉德　2016/5/15　LOT 1215
镜心　设色纸本　106.5×34cm
成交价　RMB 11,500,000

齐白石　庚午（1930 年）作　花卉
中国嘉德　2016/5/15　LOT 1221
四屏镜心　设色纸本　136×33.5cm×4
成交价　RMB 11,500,000

齐白石 刘海戏金蟾
广州华艺 2016/5/26 LOT 117
立轴 设色纸本 138×47cm
成交价 RMB 7,705,000

齐白石 松鹰
中国嘉德 2016/5/15 LOT 1213
立轴 设色纸本 178×46.5cm
成交价 RMB 9,200,000

齐白石 铁拐李
中国嘉德 2016/5/15 LOT 1217
立轴 设色纸本 181.5×45.5cm
成交价 RMB 6,900,000

中国书画 —— 近现代 —— 齐白石

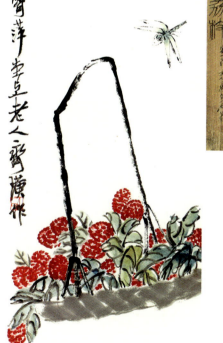

齐白石 癸巳（1953 年）作
竹菊草虫
中国嘉德 2016/5/15
LOT 1218
镜心 设色纸本
136.5×69.5cm
成交价 RMB 9,315,000

齐白石 荔枝蜻蜓
广州华艺 2016/5/26 LOT 119
立轴 设色纸本 65.5×33.5cm
成交价 RMB 5,635,000

中国收藏
拍卖年鉴
2017

CHINESE FINE ART &
ANTIQUES AUCTION
YEARBOOK 2017

齐白石　富贵长寿
北京传是　2016/6/4　LOT 322
立轴　设色纸本　71.8×31.8cm
成交价　RMB 5,750,000

齐白石　1920 年作　山水
北京保利　2016/6/4　LOT 3346
四屏立轴　设色纸本　136×33cm×4
成交价　RMB 12,650,000

中国书画
近现代
齐白石

齐白石　多寿
北京保利　2016/6/5
LOT 4131
立轴　设色纸本
118×50cm
成交价　RMB 6,670,000

齐白石　贝叶草虫
北京保利　2016/6/5
LOT 4135
镜心　设色纸本　99×34cm
成交价　RMB 10,925,000

齐白石　1943 年作　形神俱似一雁来红、紫藤、水族、荔枝（四幅）
佳士得香港　2016/5/30　LOT 3013
立轴　设色 / 水墨纸本　135.7×37cm×4
成交价　RMB 13,609,120

齐白石 搔背图
北京保利 2016/6/5 LOT 4104
立轴 设色纸本 110×35cm
成交价 RMB 5,520,000

齐白石 1946 年作
松柏独立图
北京匡时 2016/6/6 LOT 772
镜心 纸本 242.5×61cm
成交价 RMB 35,075,000

齐白石 豆棚人家
北京匡时 2016/6/6 LOT 759
立轴 纸本 138×37.5cm
成交价 RMB 13,800,000

中国书画 —— 近现代 —— 齐白石

齐白石 花卉
北京匡时 2016/6/6 LOT 765
四屏镜心（四帧） 纸本 66×33cm×4
成交价 RMB 8,740,000

齐白石 1947 年作
双寿
北京匡时 2016/6/6
LOT 764
立轴 纸本
132.5×47.5cm
成交价 RMB 8,165,000

中国书画 —— 近现代 —— 齐白石

齐白石　其乐何如
北京匡时　2016/6/6
LOT 767
立轴　纸本　136×33.5cm
成交价　RMB 9,775,000

齐白石　1936 年作
苍松双鼠
北京匡时　2016/6/6　LOT 761
立轴　纸本　135.5×34.5cm
成交价　RMB 6,785,000

齐白石　英雄独立
北京九歌　2016/6/15
LOT 593
立轴　纸本设色　237×44cm
成交价　RMB 6,325,000

齐白石　辛巳（1941 年）作
英雄梅石图
北京华辰　2016/10/26　LOT 398
立轴　设色纸本　181×47.5cm
成交价　RMB 9,200,000

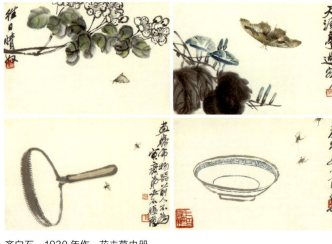

齐白石　1930 年作　花卉草虫册
北京匡时　2016/6/6　LOT 758
册页　纸本　22.5×34cm×4
成交价　RMB 6,670,000

齐白石　白猴献寿图
西泠印社　2016/6/25　　LOT 310
立轴　设色纸本　73.5×33cm
成交价　RMB 5,750,000

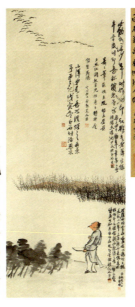

齐白石　三绝合璧
《篆书丈夫处世散语中堂》
《拨弦猎雁图》
《致胡洪洗开印》二组四方
中国嘉德　2016/11/12
LOT 746
书法 175.2×96.3cm；
绘画 132×55cm；
印章 13×2.5×5.3cm×2；
3.3×3.3×5.5cm×2
成交价　RMB 51,750,000

齐白石　工虫花卉（四帧）
中国嘉德　2016/11/12
LOT 751
镜心　设色纸本
35.5×29cm×4
成交价　RMB 10,120,000

齐白石　山居图
中国嘉德　2016/11/12　LOT 702
立轴　设色纸本　148.5×71.5cm
成交价　RMB 11,500,000

齐白石　癸酉（1933 年）作　莲池书院
中国嘉德　2016/11/12　LOT 731
镜心　设色纸本　65×48cm
成交价　RMB 52,900,000

齐白石　人物（四帧）
广州华艺　2016/11/26
LOT 215
镜框　设色纸本
34×34cm×4
成交价　RMB 12,650,000

中国书画 —— 近现代 —— 齐白石

207

齐白石　高立图
中国嘉德　2016/11/12
LOT 704
立轴　设色纸本
182×48.5cm
成交价　RMB 5,750,000

齐白石
1929年作　红线盗盒
广州华艺　2016/11/26
LOT 216
立轴　设色纸本
137×36cm
成交价　RMB 13,340,000

齐白石　蝶恋花
北京华辰　2016/11/15
LOT 485
立轴　设色纸本　101×35cm
成交价　RMB 5,520,000

齐白石　禽鱼杂绘
荣宝斋（上海）　2016/11/27　LOT 549
四屏立轴　水墨纸本　96.5×33.3cm×4
成交价　RMB 11,500,000

齐白石　丙寅（1926年）作　延年益寿
中国嘉德　2016/11/12　LOT 707
立轴　设色纸本　173.5×78cm
成交价　RMB 9,200,000

齐白石 拈花微笑
广州华艺 2016/11/26 LOT 214
立轴 设色纸本 93×34cm
成交价 RMB 5,175,000

齐白石 庚寅（1950年）作 荷塘
中国嘉德 2016/11/12 LOT 705
立轴 设色纸本 137×59cm
成交价 RMB 5,750,000

齐白石 戊子（1948年）作 各享三千年
东京中央（香港） 2016/11/27 LOT 230
立轴 设色纸本 136×67.5cm
成交价 RMB 5,859,752

齐白石 花卉集珍册
荣宝斋（上海） 2016/11/27 LOT 555
册页（八开） 设色纸本 33×57cm×10
成交价 RMB 9,200,000

齐白石 1950年作 篆书四言联
北京翰海 2016/12/2 LOT 267
立轴 纸本 137×34.5cm×2
成交价 RMB 8,395,000

中国书画 —— 近现代 —— 齐白石

209

齐白石　1923 年作
山水蔬菜杂册
佳士得香港　2016/11/29
LOT 1250
册页（八开）　设色纸本
33.6×33.6cm×7；29×38.2cm
成交价　RMB 15,260,040

中国书画 ┈┈┈ 近现代 ┈┈┈ 齐白石

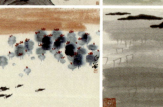

齐白石　1931 年作　咫尺天涯—辛未山水册
北京保利　2016/12/4　LOT 2024
册页（十二开）　设色纸本　31.5×35cm×12
成交价　RMB 195,500,000

齐白石　1951 年作　向日葵
北京保利　2016/12/4　LOT 2061
立轴　设色纸本　138×35cm
　成交价　RMB 6,325,000

齐白石　1937 年作　喜上眉梢
北京保利　2016/12/4　LOT 2048
立轴　设色纸本　165×43cm
成交价　RMB 8,970,000

齐白石　大富贵图
北京保利　2016/12/4　LOT 2064
立轴　设色纸本　135×33cm
成交价　RMB 5,520,000

齐白石　1925 年作　芭蕉书屋
北京匡时　2016/12/5　LOT 844
镜心　纸本　138×42cm
成交价　RMB 22,425,000

齐白石　虬松栖鸟
北京保利　2016/12/4　LOT 2068
镜心　设色纸本　180×45cm
成交价　RMB 5,750,000

中国书画 —— 近现代 —— 齐白石

齐白石　荷花
北京保利　2016/12/4　LOT 2102
四屏立轴　设色纸本　136×33cm×4
成交价　RMB 14,375,000

齐白石　烟帆海潮
北京保利　2016/12/4　LOT 2025
立轴　水墨纸本　132.5×62.5cm
成交价　RMB 9,775,000

211

中国收藏
拍卖年鉴
2017

CHINESE FINE ART &
ANTIQUES AUCTION
YEARBOOK 2017

齐白石　1930 年作　曹大家　郑家诗婢
北京银座　2016/12/8　LOT 66
镜心　设色纸本　35.5×25cm；33.5×23cm
成交价　RMB 7,935,000

中国书画 ………… 近现代 ………… 齐白石

齐白石　红利图
保利华谊　2016/12/22　LOT 685
立轴　设色纸本　130.5×59.5cm
成交价　RMB 5,750,000

齐白石　红荷
天津鼎天　2016/12/23　LOT 30
立轴　设色纸本　137×62cm
成交价　RMB 10,350,000

齐白石　1946 年作　春柳奔马
北京匡时　2016/12/5　LOT 837
立轴　纸本　138×63cm
成交价　RMB 8,395,000

齐白石　富贵久长
北京匡时　2016/12/5　LOT 836
横披　纸本　67.5×137.5cm
成交价　RMB 10,580,000

启功 1974 年作 临智永真草千字文
中国嘉德 2016/5/15 LOT 1247
册页（二十六开） 水墨纸本 31×46cm×26
成交价 RMB 5,750,000

钱行健 2009 年作 和之颂
上海嘉禾 2016/6/25 LOT 243
镜片 设色纸本 118×250cm
成交价 RMB 5,175,000

任伯年、吴昌硕 1887 年作 棕阴纳凉图
西泠印社 2016/12/16 LOT 554
立轴 设色纸本 110×55cm
成交价 RMB 8,050,000

任伯年 1883 年作 水浒人物册
北京匡时 2016/6/6 LOT 681
册页（八开） 纸本 31×44.5cm×8
成交价 RMB 9,200,000

中国书画 —— 近现代 —— 启功 钱行健 任伯年

213

中国书画 —— 近现代 —— 任伯年

任伯年　1882 年作　五路财神图
西泠印社　2016/12/16　LOT 519
立轴　设色纸本　177.5×93cm
成交价　RMB 8,970,000

任伯年　光绪戊寅（1878 年）作
三阳开泰
中国嘉德　2016/11/12　LOT 713
立轴　设色纸本　203×73cm
成交价　RMB 6,325,000

任伯年　1872 年作　献寿图
北京匡时　2016/12/5　LOT 826
立轴　纸本　184×94cm
成交价　RMB 6,555,000

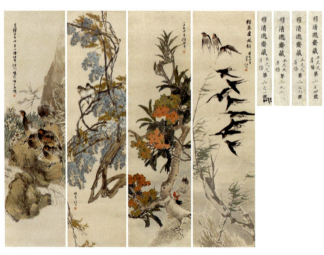

任伯年　1882 年作　花鸟
保利华谊　2016/12/22　LOT 768
四屏立轴　设色纸本　148×34cm×4
成交价　RMB 10,120,000

任伯年　光绪庚辰（1880 年）作
牡丹孔雀图
中国嘉德　2016/11/12　LOT 712
立轴　设色纸本　233×48.5cm
成交价　RMB 9,200,000

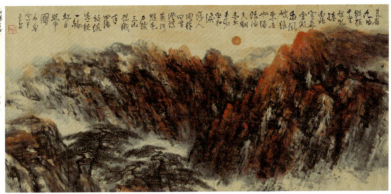

石鲁　一轮红日照中国

西泠印社　2016/6/25

LOT 421

横披　设色纸本

97.5×46.5cm

成交价　RMB 6,670,000

石鲁　1957 年作

延安清凉山

佳士得香港　2016/11/29

LOT 1445

镜框　设色纸本

80×53.2cm

成交价　RMB 7,079,400

石鲁　巡山放哨

中贸圣佳　2016/5/16

LOT 222

镜心　设色纸本

75×59cm

成交价　RMB 9,200,000

石鲁　谷口人家生恶山

中鸿信　2016/1/3　LOT 284

镜心（片）　纸本水墨　134×75cm

成交价　RMB 6,526,250

中国书画 —— 近现代 —— 石鲁

215

田世光　1964 年作　和平颂

北京匡时　2016/12/5　LOT 849

八屏立轴　纸本　221×75cm×8

成交价　RMB 15,525,000

魏紫熙　1999 年作　黄洋界

北京保利　2016/6/5　LOT 4129

镜心　设色纸本　142×363cm

成交价　RMB 11,500,000

吴昌硕　丁巳（1917 年）作　岁朝清供

中国嘉德　2016/5/15　LOT 1267

立轴　设色纸本　178×94cm

成交价　RMB 10,350,000

吴昌硕　1916 年作　粗枝大叶拒霜魄力图　石鼓文八言联

北京保利　2016/6/4　LOT 3349A

立轴　设色纸本　画 152×83cm；对联 172×36cm×2

成交价　RMB 8,625,000

中国书画 —— 近现代 —— 田世光　魏紫熙　吴昌硕

216

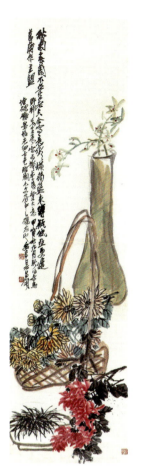

吴昌硕　1916 年作　国色天香
北京保利　2016/6/4　LOT 3350
立轴　设色绫本　179×53cm
成交价　RMB 5,520,000

吴昌硕　1914 年作　秋菊春兰
北京保利　2016/12/4　LOT 2057
立轴　设色绫本　142×40cm
成交价　RMB 5,865,000

吴昌硕　立鹤图
北京匡时　2016/6/6　LOT 661
立轴　绫本　142×42.5cm
成交价　RMB 5,980,000

吴昌硕　1920 年作　杏花图·篆书七言联
北京保利　2016/12/4　LOT 2056
镜心　设色纸本　中堂 112×49cm；对联 131×31.5cm×2
成交价　RMB 5,175,000

吴昌硕　1910 年作　红梅
北京保利　2016/6/4　LOT 3353
立轴　设色纸本　176.5×96.5cm
成交价　RMB 6,900,000

中国书画——近现代——吴昌硕

217

中国收藏
拍卖年鉴
2017

CHINESE FINE ART &
ANTIQUES AUCTION
YEARBOOK 2017

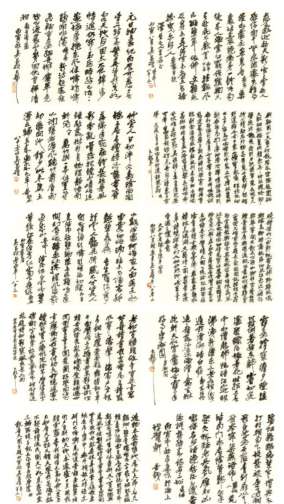

吴昌硕　1917 年作　花卉
北京匡时　2016/12/5　LOT 827
四屏镜心　纸本　136×33cm×4
成交价　RMB 5,520,000

吴昌硕　行书诗册
北京匡时　2016/6/7　LOT 1405
册页（十开）　纸本　30×40.5cm×10
成交价　RMB 10,465,000

吴昌硕　1922 年作　篆书"金石同寿"
北京东正　2016/11/11　LOT 240
镜心　纸本　38×142cm
成交价　RMB 8,050,000

吴昌硕　癸亥（1923 年）作
岁朝清供
上海嘉禾　2016/12/21
LOT 686
立轴　设色纸本　148×80cm
成交价　RMB 11,155,000

吴昌硕　1913 年作
三千年结实之桃
西泠印社　2016/12/17
LOT 2996
立轴　设色纸本　172×88cm
成交价　RMB 5,405,000

吴冠中　1981 年作　十渡拒马河
保利香港　2016/4/4　LOT 122
水墨　设色　纸本　83×137cm
成交价　RMB 17,325,350

吴冠中　1978 年作　西双版纳丛林
中国嘉德　2016/5/15　LOT 1191
镜心　设色纸本　70×140cm
成交价　RMB 25,300,000

吴冠中　1990 年作　香山春雪
中国嘉德　2016/5/15　LOT 1189
镜心　设色纸本　68×136cm
成交价　RMB 9,200,000

吴冠中　1995 年作　春潮
中国嘉德　2016/5/15　LOT 1190
镜心　设色纸本　68.5×137.5cm
成交价　RMB 7,475,000

吴冠中　1978 年作　西双版纳榕树
中国嘉德　2016/5/15　LOT 1192
镜心　设色纸本　54.6×104.6cm
成交价　RMB 6,900,000

吴冠中　网师园
广州华艺　2016/5/26　LOT 263
镜框　设色纸本　90×182cm
成交价　RMB 51,175,000

吴冠中　墙上秋色
广州华艺　2016/5/26　LOT 264
镜框　设色纸本　96.5×180cm
成交价　RMB 17,480,000

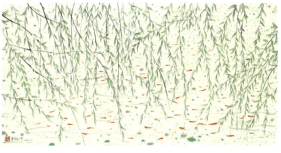

吴冠中　1996 年作　柳与鱼
佳士得香港　2016/5/31　LOT 1387
镜框　设色纸本　68.5×137cm
成交价　RMB 10,089,520

中国书画 —— 近现代 —— 吴冠中

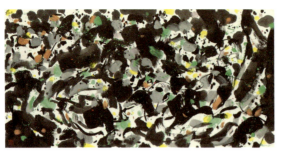

吴冠中　1995 年作　花花世界
佳士得香港　2016/5/31　LOT 1304
镜框　设色纸本　68×137cm
成交价　RMB 6,569,920

吴冠中　1988 年作　春林图
北京传是　2016/6/4　LOT 320
镜框　设色纸本　68×135cm
成交价　RMB 20,700,000

吴冠中　1980 年作　渡河
北京保利　2016/6/4　LOT 3306
彩墨纸本　95×146cm
成交价　RMB 18,975,000

吴冠中　山村好风光
北京保利　2016/6/4　LOT 3303
镜心　设色纸本　96.5×179cm
成交价　RMB 9,775,000

吴冠中　1992 年作　梯田
北京保利　2016/6/4　LOT 3305
镜心　设色纸本　68×138.5cm
成交价　RMB 6,325,000

吴冠中　1990 年作　玉龙雪山
北京保利　2016/6/5　LOT 3535
镜心　设色纸本　116×233.5cm
成交价　RMB 34,500,000

吴冠中　1988 年作　山居图
北京银座　2016/7/9　LOT 107
镜心　设色纸本　68.5×137cm
成交价　RMB 9,200,000

吴冠中　1997 年作　荷塘
保利香港　2016/10/3　LOT 139
水墨　设色　纸本　144×368.5cm
成交价　RMB 91,332,000

中国书画——近现代——吴冠中

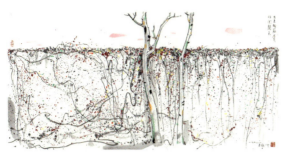

吴冠中 1991 年作 墙上秋色
保利香港 2016/10/3 LOT 135
水墨 设色 纸本 69.5×138cm
成交价 RMB 18,266,400

吴冠中 忆泰山上高峰
四川德轩 2016/11/24 LOT 47
镜芯 纸本 130.5×67cm
成交价 RMB 5,232,500

吴冠中 1988 年作 故园忆旧
佳士得香港 2016/11/29 LOT 1433
镜框 设色纸本 63.5×132cm
成交价 RMB 9,701,400

吴冠中 1986 年作 忆孔林
佳士得香港 2016/11/29 LOT 1296
镜框 设色纸本 69.3×140cm
成交价 RMB 6,345,240

吴冠中 1989 年作 老虎高原
北京保利 2016/12/3 LOT 3725
纸本设色 97×181cm
成交价 RMB 16,675,000

吴冠中 1982 年作 漓江
北京保利 2016/12/3 LOT 3720
纸本设色 70×140cm
成交价 RMB 16,100,000

吴冠中 约 1980 年作 乌江人家
北京保利 2016/12/3 LOT 3719
纸本设色 68×135cm
成交价 RMB 13,800,000

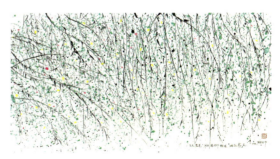

吴冠中 1995 年作 春风桃柳
北京匡时 2016/12/5 LOT 814
镜心 纸本 69×138.5cm
成交价 RMB 18,170,000

中国书画 —— 近现代 —— 吴冠中

中国收藏
拍卖年鉴
2017

CHINESE FINE ART &
ANTIQUES AUCTION
YEARBOOK 2017

中国书画 —— 近现代 —— 吴冠中 吴湖帆

吴冠中　1988 年作　黄山日出
北京保利　2016/12/3　LOT 3724A
纸本设色　137×68cm
成交价　RMB 6,325,000

吴湖帆　1938 年作　梅雨初晴
北京东正　2016/5/14　LOT 437
镜心　纸本　130.5×66cm
成交价　RMB 8,050,000

吴湖帆　1946 年作　南山一望松
上海朵云轩　2016/6/28　LOT 239
镜片　设色纸本　104×47cm
成交价　RMB 14,950,000

吴湖帆　1930 年作
快雪时晴图
西泠印社　2016/6/25
LOT 773
镜片　设色纸本　131×68cm
成交价　RMB 13,800,000

吴湖帆　1955 年作
唐人诗意图
北京翰海　2016/6/3　LOT 173
立轴　水墨纸本　92.5×47.5cm
成交价　RMB 5,175,000

吴湖帆　壬辰（1952 年）作
萱堂春永
中国嘉德　2016/5/15
LOT 1204
手卷　设色纸本
引首 23.7×60cm；
画心 23.7×89.5cm；
后跋 24×81cm
成交价　RMB 20,700,000

吴湖帆 1937.1945 年作
锦绣奇峰
中国嘉德 2016/11/12 LOT 733
立轴 设色纸本 95×51.6cm
成交价 RMB 40,825,000

吴湖帆 壬午（1942 年）作
韩干照夜白图
中国嘉德 2016/11/12 LOT 736
立轴 设色纸本 95.5×46cm
成交价 RMB 7,130,000

吴湖帆 癸巳（1953 年）作 仙髻拥新妆
中国嘉德 2016/11/12 LOT 734
立轴 设色纸本 84×41.6cm
成交价 RMB 6,325,000

吴湖帆 1936 年作
摹韩滉五牛图
西泠印社 2016/12/17
LOT 3028
手卷 设色纸本
画心 217.5×22.5cm；
题跋 61×22.5cm
成交价 RMB 26,450,000

中国书画 —— 近现代 —— 吴湖帆

吴湖帆 戊戌（1958 年）作 碧萝湖公园
上海嘉禾 2016/12/21 LOT 8037
镜片 设色纸本 44.8×66.8cm
成交价 RMB 6,900,000

中国收藏
拍卖年鉴
2017

CHINESE FINE ART &
ANTIQUES AUCTION
YEARBOOK 2017

谢稚柳　溪山秋霁
佳士得香港　2016/5/31　LOT 1471
镜框　设色纸本　63.5×131cm
成交价　RMB 7,877,200

吴作人　1982 年作　青海少女
北京传是　2016/6/4　LOT 227
立轴　设色纸本　133×66cm
成交价　RMB 8,970,000

谢稚柳　1948 年作
松瀑鸣泉
北京传是　2016/6/4
LOT 346
镜框　设色纸本
137×68cm
成交价　RMB 9,200,000

中国书画——近现代——吴作人　谢稚柳

谢稚柳、于非闇
1937 年作　竹蝶图
上海明轩　2016/11/3
LOT 162
镜片　设色纸本
34.5×115cm
成交价　RMB 5,635,000

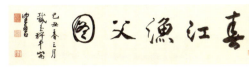 

谢稚柳　癸巳（1953年）作　春江渔父图卷

北京诚轩　2016/11/11　LOT 87

手卷　设色纸本　23.2×120.3cm

成交价　RMB 5,750,000

谢稚柳　莲塘过雨图

佳士得香港　2016/11/29

LOT 1413

镜框　设色纸本

95.8×176.5cm

成交价　RMB 9,491,640

谢稚柳　1977年作

莺歌燕舞

上海嘉禾　2016/12/21

LOT 617

立轴　设色纸本

130×64cm

成交价　RMB 6,670,000

谢稚柳　1953年作　云壑松风图

北京匡时　2016/12/5　LOT 833

立轴　纸本　104×71cm

成交价　RMB 5,405,000

中国书画 —— 近现代 —— 谢稚柳

225

徐悲鸿　1943 年作　奔马图
保利香港　2016/4/4　LOT 351
立轴　设色纸本　100.5×65cm
成交价　RMB 17,622,356

徐悲鸿　卅三年（1944）作　费宫人
北京诚轩　2016/5/13　LOT 109
立轴　设色纸本　94.5×39.6cm
成交价　RMB 8,395,000

徐悲鸿　1944 年作　费宫人
中国嘉德　2016/5/14　LOT 493
镜心　设色纸本　96×41.5cm
成交价　RMB 5,175,000

徐悲鸿　1939 年作
庾信诗意图
佳士得香港　2016/5/31
LOT 1381
镜框　设色纸本
102×105cm
成交价　RMB 27,318,800

徐悲鸿　1939 年作　枇杷
广州华艺　2016/5/26　LOT 250
立轴　设色纸本　130×76.5cm
成交价　RMB 6,900,000

徐悲鸿　1953 年作　加官图
北京传是　2016/6/4　LOT 321
镜框　设色纸本　133×42cm
成交价　RMB 13,800,000

徐悲鸿　1945 年作　秋风立马
北京保利　2016/6/4　LOT 3355
镜心　水墨纸本　125×63cm
成交价　RMB 10,350,000

徐悲鸿　1938 年作　花猫图
北京传是　2016/6/4　LOT 229
镜框　设色纸本　88.5×29cm
成交价　RMB 5,750,000

中国书画 —— 近现代 —— 徐悲鸿

徐悲鸿　1932 年作
英雄独立
北京匡时　2016/6/6
LOT 717
立轴　纸本　106.5×106cm
成交价　RMB 9,200,000

徐悲鸿　1938 年作　骏马图
西泠印社　2016/6/25　LOT 416
立轴　水墨纸本　101.5×54.5cm
成交价　RMB 5,405,000

中国收藏
拍卖年鉴
2017

CHINESE FINE ART &
ANTIQUES AUCTION
YEARBOOK 2017

徐悲鸿　1944 年作　大吉图
保利香港　2016/10/3　LOT 744
立轴　设色纸本　100×45cm
成交价　RMB 5,581,400

徐悲鸿　1944 年作　少陵诗意
广州华艺　2016/11/26　LOT 236
镜框　设色纸本　100.5×30cm
成交价　RMB 9,660,000

徐悲鸿　1941 年作　四喜图
北京传是　2016/12/4　LOT 604
立轴　水墨纸本　111×55cm
成交价　RMB 17,250,000

徐悲鸿　1948 年作　奔马
北京荣宝　2016/12/3　LOT 223
镜心　水墨纸本　106×54cm
成交价　RMB 6,325,000

徐悲鸿　1944 年作　柳荫三骏
北京保利　2016/12/4　LOT 2022
镜心　设色纸本　99×62cm
成交价　RMB 28,750,000

中国书画———近现代———徐悲鸿

徐悲鸿　1944 年作　加冠
广州华艺　2016/11/26
LOT 235
立轴　设色纸本　135.5×35cm
成交价　RMB 6,670,000

徐悲鸿　1943 年作　平安多吉
北京保利　2016/12/4　LOT 2049
立轴　设色纸本　138×54cm
成交价　RMB 9,775,000

徐悲鸿　1942 年作　奔马
北京匡时　2016/12/5　LOT 840
镜心　纸本
诗堂 23×63.5cm；本幅 129.5×63.5cm
成交价　RMB 8,970,000

徐悲鸿　1948 年作　奔马图
北京传是　2016/12/4　LOT 605
镜框　水墨纸本　108×54cm
成交价　RMB 9,200,000

徐悲鸿　1938 年作　卖花女郎
北京保利　2016/12/4　LOT 2023
立轴　设色纸本　101.5×62cm
成交价　RMB 9,430,000

中国书画 —— 近现代 —— 徐悲鸿

亚明　1973 年作　钟山晴晓
北京荣宝　2016/6/5　LOT 449
镜心　设色纸本　146×275cm
成交价　RMB 8,960,000

杨之光　丁巳（1977 年）作　不灭的明灯
广州皇玛　2016/7/31　LOT 286
立轴　设色纸本　97×131cm
成交价　RMB 7,360,000

杨之光　甲申（2004 年）作
大地惊雷
广州皇玛　2016/7/31
LOT 298
镜片　设色纸本
145×368cm
成交价　RMB 6,440,000

杨之光　乙酉（2005 年）作
荷花仙子
广州皇玛　2016/7/31
LOT 308
镜片　设色纸本
144.4×367.2cm
成交价　RMB 5,347,500

中国书画 —— 近现代 —— 亚明　杨之光

于非闇 和平万岁图
北京保利 2016/6/5 LOT 4130
立轴 设色金笺 179×97cm
成交价 RMB 7,360,000

于非闇 1948 年作 富贵蜂拥
上海明轩 2016/11/3 LOT 66
镜框 设色纸本 84×49.3cm
成交价 RMB 6,785,000

张大千 1947 年作 文会图
上海明轩 2016/1/10 LOT 305
镜心 纸本 139×82.5cm
成交价 RMB 47,150,000

张大千 1982 年作 桃源图
苏富比香港 2016/4/5 LOT 1273
立轴 泼墨泼彩纸本 209×92.2cm
成交价 RMB 227,100,520

张大千 1948 年作 味江
苏富比香港 2016/4/5 LOT 1423
镜框 设色纸本 103.6×56cm
成交价 RMB 29,767,720

张大千　1980 年作　阿里山晓色
苏富比香港　2016/4/5　LOT 1421
镜框　泼墨泼彩纸本　61.5×132.5cm
成交价　RMB 37,285,160

张大千　戊午（1978 年）作　秋山图
中国嘉德　2016/5/15　LOT 1202
镜心　设色纸本　67.5×134cm
成交价　RMB 6,670,000

中国书画 ———— 近现代 ———— 张大千

张大千　1964 年作　墨荷
北京东正　2016/5/14　LOT 436
镜心　纸本　187×97cm
成交价　RMB 7,475,000

张大千　癸丑（1973 年）作　玉殿清荷
中国嘉德　2016/5/15　LOT 1265
镜心　设色纸本　193×103cm
成交价　RMB 17,250,000

张大千　1967 年作　加州夏山
佳士得香港　2016/5/30　LOT 3006
镜框　设色纸本　115×65.5cm
成交价　RMB 32,950,160

张大千　唐人仕女图

中贸圣佳　2016/5/16　LOT 191

镜心　设色纸本　112×48cm

成交价　RMB 15,870,000

张大千　1948 年作　峨眉俯瞰图

广州华艺　2016/5/26　LOT 232

立轴　设色纸本　117×66cm

成交价　RMB 5,175,000

张大千　1948 年作

敦煌莫高窟初唐画大士像

佳士得香港　2016/5/31　LOT 1340

镜框　设色纸本　196.8×68.6cm

成交价　RMB 42,335,760

张大千　春山暮雪

佳士得香港　2016/5/31　LOT 1463

镜框　设色纸本　46.5×102.2cm

成交价　RMB 15,117,520

张大千　1978 年作　泼彩荷花

佳士得香港　2016/5/31　LOT 1462

镜框　设色绢本　35×81.5cm

成交价　RMB 13,106,320

中国书画 —— 近现代 —— 张大千

233

中国收藏
拍卖年鉴
2017

CHINESE FINE ART &
ANTIQUES AUCTION
YEARBOOK 2017

张大千　乔木芳晖
北京保利　2016/6/4　LOT 3340
镜心　设色纸本　80×91.5cm
成交价　RMB 11,500,000

张大千　1926 年作
临大涤子山水
佳士得香港　2016/5/31
LOT 1468
立轴　设色纸本
364×142cm
成交价　RMB 6,569,920

张大千　1950 年作　印度纱丽
佳士得香港　2016/5/31　LOT 1469
镜框　设色纸本　79×46cm
成交价　RMB 6,067,120

张大千　1972 年作　红莲
佳士得香港　2016/5/31　LOT 1343
木板镜框　设色纸本　98.5×81.3cm
成交价　RMB 7,072,720

中国书画 ┈┈┈ 近现代 ┈┈┈ 张大千

张大千　1966 年作　秋山萧寺
北京翰海　2016/6/3　LOT 471
立轴　设色纸本　192×101.5cm
成交价　RMB 5,520,000

张大千　1963 年作　风中劲荷
北京传是　2016/6/4　LOT 407
立轴　水墨纸本　166×83cm
成交价　RMB 23,000,000

张大千　1940 年作　红荷
北京传是　2016/6/4　LOT 437
镜框　设色纸本　178×94cm
成交价　RMB 28,750,000

中国书画 —— 近现代 —— 张大千

张大千　黄山云海
北京传是　2016/6/4　LOT 438
镜框　设色纸本　127×46cm
成交价　RMB 28,750,000

张大千　1925 年作　牧牛图
北京传是　2016/6/4　LOT 410
镜框　设色纸本　111×45cm
成交价　RMB 25,300,000

张大千　空行母像
北京保利　2016/6/4　LOT 3341
立轴　设色描金纸本　84×53cm
成交价　RMB 63,825,000

张大千　1947 年作
江堤晚景
北京保利　2016/6/4
LOT 3339
镜心　设色纸本
90×39cm
成交价　RMB 17,250,000

张大千　1965 年作　山岚
北京匡时　2016/6/6　LOT 608
镜心　纸本　53×40.5cm
成交价　RMB 8,510,000

张大千　1947 年作　关仝太乙观泉图
北京匡时　2016/6/6　LOT 667
立轴　纸本　135.5×67cm
成交价　RMB 40,250,000

张大千　1944 年作　蟠桃献寿
北京传是　2016/6/4　LOT 409
镜框　设色纸本　72×37cm
成交价　RMB 9,775,000

张大千　初唐大士像
北京保利　2016/6/4　LOT 3342
镜心　设色纸本　116×60cm
成交价　RMB 9,200,000

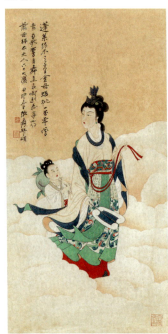

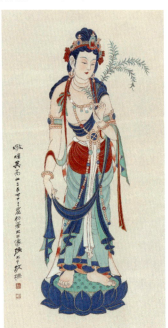

中国收藏
拍卖年鉴
2017

CHINESE FINE ART &
ANTIQUES AUCTION
YEARBOOK 2017

中国书画 —— 近现代 —— 张大千

张大千　秋山图
北京九歌　2016/6/15　LOT 509
镜心　纸本设色　51×98cm
成交价　RMB 6,900,000

张大千　1949 年作　仿陈老莲觅句图
北京匡时　2016/6/6　LOT 701
立轴　纸本　86×35cm
成交价　RMB 10,120,000

张大千　1968 年作　柏猿图
北京匡时　2016/6/6　LOT 658
镜心　纸本　61×112cm
成交价　RMB 8,050,000

中国书画──────近现代──────张大千

张大千　1981 年作
泼彩红荷
北京匡时　2016/6/6
LOT 657
镜心　纸本　82×167cm
成交价　RMB 9,200,000

中国收藏
拍卖年鉴
2017

CHINESE FINE ART &
ANTIQUES AUCTION
YEARBOOK 2017

张大千　仿八大荷塘图
北京九歌　2016/6/15　LOT 508
立轴　纸本水墨　230×81cm
成交价　RMB 9,200,000

张大千　1946 年作　仿王蒙松风书舍图
北京九歌　2016/6/15　LOT 506
立轴　纸本设色　141×54cm
成交价　RMB 8,970,000

张大千　1947 年作　仿八大巨石苍鹰图
北京九歌　2016/6/15　LOT 507
镜心　纸本水墨　177×85cm
成交价　RMB 8,625,000

中国书画 ──── 近现代 ──── 张大千

张大千　1949 年作　大威德佛
北京九歌　2016/6/15　LOT 503
镜心　纸本设色　101.5×58.5cm
成交价　RMB 9,890,000

张大千　拨琴思道图
北京九歌　2016/6/15　LOT 502
立轴　纸本设色　127.5×64cm
成交价　RMB 6,900,000

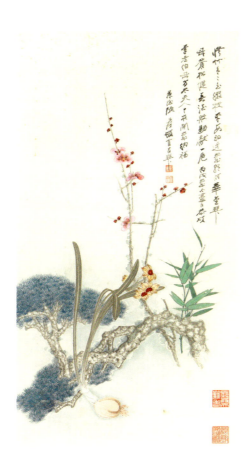

张大千　1946 年作
花朝纳福图
北京匡时　2016/6/6
LOT 698
镜心　纸本　89×46.5cm
成交价　RMB 9,200,000

张大千　1944 年作　杨妃上马图
北京九歌　2016/6/15　LOT 505
立轴　纸本设色　88.5×59cm
成交价　RMB 6,325,000

中国书画 —— 近现代 —— 张大千

张大千　1937 年作　开岁百吉
天津鼎天　2016/6/16　LOT 65A
立轴　设色纸本　113×63cm
成交价　RMB 7,762,500

张大千　1969 年作　松峰晓霭图
北京银座　2016/7/9　LOT 128
镜心　设色纸本　186.5×95.5cm
成交价　RMB 58,650,000

张大千　1959 年作　云山观瀑图
西泠印社　2016/6/25　LOT 395
立轴　设色纸本　179.5×79cm
成交价　RMB 5,750,000

中国收藏
拍卖年鉴
2017

CHINESE FINE ART &
ANTIQUES AUCTION
YEARBOOK 2017

张大千　1968年作　五亭山色图·行书风蝶七律诗
北京银座　2016/7/9　LOT 127
镜心　设色金笺　62×128cm×2
成交价　RMB 13,800,000

张大千　1979年作　晚山图
中国嘉德　2016/9/24　LOT 377
镜心　纸本　66×117cm
成交价　RMB 13,225,000

张大千　己酉（1969年）作　江岸图
上海道明　2016/10/22　LOT 112
镜片　设色纸本　45×75cm
成交价　RMB 8,970,000

张大千　1946年作　峒关蒲雪图
北京银座　2016/7/9　LOT 44
立轴　设色纸本　102.5×48.5cm
成交价　RMB 11,500,000

张大千　戊子（1948年）作　玉女戏莲图
东京中央　2016/9/1　LOT 386
立轴　设色纸本　179.5×95.5cm
成交价　RMB 6,139,813

张大千 辛酉（1981 年）作 碧池红荷
北京华辰 2016/10/26 LOT 388
镜心 设色纸本 59×114cm
成交价 RMB 5,635,000

张大千 巨然晴峰图
中国嘉德 2016/11/12 LOT 724
立轴 设色纸本 168.5×85cm
成交价 RMB 103,500,000

张大千 丁亥（1947 年）作 松涧曳杖
中国嘉德 2016/11/12 LOT 725
镜心 设色纸本 132×66.5cm
成交价 RMB 11,500,000

张大千 庚寅（1950 年）作 梅花高士
中国嘉德 2016/11/12 LOT 726
立轴 设色纸本 95×48.5cm
成交价 RMB 11,500,000

中国书画 —— 近现代 —— 张大千

张大千 1968 年作 佳人番犬图
广州华艺 2016/11/26 LOT 248
镜框 设色金笺 45×60cm
成交价 RMB 9,775,000

中国收藏
拍卖年鉴
2017

CHINESE FINE ART &
ANTIQUES AUCTION
YEARBOOK 2017

张大千　癸未（1943年）作
南无观世音菩萨
中国嘉德　2016/11/12　LOT 723
立轴　设色纸本　113×63cm
成交价　RMB 6,900,000

张大千　苏长公行吟图
中国嘉德　2016/11/12　LOT 727
立轴　设色纸本
187.5×48.5cm
成交价　RMB 5,060,000

张大千　丁未（1967年）作　荷塘消夏
中国嘉德　2016/11/13　LOT 840
立轴　设色纸本　96.5×60.5cm
成交价　RMB 5,520,000

张大千　1968年作　疏池暗香
广州华艺　2016/11/26　LOT 243
镜框　设色纸本　69×134.5cm
成交价　RMB 5,405,000

张大千　水殿暗香
荣宝斋（上海）　2016/11/27　LOT 573
镜心　设色纸本　69×135cm
成交价　RMB 6,670,000

张大千　1965年作　青绿山水
佳士得香港　2016/11/26　LOT 2505
镜框　设色绢本　173×89cm
成交价　RMB 29,838,360

中国书画 ┈┈┈┈ 近现代 ┈┈┈┈ 张大千

张大千　1972 年作　远浦归帆
香港嘉德　2016/11/28　LOT 147
镜心　设色纸本　88.5×209cm
成交价　RMB 18,725,450

张大千　荷花
佳士得香港　2016/11/29　LOT 1353
镜框　设色纸本　75×175.5cm
成交价　RMB 5,191,560

张大千　庚寅（1950 年）作　纱丽仕女
香港嘉德　2016/11/28　LOT 13
镜心　设色纸本　104×50cm
成交价　RMB 6,664,250

张大千　1965 年作　瑞士雪山
北京保利　2016/12/4　LOT 2030
镜心　设色绢本　173×344cm
成交价　RMB 164,450,000

张大千　1962 年作　颂橘第二图
北京匡时　2016/12/5　LOT 818
镜心　纸本　69×134cm
成交价　RMB 7,590,000

张大千　丁丑（1937 年）作　罗浮山色图
宝港国际　2016/11/29　LOT 113
立轴　设色纸本　173×76cm
成交价　RMB 9,075,616

中国书画 —— 近现代 —— 张大千

中国收藏
拍卖年鉴
2017

CHINESE FINE ART &
ANTIQUES AUCTION
YEARBOOK 2017

张大千　1973 年作　溪山觅句
北京银座　2016/12/8　LOT 162
镜心　设色绢本　53.5×74cm
成交价　RMB 12,880,000

中国书画 —— 近现代 —— 张大千

张大千　1948 年作　前赤壁赋图
北京匡时　2016/12/5　LOT 817
立轴　纸本　134.5×53.5cm
成交价　RMB 12,650,000

张大千　深山幽居图
荣宝斋（南京）　2016/12/29　LOT 345
镜心　设色纸本　67×134cm
成交价　RMB 5,750,000

张大千　1967 年作　峨眉揽胜
北京银座　2016/12/8　LOT 163
立轴　设色纸本　166×83.5cm
成交价　RMB 8,395,000

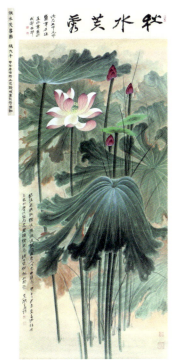

张大千　1954 年作　秋水芙蓉
北京九歌　2016/12/28　LOT 1563
立轴　纸本设色　204×97cm
成交价　RMB 57,500,000

张大千　1950 年作　杖经图
北京匡时　2016/12/5　LOT 815
立轴　纸本　87×50cm
成交价　RMB 5,577,500

张大千　1944 年作　摩登女
北京九歌　2016/12/28　LOT 1562
立轴　纸本设色　124×67cm
成交价　RMB 13,800,000

张大千　1972 年作　水殿风来
保利华谊　2016/12/22　LOT 764
镜心　设色纸本　89×177cm
成交价　RMB 14,950,000

张善孖　1939 年作
虎踞龙蟠图
西泠印社　2016/12/17
LOT 2353
镜片　设色布面
217×198.5cm
成交价　RMB 5,750,000

张大千　戊寅（1938 年）作　荷花鸳鸯
上海嘉禾　2016/12/21　LOT 8016
立轴　设色纸本　118×48cm
成交价　RMB 13,800,000

中国书画 —— 近现代 —— 张大千　张善孖

245

中国收藏
拍卖年鉴
2017

CHINESE FINE ART &
ANTIQUES AUCTION
YEARBOOK 2017

崔如琢　2013 年作　飞雪伴春
保利香港　2016/4/4　LOT 1213
镜心　设色纸本　299.5×873cm
成交价　RMB 257,405,200

中国书画──────当代──────崔如琢

崔如琢　2012 年作　路出寒云外
保利香港　2016/4/4　LOT 1224
镜心　设色纸本　143×74.5cm
成交价　RMB 13,860,280

崔如琢　2013 年作　溪上遥闻精舍钟
保利香港　2016/4/4　LOT 1221
镜心　设色纸本　144×74.5cm
成交价　RMB 9,108,184

崔如琢　2013 年作　谁将平地万堆雪
保利香港　2016/4/4　LOT 1222
镜心　设色纸本　144×74.5cm
成交价　RMB 8,910,180

崔如琢　2016 年作
秋风摇翠
保利香港　2016/10/3
LOT 1219
镜心　设色纸本　142×749cm
成交价　RMB 121,776,000

崔如琢　2012 年作　江北秋荫一半开
保利香港　2016/4/4　LOT 1223
镜心　设色纸本　143.5×72.5cm
成交价　RMB 8,514,172

崔如琢　2013 年作　花雨晴天落，松风终日来
保利香港　2016/4/4　LOT 1220
镜心　设色纸本　102.5×66cm
成交价　RMB 6,138,124

崔如琢　秋水凝神
北京保利　2016/6/3　LOT 6373
立轴　设色纸本　138×69cm
成交价　RMB 5,750,000

崔如琢　2008 年作　寒竹雪韵
保利香港　2016/10/3　LOT 1207
镜心　设色纸本　74×71cm
成交价　RMB 5,074,000

崔如琢　2013 年作　昨夜忽飞三尺雪
保利香港　2016/10/3　LOT 1221
镜心　设色纸本　143×370cm
成交价　RMB 38,562,400

中国书画 ── 当代 ── 崔如琢

崔如琢
乙未（2015 年）作
寒塘清声
中国嘉德　2016/5/16
LOT 1808
镜心　设色纸本
367×147cm
成交价　RMB 27,600,000

247

崔如琢　2011 年作　听风听雨又听声
保利香港　2016/10/3　LOT 1220
镜心　设色纸本　145×368cm
成交价　RMB 36,532,800

崔如琢　2010 年作　竹荫
保利香港　2016/10/3　LOT 1224
镜心　水墨纸本　104×68.5cm
成交价　RMB 5,074,000

崔如琢　2004 年作
明珠不忍啄
保利香港　2016/10/3
LOT 1223
镜心　设色纸本
50×200cm
成交价　RMB 7,103,600

崔如琢　2009 年作
日光穿树晓烟低
保利香港　2016/10/3
LOT 1211
镜心　设色纸本
36.5×141cm
成交价　RMB 5,074,000

崔如琢　2008 年作
天寒远山净
保利香港　2016/10/3
LOT 1214
镜心　水墨纸本
35.5×142cm
成交价　RMB 5,074,000

中国收藏
拍卖年鉴
2017
CHINESE FINE ART &
ANTIQUES AUCTION
YEARBOOK 2017

崔如琢　2010 年作　溪山幻写无声句，别有诗情衬夕阳
保利香港　2016/10/3　LOT 1218
镜心　水墨纸本　37×143cm
成交价　RMB 5,074,000

崔如琢　甲午（2014 年）作　一湖烟柳半山云
中国嘉德　2016/11/14　LOT 1650
镜心　设色纸本　143×368cm
成交价　RMB 35,650,000

中国书画 —— 当代 —— 崔如琢

崔如琢　2010 年作　不是缠绵苦恋春
保利香港　2016/10/3　LOT 1226
镜心　设色纸本　101×52cm
成交价　RMB 5,074,000

崔如琢　2014 年作
清声晓风
北京匡时　2016/12/5
LOT 865
镜心　纸本　72.4×369.4cm
成交价　RMB 19,550,000

249

范曾　辛未（1991年）作　祥鹿图
中国嘉德　2016/11/12　LOT 794
镜心　设色纸本　96×178.5cm
成交价　RMB 7,130,000

范曾　2002年作　人物
北京九歌　2016/12/28　LOT 1004
镜心　纸本设色　179×96cm
成交价　RMB 5,520,000

范曾、董寿平　1981年作　唐人诗意图
广东崇正　2016/12/11　LOT 721
立轴　设色纸本　179×95cm
成交价　RMB 8,740,000

范曾　2001年作　老子出关
北京九歌　2016/12/28　LOT 1003
镜心　纸本设色　179×96cm
成交价　RMB 5,520,000

范曾　2007、2008年作　大成之盛先师孔子像
河南金帝　2016/12/18　LOT 311
立轴　设色纸本　138×70cm；138×34cm×2；70×38cm
成交价　RMB 8,912,500

君寿　雨后荷香
中鸿信　2016/1/3
LOT 618
镜心（片）设色纸本
174×85cm
成交价　RMB 8,280,000

君寿　多寿
中鸿信　2016/1/3
LOT 617
立轴　设色纸本
136×68cm
成交价　RMB 6,900,000

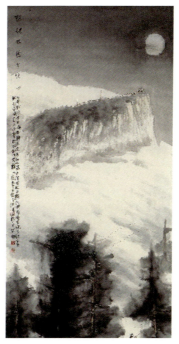

林永松　2015 年作
峨眉揽胜
北京翰海　2016/6/4
LOT 1492
纸本设色　136×68cm
成交价　RMB 6,670,000

林永松　想得故园今夜月
北京翰海　2016/12/3
LOT 1589
镜心　纸本设色
138×68cm
成交价　RMB 7,130,000

林永松　苍山无声
北京翰海　2016/12/3
LOT 1588
镜心　纸本设色
48×180cm
成交价　RMB 6,670,000

中国书画 ———— 当代 ———— 君寿　林永松

251

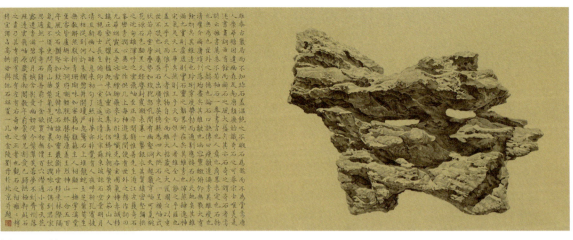

刘丹　云飞岫

佳士得香港　2016/5/30　LOT 3020

镜框　水墨纸本　52×136cm

成交价　RMB 5,262,640

中国书画

当代

刘丹　刘国松　田青松　邢东

刘国松　2014 年作　风雪之舞

北京匡时　2016/12/6　LOT 2832

纸上彩墨　177.5×370cm

成交价　RMB 10,005,000

田青松　白头精气

中拍国际　2016/5/29　LOT 2058

镜心　水墨纸本　242×122cm

成交价　RMB 5,175,000

邢东　2016 年作　喜从天降

北京翰海　2016/12/3　LOT 1592

镜心　纸本设色　136×68cm

成交价　RMB 18,400,000

252

许钦松　2010 年作　晴岚晓烟
河南金帝　2016/12/18　LOT 411
镜片　设色纸本　147×367cm
成交价　RMB 12,650,000

许钦松　2014 年作　舒云万里
河南金帝　2016/12/18　LOT 415
镜片　设色纸本　144×366cm
成交价　RMB 12,075,000

薛亮　2012 年作　挥毫又写梦中山
北京翰海　2016/6/3　LOT 245
镜心　设色纸本　248×123cm
成交价　RMB 5,750,000

周彦生　乙未（2015 年）作　富贵长春
广州皇玛　2016/7/31　LOT 505
镜片　设色纸本　193×502cm
成交价　RMB 16,675,000

中国书画　——　当代　——　许钦松　薛亮　周彦生

油画及
中国当代艺术
Oil Paintings & Chinese
Contemporary Art

油画及中国当代艺术 ———— 艾轩 常玉

常玉 1956 年作 蓝色背景的盆花
北京保利 2016/6/4 LOT 6720
布面油画 72.5×46.5cm
成交价 RMB 39,330,000

艾轩 归宿
新加坡国际 2016/10/12 LOT 1134
画布 油画 130×130cm
成交价 RMB 5,039,021

常玉 20 世纪 50 年代作 瓶菊
佳士得香港 2016/11/26 LOT 2503
纤维板 油彩 91.6×125cm
成交价 RMB 90,528,920

常玉 1930 年作 碎花毯上的粉红裸女
保利香港 2016/10/3 LOT 133
油彩 木板 46.5×82cm
成交价 RMB 50,740,000

朝戈　2004 年作　六月
中国嘉德　2016/5/14　LOT 134
布面　坦培拉 142×113cm
成交价　RMB 5,520,000

陈逸飞　2004 年作　上海旧梦
保利华谊　2016/12/22　LOT 835
布面油画　150×130cm
成交价　RMB 5,980,000

方君璧　1925 年作　卫月朗
北京匡时　2016/6/6　LOT 2824
布面油画　92×73.2cm
成交价　RMB 5,807,500

方君璧　1924 年作　吹笛女
保利香港　2016/10/3　LOT 141
油彩　画布　73×60cm
成交价　RMB 8,118,400

方力钧　1990~1991 年作　系列一之五
北京保利　2016/12/3　LOT 3744
布面油画　81×100cm
成交价　RMB 18,400,000

油画及中国当代艺术——朝戈　陈逸飞　方君璧　方力钧

255

油画及中国当代艺术————耿建翌　何多苓　贾蔼力　靳尚谊

耿建翌　1985 年作　灯光下的两个人
中国嘉德　2016/11/13　LOT 143
布面油画　117×155cm
成交价　RMB 18,400,000

何多苓　2015 年作　俄罗斯森林系列之流浪
——列夫·托尔斯泰
北京保利　2016/6/4　LOT 6732
布面油画　150×200cm
成交价　RMB 6,900,000

贾蔼力　2009 年作　米奇的救赎
佳士得香港　2016/5/28　LOT 59
油彩　画布　200×282cm
成交价　RMB 5,564,320

靳尚谊　1957 年作　登上慕士塔格峰
北京保利　2016/12/3　LOT 3736
布面油画　270×180cm
成交价　RMB 28,750,000

靳尚谊　1978 年作
石油工人
广州华艺　2016/5/26
LOT 845
布面油画
52.5×62.5cm
成交价　RMB 6,670,000

靳尚谊　1994 年作　塔吉克姑娘
北京保利　2016/6/4　LOT 6725
布面油画　110×55cm
成交价　RMB 28,750,000

冷军　1997 年作　香花与毒草
中国嘉德　2016/5/14　LOT 133
布面油画　80.5×65.5cm
成交价　RMB 8,625,000

冷军　1995 年作　世纪风景之三
保利华谊　2016/12/22　LOT 839
布面油画　105×200cm
成交价　RMB 28,175,000

林风眠　霸王别姬
广州华艺　2016/5/26　LOT 387
镜框　油彩纸本　67×67cm
成交价　RMB 7,590,000

林风眠　约 20 世纪 50~60 年代作　渔村丰收
佳士得香港　2016/11/26　LOT 2512
油彩　画布　80×78cm
成交价　RMB 34,732,760

刘海粟　1930 年作　翡冷翠
北京保利　2016/6/4　LOT 6721
布面油画　46×55cm
成交价　RMB 8,740,000

油画及中国当代艺术————冷军　林风眠　刘海粟

257

刘炜　1993 年作　我的父亲母亲
中国嘉德　2016/5/14　LOT 140
布面油画　104×84cm
成交价　RMB 7,130,000

刘炜　1994 年作　游泳美女　第三号
佳士得香港　2016/5/28　LOT 65
油彩画布　200×150cm
成交价　RMB 14,111,920

刘炜　2006 年作　风景
北京保利　2016/6/4　LOT 6728
布面油画　200×150cm
成交价　RMB 5,750,000

刘炜　1994 年作　泳客
北京匡时　2016/12/6　LOT 2755
布面油画　150×200cm
成交价　RMB 14,375,000

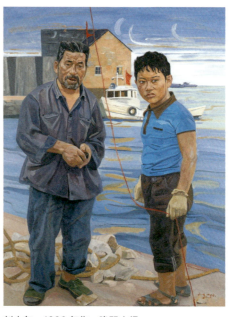

刘小东　1990 年作　脆弱小绳
北京保利　2016/6/4　LOT 6726
布面油画　140×114cm
成交价　RMB 6,900,000

刘小东　2000 年作　自古英雄出少年
中国嘉德　2016/11/13　LOT 108
布面油画　200×200cm
成交价　RMB 18,400,000

中国收藏
拍卖年鉴
2017
CHINESE FINE ART &
ANTIQUES AUCTION
YEARBOOK 2017

油画及中国当代艺术────刘炜　刘小东

毛焰 1993 年作 伫立的青年
保利香港 2016/4/4 LOT 201
油彩 画布 200×140cm
成交价 RMB 7,920,160

尚扬 1995 年作 95 大风景 −1
北京保利 2016/6/4 LOT 6709
布面油画、丙烯 175×202cm
成交价 RMB 5,980,000

尚扬 1998~1999 年作 许多年的大风景 −2
北京保利 2016/6/4 LOT 6711
布面油画、丙烯 148.5×197.5cm
成交价 RMB 5,750,000

尚扬 1981 年作
《黄河船夫》素描创作
北京保利 2016/6/4
LOT 6715
纸本素描 142×385cm
成交价 RMB 11,500,000

尚扬 2001 年作
蛇年风景
北京保利 2016/6/4
LOT 6710
布面油画、丙烯
118×406cm
成交价 RMB 12,420,000

油画及中国当代艺术——毛焰 尚扬

259

油画及中国当代艺术 —— 苏天赐 王海力

苏天赐 1960 年作
春风杨柳万千条
中国嘉德 2016/11/13
LOT 107
布面油画 110×110cm
成交价 RMB 7,475,000

王海力 2011 年作 魂
中拍国际 2016/12/4 LOT 3012
亚麻布面油画 120×180cm
成交价 RMB 5,750,000

王海力 2013 年作 嘎多
中拍国际 2016/12/4
LOT 3022
亚麻布面油画
150×200cm
成交价 RMB 5,750,000

王海力 2012 年作
藏巴汉子
中拍国际 2016/12/4
LOT 3020
亚麻布面油画 120×180cm
成交价 RMB 11,500,000

王海力 2012 年作 苗族姑娘
中拍国际 2016/12/4 LOT 3021
亚麻布面油画 120×180cm
成交价 RMB 11,500,000

王式廓　20 世纪 50~70 年代作

《血衣》素材手稿及河南写生素材（一组四十一件）

中国嘉德　2016/11/13　LOT 129

尺寸不一

成交价　RMB 5,750,000

油画及中国当代艺术 ——— 王怀庆　王式廓　王兴伟　王衍成

王怀庆　2006 年作　立定 1&2

北京保利　2016/6/4　LOT 6708

布面油画　400×70cm×2

成交价　RMB 23,230,000

王衍成　2013 年作　无题 2013

北京保利　2016/12/3　LOT 3784

布面油画　200×260cm

成交价　RMB 13,800,000

王兴伟　1997 年作

进化的步伐

北京保利　2016/12/3

LOT 3919

布面油画　92×129cm×2 ；

129×92cm×2

成交价　RMB 6,440,000

261

中国收藏
拍卖年鉴
2017

CHINESE FINE ART &
ANTIQUES AUCTION
YEARBOOK 2017

油画及中国当代艺术 —— 吴大羽

吴大羽　1980 年作　无题 -38
中国嘉德　2016/5/14　LOT 120
布面油画　76×53cm
成交价　RMB 11,500,000

吴大羽　约 1980 年作　无题 113
北京保利　2016/12/3　LOT 3709
布面油画　52.2×37.2cm
成交价　RMB 7,705,000

吴大羽　20 世纪 80 年代　韵谱 -57
北京匡时　2016/12/6　LOT 2807
布面油画　53×38.6cm
成交价　RMB 10,235,000

吴大羽　采韵 -60
中国嘉德　2016/11/13　LOT 102
布面油画　53×38.5cm
成交价　RMB 10,350,000

吴冠中 1997 年作 周庄
保利香港 2016/4/4 LOT 121
油彩 画布 148×297cm
成交价 RMB 198,004,000

吴冠中 万里长城
东京中央 2016/2/28 LOT 422
布面油画 73×54cm
成交价 RMB 5,034,646

油画及中国当代艺术————吴冠中

吴冠中 1989 年作 新巴黎
中国嘉德 2016/5/14 LOT 125
布面油画 91×73cm
成交价 RMB 22,425,000

吴冠中 1996 年作 雨后玉龙山
佳士得香港 2016/5/28 LOT 16
油彩 画布 91.4×65.2cm
成交价 RMB 18,871,760

吴冠中 1994 年作 鹦鹉（鹦鹉天堂）
佳士得香港 2016/5/30 LOT 3017
油彩 画布 61×81cm
成交价 RMB 19,810,320

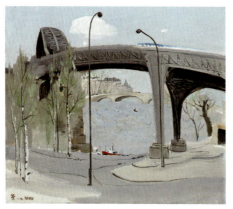

吴冠中　1989 年作　塞纳河桥
北京保利　2016/6/4　LOT 6718
布面油画　61×73cm
成交价　RMB 10,350,000

吴冠中　20 世纪 70 年代~1996 年作　桂林
北京保利　2016/6/4　LOT 6716
木板油画　43×88cm
成交价　RMB 23,000,000

吴冠中　1989 年作　塞纳河
北京保利　2016/6/4　LOT 6719
布面油画　61×50cm
成交价　RMB 6,670,000

吴冠中　1993 年作　乡音
北京保利　2016/6/4　LOT 6717
布面油画　61×80.5cm
成交价　RMB 21,275,000

吴冠中　1974 年作　初春
保利香港　2016/10/3
LOT 137
油彩　木板　55×46cm
成交价　RMB 18,773,800

吴冠中　1976 年作　渔家院
保利香港　2016/10/3　LOT 136
油彩　木板　46×46cm
成交价　RMB 12,177,600

油画及中国当代艺术——吴冠中

中国收藏拍卖年鉴 2017 CHINESE FINE ART & ANTIQUES AUCTION YEARBOOK 2017

吴冠中　1974 年作　卢山
佳士得香港　2016/11/26　LOT 2504
油彩　木板　45.8×59.8cm
成交价　RMB 24,943,960

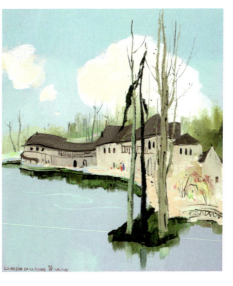

吴冠中　1989 年作
凡尔赛皇后故居
佳士得香港　2016/11/27
LOT 363
油彩　画布　52×45cm
成交价　RMB 5,820,840

吴冠中　1972 年作　南瓜
保利香港　2016/10/3　LOT 138
油彩　木板　60×46cm
成交价　RMB 9,133,200

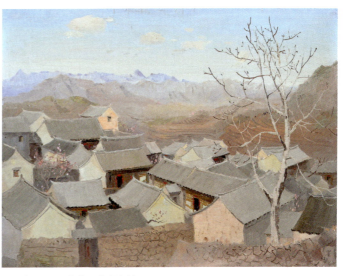

吴冠中　1963 年作　京郊山村
北京保利　2016/12/3　LOT 3717
木板油画　46×61cm
成交价　RMB 14,375,000

吴冠中　1985 年作　竹海
北京保利　2016/12/3　LOT 3722
布面油画　75×75cm
成交价　RMB 43,700,000

吴冠中　1973 年作　春色满园
北京保利　2016/12/3　LOT 3718
木板油画　46×46cm
成交价　RMB 7,015,000

油画及中国当代艺术——吴冠中

265

吴冠中　1985 年作
野菊花
保利华谊　2016/12/22
LOT 831
布面油画　52.5×45cm
成交价　RMB 16,100,000

吴冠中、黄苗子　2007 年作　屋宇"漆墨通情"
西泠印社　2016/12/17　LOT 3900
木板　漆画　97×179cm；37.5×72.5cm
成交价　RMB 6,900,000

吴冠中　1990 年作
野井（倒影）
保利华谊　2016/12/22
LOT 829
布面油画　39.5×30.5cm
成交价　RMB 5,635,000

吴冠中　1994 年作　忆杭州
北京保利　2016/12/3　LOT 3727
布面油画　50×60cm
成交价　RMB 6,900,000

吴冠中　1990 年作　夜
保利华谊　2016/12/22
LOT 830
布面油画　92×73cm
成交价　RMB 28,175,000

吴冠中　1990 年作　姐妹（人体）
北京保利　2016/12/3　LOT 3726
布面油画　92×60cm
成交价　RMB 12,650,000

油画及中国当代艺术 —— 吴冠中

谢南星　2001~2002 年作　无题（有声音的图像 II）
北京保利　2016/12/3　LOT 3918
布面油画　220×380cm×3
成交价　RMB 7,360,000

许鸿飞　2012 年作　水漾凝脂
广东崇正　2016/12/11　LOT 1295
翡翠　雕塑　80×33×40cm
成交价　RMB 16,100,000

许鸿飞　2012 年作　星空
广东崇正　2016/12/11　LOT 1297
翡翠　雕塑　50×70×18cm
成交价　RMB 9,200,000

袁庆一　1984 年作　春天来了
中国嘉德　2016/5/14　LOT 151
布面油画　170×189cm
成交价　RMB 21,275,000

俞晓夫　1984 年作　我轻轻地敲门
——纪念晚清海上画家吴昌硕、任伯年、虚谷、蒲作英
中国嘉德　2016/5/14　LOT 152
布面油画　157×165cm
成交价　RMB 8,625,000

油画及中国当代艺术⋯⋯⋯谢南星　许鸿飞　俞晓夫　袁庆一

267

曾梵志　2012 年作　无题
保利香港　2016/4/4　LOT 203
油彩　画布　180×220cm
成交价　RMB 8,910,180

曾梵志　2007 年作　不可思议的夜（07-18）
佳士得香港　2016/5/30　LOT 3024
油彩　画布　259×537cm
成交价　RMB 15,117,520

曾梵志　1992 年作　肉系列之三：献血过量
佳士得香港　2016/5/28　LOT 64
油彩　画布　180×167cm
成交价　RMB 25,441,680

曾梵志　2007 年作　无题 07-14
保利华谊　2016/12/22　LOT 843
布面油画　260×540cm
成交价　RMB 21,275,000

油画及中国当代艺术————曾梵志

曾梵志　2006 年作
肖像
佳士得香港　2016/11/26
LOT 30
油彩　画布　220×150cm
成交价　RMB 5,820,840

曾梵志　2006 年作　无题 06-1
佳士得（上海）　2016/10/22　LOT 208
油彩　画布　220×150cm
成交价　RMB 5,400,000

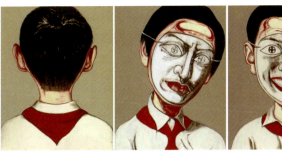

曾梵志　1996 年作 三年级一班 1；23；
及 28 号（共三件）
佳士得香港　2016/11/27　LOT 173
油彩 画布　48×38cm×3
成交价　RMB 5,506,200

张晓刚　1995 年作　血缘：大家庭二号
北京匡时　2016/12/6　LOT 2754
布面油画　190×150cm
成交价　RMB 38,180,000

张晓刚　1990 年作　黑色三部曲：忧郁
佳士得香港　2016/5/28　LOT 62
油彩 拼贴 画布　177.8×114.3cm
成交价　RMB 7,072,720

张晓刚　1998 年作　大家庭系列之童年
广州华艺　2016/5/26　LOT 846
布面油画　130×100cm
成交价　RMB 8,970,000

张晓刚　1998 年作
大家庭　No.7
北京保利　2016/6/4
LOT 6729
布面油画　130×100cm
成交价　RMB 6,900,000

油画及中国当代艺术 ────── 曾梵志　张晓刚

269

赵无极　1961 年作　5.12.61
中国嘉德　2016/5/14　LOT 122
布面油画　60×92cm
成交价　RMB 20,700,000

赵无极　2001 年作　25.5.2001
保利香港　2016/4/4　LOT 115
油彩　画布　146×114cm
成交价　RMB 6,292,500

油画及中国当代艺术────赵无极

赵无极　1955 年作　淹没的城市
佳士得香港　2016/5/28　LOT 25
油彩　画布　80×116cm
成交价　RMB 29,195,920

赵无极　1962~1971 年作　23.05.62-07.01.71
佳士得香港　2016/5/28　LOT 44
油彩　画布　114×162cm
成交价　RMB 14,111,920

赵无极　约 20 世纪 50 年代早期作　百合花
保利香港　2016/4/4　LOT 117
油彩　画布　80×59cm
成交价　RMB 14,850,300

赵无极　1992 年作　一九九二年五月－九月
佳士得香港　2016/5/28　LOT 45
油彩　画布　260×200cm
成交价　RMB 14,111,920

赵无极　1950 年作　22.03.50（红色家园）
佳士得香港　2016/5/30　LOT 3007
油彩　画布　46×38cm
成交价　RMB 7,072,720

赵无极　1952 年作　圣母院前的三个人
中诚国际　2016/6/12　LOT 192
油彩　画布　38×46.5cm
成交价　RMB 6,699,187

赵无极　1984 年作　20.8.84
保利香港　2016/10/3　LOT 134
油彩　画布　73×92cm
成交价　RMB 6,088,800

赵无极　约 1950 年作　翠绿森林
佳士得香港　2016/5/28　LOT 24
油彩　画布　127×127.5cm
成交价　RMB 59,229,840

油画及中国当代艺术 ———— 赵无极

赵无极　1968 年作　02.01.68
佳士得香港　2016/11/27　LOT 375
油彩　画布　64.8×80.8cm
成交价　RMB 5,506,200

赵无极　2001 年作　19.10.2001
中国嘉德　2016/5/14　LOT 124
布面油画　130×162cm
成交价　RMB 10,350,000

油画及中国当代艺术 —— 赵无极

赵无极　1950 年作　轻舟上的一对恋人
中诚国际　2016/12/18　LOT 191
油彩　画布　46.3×55.2cm
成交价　RMB 5,909,287

赵无极　1991 年作
抽象山水 27.08.91
保利香港　2016/4/4
LOT 116
油彩　画布　161×99.5cm
成交价　RMB 12,375,250

赵无极　1963 年作　02.04.63
佳士得香港　2016/5/29　LOT 396
油彩　画布　50×55cm
成交价　RMB 5,564,320

赵无极　1967 年作
05-01-67
中国嘉德　2016/11/13
LOT 105
布面油画　81×65cm
成交价　RMB 8,625,000

赵无极　1990 年作　13.1.90
保利华谊　2016/12/22　LOT 825
布面油画　88.7×115.5cm
成交价　RMB 6,670,000

赵无极　1998 年作　24.04.98
佳士得香港　2016/11/26　LOT 7
油彩　画布　97×130cm
成交价　RMB 10,540,440

赵无极　1956~1957 年作　水之音
佳士得香港　2016/11/26　LOT 2506
油彩　画布　160.5×128.5cm
成交价　RMB 42,563,800

周春芽　2013 年作
上海豫园小景之二
中诚国际　2016/12/18
LOT 192
油彩　画布　200×250cm
成交价　RMB 6,876,890

周春芽　2010 年作　大乔小乔
保利华谊　2016/12/22　LOT 850
布面油画　254×360cm
成交价　RMB 6,325,000

周春芽　2006 年作　桃花
北京匡时　2016/12/6　LOT 2915
布面油画　320×220cm
成交价　RMB 8,050,000

油画及中国当代艺术————赵无极　周春芽

273

朱德群　2006 年作　扩张
保利香港　2016/4/4　LOT 112
油彩　画布　130×195cm
成交价　RMB 8,910,180

朱德群　1969 年作　第 312 号
佳士得香港　2016/5/28　LOT 32
油彩　画布　198×199cm
成交价　RMB 33,888,720

朱德群　1987 年作　光之姿态
佳士得香港　2016/11/26　LOT 47
油彩　画布
成交价　RMB 6,659,880

朱德群　1986~1987 年作
雪霁霜色 I
佳士得香港　2016/5/30　LOT 3022
油彩　画布　81×65cm
成交价　RMB 9,083,920

朱德群　1978 年作　秋，1978 年 5 月 1 日
保利香港　2016/10/3　LOT 129
油彩　画布　195.2×96.9cm
成交价　RMB 7,103,600

油画及中国当代艺术 —— 朱德群

朱德群　1990~1999 年作　雪霏霏
佳士得香港　2016/11/26　LOT 2508
油彩　画布　单屏 200×200cm；全幅 200×400cm
成交价　RMB 80,250,680

朱德群　2006 年作　扩张
保利华谊　2016/12/22　LOT 827
布面油画　130×195cm
成交价　RMB 11,040,000

朱德群　1984 年作　构图
中诚国际　2016/12/18　LOT 193
油彩　画布　160×130 cm
成交价　RMB 6,634,989

油画及中国当代艺术 —— 朱德群　朱铭

朱铭　1991 年作　太极系列：单鞭下势
佳士得香港　2016/5/28　LOT 18
木雕　雕塑　143×92×88cm；雕塑对角 160cm
成交价　RMB 8,279,440

朱铭　1990 年作　太极系列
佳士得香港　2016/5/28　LOT 48
铜雕　雕塑　240×240×135cm
成交价　RMB 8,279,440

瓷玉杂项
Chinese Antiques
& Artworks

瓷玉杂项 —— 陶瓷器 —— 宋代及以前

隋／初唐　白釉象形烛台
佳士得香港　2016/6/1　LOT 3102
长 30.5cm
成交价　RMB 16,056,080

北宋　定窑划花莲荷纹斗笠盌
佳士得香港　2016/5/30　LOT 3016
直径 21cm
成交价　RMB 6,268,240

北宋／金　磁州窑白地黑花鱼藻纹钵
佳士得纽约　2016/9/15　LOT 710
直径 13.2cm
成交价　RMB 5,239,090

南宋　建窑"油滴天目"茶盌
佳士得纽约　2016/9/15　LOT 707
直径 12.2cm
成交价　RMB 78,092,474

南宋　吉州窑玳瑁釉剪纸贴双凤纹长颈瓶
佳士得纽约　2016/9/15　LOT 709
高 21cm
成交价　RMB 7,241,290

元　青花杂宝双龙纹双狮头罐

北京盈时　2016/7/17　LOT 2011

高 38cm

成交价　RMB 34,500,000

元　青花缠枝牡丹纹大罐

佳士得香港　2016/11/30　LOT 3307

宽 35.5cm

成交价　RMB 7,079,400

元　青花云龙纹折沿盘

北京保利　2016/12/05　LOT 5159

直径 30cm

成交价　RMB 5,520,000

元　青花蕉叶秀石印花缠枝牡丹纹菱花式大盘

苏富比香港　2016/10/5　LOT 3636

直径 48cm

成交价　RMB 25,696,800

元－明洪武　青花孔雀纹大梅瓶

北京保利　2016/6/7　LOT 8496

高 53cm

成交价　RMB 9,200,000

明永乐　青花折枝花果梅瓶

北京保利　2016/12/5　LOT 5219

高 28.5cm

成交价　RMB 6,670,000

瓷玉杂项 ———— 陶瓷器 ———— 元明清 ———— 青花

277

瓷玉杂项 ———— 陶瓷器 ———— 元明清 ———— 青花

明永乐　青花海水葡萄纹盘折沿盘
保利香港　2016/4/5　LOT 3040
高 7.3cm；直径 38.4cm
成交价　RMB 5,742,116

明永乐　青花瓜果纹折沿盘
北京保利　2016/6/7　LOT 8494
直径 38cm
成交价　RMB 7,820,000

明永乐　青花缠枝花卉葡萄纹海浪折沿大盘
中贸圣佳　2016/11/15　LOT 1243
直径 37.5cm
成交价　RMB 5,290,000

明永乐　青花折枝瑞果双莲纹折沿大盘
中贸圣佳　2016/11/15　LOT 1245
直径 37.5cm
成交价　RMB 12,650,000

明宣德　青花轮花纹绶带耳扁壶
北京东正　2016/5/14　LOT 309
高 30cm
成交价　RMB 6,325,000

明宣德　青花五爪云龙纹大罐
佳士得香港　2016/5/30　LOT 3012
高 48.5cm
成交价　RMB 132,437,520

明宣德　青花折枝花果纹葵口碗

北京匡时　2016/6/7　LOT 3730

直径 22.7cm

成交价　RMB 6,900,000

明宣德　青花缠枝莲大碗

北京保利　2016/6/7　LOT 8498

直径 27.8cm

成交价　RMB 5,462,500

明宣德　青花龙纹钵

香港嘉德　2016/11/29　LOT 675

直径 26.8cm

成交价　RMB 12,192,300

明宣德　青花海水双龙纹内暗花龙纹高足碗

佳士得香港　2016/11/30　LOT 3310

直径 15.2cm

成交价　RMB 60,183,640

明宣德　青花缠枝花卉大碗

保利华谊　2016/12/22　LOT 560

直径 29.2cm

成交价　RMB 8,050,000

明成化　青花缠枝莲瓜棱甘露瓶

北京保利　2016/12/5　LOT 5224

高 27.5cm

成交价　RMB 26,450,000

瓷玉杂项 ⋯⋯ 陶瓷器 ⋯⋯ 元明清 ⋯⋯ 青花

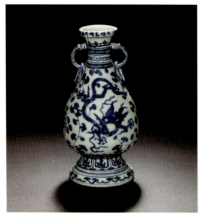

明嘉靖　青花翼龙纹双耳活环洗口瓶
保利华谊　2016/12/22　LOT 561
高 22cm
成交价　RMB 5,290,000

明　嘉靖窑　青花鱼藻纹大缸
宝港国际　2016/11/29　LOT 1523
口径 42.5cm
成交价　RMB 6,497,316

明嘉靖　青花凤凰穿花纹大缸
北京盈时　2016/7/17　LOT 2010
直径 65cm
成交价　RMB 6,900,000

瓷玉杂项 ⋯⋯ 陶瓷器 ⋯⋯ 元明清 ⋯⋯ 青花

明嘉靖　青花婴戏图罐
北京盈时　2016/7/17　LOT 2008
高 25.5cm
成交价　RMB 13,800,000

明永乐 青花瑞果纹梅瓶
佳士得香港 2016/6/1 LOT 3222
高 34.3cm
成交价 RMB 42,335,760

明永乐 青花花卉锦纹如意耳扁壶
苏富比香港 2016/4/6 LOT 17
高 24.5cm
成交价 RMB 92,726,280

明永乐 青花缠枝牡丹纹净水瓶
苏富比香港 2016/4/6 LOT 15
高 21.3cm
成交价 RMB 83,329,480

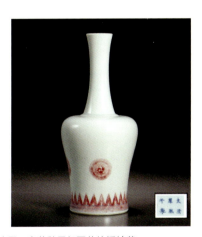

清康熙 青花釉里红团花纹摇铃尊
西泠印社 2016/12/17 LOT 3183
高 23cm
成交价 RMB 10,580,000

瓷玉杂项 —— 陶瓷器 —— 元明清 —— 青花

清康熙 青花十二花神杯（一套）
北京匡时 2016/6/7 LOT 3744
直径 6.6cm×12
成交价 RMB 33,350,000

281

清雍正　青花卷草纹梅瓶
保利华谊　2016/12/22　LOT 564
高 23.3cm
成交价　RMB 8,625,000

清雍正　青花矾红穿花龙纹玉壶春瓶
中国嘉德　2016/3/26　LOT 4417
高 27.7cm
成交价　RMB 5,405,000

清雍正　仿明式青花缠枝花卉纹瓶
佳士得伦敦　2016/5/10　LOT 70
高 20.2cm
成交价　RMB 6,099,739

清雍正　青花卷草纹小胆式瓶
北京保利　2016/6/6　LOT 7444
高 16.8cm
成交价　RMB 6,325,000

清雍正　黄地青花缠枝番莲纹贯耳六方瓶
东京中央（香港）　2016/11/28　LOT 905
高 44.5cm
成交价　RMB 7,617,677

清雍正　青花喜上眉梢抱月瓶
佳士得香港　2016/11/30　LOT 3309
高 37cm
成交价　RMB 40,116,600

清雍正　青花仙人纳福尊
北京保利　2016/12/5　LOT 5127
高 22cm
成交价　RMB 12,650,000

清乾隆　青花矾红彩云龙戏珠纹长颈瓶
苏富比香港　2016/10/5　LOT 3302
高 25cm
成交价　RMB 24,252,000

清乾隆　青花缠枝灵芝花卉纹如意耳葫芦瓶
北京东正　2016/5/14　LOT 305
高 18cm
成交价　RMB 14,375,000

清乾隆　青花八吉祥抱月瓶
北京保利　2016/6/6　LOT 7446
高 49.2cm
成交价　RMB 10,350,000

清乾隆 青花缠枝花卉纹梅瓶
北京匡时　2016/6/7　LOT 3713
高 35cm
成交价　RMB 11,500,000

清乾隆　唐英制青花苍龙教子诗文观音瓶
北京匡时　2016/6/7　LOT 3715
高 38.5cm
成交价　RMB 7,130,000

瓷玉杂项 ──── 陶瓷器 ──── 元明清 ──── 青花

283

中国收藏
拍卖年鉴
2017

CHINESE FINE ART &
ANTIQUES AUCTION
YEARBOOK 2017

清乾隆　唐英制　青花缠枝莲纹花觚
北京匡时　2016/12/6　LOT 3157
高 65cm
成交价　RMB 43,700,000

清乾隆　青花八仙贺寿螭耳尊
苏富比香港　2016/10/5　LOT 3607
高 35cm
成交价　RMB 38,218,400

瓷玉杂项 —— 陶瓷器 —— 元明清 —— 青花

清乾隆　青花折枝花果纹六方瓶
北京盈时　2016/7/17　LOT 2014
高 68cm
成交价　RMB 18,400,000

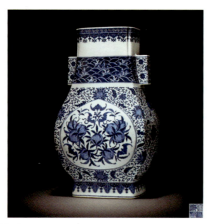

清乾隆　青花缠枝莲开光福寿万代纹四方贯耳瓶
东京中央（香港）　2016/11/28　LOT 807
高 49.7cm
成交价　RMB 5,859,752

清乾隆　青花矾红云蝠夔凤纹尊
邦瀚斯香港　2016/6/2　LOT 18
高 13.1cm
成交价　RMB 5,032,296

清乾隆　青花团龙天禄耳鹿头尊
中贸圣佳　2016/5/16　LOT 848
高 31cm
成交价　RMB 5,290,000

清乾隆　青花缠枝花卉纹双耳尊
北京盈时　2016/7/17　LOT 2015
高 34.6cm
成交价　RMB 5,750,000

清乾隆　青花缠枝莲托八宝纹铺首衔环尊
东京中央（香港）　2016/11/28　LOT 906
高 49cm
成交价　RMB 5,371,439

清乾隆　青花缠枝莲托八宝纹烛台、香炉三供
北京匡时　2016/6/7　LOT 3734
烛台高 64cm×2；炉高 44cm
成交价　RMB 11,270,000

清乾隆　青花莲花宝相花象耳扁方壶
北京保利　2016/12/5　LOT 5104
高 41.5cm
成交价　RMB 8,625,000

瓷玉杂项 ┈┈┈ 陶瓷器 ┈┈┈ 元明清 ┈┈┈ 青花

285

明 何朝宗制德化窑白釉观音坐像
中贸圣佳 2016/5/16 LOT 833
高 28cm
成交价 RMB 5,520,000

明永乐 甜白釉暗花八吉祥高足碗
佳士得香港 2016/6/1 LOT 3221
直径 15cm
成交价 RMB 5,061,520

元 龙泉窑"飞青瓷"褐斑蒜头瓶 （一对）
佳士得香港 2016/11/30 LOT 3133
高 25.3cm
成交价 RMB 10,540,440

清乾隆 天青釉六方大瓶 （一对）
北京保利 2016/12/5 LOT 5163
高 69cm
成交价 RMB 13,800,000

清雍正 (1723~1735 年） 仿汝釉菊瓣纹长颈瓶
Mallams Ltd. 2016/4/27 LOT 202
高 23.5cm
成交价 RMB 6,846,229

清雍正 仿官釉弦纹瓶
北京华辰 2016/10/26 LOT 785
高 27cm
成交价 RMB 5,290,000

瓷玉杂项 —— 陶瓷器 —— 元明清 —— 单色釉

清雍正　仿官釉铁花饕餮纹双耳汉壶尊
北京华辰　2016/11/16　LOT 1128
高 46cm
成交价　RMB 18,400,000

清雍正　仿官釉贯耳弦纹大方壶
北京保利　2016/12/6　LOT 5837
高 68cm
成交价　RMB 12,190,000

清乾隆　粉青釉绶带如意耳葫芦瓶
东京中央　2016/3/1　LOT 1755
高 22.5cm
成交价　RMB 5,464,433

清乾隆　粉青釉五孔弦纹琮式瓶
佳士得纽约　2016/9/16　LOT 1365
高 27cm
成交价　RMB 5,239,090

清雍正　粉青釉六方贯耳弦纹瓶
北京诚轩　2016/11/12　LOT 851
高 28.2cm
成交价　RMB 6,900,000

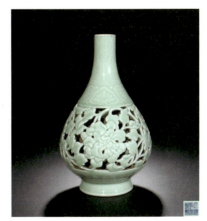

清乾隆　粉青釉镂空雕花卉套瓶
北京保利　2016/12/5　LOT 5161
高 27cm
成交价　RMB 5,175,000

瓷玉杂项 —— 陶瓷器 —— 元明清 —— 单色釉

清雍正　粉青釉仿古饕餮纹觚
北京保利　2016/12/5　LOT 5112
高 20.8cm
成交价　RMB 5,175,000

清雍正　宝石蓝釉大缸
北京中汉　2016/5/15　LOT 80
直径 39cm
成交价　RMB 5,750,000

瓷玉杂项 .... 陶瓷器 .... 元明清 .... 单色釉

清乾隆　茶叶末釉如意耳葫芦尊
北京保利　2016/6/6　LOT 7452
高 18.5cm
成交价　RMB 11,155,000

明嘉靖　娇黄釉金钟杯 （一对）
北京保利　2016/6/7　LOT 8513
直径 12cm
成交价　RMB 9,085,000

清雍正　胭脂红釉小碗 （一对）
北京保利　2016/12/5　LOT 5120
直径 9.4cm
成交价　RMB 5,980,000

清康熙　豇豆红釉菊瓣瓶
佳士得纽约　2016/9/15　LOT 913
高 21cm
成交价　RMB 6,039,970

清康熙　豇豆红釉莱菔尊
佳士得纽约　2016/9/15　LOT 916
高 20.6cm
成交价　RMB 13,648,330

明成化　御窑斗彩莲池鸳鸯纹墩式碗
中贸圣佳　2016/5/16　LOT 824
直径 13.5cm；高 7.2cm
成交价　RMB 17,365,000

清雍正　仿成化斗彩翼龙纹天字罐
北京东正　2016/5/14　LOT 304
高 9.5cm
成交价　RMB 5,750,000

清乾隆　斗彩缠枝莲托吉庆如意纹双夔龙耳洗口瓶
东京中央（香港）　2016/5/30　LOT 730
高 41cm
成交价　RMB 13,184,441

清乾隆　斗彩加彩云蝠纹荸荠瓶
北京匡时　2016/12/6　LOT 3155
高 20.5cm
成交价　RMB 7,877,500

清雍正　珐琅彩月季绿竹诗意小杯
中国嘉德　2016/5/15　LOT 2843
直径 6.25cm；高 4.45cm
成交价　RMB 22,425,000

清雍正　珐琅彩胭脂红地梅竹纹酒圆
佳士得香港　2016/11/30　LOT 3218
直径 6.3cm
成交价　RMB 35,711,640

瓷玉杂项 —— 陶瓷器 —— 元明清 —— 彩瓷

289

清雍正 / 乾隆　珐琅彩宋人诗意图摇铃尊（双陆尊）
北京中汉　2016/12/7　LOT 9
高 18cm
成交价　RMB 17,250,000

清乾隆　洋彩开光镂空"四时富贵"图象耳转心瓶
北京东正　2016/5/14　LOT 306
高 41.2cm
成交价　RMB 9,775,000

瓷玉杂项 ⋯⋯ 陶瓷器 ⋯⋯ 元明清 ⋯⋯ 彩瓷

清乾隆　洋彩八吉祥莱菔瓶
中国嘉德　2016/5/15　LOT 2851
高 32cm
成交价　RMB 9,200,000

清乾隆　御制霁蓝地描金御题诗洋彩堆塑荷莲配仿黑
漆描金座大壁瓶
北京保利　2016/6/6　LOT 7409
高 51.2cm
成交价　RMB 8,050,000

清乾隆　御制洋彩夔龙莲花贲巴瓶 （一对）
北京保利　2016/6/6　LOT 7454
高 27cm
成交价　RMB 10,350,000

清乾隆　御制洋彩御题诗"雨前茶"瓜棱式茶壶
北京保利　2016/6/6　LOT 7406
宽 15.5cm
成交价　RMB 14,950,000

清雍正　粉彩"玉堂富贵"图菊瓣盘
北京东正　2016/5/14　LOT 303
直径 17.8cm
成交价　RMB 8,050,000

清雍正　粉彩玉堂富贵纹菊瓣盘
佳士得香港　2016/11/30　LOT 3219
直径 23cm
成交价　RMB 14,735,640

清雍正　斗彩加粉彩三多纹碗
广州华艺　2016/11/26　LOT 1123
直径 16cm
成交价　RMB 5,520,000

清雍正　粉彩瑞果三多暗刻龙纹大碗成对
北京保利　2016/12/5　LOT 5128
直径 20cm；直径 20.2cm
成交价　RMB 32,200,000

清乾隆　胭脂红地粉彩百子图太白尊
北京匡时　2016/6/7　LOT 3719
高 34.5cm
成交价　RMB 5,290,000

清乾隆　粉彩百鹿图螭耳尊
中国嘉德　2016/11/12　LOT 2623
高 44.5cm
成交价　RMB 12,075,000

瓷玉杂项 ── 陶瓷器 ── 元明清 ── 彩瓷

清乾隆　紫地轧道描金粉彩缠枝花卉八吉祥纹瓶
北京翰海　2016/12/4　LOT 3024
高 19.4cm
成交价　RMB 20,700,000

清乾隆　胭脂红地粉彩缠枝莲纹绶带如意耳葫芦瓶
北京匡时　2016/12/5　LOT 2272
高 21.5cm
成交价　RMB 6,900,000

清乾隆　粉彩九桃天球瓶
北京保利　2016/12/6　LOT 5850
高 52.3cm
成交价　RMB 7,130,000

清乾隆　唐英制粉彩题诗四季花鸟四条屏
北京保利　2016/12/5　LOT 5165
79×26cm×4
成交价　RMB 9,200,000

清乾隆　粉彩五蝠八桃纹过枝盘
北京匡时　2016/12/6　LOT 3007
直径 20.2cm
成交价　RMB 6,555,000

清乾隆　六字篆书款粉彩胭脂红地轧道开光烹茶图
题诗五福盖碗
佳士得巴黎　2016/12/14　LOT 72　高 10cm
成交价　RMB 14,160,143

瓷玉杂项 ……… 陶瓷器 ……… 元明清 ……… 彩瓷

中国收藏
拍卖年鉴
2017

CHINESE FINE ART &
ANTIQUES AUCTION
YEARBOOK 2017

清嘉庆　黄地粉彩"吉庆连绵"双耳瓶 （一对）
佳士得纽约　2016/9/16　LOT 1368
高 22cm
成交价　RMB 13,648,330

清嘉庆　胭脂紫地粉彩开光百子龙灯双戟耳瓶
北京保利　2016/12/6　LOT 5855
高 30.5cm
成交价　RMB 6,900,000

清道光　御制黄地粉彩九龙纹冠架
佳士得伦敦　2016/11/8　LOT 80
高 27.3cm
成交价　RMB 5,303,545

明嘉靖　红地黄彩云龙纹盖罐
北京保利　2016/6/7　LOT 8511
高 27.2cm
成交价　RMB 5,750,000

明嘉靖　五彩鱼藻纹罐
北京盈时　2016/7/17　LOT 2009
高 23.1cm
成交价　RMB 6,900,000

明万历　五彩穿花龙凤纹蒜头瓶
佳士得香港　2016/11/30　LOT 3397
高 46.6cm
成交价　RMB 8,442,840

瓷玉杂项 ———— 陶瓷器 ———— 元明清 ———— 彩瓷

293

明万历　青花五彩龙纹出戟尊
北京保利　2016/12/5　LOT 5231
高 32cm
成交价　RMB 5,520,000

清康熙　御制珊瑚红地五彩九秋碗
北京盈时　2016/7/17　LOT 2013
直径 11cm
成交价　RMB 6,900,000

清康熙　五彩鹤鹿同春描金祝寿纹大花盆 （一对）
中国嘉德　2016/5/15　LOT 2743
直径 60.5cm
成交价　RMB 8,050,000

清雍正　五彩龙凤呈祥碗 （一对）
北京匡时　2016/6/7　LOT 3739
直径 15cm×2
成交价　RMB 8,740,000

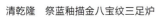

清乾隆　祭蓝釉描金八宝纹三足炉
北京匡时　2016/6/7　LOT 3742
直径 9.5cm
成交价　RMB 7,015,000

清乾隆 粉地粉彩包袱式四系盖罐（一对）
苏富比香港　2016/10/5　LOT 3611
高 23.9cm
成交价　RMB 36,773,600

清雍正　窑变釉海棠式花盆
北京翰海　2016/6/5　LOT 3092
长 27cm
成交价　RMB 5,692,500

清雍正　窑变釉贯耳方壶
北京保利　2016/12/5　LOT 5116
高 30cm
成交价　RMB 5,175,000

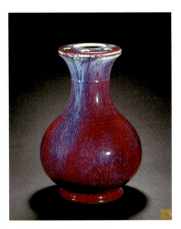

清乾隆　窑变釉莲蓬口七孔瓶
北京保利　2016/12/5　LOT 5162
高 32.5cm
成交价　RMB 8,050,000

瓷玉杂项 ——— 陶瓷器 ——— 元明清 ——— 窑变釉

明洪武　釉里红缠枝牡丹纹玉壶春瓶

北京盈时　2016/7/17　LOT 2006

高 32.4cm

成交价　RMB 5,750,000

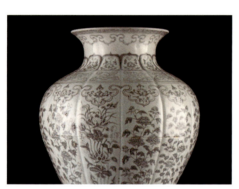

明洪武　釉里红四季花卉纹瓜棱石榴尊

北京东正　2016/11/11　LOT 156

高 51cm

成交价　RMB 20,700,000

清康熙　釉里红花卉纹苹果尊

北京保利　2016/6/6　LOT 7441

直径 9.5cm

成交价　RMB 7,015,000

清雍正　仿木纹釉墨彩高士策杖图笔筒

佳士得香港　2016/6/1　LOT 3213

直径 18.3cm

成交价　RMB 29,195,920

清雍正　洒蓝地留白模印花卉大盘

北京保利　2016/12/5　LOT 5114

直径 33.3cm

成交价　RMB 8,970,000

瓷玉杂项 ┈┈┈┈ 陶瓷器 ┈┈┈┈ 元明清 ┈┈┈┈ 釉里红及其他

民国　粉彩轧道缠枝莲纹地开光花卉纹御题诗瓶

邦瀚斯旧金山　2016/6/28　LOT 8225

高 40cm

成交价　RMB 9,216,057

王步　青花斗彩花鸟图盘

北京保利　2016/6/6　LOT 7050

直径 19.3cm

成交价　RMB 5,865,000

民国　王琦、王大凡、刘雨岑、邓碧珊、程意亭、何许人、汪野亭、徐仲南、潘匋宇、汪晓棠、毕伯涛、刘雨岑　珠山八友名家绘粉彩山水人物花鸟瓷板 （一套十二件）

北京匡时　2016/6/7　LOT 2989

28×38cm×12

成交价　RMB 9,775,000

近现代（1959 年）作　王步　青花釉里红《高歌大庆》天圆地方瓶

北京匡时　2016/6/7　LOT 3030　高 48.5cm

成交价　RMB 11,270,000

钟莲生　天籁之音　釉上彩瓷板

中国嘉德　2016/5/14　LOT 3401

100×200cm

成交价　RMB 5,750,000

瓷玉杂项 —— 陶瓷器 —— 民国及以后

297

中国收藏
拍卖年鉴
2017

CHINESE FINE ART &
ANTIQUES AUCTION
YEARBOOK 2017

钟莲生　胡杨三千年　粉彩瓷板
中国嘉德　2016/5/14　LOT 3402
100×200cm
成交价　RMB 9,200,000

郭文连　伯乐与千里马　粉彩瓷板
中国嘉德　2016/11/13　LOT 3361
200×100cm
成交价　RMB 9,200,000

瓷玉杂项　　陶瓷器　　民国及以后、其他

磁州窑白地黑花菊纹带盖梅瓶
北京保利　2016/12/5　LOT 5102
高 49cm
成交价　RMB 10,235,000

龙泉梅子青摩羯耳盘口瓶
北京保利　2016/12/5　LOT 5103
高 31.5cm
成交价　RMB 12,650,000

西周　鸡骨白玉琮
邦瀚斯香港　2016/4/5　LOT 4
直径 8.9cm
成交价　RMB 6,160,533

清乾隆　御题诗白玉仿古龙尾觥
北京保利　2016/6/6　LOT 7466
长 17cm
成交价　RMB 5,175,000

清乾隆　白玉龙凤耳活环三足觥
北京东正　2016/11/11　LOT 181
高 26cm
成交价　RMB 8,050,000

清乾隆　御制白玉龙纹多宝盒
荣宝斋（上海）　2016/11/27　LOT 828
4.9×4.8×2.3cm
成交价　RMB 8,280,000

清乾隆　御制白玉雕三狮纽龙首活环耳三足香炉
东京中央（香港）　2016/11/28　LOT 921
高 18.7cm
成交价　RMB 5,469,102

清乾隆　和阗白玉雕云蝠纹香炉
北京匡时　2016/12/6　LOT 3163
直径 11.2cm；高 14.5cm
成交价　RMB 8,625,000

瓷玉杂项 —— 玉石器 —— 白玉

江春源　灵兽献瑞　白玉链瓶
西泠印社　2016/6/25　LOT 1951
带链 40.3×7.8×6.2cm
成交价　RMB 5,750,000

清　白玉雕白菜
新加坡国际　2016/10/13　LOT 5204
25cm
成交价　RMB 7,873,470

清乾隆　白玉带沁八吉祥如意
北京东正　2016/11/11　LOT 208
长 40cm
成交价　RMB 5,520,000

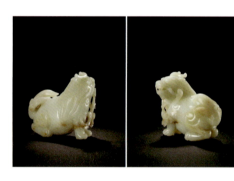

清乾隆　白玉圆雕辟邪摆件
北京东正　2016/11/11　LOT 125
长 14cm
成交价　RMB 16,675,000

清乾隆戊寅（1758 年）　白玉御制赞阿必达尊者山子
佳士得香港　2016/5/30　LOT 3021
高 21cm
成交价　RMB 8,078,320

清乾隆　白玉雕御制古佛像赞山子
北京保利　2016/12/5　LOT 5169
高 15cm
成交价　RMB 5,635,000

瓷玉杂项 —— 玉石器 —— 白玉

顾永俊　新疆和田白玉籽料　戏鹦鹉山子
北京东正　2016/5/15　LOT 724
高 40cm；重 13544g
成交价　RMB 9,200,000

崔磊　新疆和田白玉籽料　梵香幽步和三道 （一对）
北京东正　2016/5/15　LOT 722
长 17 长 12cm；重 3266g
成交价　RMB 5,750,000

吴德升　新疆和田白玉籽料　双娇
北京东正　2016/5/15　LOT 731
高 16cm；重 1260g
成交价　RMB 13,225,000

忠荣玉典　新疆和田白玉籽料　观音
北京东正　2016/5/15　LOT 735
高 25cm
成交价　RMB 9,200,000

现代　于泾雕童子观音坐像
北京匡时　2016/6/7　LOT 3776
高 22cm
成交价　RMB 32,200,000

鹤鹿同春山子
北京保利　2016/6/8　LOT 9898
16×6.8×18cm
成交价　RMB 5,290,000

瓷玉杂项 ———— 玉石器 ———— 白玉

中国收藏
拍卖年鉴
2017

CHINESE FINE ART &
ANTIQUES AUCTION
YEARBOOK 2017

清乾隆　青白玉御题诗罗汉山子
北京保利　2016/6/6　LOT 7467
高 18cm
成交价　RMB 5,750,000

西汉　青玉带皮雕高足杯
邦瀚斯香港　2016/4/5　LOT 38
高 11.3cm
成交价　RMB 9,169,165

瓷玉杂项 ———— 玉石器 ———— 白玉　青玉

汉或以后　青玉雕辟邪
邦瀚斯香港　2016/4/5　LOT 33
长 5.5cm
成交价　RMB 22,170,756

汉或以后　青玉雕辟邪
邦瀚斯香港　2016/4/5　LOT 32
长 8.7cm
成交价　RMB 19,663,562

东汉　玉雕说唱舞人
邦瀚斯香港　2016/4/5　LOT 35
高 10.4cm
成交价　RMB 28,188,021

宋或以前　青玉带皮雕胡人戏象
邦瀚斯香港　2016/4/5　LOT 44
宽 10.5cm
成交价　RMB 17,156,368

清乾隆　青玉仿古双耳活环盖瓶

邦瀚斯纽约　2016/3/14　LOT 8064

高 27.3cm

成交价　RMB 7,118,114

汉　玉龙凤璧

佳士得香港　2016/11/30　LOT 3204

长 11cm

成交价　RMB 6,869,640

元　汉白玉石狮（一对）

西泠印社　2016/6/26　LOT 3591

88×88×92cm

成交价　RMB 9,315,000

清　翡翠九狮香炉

北京东正　2016/11/11　LOT 1434

高 15.6cm

成交价　RMB 9,200,000

A MAGNIFICENT SET OF CHINESE SPINACH-GREEN JADE PLAQUES EMBLEMATIC OF THE FOUR SEASONS

佳士得纽约　2016/4/13　LOT 10

66x38.1cmx4

成交价　RMB 9,923,528

郭懋介（石卿）雕田黄石摆件"牧归"

北京荣宝　2016/6/5　LOT 1240

高 7.4cm；长 10.5cm

成交价　RMB 31,360,000

瓷玉杂项——玉石器——青玉　其他

303

11~12 世纪　托宝钵释迦牟尼
北京保利　2016/12/5　LOT 5060
佛身高 36.5cm；连座 42.5cm
成交价　RMB 21,850,000

明　铜鎏金释迦牟尼佛立像
北京保利　2016/6/7　LOT 8394
高 18cm
成交价　RMB 5,117,500

瓷玉杂项　——　佛像唐卡　——　铜鎏金

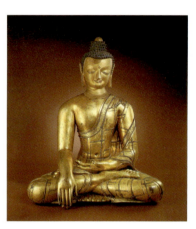

14 世纪　释迦牟尼
北京保利　2016/12/5　LOT 5062
高 60cm
成交价　RMB 7,130,000

14 世纪　宝冠释迦牟尼　红铜鎏金 / 嵌宝石
北京翰海　2016/12/3　LOT 2360
高 75.5cm
成交价　RMB 9,200,000

15 世纪　铜鎏金释迦牟尼佛
北京匡时　2016/6/7　LOT 3752
高 41cm
成交价　RMB 21,275,000

明永乐　释迦牟尼佛
北京匡时　2016/12/6　LOT 3166
高 15.5cm
成交价　RMB 5,175,000

17 世纪　释迦牟尼

北京保利　2016/6/7　LOT 8106

高 46.5cm

成交价　RMB 5,290,000

明末－清初　17 世纪　铜鎏金释迦牟尼佛坐像

北京华辰　2016/5/13　LOT 1011

高 40cm

成交价　RMB 5,750,000

15 世纪　铜鎏金无量寿佛

北京匡时　2016/6/7　LOT 3756

高 50cm

成交价　RMB 28,175,000

清康熙　铜鎏金无量寿佛坐像

邦瀚斯香港　2016/6/2　LOT 9

高 41.8cm

成交价　RMB 6,482,886

清康熙　无量寿佛

北京保利　2016/6/6　LOT 7387

高 45cm

成交价　RMB 5,980,000

清康熙　铜鎏金无量寿佛像

Kunsthaus Lempertz　2016/6/10　LOT 94

高 43.5cm

成交价　RMB 5,774,539

瓷玉杂项 ———— 佛像唐卡 ———— 铜鎏金

305

中国收藏
拍卖年鉴
2017

CHINESE FINE ART &
ANTIQUES AUCTION
YEARBOOK 2017

清康熙　铜鎏金嵌宝石无量寿佛
北京东正　2016/11/11　LOT 151
高 42.4cm
成交价　RMB 9,200,000

清康熙　无量寿佛
北京保利　2016/12/6　LOT 5762
高 41.5cm
成交价　RMB 9,200,000

瓷玉杂项 —— 佛像唐卡 —— 铜鎏金

清乾隆　无量寿佛
北京匡时　2016/12/6　LOT 3084
高 48.5cm
成交价　RMB 5,175,000

清乾隆　铜鎏金铜胎掐丝珐琅无量寿佛
北京东正　2016/11/11　LOT 152
高 31cm
成交价　RMB 13,570,000

清乾隆　御制瓷胎洋彩描金无量寿佛
北京东正　2016/11/11　LOT 153
高 29cm
成交价　RMB 9,430,000

辽　佛立像
北京保利　2016/6/6　LOT 7379
高 19cm
成交价　RMB 5,520,000

11~12 世纪　大日如来
北京保利　2016/6/6　LOT 7381
高 28cm
成交价　RMB 7,245,000

辽　11 世纪　鎏金铜大日如来坐像
佳士得巴黎　2016/12/14　LOT 53
高 24cm
成交价　RMB 99,953,297

明 16 世纪　铜鎏金布袋弥勒坐像
北京保利　2016/6/7　LOT 8503
高 53cm
成交价　RMB 6,095,000

明　铜鎏金药师佛像
北京东正　2016/11/11　LOT 1361
高 52cm
成交价　RMB 5,750,000

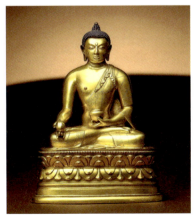

17~18 世纪初　药师佛
北京保利　2016/12/5　LOT 5071
高 29.5cm
成交价　RMB 13,800,000

12 世纪　云南大理国铜鎏金阿嵯耶观音立像
北京匡时　2016/12/6　LOT 3165
高 46cm
成交价　RMB 17,250,000

瓷玉杂项 —————— 佛像唐卡 —————— 铜鎏金

307

14 世纪　莲花手观音

中贸圣佳　2016/11/14　LOT 1155

高 35cm

成交价　RMB 5,520,000

明宣德　观世音菩萨

北京保利　2016/6/6　LOT 7384

高 74cm

成交价　RMB 48,300,000

明永乐　铜鎏金四臂观音像

北京东正　2016/5/14　LOT 311

高 20.5cm

成交价　RMB 15,525,000

明永乐　观音菩萨

北京保利　2016/12/6　LOT 5759

高 20.5cm

成交价　RMB 8,625,000

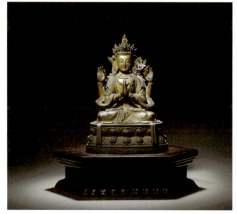

清康熙　御制铜鎏金四臂观音像

中鸿信　2016/8/10　LOT 1016

高 34.5cm

成交价　RMB 8,970,000

17~18 世纪初　十一面观音

北京保利　2016/12/5　LOT 5070

高 39.3cm

成交价　RMB 6,900,000

瓷玉杂项 —— 佛像唐卡 —— 铜鎏金

清乾隆　鎏金铸铜锤鍱十一面观音立像
佳士得纽约　2016/3/17　LOT 1425
高 87cm
成交价　RMB 18,575,883

10~13 世纪　十一面观音
香港翰海　2016/10/5　LOT 117
高 18cm
成交价　RMB 10,054,994

13 世纪　西藏　愤怒相金刚手巨型铜像
邦瀚斯香港　2016/11/29　LOT 108
高 104cm
成交价　RMB 43,743,044

清乾隆　铜鎏金金刚手菩萨
广州华艺　2016/5/26　LOT 1122
高 60cm
成交价　RMB 7,705,000

17~18 世纪初　金刚手
北京保利　2016/12/5　LOT 5072
高 28.7cm
成交价　RMB 7,475,000

明永乐　铜鎏金文殊菩萨像
北京东正　2016/11/11　LOT 1348
高 25.5cm
成交价　RMB 6,325,000

瓷玉杂项　——　佛像唐卡　——　铜鎏金

中国收藏
拍卖年鉴
2017

CHINESE FINE ART &
ANTIQUES AUCTION
YEARBOOK 2017

13~14 世纪　西藏中部风格　铜鎏金弥勒菩萨像
北京东正　2016/11/11　LOT 130
高 22cm
成交价　RMB 5,980,000

清康熙　铜鎏金弥勒菩萨坐像
邦瀚斯香港　2016/11/29　LOT 32
高 51cm
成交价　RMB 5,434,386

瓷玉杂项 ———— 佛像唐卡 ———— 铜鎏金

清乾隆　铜泥金弥勒菩萨
北京翰海　2016/6/5　LOT 3002
高 38cm
成交价　RMB 9,832,500

EXCEPTIONNELLE STATUE DE MAITREYA
Tajan　2016/6/20　LOT 160
高 51cm
成交价　RMB 11,660,445

清康熙　铜鎏金菩萨坐像
北京匡时　2016/6/7　LOT 3753
高 22.5cm
成交价　RMB 10,350,000

清乾隆　菩萨
北京保利　2016/12/5　LOT 5067
高 97cm
成交价　RMB 6,555,000

15 世纪　丹萨替菩萨与大成就者

西泠印社　2016/12/17　LOT 3800

高 20cm

成交价　RMB 5,750,000

宋 / 元　鎏金铜罗汉坐像

佳士得香港　2016/11/30　LOT 3233

高 86.4cm

成交价　RMB 29,838,360

17 世纪　铜鎏金财神护法像 （一组）

中国嘉德　2016/5/15　LOT 3022

高 15.5cm×4

成交价　RMB 23,000,000

明初　鎏金铜威罗瓦金刚立像

佳士得香港　2016/11/30　LOT 3234

高 98.8cm

成交价　RMB 31,796,120

明永乐　铜鎏金财续佛母一尊

北京东正　2016/11/11　LOT 1431

高 19.5cm

成交价　RMB 16,100,000

瓷玉杂项───佛像唐卡───铜鎏金

311

中国收藏
拍卖年鉴
2017

CHINESE FINE ART &
ANTIQUES AUCTION
YEARBOOK 2017

明永乐　绿度母像
北京东正　2016/5/14　LOT 260
高 17.5cm
成交价　RMB 5,980,000

17~18 世纪　绿度母　铜鎏金
北京翰海　2016/12/3　LOT 2326
高 102cm
成交价　RMB 37,950,000

瓷玉杂项 ——— 佛像唐卡 ——— 铜鎏金

清雍正　绿度母
北京保利　2016/6/6　LOT 7386
高 98cm
成交价　RMB 37,950,000

14 世纪　止贡巴
北京保利　2016/6/7　LOT 8056
高 35.5cm
成交价　RMB 16,675,000

17~18 世纪初　莲花生大士
北京保利　2016/12/5　LOT 5069
高 20.2cm
成交价　RMB 11,500,000

17 世纪　蒙古　铜鎏金哲布尊丹巴像·扎那巴扎尔
中国嘉德　2016/11/12　LOT 3060
高 52cm；宽 37cm
成交价　RMB 73,025,000

清康熙　铜鎏金宗喀巴像
北京东正　2016/11/11　LOT 135
高 32cm
成交价　RMB 5,750,000

明永乐　毗湿奴
北京保利　2016/6/7　LOT 8099
高 26cm
成交价　RMB 12,880,000

明永乐　毗卢巴　黄铜鎏金 / 漆金
北京翰海　2016/12/3　LOT 2341
高 23cm
成交价　RMB 14,950,000

明　铜镀金道教水将像
北京东正　2016/5/14　LOT 312
高 216cm
成交价　RMB 89,700,000

明　铜鎏金真武大帝
广州华艺　2016/11/26　LOT 1072
高 51cm
成交价　RMB 5,980,000

瓷玉杂项 ──── 佛像唐卡 ──── 铜鎏金

313

中国收藏
拍卖年鉴
2017

CHINESE FINE ART &
ANTIQUES AUCTION
YEARBOOK 2017

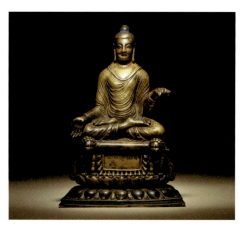

7/8 世纪　铜释迦牟尼（错银错红铜）
广州华艺　2016/11/26　LOT 1033
高 19.5cm
成交价　RMB 36,800,000

清乾隆　释迦牟尼
香港翰海　2016/10/5　LOT 101
高 50cm
成交价　RMB 31,880,446

瓷玉杂项

佛像唐卡

铜

11 世纪　无量寿佛　合金铜　/错红铜
北京翰海　2016/12/3　LOT 2371
高 59cm
成交价　RMB 34,500,000

11~12 世纪　文殊菩萨
北京保利　2016/12/6　LOT 5789
高 9cm
成交价　RMB 8,050,000

元　观音
北京保利　2016/12/5　LOT 5076
高 142cm
成交价　RMB 7,820,000

明代　伽蓝菩萨　黄铜
北京翰海　2016/12/3　LOT 2338
高 72cm
成交价　RMB 20,700,000

明 铜大势至菩萨像
西泠印社 2016/12/17 LOT 3709
高 88cm
成交价 RMB 7,130,000

金刚手俱毗罗复合铜像
邦瀚斯香港 2016/11/29 LOT 110
铜像高 14.3cm；佛龛 22×20.3×15cm
成交价 RMB 13,373,330

12~13 世纪 六臂般若佛母
北京保利 2016/6/7 LOT 8151
高 19cm
成交价 RMB 10,925,000

13~14 世纪 铜双身密集金刚像
中国嘉德 2016/5/15 LOT 3055
铜像高 31cm；座高 10.3cm
成交价 RMB 14,950,000

16 世纪 三世达赖
北京保利 2016/6/7 LOT 8051
高 42.5cm
成交价 RMB 11,500,000

瓷玉杂项 —— 佛像唐卡 —— 铜

元　青白釉释迦牟尼佛坐像
佳士得巴黎　2016/12/14　LOT 50
连座高 37cm
成交价　RMB 6,205,420

唐初　石雕坐佛躯像
佳士得纽约　2016/3/17　LOT 1404
高 120cm
成交价　RMB 5,892,455

瓷玉杂项 ———— 佛像唐卡 ———— 其他

2/3 世纪　石雕菩萨像
佳士得纽约　2016/9/13　LOT 229
高 200cm
成交价　RMB 7,945,416

宋　木彩绘观音坐像
佳士得巴黎　2016/12/14　LOT 27
连座高 131cm
成交价　RMB 38,083,234

清乾隆　木雕金漆普贤菩萨像
北京东正　2016/5/14　LOT 325
高 120cm
成交价　RMB 5,290,000

清　翡翠观音
北京匡时　2016/12/6　LOT 3164
高 68.5cm
成交价　RMB 74,750,000

元代　织金观音唐卡
香港翰海　2016/10/5　LOT 115
131×83cm
成交价　RMB 6,848,266

晚明（1573~1644 年）黄花梨四出头龙纹官帽椅成对

中国嘉德　2016/5/14　LOT 4821

58.8×45.5×110cm

成交价　RMB 9,200,000

明末清初　黄花梨四出头官帽椅 （一对）

佳士得纽约　2016/3/17　LOT 1317

119.4×63.5×48.9cm

成交价　RMB 5,892,455

明末清初　黄花梨高靠背南官帽椅成对

香港嘉德　2016/11/29　LOT 1318

115×58×43.5cm

成交价　RMB 5,205,837

明末 / 清 18 世纪 黄花梨圈椅

佳士得纽约　2016/9/16　LOT 1105

70×47×93.5cm

成交价　RMB 5,729,931

明 17 世纪　黄花梨四面平式长方桌

佳士得纽约　2016/3/17　LOT 1309

84.1×97.8×52.7cm

成交价　RMB 5,111,135

明末 / 清 18 世纪　黄花梨半桌 （一对）

佳士得纽约　2016/3/17　LOT 1316

88.9×110.4×77.5cm

成交价　RMB 5,111,135

瓷玉杂项 ———— 古典家具 ———— 黄花梨

清早期　黄花梨有束腰半月桌
中国嘉德　2016/11/13　LOT 4613
97×48×84cm
成交价　RMB 8,050,000

清代　黄花梨打洼攒牙头条桌
北京东正　2016/5/14　LOT 378
210.5×76.5×84cm
成交价　RMB 9,200,000

瓷玉杂项 ———— 古典家具 ———— 黄花梨

明 16/17 世纪　黄花梨如意纹翘头案
佳士得纽约　2016/3/17　LOT 1314
92.1×217.2×45.1cm
成交价　RMB 6,283,115

清式黄花梨翘头案
广东崇正　2016/6/12　LOT 391
195×39×88cm
成交价　RMB 5,175,000

明末清初　黄花梨大画案
佳士得纽约　2016/9/16　LOT 1207
229.2×70.8×81.3cm
成交价　RMB 5,799,706

晚明　黄花梨架子床
邦瀚斯纽约　2016/9/12　LOT 6020
204×209×146cm
成交价　RMB 9,633,388

明 16/17 世纪　黄花梨万字纹围子架子床

佳士得纽约　2016/9/16　LOT 1204

207×106.4×205.1cm

成交价　RMB 5,639,530

明末清初　黄花梨雕龙纹架子床

北京匡时　2016/6/6　LOT 2426

220×151×226cm

成交价　RMB 6,670,000

清　黄花梨镂雕螭龙纹月洞门罩式架子床

北京银座　2016/7/9　LOT 490

228×178×228cm

成交价　RMB 8,050,000

清早期　黄花梨三弯腿六柱式架子床

上海明轩　2016/1/10　LOT 256

225×148×232cm

成交价　RMB 10,695,000

明末清初　黄花梨上格双层亮格柜成对

中国嘉德　2016/11/13　LOT 4614

77.5×38.5×190cm×2

成交价　RMB 5,060,000

清　黄花梨双龙捧寿顶箱柜

中贸圣佳　2016/5/16　LOT 1340

82×38×187.4cm

成交价　RMB 5,980,000

瓷玉杂项 —— 古典家具 —— 黄花梨

清早期　黄花梨上格双层亮格柜成对
中国嘉德　2016/11/13　LOT 4634
99×49.5×181.5cm×2
成交价　RMB 12,650,000

近代　黄花梨对开独板大顶箱柜 （一对）
北京传是　2016/6/4　LOT 379
134×68×288cm×2
成交价　RMB 8,625,000

瓷玉杂项 —— 古典家具 —— 黄花梨　紫檀及漆类

清早期　黄花梨透棂书格
中国嘉德　2016/11/13　LOT 4527
120.5×42×178cm
成交价　RMB 12,650,000

清前期（1644~1722 年）黄花梨五抹十二扇围屏
中国嘉德　2016/5/14　LOT 4834
54×2.7×305cm
成交价　RMB 5,750,000

清 18/19 世纪　紫檀龙纹宝座
佳士得纽约　2016/3/17　LOT 1319
111.4×122.2×76.8cm
成交价　RMB 5,111,135

清雍正一乾隆　紫檀列屏式有束腰宝座
北京保利　2016/6/6　LOT 7415
宽 109cm；直径 86.5cm；高 102cm
成交价　RMB 19,550,000

清　紫檀雕云龙纹漆面长桌
中贸圣佳　2016/5/16　LOT 1343
165×69×90cm
成交价　RMB 6,325,000

清乾隆　御制透雕福寿纹紫檀长几案 （一对）
东京中央　2016/8/31　LOT 136
192×46×85.5cm×2
成交价　RMB 12,279,625

清乾隆　紫檀嵌掐丝珐琅西番莲画案
中贸圣佳　2016/11/15　LOT 1656
167.5×60.5×89.5cm
成交价　RMB 13,800,000

清早期　黑漆描金缠枝莲狮纹顶箱柜 （一对）
中贸圣佳　2016/11/15　LOT 1663
95.2×56.6×234.5cm
成交价　RMB 5,060,000

瓷玉杂项 ──── 古典家具 ──── 紫檀及漆类

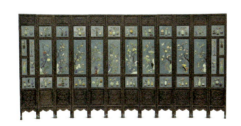

清乾隆　紫檀雕福寿八吉祥嵌百宝十二扇屏风
北京保利　2016/12/5　LOT 5182
长 425cm；高 209cm
成交价　RMB 24,380,000

商晚期　青铜兽面纹方彝
保利香港　2016/4/5　LOT 3092
高 27.5cm
成交价　RMB 12,375,250

商晚期　青铜天黾觥
保利香港　2016/10/4　LOT 3310
高 21.8cm；长 23.3cm
成交价　RMB 11,670,200

瓷玉杂项 ────── 金属器 ────── 器皿

商晚期　青铜小臣䀒方鼎
保利香港　2016/10/4　LOT 3313
13.5×17.7×22.5cm
成交价　RMB 6,088,800

商代晚期　（KUN）卣
香港翰海　2016/10/5　LOT 168
17×22×30cm
成交价　RMB 20,670,486

青铜提梁卣（附日本著录）
中贸圣佳　2016/11/15　LOT 1526
高 18.2cm
成交价　RMB 6,670,000

西周中期　应（金黽）方尊
香港翰海　2016/10/5　LOT 160
25×25×21cm
成交价　RMB 23,940,058

西周中期　应（金匣）方彝
香港翰海　2016/10/5　LOT 161
19×16×27.5cm
成交价　RMB 31,413,364

西周早期　子（JI）父丁簋
香港翰海　2016/10/5　LOT 167
31×19.8×27cm
成交价　RMB 9,253,312

ETT PAR VASER，BRONS
Z-point Auktioner　2016/2/5　LOT 48
高 55cm
成交价　RMB 5,892,387

8 世纪　银鎏金錾刻花卉葵口碗
北京保利　2016/6/6　LOT 7404
直径 24.2cm
成交价　RMB 5,520,000

瓷玉杂项 —— 金属器 —— 器皿

明宣德　金嵌宝莲托梵文瓜棱盖罐
中国嘉德　2016/11/12　LOT 2647
高 20.5cm；重 1455g
成交价　RMB 34,500,000

清乾隆　金质"大清乾隆年制　须弥福寿之庙"高浮
雕双卧羊耳尊
中国嘉德　2016/5/17　LOT 5233
耳径 19cm；高 7.5cm；重 1261g
成交价　RMB 10,522,500

中国收藏
拍卖年鉴
2017

CHINESE FINE ART &
ANTIQUES AUCTION
YEARBOOK 2017

明正德　铜阿拉伯文炉、瓶、盒三事（一套）
北京保利　2016/12/5　LOT 5156
炉宽 15.7cm；瓶高 17cm；盒直径 12.6cm
成交价　RMB 5,980,000

瓷玉杂项

金属器

炉

"大明宣德年制"冲天耳三足炉
北京东正　2016/11/11　LOT 1506
口径 14cm；高 7.2cm；重 2106g
成交价　RMB 7,475,000

"奕世流芳"冲天耳三足炉
北京东正　2016/11/11　LOT 1507
口径 13.2cm；高 6.8cm；重 1648g
成交价　RMB 6,900,000

明末清初　鬲式炉
北京保利　2016/6/6　LOT 7330
口径 22.2cm；高 9.9cm
成交价　RMB 9,430,000

明末清初　铜洒金鬲式炉
北京东正　2016/11/11　LOT 133
直径 25cm
成交价　RMB 5,750,000

清初 "献贤氏藏" 款戟耳炉
广州华艺　2016/5/26　LOT 1223
高 6.2cm；直径 8.9cm
成交价　RMB 8,050,000

清雍正 洒金 "恕园" 款戟耳炉
北京东正　2016/11/11　LOT 1505
口径 12.6cm；高 7.8cm；重 1880g
成交价　RMB 6,900,000

清乾隆 铜带盖原座钵式炉
北京匡时　2016/6/7　LOT 3749
高 28cm
成交价　RMB 11,155,000

清乾隆 青铜云龙赶珠纹冲耳盖炉 （一对）
佳士得纽约　2016/9/16　LOT 1227
高 39.4cm
成交价　RMB 5,319,178

清中期 铜胎掐丝珐琅胡人献宝狮钮大熏炉 （一对）
北京保利　2016/12/6　LOT 5934
119×75×49.5cm
成交价　RMB 6,900,000

瓷玉杂项 ──── 金属器 ──── 炉

清乾隆　掐丝珐琅鎏金铜御制诗万年如意挂屏
佳士得香港　2016/5/30　LOT 3028
宽 106cm
成交价　RMB 13,106,320

清乾隆　鲨鱼皮鞘铜鎏金饰件嵌宝石腰刀
中国嘉德　2016/11/13　LOT 4336
带鞘通长 91cm；刀长 86.5cm
成交价　RMB 9,200,000

清嘉庆　金质立体圆雕嵌宝石雄鸡"嘉庆年制"香熏摆件
中国嘉德　2016/11/15　LOT 5045
高 36cm；雄鸡重 3055g，总重 4151g
成交价　RMB 5,865,000

清光绪　金质高浮雕北洋海军成军纪念纪念杯、纪念牌 （一套）
中国嘉德　2016/5/17　LOT 5220
纪念杯高 42.3cm；耳径 36cm；重 2703g；
纪念牌长 37.2cm；高 29.3cm；总重 5050g
成交价　RMB 5,865,000

瓷玉杂项 ┈┈ 金属器 ┈┈ 摆件及其他

西汉 青玉羊形水丞
佳士得香港 2016/11/30 LOT 3201
宽 11cm
成交价 RMB 17,357,640

清雍正 斗彩祥云纹马蹄式水丞 （一对）
邦瀚斯香港 2016/6/2 LOT 12
高 5.3cm
成交价 RMB 11,318,189

南宋 官窑十棱葵瓣洗
佳士得香港 2016/6/1 LOT 3126
宽 12cm
成交价 RMB 32,011,600

南宋 龙泉窑青釉折沿洗
佳士得纽约 2016/9/15 LOT 719
直径 14.5cm
成交价 RMB 6,840,850

元 / 明或更晚 仿官窑洗
佳士得巴黎 2016/12/14 LOT 70
直径 21cm
成交价 RMB 9,917,624

清乾隆 白玉双凤耳衔环洗
北京匡时 2016/6/7 LOT 3769
直径 14cm
成交价 RMB 5,520,000

瓷玉杂项 —— 文房雅玩 —— 水丞 笔洗

327

清乾隆　白玉御制羊首水洗
北京东正　2016/11/11　LOT 203B
长 11.2cm
成交价　RMB 6,440,000

清康熙　无我款紫檀笔筒
中贸圣佳　2016/11/15　LOT 1408
15.5×18.51cm
成交价　RMB 10,005,000

瓷玉杂项

文房雅玩

笔洗　笔筒　印章

清康熙　康熙帝御宝檀香木异兽纽方玺
苏富比香港　2016/4/6　LOT 3101
11×10.2×10.2cm
成交价　RMB 77,691,400

清康熙　康熙帝御宝寿山石瑞兽纽方玺
苏富比香港　2016/4/6　LOT 3102
6.9×5.9×5.9cm
成交价　RMB 41,043,880

清乾隆　白玉交龙纽宝玺"八征耄念之宝"
北京保利　2016/6/6　LOT 7416
7.5×7.5×6.2cm
成交价　RMB 41,975,000

清乾隆　乾隆帝御宝青玉交龙纽方玺
苏富比香港　2016/10/5　LOT 3304
11×12.8×12.8cm
成交价　RMB 78,672,800

中国收藏
拍卖年鉴
2017

CHINESE FINE ART &
ANTIQUES AUCTION
YEARBOOK 2017

清乾隆　"乾隆御笔之宝"玺
Pierre Bergé & Associés　2016/12/14　LOT 36
9×10.5×10.5cm
成交价　RMB 154,675,159

清嘉庆　"敷春堂宝"交龙纽玉玺
北京匡时　2016/6/7　LOT 3746
12.3×12.3×9.5cm
成交价　RMB 15,525,000

清嘉庆　青玉"孝懿仁皇后"交龙纽宝玺
中国嘉德　2016/11/12　LOT 2644
12.8×12.8×9cm
成交价　RMB 5,980,000

清　田黄雕薄意十八罗汉方章
北京华辰　2016/10/26　LOT 761
高 11.2cm；重 882g
成交价　RMB 5,175,000

清初　田黄各式章（五方）
北京翰海　2016/12/4　LOT 2821
高 1.8-5cm
成交价　RMB 5,750,000

董沧门刻恭亲王龙凤田黄对章
佳士得香港　2016/6/1　LOT 3205
龙章 3.3×3.3×8.6cm；凤章 3.3×3.3×8.8cm
成交价　RMB 71,431,120

瓷玉杂项——文房雅玩——印章

十六金符斋藏汉印 （四十五方）
北京匡时　2016/6/8　LOT 4537
尺寸不一
成交价　RMB 8,625,000

曾仲鸣、方君璧夫妇颉颃楼旧藏　黄宾虹、黄士陵、
徐星州等刻潘飞声自用印 （一箱总计一百一十方）
中国嘉德　2016/11/12　LOT 4209
尺寸不一
成交价　RMB 6,555,000

瓷玉杂项
————
文房雅玩
————
印章

北宋　仲尼式古琴"秋塘寒玉"张友鹤旧藏

北京匡时　2016/12/6　LOT 3252

长 118cm

成交价　RMB 6,325,000

宋　赵孟頫制仲尼式古琴"钧天雅奏"赵鸿雪旧藏

北京匡时　2016/12/6　LOT 3253

长 121cm

成交价　RMB 15,640,000

清乾隆　御制"湘江秋碧"琴

苏富比香港　2016/10/5　LOT 3605

长 101cm

成交价　RMB 47,850,400

瓷玉杂项 ———— 其他 ———— 古琴

宋　朱熹制灵机式古琴"怀古"刘少椿旧藏

北京匡时　2016/12/6　LOT 3254

长 118cm

成交价　RMB 5,175,000

明　仲尼式古琴

上海明轩　2016/11/3　LOT 185

125.5×19cm

成交价　RMB 5,060,000

清初　陈鸣远制传香壶
保利华谊　2016/12/22　LOT 621
13.2×8.6×6.8cm
成交价　RMB 34,500,000

清顺治　大彬款紫泥大圆壶
西泠印社　2016/6/26　LOT 3497
18.5×26.5cm
成交价　RMB 5,865,000

瓷玉杂项 ———— 其他 ———— 紫砂

清康熙　陈鸣远制南瓜壶
中国嘉德　2016/5/15　LOT 3002
宽 17.8cm
成交价　RMB 32,200,000

清乾隆　宜兴窑御制紫砂描金山水诗文圆壶
保利华谊　2016/12/22　LOT 511
宽 16.5cm；高 9cm
成交价　RMB 9,775,000

清乾隆　宜兴窑紫砂堆泥山水诗文阔底壶
保利华谊　2016/12/22　LOT 517
高 13cm；宽 14.5cm
成交价　RMB 9,775,000

清嘉庆　杨彭年制、陈曼生刻阿曼陀室款紫泥乳鼎壶
西泠印社　2016/12/16　LOT 2208
8.8×14.9cm
成交价　RMB 6,037,500

蒋蓉　束柴三友壶　段泥五色土
北京盈时　2016/7/17　LOT 3138
长 16cm
成交价　RMB 5,980,000

顾景舟　汉铎壶
北京保利　2016/6/5　LOT 6234
长 15.5cm
成交价　RMB 5,750,000

顾景舟　三足云肩如意壶
北京保利　2016/6/5　LOT 6235
长 17.3cm
成交价　RMB 6,900,000

顾景舟　掇球
北京翰海　2016/6/3　LOT 1165
高 11cm；宽 17cm
成交价　RMB 5,750,000

顾景舟　芝灵
北京翰海　2016/6/3　LOT 1166
高 10.3cm；宽 20cm
成交价　RMB 9,200,000

顾景舟　掇只
北京翰海　2016/12/2　LOT 1172
高 11cm；宽 17cm
成交价　RMB 5,175,000

瓷玉杂项 ——— 其他 ——— 紫砂

333

顾景舟　仿古如意壶
北京保利　2016/12/4　LOT 3083
长 17cm
成交价　RMB 6,325,000

瓷玉杂项 ┄┄┄ 其他 ┄┄┄ 紫砂

顾景舟　三足提梁壶
北京匡时　2016/12/6　LOT 4613
容积 550ml
成交价　RMB 5,175,000

顾景舟　高墙矮僧帽
北京匡时　2016/12/6　LOT 4614
容积 260ml
成交价　RMB 6,325,000

明初　15世纪　剔红四季花卉纹纸槌瓶
佳士得伦敦　2016/5/10　LOT 1
高 16cm
成交价　RMB 6,549,835

明代　铺金地彩绣"五伦图"挂屏
北京东正　2016/11/11　LOT 1236
155×200cm
成交价　RMB 5,175,000

清乾隆　缂丝御笔墨云室记手卷
中国嘉德　2016/11/12　LOT 2648
281×31.5cm
成交价　RMB 24,725,000

元代　双岩尊
北京上和　2016/12/2　LOT 31
高 170cm
成交价　RMB 8,970,000

越南绿油棋楠摆件
佳士得香港　2016/6/1　LOT 3378
31.9cm
成交价　RMB 8,078,320

瓷玉杂项 ── 其他 ── 漆器　织物　摆件

335

中国收藏
拍卖年鉴
2017

CHINESE FINE ART &
ANTIQUES AUCTION
YEARBOOK 2017

收藏品

Chinese Manuscripts &
Collectibles

收藏品

古籍文献及手稿

碑帖印谱

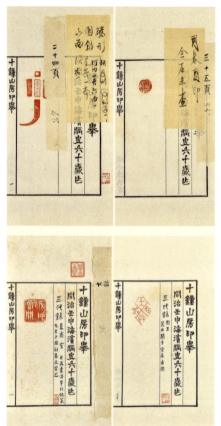

陈介祺辑《十钟山房印举》稿本
中国嘉德　2016/5/16　LOT 2117
11.5×19cm
成交价　RMB 6,900,000

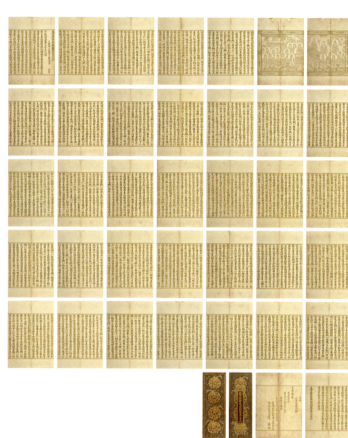

大方广佛华严经卷第二十六
中国嘉德　2016/11/13　LOT 1281
41.5×14.5cm×74
成交价　RMB 7,475,000

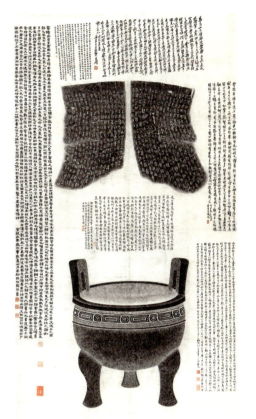

周毛公鼎　六名家题跋本
中国嘉德　2016/11/13　LOT 1282
168.5×95cm
成交价　RMB 11,385,000

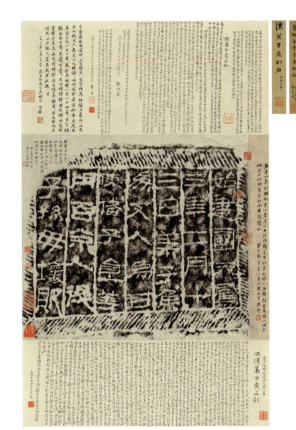

汉莱子侯　刻石初拓本
广东崇正　2016/6/12　LOT 480
立轴　水墨纸本
拓片 49×61cm；上跋 27×61cm；下跋 20.5×61cm
成交价　RMB 20,700,000

秦始皇二十六年　始皇诏十六斤铜权
中国嘉德　2016/11/13　LOT 1285
12×9cm；4162g
成交价　RMB 7,245,000

收藏品⋯⋯⋯古籍文献及手稿⋯⋯⋯碑帖印谱

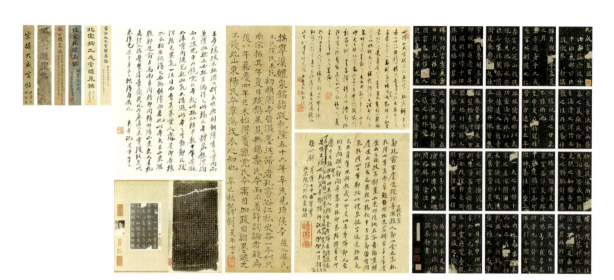

宋拓九成宫醴泉铭
北京匡时　2016/12/6　LOT 1873
册页　纸本　本幅 24.5×13.5cm×44；
题跋 16×4.5cm；16×13cm；32×36cm；27×16cm
成交价　RMB 17,250,000

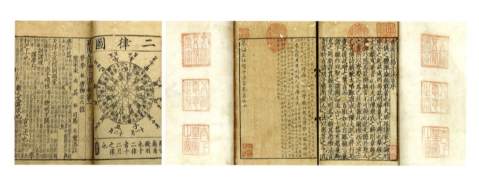

篆图互注扬子法言　十卷
中贸圣佳　2016/5/16　LOT 727
宋末建阳书坊刻本　18.5×12.2cm
成交价　RMB 23,000,000

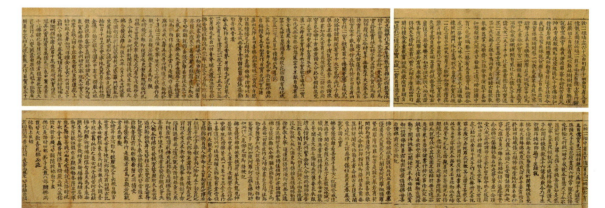

佛说弥勒上生经（中原刻经）
北京保利　2016/6/5　LOT 131
五代时期刻本　22.5×337.5cm
成交价　RMB 5,060,000

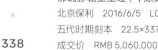

礼记 存一卷
中贸圣佳 2016/5/16 LOT 726
宋末建阳书坊刻本 18.5×12.2cm
成交价 RMB 7,130,000

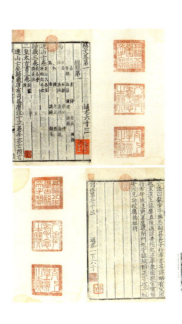

郑樵撰 天禄琳琅旧藏通志存三卷
中贸圣佳 2016/11/15 LOT 1012
元大德年间三山郡庠刻本 34.8×22.3cm
成交价 RMB 5,865,000

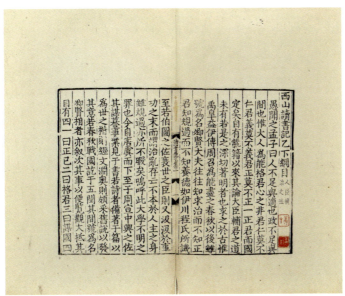

真德秀撰 西山读书记乙集卷一
中贸圣佳 2016/11/15 LOT 1017
宋开庆元年（1259）福州官刻本 37.8×23.2cm
成交价 RMB 8,165,000

收藏品 ——— 古籍文献及手稿 ——— 历代刻本

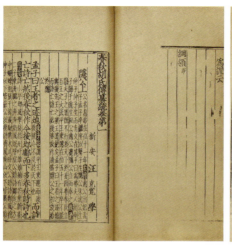
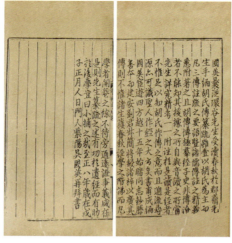

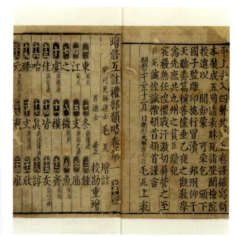

汪克宽撰　春秋胡氏传
纂疏三十卷首二卷
中贸圣佳　2016/11/15
LOT 1031
元至正八年（1348）建安
刘书简日新堂刻本
26.9×15.5cm
成交价　RMB 8,395,000

真德秀撰　大学衍义四十三卷
中贸圣佳　2016/11/15　LOT 1025
明嘉靖六年（1527）司礼监刻本　30.6×19cm
成交价　RMB 9,085,000

毛晃增注　增修互注礼部韵略五卷
中贸圣佳　2016/11/15　LOT 1032
元至正间刻本　28.4×16.9cm
成交价　RMB 6,670,000

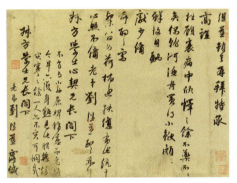

张文靖　书札四帖卷
苏富比香港　2016/5/30　LOT 370
手卷　水墨纸本　尺寸不一
成交价　RMB 35,363,600

刘继益　致陈植书札一通
北京匡时　2016/6/7　LOT 1463
镜心　纸本　32.5×44cm
成交价　RMB 7,015,000

王鉴、王谷祥、梁清标、袁枚等　明清书札
北京保利　2016/12/4　LOT 4005
册页（二十七开）　水墨纸本　21×34cm×27
成交价　RMB 5,520,000

王礼寔　致陈植手札
北京匡时　2016/12/6　LOT 1857
镜心　纸本　29.5×54cm
成交价　RMB 6,095,000

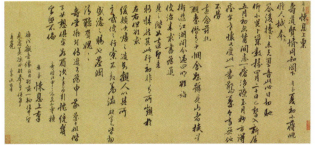

彝甫　致干文传手札
北京匡时　2016/12/6　LOT 1858
镜心　纸本　30×67cm
成交价　RMB 5,750,000

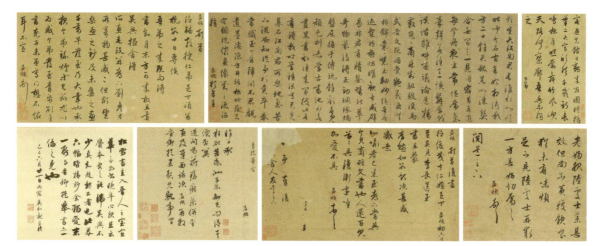

中国收藏
拍卖年鉴
2017

CHINESE FINE ART &
ANTIQUES AUCTION
YEARBOOK 2017

收藏品

古籍文献及手稿

书札文牍 写本写经

赵孟頫 书札六帖卷
北京匡时 2016/12/6 LOT 1859
手卷 纸本 本幅 25×15cm；23×66cm；23×40cm；
21×23.5cm；23×41.5cm；27×30cm；题跋 26×30cm
成交价 RMB 17,250,000

北凉 杨士骢旧藏南北朝写经《大般涅槃经卷第廿七》(思溪本)
北京伍伦 2016/9/25 LOT 35
23.6×810cm
成交价 RMB 6,210,000

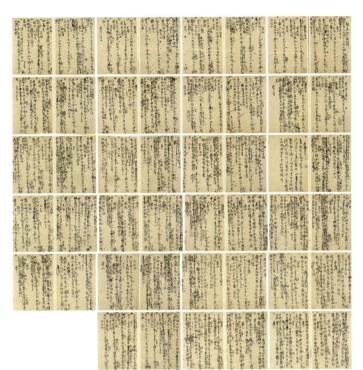

王铎　行书诗文稿
中国嘉德　2016/11/13　LOT 1242
32.5×45cm×23
成交价　RMB 6,555,000

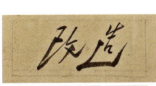

张海先生旧藏　历史资料（一组）
中国嘉德　2016/11/14　LOT 2356
尺寸不一
成交价　RMB 8,050,000

八千颂般若经
中贸圣佳　2016/11/15　LOT 1026
21×60cm
成交价　RMB 10,752,500

收藏品 ———— 古籍文献及手稿 ———— 写本写经

343

中国收藏
拍卖年鉴
2017

CHINESE FINE ART &
ANTIQUES AUCTION
YEARBOOK 2017

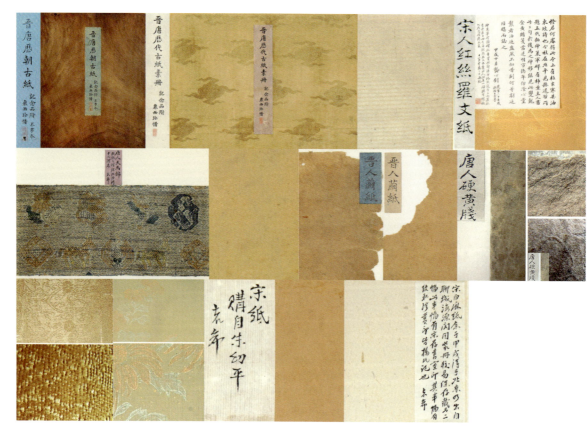

晋唐历朝古纸（二本）
上海朵云轩　2016/6/28　LOT 904
册页　尺寸不一
成交价　RMB 7,245,000

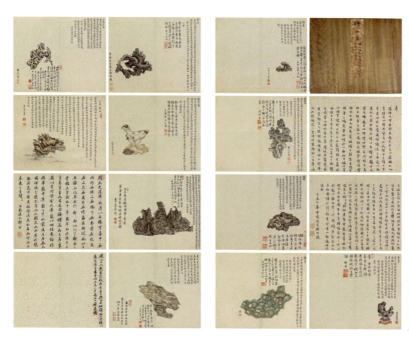

王原祁、沈宗敬、王敬铭等　研山图册
中贸圣佳　2016/11/14　LOT 322
册页（十开）　设色、水墨纸本　24.4×31cm
成交价　RMB 5,290,000

1902 年浙江省造光绪元宝库平七钱二分银币样币一枚
北京诚轩　2016/11/14　LOT 2010
成交价　RMB 6,325,000

1968~1969 年第二版人民币硬分币毛泽东像未采用
稿试铸样币一组二十八枚
北京诚轩　2016/11/14　LOT 1871
成交价　RMB 8,970,000

1968 年《无产阶级文化大革命的全面胜利万岁》旧
票一枚（俗称"大一片红"）
北京保利　2016/12/8　LOT 11510
成交价　RMB 9,200,000

收藏品⋯⋯⋯邮品钱币

中国收藏
拍卖年鉴
2017

CHINESE FINE ART &
ANTIQUES AUCTION
YEARBOOK 2017

蓝标宋聘（一筒七饼）
北京东正　2016/5/15　LOT 830
成交价　RMB 10,120,000

民国初期　百年蓝标宋聘号圆茶（一筒）
北京匡时　2016/6/7　LOT 3884
成交价　RMB 9,947,500

收藏品 —— 其他收藏品 —— 茗茶

民国初期　百年陈云号绿票黑字圆茶（一筒）
北京匡时　2016/6/7　LOT 3915
成交价　RMB 6,382,500

民国初期　百年陈云号绿票黑字圆茶（一筒）
北京匡时　2016/12/6　LOT 4790
成交价　RMB 6,842,500

民国初期　百年蓝标宋聘号圆茶（一筒）
北京匡时　2016/12/6　LOT 4814
成交价　RMB 10,465,000

珠宝尚品
Jewellery &
Watches

钻石戒指
苏富比香港　2016/4/5　LOT 1844
重 22.40 克拉，戒指尺寸 5½
成交价　RMB 24,129,640

钻石戒指
佳士得香港　2016/5/31　LOT 1964
重约 8.90 克拉，戒指尺寸 5
成交价　RMB 5,262,640

钻石戒指
佳士得香港　2016/5/31　LOT 2033
重约 9.06 克拉，戒指尺寸 5¼
成交价　RMB 7,575,520

钻石戒指
佳士得香港　2016/5/31　LOT 2065
重约 10.58 克拉，戒指尺寸 5¾
成交价　RMB 6,871,600

珠宝尚品 ——— 珠宝翡翠 ——— 戒指

钻石戒指
佳士得香港　2016/11/29　LOT 2077
重约 11.38 克拉，戒指尺寸 5¾
成交价　RMB 12,113,640

D 色无瑕钻石戒指　卡地亚
北京匡时　2016/12/5　LOT 3900
重约 7.16 克拉，戒指尺寸 15
成交价　RMB 5,750,000

F 色无瑕钻石戒指　卡地亚
北京匡时　2016/12/5　LOT 3922
重约 12.62 克拉，戒指尺寸 14
成交价　RMB 9,200,000

珍稀钻石——彩橘粉色钻石戒指
北京匡时　2016/6/8　LOT 4138
重约 6.38 克拉
成交价　RMB 10,350,000

鲜彩橙色钻石配钻石戒指
苏富比香港　2016/4/5　LOT 1875
橙色钻石重 4.08 克拉，梨形钻石重 5.20 克拉，戒指尺寸 7½
成交价　RMB 16,175,920

艳彩橘色钻石戒指
北京匡时　2016/12/5　LOT 4043
重约 3.22 克拉，戒指尺寸 14
成交价　RMB 34,500,000

有色钻石及钻石戒指
佳士得香港　2016/5/31　LOT 1972
重约 10.76 克拉，戒指尺寸 6
成交价　RMB 9,888,400

有色钻石戒指
佳士得香港　2016/11/29　LOT 2031
重约 28.78 克拉，戒指尺寸 5¼
成交价　RMB 13,686,840

艳彩黄色钻石戒指
北京匡时　2016/12/5　LOT 3940
重约 21.13 克拉，戒指尺寸 13
成交价　RMB 12,075,000

艳彩黄钻石配钻石戒指，VVS1 净度　Scarselli
保利香港　2016/4/5　LOT 2662
重约 27.51 克拉，戒指尺寸 6
成交价　RMB 10,890,220

天然浓彩黄色无瑕（IF）钻石配钻石戒指
北京保利　2016/6/7　LOT 13245
重约 28.61 克拉，主石尺寸约 17.54×15.59×11.27mm，
戒指尺寸 13
成交价　RMB 8,050,000

有色钻石戒指
佳士得香港　2016/11/29　LOT 2026
重约 5.19 克拉，戒指尺寸 4¼
成交价　RMB 11,589,240

珠宝尚品 —— 珠宝翡翠 —— 戒指

349

有色钻石及钻石戒指
佳士得香港　2016/11/29　LOT 2024
重约 5.11 克拉，戒指尺寸 5½
成交价　RMB 8,442,840

彩色钻石戒指
佳士得香港　2016/5/31　LOT 2073
重约 5.03 克拉，戒指尺寸 6
成交价　RMB 108,973,520

珠宝尚品 ——— 珠宝翡翠 ——— 戒指

有色钻石及钻石戒指
佳士得香港　2016/5/31　LOT 2071
重约 2.08 克拉，戒指尺寸 6
成交价　RMB 14,111,920

有色钻石及钻石戒指　慕莎依芙
佳士得香港　2016/11/29　LOT 2079
重约 4.29 克拉，戒指尺寸 5
成交价　RMB 79,761,240

鲜彩蓝色钻石配钻石戒指
苏富比香港　2016/4/5　LOT 1843
重 10.10 克拉，戒指尺寸 6¾
成交价　RMB 208,306,920

缅甸"鸽血红"红宝石配钻石戒指　卡地亚
保利香港　2016/4/5　LOT 2595
重约 14.83 克拉，戒指尺寸 6¼
成交价　RMB 15,840,320

瑰丽椭圆形天然"缅甸抹谷"无经加热处理"鸽血红"
红宝石配钻石戒指　蒂凡尼
天成国际　2016/6/12　LOT 226
红宝石重约 6.00 克拉，钻石共重 5.00 克拉，戒指尺寸
5½
成交价　RMB 8,485,380

红宝石及钻石戒指
佳士得香港　2016/11/29　LOT 2085
重约 5.01 克拉，戒指尺寸 5½
成交价　RMB 12,638,040

瑰丽红宝石配钻石戒指　Faidee
佳士得香港　2016/11/29　LOT 2087
重约 10.05 克拉，戒指尺寸 6¼
成交价　RMB 68,993,560

极为罕有的天然缅甸红宝石配钻石戒指，未经加
热　宝格丽
北京保利　2016/12/6　LOT 8736
重约 31.40 克拉，主石尺寸约 21.15×15.63×10.44mm，
戒指尺寸 15
成交价　RMB 36,800,000

蓝宝石及钻石戒指
佳士得香港　2016/5/31　LOT 2063
重约 9.43 克拉，戒指尺寸 6¼
成交价　RMB 5,564,320

椭圆形天然"缅甸抹谷"无经加热处理蓝宝石配椭圆
形 D 色内部无瑕至 VVS1 净度钻石戒指
天成国际　2016/6/12　LOT 245
蓝宝石重 34.53 克拉，钻石总重 6.96 克拉，戒指尺寸 6
成交价　RMB 5,790,024

珠宝尚品 —— 珠宝翡翠 —— 戒指

351

拉斯里兰卡无烧皇家蓝戒指、吊坠
北京匡时　2016/6/8　LOT 4161
重约 56.41 克拉，戒指尺寸 11
成交价　RMB 5,635,000

极为稀有及珍贵克什米尔蓝宝石配钻石戒指
保利香港　2016/10/3　LOT 2048
重 8.88 克拉，戒指尺寸 6
成交价　RMB 8,778,020

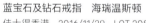

缅甸"皇家蓝"蓝宝石配钻石戒指，未经加热
保利香港　2016/10/3　LOT 2044
重 27.78 克拉，配钻共重 4.02 克拉，戒指尺寸 6¼
成交价　RMB 6,596,200

蓝宝石及钻石戒指　海瑞温斯顿
佳士得香港　2016/11/29　LOT 2083
重约 6.36 克拉，戒指尺寸 4
成交价　RMB 16,203,960

缅甸"皇家蓝"蓝宝石配钻石戒指，未经加热
William　Goldberg
保利香港　2016/10/3　LOT 2157
重约 30.02 克拉，戒指尺寸 7¾
成交价　RMB 12,177,600

珍罕天然翡翠配钻石戒指
天成国际　2016/12/4　LOT 263
蛋面尺寸约 21.19x17.49x6.36mm，梨形钻石分别重 2.01
及 2.00 克拉，其他钻石共重 2.65 克拉，戒指尺寸 5½
成交价　RMB 8,390,400

珠宝尚品——珠宝翡翠——戒指

哥伦比亚祖母绿配钻石戒指，未经注油

保利香港　2016/10/3　LOT 2156

重约 14.35 克拉，戒指尺寸 5¾

成交价　RMB 9,640,600

祖母绿及钻石戒指　Boghossian

佳士得香港　2016/5/31　LOT 2026

重约 25.00 克拉，戒指尺寸 4¼

成交价　RMB 11,095,120

穆索之冠　瑰丽古垫形天然"哥伦比亚穆索"无经处
理祖母绿配钻石戒指

天成国际　2016/6/12　LOT 216

重 29.16 克拉，戒指尺寸 6¼

成交价　RMB 9,783,144

天然哥伦比亚祖母绿配钻石戒指，未经注油

保利华谊　2016/12/22　LOT 1106

祖母绿重约 28.62 克拉，钻石重 6.5 克拉，主石尺寸约
19.60×19.39×13.11mm，戒指尺寸 14

成交价　RMB 17,250,000

珠宝尚品 ———— 珠宝翡翠 ———— 戒指

翡翠配钻石戒指

佳士得香港　2016/11/29　LOT 2059

翡翠尺寸 23.8x14.2x6.8mm，戒指尺寸 6½

成交价　RMB 5,506,200

中国收藏
拍卖年鉴
2017

CHINESE FINE ART &
ANTIQUES AUCTION
YEARBOOK 2017

钻石耳环
佳士得香港　2016/5/31　LOT 2052
重约 6.42 及 6.09 克拉
成交价　RMB 9,285,040

钻石耳坠
佳士得香港　2016/5/31　LOT 2066
重约 6.31 及 6.05 克拉，耳坠长度 3.5cm
成交价　RMB 5,866,000

钻石耳坠　梵克雅宝
佳士得香港　2016/5/31　LOT 2067
重约 8.24 及 8.10 克拉，耳坠长度 5.4cm
成交价　RMB 11,095,120

钻石耳坠
佳士得香港　2016/11/29　LOT 2076
重约 5.05 及 5.00 克拉，耳坠长度 2.6cm
成交价　RMB 5,925,720

钻石耳坠　Boehmer et Bassenge
佳士得香港　2016/11/29　LOT 2078
椭圆形钻石耳坠重 11.13 及 11.03 克拉，圆形及榄尖形钻
石重 1.08 至 0.23 克拉，耳坠长度 8.2cm
成交价　RMB 19,455,240

有色钻石及钻石耳环
佳士得香港　2016/11/29　LOT 2030
重约 5.20 及 5.19 克拉，耳环长度 1.5cm
成交价　RMB 6,345,240

钻石及有色钻石耳坠

佳士得香港　2016/11/29　LOT 2071

钻石耳坠重约 5.55 及 5.14 克拉，配钻

2.17.2.17.1.01 及 1.00 克拉，长度 5.1cm

成交价　RMB 5,820,840

红宝石及钻石耳坠

佳士得香港　2016/5/30　LOT 3030

重约 10.02 及 9.09 克拉，耳坠长度 4.2cm

成交价　RMB 75,185,360

红宝石及钻石耳环

佳士得香港　2016/5/31　LOT 2030

红宝石重约 5.05 及 5.01 克拉,钻石重约 1.71 至 1.13 克拉,

耳环长度 2.7cm

成交价　RMB 9,083,920

祖母绿及钻石耳坠 Etcetera

佳士得香港　2016/5/30　LOT 3025

水滴形耳坠重约 41.15 及 39.23 克拉，配蛋面 5.30 及

3.99 克拉，耳坠长度 5.5cm

成交价　RMB 16,056,080

祖母绿配钻石耳坠

佳士得香港　2016/11/29　LOT 2040

重约 6.83 及 6.66 克拉，耳坠长度 3.7cm

成交价　RMB 5,611,080

瑰丽天然翡翠配钻石吊耳环 （一对）

天成国际　2016/12/4　LOT 187

翡翠尺寸分别约 28.85x14.67x7.71 及

28.48x14.79x7.72mm，钻石共重 10.60 克拉

成交价　RMB 7,131,840

珠宝尚品 —— 珠宝翡翠 —— 耳环／耳坠

355

珠宝尚品 ———— 珠宝翡翠 ———— 手镯手链

蓝宝石及钻石手链　卡地亚
佳士得香港　2016/5/30　LOT 3011
手链重约 10.53 至 4.09 克拉，配蓝宝石约 3.38 克拉，
长度 18cm
成交价　RMB 47,028,560

红宝石及钻石手链　Faidee
佳士得香港　2016/5/31　LOT 2032
红宝石重约 4.22 至 1.02 克拉，钻石重约 2.01 至 0.73 克
拉，手链长度 17.2cm
成交价　RMB 22,626,000

翡翠及钻石手链
佳士得香港　2016/5/31　LOT 2043
最大蛋面尺寸 14.9x12.9x5.9mm，手链长度 18.2 厘米
成交价　RMB 12,603,520

珍罕翡翠手镯
佳士得香港　2016/5/31　LOT 2038
内径 52mm，宽 9mm，厚 8.8mm
成交价　RMB 13,106,320

缅甸天然翡翠手镯
保利香港　2016/10/3　LOT 2056
约 69.75x54.39x7.77mm
成交价　RMB 5,074,000

钻石项链 宝格丽

佳士得香港 2016/11/29 LOT 2072

钻石项链约 9.05 克拉,配钻约 3.01 至 0.72 克拉,

长度 43.3cm

成交价 RMB 12,638,040

天然缅甸鸽血红红宝石配钻石项链,未经加热

北京保利 2016/6/7 LOT 13162

红宝石 94 颗总重 78.95 克拉,配钻总重 83.27 克拉

成交价 RMB 7,130,000

珍罕古垫形天然"缅甸抹谷"无经加热处理"矢车菊蓝"
蓝宝石配梨形 D 色 SI1 净度 TYPE IIa 类钻石及钻石
吊坠项链 卡地亚

天成国际 2016/12/4 LOT 196

蓝宝石重 42.42 克拉,钻石吊坠重 11.11 克拉,其他钻石
总重 27.50 克拉,项链长度 36.8cm

成交价 RMB 17,829,600

浓彩黄钻吊坠配钻石项链

北京匡时 2016/12/5 LOT 3991

黄色钻石 9.9 克拉,无色钻共重 44.58 克拉

成交价 RMB 6,670,000

瑰丽心形天然"缅甸抹谷 / 蒙苏"无经加热处理"鸽
血红"红宝石配钻石项链 海瑞温斯顿

天成国际 2016/12/4 LOT 130

红宝石总重约 48.08 克拉,钻石总重约 75.00 克拉,项
链长度 40.2cm

成交价 RMB 15,732,000

天然哥伦比亚祖母绿配钻石项链

北京保利 2016/6/7 LOT 13159

祖母绿重 73.13 克拉,配钻总重 52.20 克拉,主石尺寸约
28.19×25.98×14.75mm,项链长约 43cm

成交价 RMB 5,750,000

珠宝尚品 —— 珠宝翡翠 —— 项链／吊坠

357

翡翠及宝石"常乐"吊坠项链　Wallace Chan
佳士得香港　2016/5/30　LOT 3018
翡翠尺寸 52.3x18.0x4.9mm，项链长度 59cm
成交价　RMB 6,268,240

天然海水珍珠配钻石项链
苏富比香港　2016/4/5　LOT 1870
32 颗天然海水珍珠及一颗养殖珍珠组成，天然海水珍
珠约 12.50 至 9.15mm，养殖珍珠约 9.20x9.70mm，配钻
重约 1.20 克拉，项链长度 37cm
成交价　RMB 15,672,520

翡翠及红宝石吊坠项链
佳士得香港　2016/5/31　LOT 1947
蛋面尺寸 28.7x24.7x13.2mm
成交价　RMB 5,564,320

天然满绿翡翠"绿度母观音菩萨"配钻石吊坠
北京保利　2016/6/7　LOT 13268
63.02×44.83×11.05mm
成交价　RMB 13,570,000

瑞士古柏林实验室命名"帝王玉"缅甸天然翡翠配钻
石挂坠
保利香港　2016/4/5　LOT 2683
翡翠尺寸约 50.5x26.02x9.46mm
成交价　RMB 39,006,788

缅甸天然翡翠珠配钻石项链　卡地亚
保利香港　2016/4/5　LOT 2682
159 颗翡翠珠尺寸约 6.52 至 8.88mm
成交价　RMB 17,820,360

当代　铂金托镶钻冰种帝王绿翡翠净瓶观音
中鸿信　2016/8/10　LOT 1290
净尺寸 62×38mm，金重 35.59g，伴石重 0.65g
成交价　RMB 6,095,000

珍罕天然翡翠"一百零八"念珠
天成国际　2016/6/12　LOT 275
翡翠珠尺寸约 18.62 至 12.03mm，念珠长度 175cm
成交价　RMB 17,969,040

翡翠及钻石吊坠项链　宝格丽
佳士得香港　2016/11/29　LOT 2062
吊坠直径 29.3mm，厚度 5.6mm
成交价　RMB 7,394,040

翡翠及钻石项链
佳士得香港　2016/11/29　LOT 2011
98 颗翡翠珠尺寸 9.0 至 12.6mm，项链长度 53cm
成交价　RMB 22,986,200

天然满绿翡翠配钻石吊坠
北京保利　2016/12/6　LOT 8697
53.82×27.48×9.73mm
成交价　RMB 13,409,000

珠宝尚品 ──── 珠宝翡翠 ──── 项链／吊坠

珠宝尚品

珠宝翡翠

套装

蓝宝石及钻石戒指及耳环套装
佳士得香港　2016/11/29　LOT 2048
重约 10.31.5.24 及 5.24 克拉，耳环长度 2cm，
戒指尺寸 4
成交价　RMB 10,540,440

天然翡翠蛋面戒指及耳环套装
佳士得香港　2016/11/29　LOT 2057
最大蛋面尺寸 19.0×16.4×7.7mm，戒指尺寸 6，
耳环长度 1.8cm
成交价　RMB 8,442,840

精美的天然哥伦比亚祖母绿配钻石项链及耳环套装　海瑞温斯顿
北京保利　2016/6/7　LOT 13251
总重 72.42 克拉，主石尺寸约
13.23×7.25×5.88mm–19.16×8.03×6.75mm，
成交价　RMB 10,580,000

哥伦比亚祖母绿配钻石项链及耳环套装
保利香港　2016/10/3　LOT 2124
祖母绿共重 146.73 克拉，项链长约 41.4cm，
耳环长约 5.1cm
成交价　RMB 18,773,800

极其稀有、卓越非凡的"帝王绿"缅甸天然翡翠配钻石项链及耳环
保利香港　2016/10/3　LOT 2173
项链长约 40.5cm
成交价　RMB 22,731,520

"哥伦比亚"祖母绿配钻石项链及耳环套装　宝格丽
苏富比香港　2016/10/4　LOT 1709
项链上方形祖母绿分别重 12.00、10.14 及 6.91 克拉，耳
环上方形祖母绿分别重 6.01 及 5.92 克拉，配祖母绿共重
约 20.25 克拉，钻石共重约 50.84 克拉，项链长度 40cm
成交价　RMB 11,936,800

「Green　Garden」

北京保利　2016/12/6　LOT 8643

总重 79.22 克拉, 祖母绿宝石重 24.09 克拉, 配钻 118.32 克拉,
项链长 40cm, 耳环长 4.5cm

成交价　RMB 20,930,000

翡翠帝王绿蛋面项链、耳环　（一套）

西泠印社　2016/12/18　LOT 5636

最大蛋面主石 1.6×1.4cm ；最小蛋面主石 1.2×1.1cm

成交价　RMB 6,670,000

翡翠及钻石套装

佳士得香港　2016/11/29　LOT 2060

最大蛋面尺寸 17.8x15.2x7.2mm, 项链长度 37cm, 戒指
尺寸 6, 耳坠长度 2.4cm

成交价　RMB 21,028,440

祖母绿配钻石胸针　梵克雅宝

佳士得香港　2016/11/29　LOT 2041

祖母绿重约 10.26 克拉, 胸针长度 4.3cm

成交价　RMB 6,869,640

翡翠及钻石吊坠 / 胸针　Carvin　French 镶嵌

佳士得香港　2016/5/30　LOT 3005

蛋面尺寸 31.1x23.9x7.6mm, 胸针长度 4.6cm

成交价　RMB 16,056,080

珠宝尚品 ———— 珠宝翡翠 ———— 套装　胸针

361

珍罕方形钻石
佳士得香港　2016/5/31　LOT 1973
重 12.58 克拉
成交价　RMB 8,078,320

圆形足色全美钻石
保利香港　2016/10/3　LOT 2187
重 30.19 克拉
成交价　RMB 35,518,000

珠宝尚品 ——— 珠宝翡翠 ——— 裸石

圆形足色全美钻石
保利香港　2016/10/3　LOT 2188
重 30.53 克拉
成交价　RMB 35,518,000

圆形钻石
佳士得香港　2016/11/29　LOT 2075
重 19.14 克拉
成交价　RMB 21,028,440

中国收藏
拍卖年鉴
2017

CHINESE FINE ART &
ANTIQUES AUCTION
YEARBOOK 2017

宫廷御制水法动偶钟　1736 年左右作
北京翰海　2016/6/4　LOT 2123
高 118cm，宽 56cm，厚 48cm
成交价　RMB 39,100,000

瑰丽、极精细及应为独一无二，18K 金镶钻石、黄钻、
红宝石、绿宝石、蓝宝石、贝母及黑玛瑙座钟　卡地亚
佳士得香港　2016/11/28　LOT 2813　高 25.6cm
成交价　RMB 5,086,680

卓越、极罕有及非常精细，18K 白金半镂空原型腕
表，约 2012 年制　高珀富斯、Philippe Dufour 及
Michel Boulanger
佳士得香港　2016/5/30　LOT 2689　直径 45mm
成交价　RMB 9,466,048

非常精细、罕有及独特，18K 红金腕表，配万年历、
计时功能及月相显示，型号 2499，
1968 年制　百达翡丽
Phillips　2016/5/31　LOT 368　直径 37.7mm
成交价　RMB 16,747,000

极精细及重要，18K 红金腕表，配世界时间、双表冠
及双色表盘，型号 2523/1，1954 年制　百达翡丽
Phillips　2016/5/31　LOT 373
直径 36mm
成交价　RMB 16,556,771

精细及非常罕有，铂金腕表，配万年历、追针计时功能、
独特蓝色视距仪表盘、月相、24 小时及闰年显示，型号
5004，2009 年制，ERIC　CLAPTONL 藏　百达翡丽
Phillips　2016/5/31　LOT 169　直径 36.5mm
成交价　RMB 5,333,223

珠宝尚品 ——— 钟表 ——— 座钟　腕表

363

独特，18K 黄金腕表，配三问、特大子盘、黑色指针
及时标，型号 2419，1946 年制　百达翡丽
Phillips　2016/11/29　LOT 1135
直径 34mm
成交价　RMB 8,322,546

极罕有，18K 红金腕表，配掐丝珐琅表盘，表盘上
绘有欧亚地图，型号 2481，1956 年制　百达翡丽
Phillips　2016/11/29　LOT 1140
直径 37mm
成交价　RMB 5,367,193

珠宝尚品 ———— 钟表 ———— 腕表

2016年
高价拍品榜单

2016年综合 TOP 10

序号	地区	拍卖行	拍卖会及专场	Lot号	作品名称	拍卖时间	人民币成交价（含佣金）
1	北京	中国嘉德	2016年秋季拍卖会 中国近现代书画	1178	赵之谦、任颐等 《名家精品集萃》	11/13/2016	356,500,000
2	北京	北京保利	2016秋季拍卖会 中国古代书画夜场	4050	任仁发 《五王醉归图卷》	12/4/2016	303,600,000
3	香港	保利香港	2016年春季拍卖会 太璞如琢——崔如琢精品专场（Ⅵ）	1213	崔如琢 《飞雪伴春》	4/4/2016	257,405,200
4	北京	北京保利	2016春季拍卖会 中国近现代书画夜场（Ⅰ）	3320	傅抱石 《云中君和大司命》	6/4/2016	230,000,000
5	香港	苏富比香港	2016年春季拍卖会 中国书画	1273	张大千 《桃源图》	4/5/2016	227,100,520
6	香港	苏富比香港	2016年春季拍卖会 瑰丽珠宝及翡翠首饰	1843	鲜彩蓝色钻石配钻石戒指	4/5/2016	208,306,920
7	北京	中国嘉德	2016年春季拍卖会 大观——中国书画珍品之夜·古代	1424	曾巩 《局事帖》	5/15/2016	207,000,000
8	香港	保利香港	2016年春季拍卖会 中国及亚洲现当代艺术	121	吴冠中 《周庄》	4/4/2016	198,004,000
9	北京	北京保利	2016秋季拍卖会 中国近现代书画夜场	2024	齐白石 《咫尺天涯—辛未山水册》	12/4/2016	195,500,000
10	北京	北京匡时	十周年春季拍卖会 澄道——清代宫廷书画夜场	1559	蒋廷锡 《百种牡丹谱》	6/7/2016	173,650,000

中国书画-国画

序号	地区	拍卖行	拍卖会及专场	Lot号	作品名称	拍卖时间	人民币成交价（含佣金）
1	北京	中国嘉德	2016年秋季拍卖会 中国近现代书画	1178	赵之谦、任颐等《名家精品集粹》	11/13/2016	356,500,000
2	北京	北京保利	2016秋季拍卖会 中国古代书画夜场	4050	任仁发《五王醉归图卷》	12/4/2016	303,600,000
3	香港	保利香港	2016年春季拍卖会 太璞如琢——崔如琢精品专场（VI）	1213	崔如琢《飞雪伴春》	4/4/2016	257,405,200
4	北京	北京保利	2016春季拍卖会 中国近现代书画夜场（Ⅰ）	3320	傅抱石《云中君和大司命》	6/4/2016	230,000,000
5	香港	苏富比香港	2016年春季拍卖会 中国书画	1273	张大千《桃源图》	4/5/2016	227,100,520
6	北京	北京保利	2016秋季拍卖会 中国近现代书画夜场	2024	齐白石《咫尺天涯—辛未山水册》	12/4/2016	195,500,000
7	北京	北京匡时	十周年春季拍卖会 澄道——清代宫廷书画夜场	1559	蒋廷锡《百种牡丹谱》	6/7/2016	173,650,000
8	北京	北京匡时	十周年秋季拍卖会 澄道——古代绘画夜场	1818	吴镇《山窗听雨图》	12/6/2016	172,500,000
9	北京	北京保利	2016秋季拍卖会 中国近现代书画夜场	2030	张大千《瑞士雪山》	12/4/2016	164,450,000
10	香港	保利香港	2016年秋季拍卖会 太璞如琢——崔如琢精品专场（VII）	1219	崔如琢《秋风摇翠》	10/3/2016	121,776,000

中国书画-书法

序号	地区	拍卖行	拍卖会及专场	Lot号	作品名称	拍卖时间	人民币成交价（含佣金）
1	北京	中国嘉德	2016年春季拍卖会 大观——中国书画珍品之夜·古代	1424	曾巩《局事帖》	5/15/2016	207,000,000
2	北京	中国嘉德	2016年春季拍卖会 大观——中国书画珍品之夜·古代	1423	宋克 临《急就章》并诸家题跋	5/15/2016	92,000,000
3	北京	北京保利	2016秋季拍卖会 中国古代书画夜场	4048	张即之 楷书《华严经》残卷	12/4/2016	63,250,000
4	北京	中国嘉德	2016年秋季拍卖会 大观——中国书画珍品之夜·古代	1249	唐寅《行书七古诗卷》	11/13/2016	59,570,000
5	北京	北京匡时	十周年秋季拍卖会 畅怀——古代书法夜场	1862	赵南星《草书诗翰卷》	12/6/2016	43,930,000
6	北京	北京匡时	十周年春季拍卖会 畅怀——古代书法夜场	1482	王铎《雒州香山作》	6/7/2016	40,825,000
7	北京	中国嘉德	2016年秋季拍卖会 大观——中国书画珍品之夜·古代	1279	曾纡《过访帖》	11/13/2016	40,250,000

8	北京	北京匡时	十周年春季拍卖会 畅怀——古代书法夜场	1475	龚贤 《行书自作词》	6/7/2016	36,225,000
9	广州	广东崇正	2016春季拍卖会 九藤书屋藏明清书画	427	陈道复 《书古诗》	6/12/2016	32,200,000
10	北京	北京匡时	十周年春季拍卖会 畅怀——古代书法夜场	1465	王守仁 《复罗整庵太宰书》	6/7/2016	30,475,000

油画及中国当代艺术

序号	地区	拍卖行	拍卖会及专场	Lot号	作品名称	拍卖时间	人民币成交价 （含佣金）
1	香港	保利香港	2016年春季拍卖会 中国及亚洲现当代艺术	121	吴冠中 《周庄》	4/4/2016	198,004,000
2	香港	佳士得香港	2016年秋季拍卖会 "先锋荟萃"特拍	2503	常玉 《瓶菊》	11/26/2016	90,528,920
3	香港	佳士得香港	2016年秋季拍卖会 "先锋荟萃"特拍	2508	朱德群 《雪霏霏》	11/26/2016	80,250,680
4	香港	佳士得香港	2016年春季拍卖会 亚洲二十世纪及当代艺术（晚间拍卖）	24	赵无极 《翠绿森林》	5/28/2016	59,229,840
5	香港	保利香港	2016年秋季拍卖会 中国及亚洲现当代艺术	133	常玉 《碎花毯上的粉红裸女》	10/3/2016	50,740,000
6	香港	苏富比香港	2016年春季拍卖会 现当代亚洲艺术晚间拍卖	1028	王怀庆 《足－2》	4/3/2016	45,742,280
7	北京	北京保利	2016秋季拍卖会 中国现当代艺术夜场	3722	吴冠中 《竹海》	12/3/2016	43,700,000
8	香港	佳士得香港	2016年秋季拍卖会 "先锋荟萃"特拍	2506	赵无极 《水之音》	11/26/2016	42,563,800
9	香港	苏富比香港	2016秋季拍卖会 现当代亚洲艺术晚间拍卖	1017	赵无极 《月光漫步》	10/2/2016	40,144,800
10	北京	北京保利	2016春季拍卖会 现当代艺术夜场	6720	常玉 《蓝色背景的盆花》	6/4/2016	39,330,000

陶瓷器

序号	地区	拍卖行	拍卖会及专场	Lot号	作品名称	拍卖时间	人民币成交价 （含佣金）
1	香港	佳士得香港	2016年春季拍卖会 三十周年志庆拍卖：世纪珍藏	3012	明宣德 青花五爪云龙纹大罐	5/30/2016	132,437,520
2	香港	苏富比香港	2016年春季拍卖会 赏心菁华——琵金顿珍藏重要中国工艺精品	17	明永乐 青花花卉锦纹如意耳扁壶	4/6/2016	92,726,280
3	香港	苏富比香港	2016年春季拍卖会 赏心菁华——琵金顿珍藏重要中国工艺精品	15	明永乐 青花缠枝牡丹纹净水瓶	4/6/2016	83,329,480
4	纽约	佳士得纽约	2016年9月拍卖会 古韵天成——临宇山人珍藏（二）	707	南宋 建窑"油滴天目"茶盏	9/15/2016	78,092,474

序号	地区	拍卖行	拍卖会及专场	Lot号	作品名称	拍卖时间	人民币成交价（含佣金）
5	香港	佳士得香港	2016年秋季拍卖会 重要中国瓷器及工艺精品	3310	明宣德 青花海水双龙纹内暗花龙纹高足碗	11/30/2016	60,183,640
6	香港	苏富比香港	2016年春季拍卖会 赏心菁华——琵金顿珍藏重要中国工艺精品	25	明成化 青花瓜瓞绵绵纹宫盌	4/6/2016	54,199,400
7	北京	北京匡时	十周年秋季拍卖会 瑞福集臻——宫廷艺术珍品夜场	3157	清乾隆 青花缠枝莲纹花觚	12/6/2016	43,700,000
8	香港	佳士得香港	2016年春季拍卖会 中国宫廷御制艺术精品 重要中国瓷器及工艺精品	3222	明永乐 青花瑞果纹梅瓶	6/1/2016	42,335,760
9	香港	佳士得香港	2016年秋季拍卖会 重要中国瓷器及工艺精品	3309	清雍正 青花喜上眉梢抱月瓶	11/30/2016	40,116,600
10	香港	苏富比香港	2016秋季拍卖会 中国艺术珍品	3607	清乾隆 青花八仙贺寿螭耳尊	10/5/2016	38,218,400

玉石器

序号	地区	拍卖行	拍卖会及专场	Lot号	作品名称	拍卖时间	人民币成交价（含佣金）
1	北京	北京匡时	十周年春季拍卖会 天工开物——瓷玉工艺品精品夜场	3776	于泾雕童子观音坐像	6/7/2016	32,200,000
2	北京	北京荣宝	2016春季艺术品拍卖会 古董珍玩及工艺品	1240	郭懋介（石卿）雕田黄石摆件"牧归"	6/5/2016	31,360,000
3	巴黎	苏富比巴黎	2016秋季拍卖会 中国古代玉及石器——包括罗樾珍藏	18	宋或更早期 黄玉神兽	12/15/2016	30,990,273
4	香港	邦瀚斯香港	2016春季拍卖会 温玉物华——思源堂藏中国玉器	35	东汉 玉雕说唱舞人	4/5/2016	28,188,021
5	香港	邦瀚斯香港	2016春季拍卖会 温玉物华——思源堂藏中国玉器	33	汉或以后 青玉雕辟邪	4/5/2016	22,170,756
6	香港	邦瀚斯香港	2016春季拍卖会 温玉物华——思源堂藏中国玉器	32	汉或以后 青玉雕辟邪	4/5/2016	19,663,562
7	香港	邦瀚斯香港	2016春季拍卖会 温玉物华——思源堂藏中国玉器	44	宋或以前 青玉带皮雕胡人戏象	4/5/2016	17,156,368
8	北京	北京东正	2016年秋季艺术品拍卖会 万物——佛像、玉器及古董艺术专场	125	清乾隆 白玉圆雕辟邪摆件	11/11/2016	16,675,000
9	香港	苏富比香港	2016年春季拍卖会 御瓺凝芳——重要鉴赏收藏	3007	清乾隆 乾隆帝写生"苍质滋华""浮筠漱润"松竹图嵌仿古玉册 一对	4/6/2016	15,169,120
10	北京	北京东正	2016年春季艺术品拍卖会 玉成其美——当代玉雕专场	731	吴德升 新疆和田白玉籽料 双娇	5/15/2016	13,225,000

古典家具

序号	地区	拍卖行	拍卖会及专场	Lot号	作品名称	拍卖时间	人民币成交价（含佣金）
1	北京	北京保利	2016秋季拍卖会 禹贡——御座与重屏之间 古董珍玩之夜	5182	清乾隆 紫檀雕福寿八吉祥嵌百宝十二扇屏风	12/5/2016	24,380,000
2	北京	北京保利	2016春季拍卖会 禹贡——天子与庶民的感应 古董珍玩之夜	7415	清雍正~乾隆 紫檀列屏式有束腰宝座	6/6/2016	19,550,000
3	北京	中贸圣佳	2016秋季拍卖会 斫木——明清家具专场	1656	清乾隆 紫檀嵌掐丝珐琅西番莲画案	11/15/2016	13,800,000
4	北京	中国嘉德	2016年秋季拍卖会 清隽明朗——明清古典家具精品	4634	清早期 黄花梨上格双层亮格柜成对	11/13/2016	12,650,000
5	北京	中国嘉德	2016秋季拍卖会 执古御今——书斋长物	4527	清早期 黄花梨透棂书格	11/13/2016	12,650,000
6	东京	东京中央	2016秋季拍卖会 紫绶呈祥——中国艺术品夜场	136	清乾隆 御制透雕福寿纹紫檀长几案 一对	8/31/2016	12,279,625
7	上海	上海明轩	2015年秋季艺术品拍卖会 一间屋	256	清早期 黄花梨三弯腿六柱式架子床	1/10/2016	10,695,000
8	香港	苏富比香港	2016年春季拍卖会 明式家具——亚洲私人收藏	109	晚明 黄花梨攒接卍字纹围子罗汉床	4/6/2016	9,933,760
9	纽约	邦瀚斯纽约	2016年秋季拍卖会 约翰和西莱斯特•弗莱明夫妇珍藏中国古典家具及艺术精品	6020	晚明 黄花梨架子床	9/12/2016	9,633,388
10	纽约	苏富比纽约	2016纽约亚洲艺术周 中国艺术珍品	226	清18世纪 黄花梨条桌	3/16/2016	9,440,950

佛像唐卡

序号	地区	拍卖行	拍卖会及专场	Lot号	作品名称	拍卖时间	人民币成交价（含佣金）
1	巴黎	佳士得巴黎	2016秋季拍卖会 亚洲艺术	53	辽11世纪 鎏金铜大日如来坐像	12/14/2016	99,953,297
2	北京	北京东正	2016年春季艺术品拍卖会 皇家长物	312	明 铜镀金道教水将像	5/14/2016	89,700,000
3	北京	北京匡时	十周年秋季拍卖会 瑞福集臻——宫廷艺术珍品夜场	3164	清 翡翠观音	12/6/2016	74,750,000
4	北京	中国嘉德	2016年秋季拍卖会 哲布尊丹巴——扎那巴扎尔	3060	蒙古17世纪 铜鎏金哲布尊丹巴像	11/12/2016	73,025,000

369

5	北京	北京保利	2016春季拍卖会 从喜马拉雅到五台山——重要佛教艺术夜场	7384	明宣德 观世音菩萨	6/6/2016	48,300,000
6	香港	邦瀚斯香港	2016秋季拍卖会 诚虔韵映：含乌尔里希·冯·施罗德珍藏精品	108	西藏13世纪 愤怒相金刚手巨型铜像	11/29/2016	43,743,044
7	巴黎	佳士得巴黎	2016秋季拍卖会 亚洲艺术	27	宋 木彩绘观音坐像	12/14/2016	38,083,234
8	北京	北京翰海	2016秋季拍卖会 西路十年——金铜佛像	2326	17~18世纪 绿度母	12/3/2016	37,950,000
9	北京	北京保利	2016春季拍卖会 从喜马拉雅到五台山——重要佛教艺术夜场	7386	清雍正 绿度母	6/6/2016	37,950,000
10	广州	广州华艺	2016秋季拍卖会 静观——历代造像专场	1033	7/8世纪 铜释迦牟尼	11/26/2016	36,800,000

古籍善本

序号	地区	拍卖行	拍卖会及专场	Lot号	作品名称	拍卖时间	人民币成交价（含佣金）
1	香港	苏富比香港	2016年5月拍卖会 中国古代书画	370	张文靖 书札四帖卷	5/30/2016	35,363,600
2	香港	苏富比香港	2016年5月拍卖会 中国古代书画	368	无款 元代 《妙法莲华经》	5/30/2016	26,447,280
3	北京	中贸圣佳	2016年春季拍卖会 中国碑帖·古籍·书札专场	727	纂图互注扬子法言十卷	5/16/2016	23,000,000
4	广州	广东崇正	2016春季拍卖会 九藤书屋藏明清书画	480	汉莱子侯 刻石初拓本	6/12/2016	20,700,000
5	北京	北京匡时	十周年秋季拍卖会 畅怀——古代书法夜场	1873	宋拓九成宫醴泉铭	12/6/2016	17,250,000
6	北京	北京匡时	十周年秋季拍卖会 畅怀——古代书法夜场	1859	赵孟頫 书札六帖卷	12/6/2016	17,250,000
7	北京	中国嘉德	2016秋季拍卖会 大观——中国书画珍品之夜·古代	1282	周毛公鼎 六名家题跋本	11/13/2016	11,385,000
8	北京	中贸圣佳	2016秋季拍卖会 御览——天禄琳琅及历代佳椠	1026	八千颂般若经	11/15/2016	10,752,500
9	北京	中贸圣佳	2016秋季拍卖会 御览——天禄琳琅及历代佳椠	1025	真德秀撰 大学衍义四十三卷	11/15/2016	9,085,000
10	北京	中贸圣佳	2016秋季拍卖会 御览——天禄琳琅及历代佳椠	1031	汪克宽撰 春秋胡氏传纂疏三十卷首二卷	11/15/2016	8,395,000

邮品钱币

序号	地区	拍卖行	拍卖会及专场	Lot号	作品名称	拍卖时间	人民币成交价（含佣金）
1	北京	北京保利	2016秋季拍卖会 方寸聚九州——邮品专场	11510	1968年《无产阶级文化大革命的全面胜利万岁》旧票一枚	12/8/2016	9,200,000
2	北京	北京诚轩	2016年秋季拍卖会 古钱 银锭 机制币	1871	1968年至1969年毛泽东像未采用稿试铸样币一组二十八枚	11/14/2016	8,970,000
3	北京	北京诚轩	2016年秋季拍卖会 古钱 银锭 机制币	2010	浙江省造光绪元宝库平七钱二分银币样币一枚	11/14/2016	6,325,000
4	杭州	西泠印社	2016年秋季拍卖会 中国历代钱币专场	5228	第一版、第二版、第三版人民币大全套共壹佰零贰枚	12/18/2016	3,852,500
5	北京	北京诚轩	2016年秋季拍卖会 纸币	1391	第一版人民币壹万圆"牧马"一枚	11/15/2016	2,760,000
6	北京	北京保利	2016秋季拍卖会 泉韵古今——古钱机制币、纸币专场	12440	战国 三孔布"安阳"背"十二·一两"一枚	12/4/2016	2,587,500
7	北京	北京诚轩	2016年春季拍卖会 古钱 银锭 机制币	1980	1975年第二版人民币硬分币工农学铝质试样两套六枚	5/16/2016	2,530,000
8	北京	北京诚轩	2016年春季拍卖会 古钱 银锭 机制币	1867	洪宪纪元袁世凯像飞龙纪念签字版银币样币	5/16/2016	1,782,500
9	北京	北京诚轩	2016年秋季拍卖会 古钱 银锭 机制币	1973	己亥江南省造光绪元宝库平三钱六分银币一枚	11/14/2016	1,552,500
10	北京	中国嘉德	2016年秋季拍卖会 邮品	7122	纽约版孙中山像2元邮票中心倒印一枚	11/15/2016	1,495,000

鼻烟壶

序号	地区	拍卖行	拍卖会及专场	Lot号	作品名称	拍卖时间	人民币成交价（含佣金）
1	北京	北京保利	2016秋季拍卖会 禹贡——御座与重屏之间 古董珍玩之夜	5166	清乾隆 白料胎画珐琅花鸟烟壶	12/5/2016	920,000
2	香港	苏富比香港	2016秋季拍卖会 瑰丽珠宝及翡翠首饰	1767	天然翡翠鼻烟壶	10/4/2016	591,250
3	东京	日本美协	2016秋季拍卖会 五周年庆——美协硕珍 II	247	清乾隆 金胎画珐琅西洋人物鼻烟壶	10/25/2016	492,554
4	厦门	保利厦门	2016春季拍卖会 玄览——重要作品专场	859	乾隆年制款 金胎画珐琅西洋母子图鼻烟壶	5/8/2016	460,000

5	纽约	佳士得纽约	亚洲艺术周 露芙及卡尔·巴伦珍藏中国鼻烟壶（第二部分）	410	1770~1850年 黄玉光素鼻烟壶	3/16/2016	406,938
6	纽约	佳士得纽约	亚洲艺术周 露芙及卡尔·巴伦珍藏中国鼻烟壶（第二部分）	582	清乾隆 御制铜胎画珐琅西洋人物鼻烟壶	3/16/2016	341,828
7	香港	佳士得香港	2016年4月拍卖会 古今	179	内画鼻烟壶及琥珀鼻烟壶 三十件	4/5/2016	297,234
8	北京	北京印千山	2016秋季拍卖会 古董珍玩专场	1255	清乾隆 白玉诗文鼻烟壶	12/10/2016	287,500
9	纽约	邦瀚斯纽约	美国2016春季拍卖会 美国私人中国鼻烟壶收藏两组: 霍华德伉俪收藏及刘月初女士收藏	6063	1983年作 水晶内画王习三自画像鼻烟壶	3/14/2016	277,780
10	北京	北京中拍	2016年春季拍卖会 杂项、玉器工艺品	3295	清乾隆 清宫造办处和田碧玉雕西番莲纹鼻烟壶	5/29/2016	276,000

竹木牙角

序号	地区	拍卖行	拍卖会及专场	Lot号	作品名称	拍卖时间	人民币成交价（含佣金）
1	北京	中贸圣佳	2016秋季拍卖会 集萃——古董珍玩	1408	清康熙 无我款紫檀笔筒	11/15/2016	10,005,000
2	香港	佳士得香港	2016年春季拍卖会 中国宫廷御制艺术精品 重要中国瓷器及工艺精品	3378	越南绿油棋楠摆件	6/1/2016	8,078,320
3	香港	苏富比香港	2016秋季拍卖会 精蕴琳琅: Roger Keverne 私人瑰藏	40	17世纪 张希黄制竹雕留青山水楼阁图笔筒	10/5/2016	4,196,800
4	香港	佳士得香港	2016年秋季拍卖会 重要中国瓷器及工艺精品	3227	清乾隆 约1750年 周颢刻 "携琴访友图" 竹笔筒	11/30/2016	4,037,880
5	上海	保利华谊	首届艺术品拍卖会 神采璀璨•翦淞阁文房韵物志	615	清初 杜士元制戏狮罗汉像	12/22/2016	3,795,000
6	北京	北京东正	2016年春季艺术品拍卖会 十日十月——文人生活空间专场	395	达拉干沈香件	5/14/2016	3,565,000
7	香港	苏富比香港	2016年6月拍卖会 水松石山房藏珍玩专场——逸趣俊赏	88	明嘉靖 传周柱制紫檀嵌玉石射猴图盖盒	6/2/2016	2,882,720
8	香港	苏富比香港	2016年6月拍卖会 水松石山房藏珍玩专场——逸趣俊赏	42	明末至清初 法周柱制紫檀嵌宝荔枝图盖盒	6/2/2016	2,882,720
9	香港	苏富比香港	2016秋季拍卖会 中国艺术珍品	3668	17世纪 盛辅功制犀角雕山水人物诗意图盃	10/5/2016	2,545,600
10	上海	上海明轩	2015年秋季艺术品拍卖会 一间屋	316	沉香岁寒三友如意	1/10/2016	2,300,000

珠宝尚品

序号	地区	拍卖行	拍卖会及专场	Lot号	作品名称	拍卖时间	人民币成交价（含佣金）
1	香港	苏富比香港	2016年春季拍卖会 瑰丽珠宝及翡翠首饰	1043	鲜彩蓝色钻石配钻石戒指	4/5/2016	208,306,920
2	香港	佳士得香港	2016年春季拍卖会 瑰丽珠宝及翡翠首饰	2073	彩色钻石戒指	5/31/2016	108,973,520
3	香港	佳士得香港	2016年秋季拍卖会 瑰丽珠宝及翡翠首饰	2079	有色钻石及钻石戒指 嘉莎侬芙	11/29/2016	79,761,240
4	香港	佳士得香港	2016年春季拍卖会 三十周年志庆拍卖：世纪珍藏	3030	红宝石及钻石耳坠	5/30/2016	75,185,360
5	香港	佳士得香港	2016年秋季拍卖会 瑰丽珠宝及翡翠首饰	2087	瑰丽红宝石配钻石戒指 Faidee	11/29/2016	68,993,560
6	香港	佳士得香港	2016年春季拍卖会 三十周年志庆拍卖：世纪珍藏	3011	蓝宝石及钻石手链 卡地亚	5/30/2016	47,028,560
7	北京	北京翰海	2016年春季拍卖会 时光的记忆——古董钟表	2123	1736年左右作 宫廷御制水法动偶钟	6/4/2016	39,100,000
8	香港	保利香港	2016年春季拍卖会 璀璨珠宝专场	2683	瑞士古柏林实验室命名"帝王玉"缅甸天然翡翠配钻石挂坠	4/5/2016	39,006,788
9	北京	北京保利	2016秋季拍卖会 瑰丽珠宝与翡翠	8736	极为罕有的天然缅甸红宝石配钻石戒指，未经加热 宝格丽	12/6/2016	36,800,000
10	香港	保利香港	2016年秋季拍卖会 璀璨珠宝专场	2188	圆形足色全美钻石	10/3/2016	35,518,000

金属器

序号	地区	拍卖行	拍卖会及专场	Lot号	作品名称	拍卖时间	人民币成交价（含佣金）
1	北京	中国嘉德	2016年秋季拍卖会 含英咀华——明清宫廷艺术聚珍	2647	明宣德 金嵌宝莲托梵文瓜棱盖罐	11/12/2016	34,500,000
2	香港	香港翰海	2016秋季拍卖会 青铜时代 II	161	西周中期 应(金瞿)方彝	10/5/2016	31,413,364
3	香港	香港翰海	2016秋季拍卖会 青铜时代 II	160	西周中期 应(金瞿)方尊	10/5/2016	23,940,058
4	香港	香港翰海	2016秋季拍卖会 青铜时代 II	168	商代晚期 (KUN)卣	10/5/2016	20,670,486
5	香港	佳士得香港	2016年春季拍卖会 三十周年志庆拍卖：世纪珍藏	3028	清乾隆 掐丝珐琅鎏金铜御制诗万年如意挂屏	5/30/2016	13,106,320
6	香港	保利香港	2016年春季拍卖会 中国古董珍玩专场	3092	商晚期 青铜兽面纹方彝	4/5/2016	12,375,250

7	香港	保利香港	2016年秋季拍卖会 古韵——重要高古艺术专场	3310	商晚期 青铜天黾觥	10/4/2016	11,670,200
8	北京	北京匡时	十周年春季拍卖会 天工开物——瓷玉工艺品精品夜场	3749	清乾隆 铜带盖原座钵式炉	6/7/2016	11,155,000
9	北京	中国嘉德	2016年春季拍卖会 金银器 金银锭 钱币(金银器 金银锭 金银币)	5233	清乾隆 金质"大清乾隆年制须弥福寿之庙"高浮雕双卧羊耳尊	5/17/2016	10,522,500
10	北京	北京保利	北京保利2016春季拍卖会 吉金——重要私人收藏明清铜炉	7330	明末清初 鬲式炉	6/6/2016	9,430,000

文房用品

序号	地区	拍卖行	拍卖会及专场	Lot号	作品名称	拍卖时间	人民币成交价（含佣金）
1	巴黎	Pierre Bergé & Associés	亚洲艺珍专场	36	清乾隆 "乾隆御笔之宝"玺	12/14/2016	154,675,159
2	香港	苏富比香港	2016秋季拍卖会 龙游帝苑	3304	清乾隆 乾隆帝御宝青玉交龙纽方玺	10/5/2016	78,672,800
3	香港	苏富比香港	2016年春季拍卖会 敬天勤民——康熙御制珍宝	3101	清康熙 康熙帝御宝檀香木异兽纽方玺	4/6/2016	77,691,400
4	香港	佳士得香港	2016年春季拍卖会 中国宫廷御制艺术精品 重要中国瓷器及工艺精品	3205	董沧门刻恭亲王龙凤田黄对章	6/1/2016	71,431,120
5	北京	北京保利	2016春季拍卖会 禹贡——天子与庶民的感应 古董珍玩之夜	7416	清乾隆 白玉交龙纽宝玺"八征耄念之宝"	6/6/2016	41,975,000
6	香港	苏富比香港	2016年春季拍卖会 敬天勤民——康熙御制珍宝	3102	清康熙 康熙帝御宝寿山石瑞兽纽方玺	4/6/2016	41,043,880
7	香港	佳士得香港	2016年春季拍卖会 开元大观	3126	南宋 官窑十棱葵瓣洗	6/1/2016	32,011,600
8	香港	佳士得香港	2016秋季拍卖会 重要中国瓷器及工艺精品	3201	西汉 青玉羊形水丞	11/30/2016	17,357,640
9	北京	北京匡时	十周年春季拍卖会 天工开物——瓷玉工艺品精品夜场	3746	清嘉庆 "敷春堂宝"交龙纽玉玺	6/7/2016	15,525,000
10	香港	邦瀚斯香港	中国瓷器及工艺精品专场	12	清雍正 斗彩祥云纹马蹄式水丞 一对	6/2/2016	11,318,189

Chapter 5
Global Arts Events in 2016

379 / January

382 / February

385 / March

390 / April

394 / May

399 / June

403 / July

406 / August

411 / September

417 / October

422 / November

428 / December

第五章 行业全球大事记

379 ········· 一月大事记

382 ········· 二月大事记

385 ········· 三月大事记

390 ········· 四月大事记

394 ········· 五月大事记

399 ········· 六月大事记

403 ········· 七月大事记

406 ········· 八月大事记

411 ········· 九月大事记

417 ········· 十月大事记

422 ········· 十一月大事记

428 ········· 十二月大事记

国家文物局指定首批 13 家涉案文物鉴定评估机构

1月4日，国家文物局公布了《关于指定北京市文物进出境鉴定所等13家机构开展涉案文物鉴定评估工作的通知》，指定北京市文物进出境鉴定所等13家机构为第一批涉案文物鉴定评估机构，开展妨害文物管理等刑事案件涉及的文物鉴定和价值认定工作。

《最高人民法院、最高人民检察院关于办理妨害文物管理等刑事案件适用法律若干问题的解释》于2016年1月1日起正式施行。该司法解释第十五条明确表示，对案件涉及的有关文物鉴定、价值认定等专门性问题难以确定的，由司法鉴定机构出具鉴定意见，或者由国务院文物行政部门指定的机构出具报告。其中，关于文物价值，也可以由有关价格认证机构做出价格认证并出具报告。根据此条司法解释，国家文物局确定了首批涉案文物鉴定评估机构。

浙江美术馆在美征集回流近百件名家书画

1月5日，99件中国近现代书画名家作品从美国旧金山运抵杭州，成为浙江美术馆新增藏品。

2015年底，为了推进浙江美术馆正在实施的"百年文脉梳理""百年书画征集"工程，浙江美术馆馆长斯舜威赴美国旧金山与傅狷夫亲属洽谈傅狷夫藏近现代名家书画作品征集项目。随后，双方正式签署征集协议书，对征集作品进行了清点移交，逐件装盒密封。这99件作品中包括任薰、徐悲鸿、黄君璧、唐云、于右任、邓白、丰子恺、赵少昂等近现代名家的作品，具有较高的艺术价值和文献史料意义。

"南海 I 号"保护发掘项目阶段性成果公布

1月9日，由国家文物局水下文化遗产保护中心、广东省文物局和阳江市人民政府主办，广东省文物考古研究所和广东海上丝绸之路博物馆承办的"南海 I 号"保护发掘项目阶段性工作通气会在广东海上丝绸之路博物馆召开。项目领队孙键、刘成基和项目保护组组长李乃胜现场介绍"南海 I 号"保护发掘项目的整体工作情况、阶段性成果和现场文物保护工作情况。

"南海 I 号"全面保护发掘工作于2013年11月28日正式启动，经过两年多的发掘和保护，确认"南海 I 号"沉船属于我国古代三大船型的"福船"类型，船体保存较好，存有一定的立体结构，这在以往的我国沉船考古中较为鲜见，对于研究中国古代造船史、海外贸易史具有极其重要的意义。截至2016年1月5日，总共出土文物14000余件套、标本2575件、凝结物55吨。根据出土铜钱、金页银铤铭文和瓷器特征判断，该沉船年代应属于南宋中晚期。

2015年中国考古六大新发现出炉

1月12日，由中国社会科学院主办、中国社会科学院考古研究所和考古杂志社承办的"中国社会科学院考古学论坛·2015年中国考古新发现"在京举行。论坛上公布了2015年"六大考古新发现"：海南东南部沿海地区新石器时代遗址，江苏兴化、东台市蒋庄良渚文化遗址，陕西宝鸡市周原遗址，江西南昌市西汉海昏侯墓，汉魏洛阳城宫城太极殿遗址和辽宁"丹东一号"清代沉船遗址。此次入选的六个项目地域范围广、年代跨度大，既有陆上发掘项目也有水下调查项目，反映出中国考古学的现状以及中国考古学新的发展方向。

2016"艺术登陆新加坡"呈现东南亚当代艺术崭新视野

1月21日，为期四天的第六届"艺术登陆新加坡"博览会在滨海湾金沙会展中心拉开帷幕。作为全年艺术盛会的始发站，"艺术登陆新加坡"以其聚焦东南亚艺术而具有广泛的全球影响力。

本届艺博会秉持积极创新的宗旨，精选出来自32个国家和地区的143家的画廊参展，展出多元的高素质作品，呈现来自世界各地的知名艺术家系列作品。"东南亚论坛"是

中国收藏
拍卖年鉴
2017

CHINESE FINE ART &
ANTIQUES AUCTION
YEARBOOK 2017

本届艺博会新设置的项目，以"地震仪：感知城市——都市时代里的艺术"为命题，通过相关联的艺术展探究东南亚地区的城市化议题，以创新性的态度对整个地区的当代艺术生产进行探究。

齐白石世界纪录完成交割

2015 年北京保利十周年秋拍书画夜场的"中国近现代书画夜场"中，曾多次出版著录、由荣宝斋递藏的齐白石《"叶隐闻声"花卉工笔草虫册页》以 6000 万元起拍，最终以 1 亿元落槌，加上佣金以 1.15 亿元成交。齐白石《"叶隐闻声"花卉工笔草虫册》共十八开，为北京荣宝斋旧藏，在 1956 年齐白石的纪录片中就已经出现，后来有至少十六次的出版著录，流传有序，秘藏于世几十年。至今此件作品已成功完成付款程序，顺利完成交割，成为目前齐白石市场上成交并完成交割的最高世界纪录。

三星堆遗址 21 世纪首次发现金器

1 月 28 日，四川省文物考古研究院在广汉市召开的"三星堆遗址 2011 年～2015 年考古勘探、考古发掘成果专家论证会"上宣布，三星堆遗址发现大量西周时期完整陶器乃至玉璋、绿松石和金箔片等高等级文物，其中金箔片是继 1986 年三星堆两个祭祀坑发现金器之后，时隔三十年再次发现金器。除了器物的发现，四川省文物考古研究院四年间陆续在三星堆遗址北部新发现五道城墙，分别为真武宫城墙、仓包包城墙、青关山城墙、马屁股城墙和李家院子城墙。随着城墙的确认以及月亮湾小城和仓包包小城的合围，明晰了三星堆遗址的城圈结构，对于认识三星堆城址的聚落结构具有深远意义。

二月大事记
February

中国收藏
拍卖年鉴 2017

CHINESE FINE ART &
ANTIQUES AUCTION
YEARBOOK 2017

文化部公布《艺术品经营管理办法》

2月2日，文化部发布新修订的《艺术品经营管理办法》并宣布此《办法》于2016年3月15日起施行。本次修订的总体思路是以落实国务院关于简政放权、放管结合、优化服务的要求为出发点，在明确监管对象、放宽市场准入、强化主体责任、划清行业底线、开展信用管理、加强事中事后监管等方面对现行办法进行修订。

《办法》坚持对内容的底线管理，调整了监管范围，对艺术品市场实行全方位内容监管，将网络艺术品、投融资标的物艺术品、鉴定评估等纳入监管领域；加大简政放权力度，下放审批事项，简化审批程序，压缩审批时限，以进一步激发艺术品市场内生发展动力；建立明示担保、尽职调查、鉴定评估、信用监管等一系列新的制度，立规矩、明底线、强化主体责任，促进艺术品公开透明交易，保障消费者合法权益。

"中国私语"希克收藏展被评为瑞士不容错过展览

2月19日，"中国私语"（Chinese Whispers）希克收藏展在瑞士伯尔尼美术馆隆重开幕。此次展览是继2006年"麻将"希克收藏展后，中国当代艺术再一次引爆欧洲。"中国私语"由策展人凯萨琳·布勒（Kathleen Bühler）独立策展，从不同的角度对全球艺术与意识形态倾向这一领域的紧张关系进行探讨。展览按照历史、政治和新世纪以来的中国社会形态等不同维度挑选出71位艺术家的约150件作品进行聚焦呈现。一百多家媒体对此进行报道，瑞士国家电视台将其评为2016年在瑞士绝对不容错过的展览。展览持续至6月19日。

李克强主持会议部署加强文物保护和合理利用

2月24日，国务院总理李克强主持召开国务院常务会议，部署加强文物保护和合理利用，传承文化根脉凝聚民族精神。会议认为，文物是不可再生的历史文化资源，是国家文明的"金色名片"。加强文物保护、管理和合理利用，对传承和弘扬中华民族优秀传统文化、提升国民道德素养、增强民族凝聚力，具有重要意义。会议强调，对于文物资源与文物保护事业，要重在保护，强化管理和执法，合理适度利用，加大政策支持，大力培养文博、文物保护修复等人才；用广博的文物资源滋养人文根脉、丰富群众精神家园。

全国文物拍卖管理工作座谈会在广州召开

2月25日，国家文物局在广州组织召开全国文物拍卖管理工作座谈会。全国各有关省级文物行政主管部门及商务部、工商总局、中拍协等有关部门负责人共计50余人参加会议。国家文物局副局长关强出席会议并做重要讲话。

会议全面总结了"十二五"期间全国文物拍卖管理情况，研究部署新形势下文物拍卖管理与服务工作，交流探讨文物拍卖经营资质审批下放及文物拍卖标的审核备案环节简化后文物市场监管思路。

国际拍卖行高层震动频发，香港市场竞争加剧

2月25日，邦瀚斯拍卖行首席执行官飞抵香港通报辞退亚洲副主席及亚洲艺术总监任天晋以及另外七名驻港员工。相比邦瀚斯，苏富比近期的人事变动消息则更为频繁。在苏富比工作31年的全球印象派与现代艺术部联合主席及美洲区副主席大卫·诺曼、工作22年的欧洲区主席亨利·温德姆及工作15年的当代艺术部联席总监亚历克斯·罗特都在2月宣布离职。

国际重要拍卖行的离职风潮，除了全球经济形势持续低迷的环境因素外，还预示着香港拍卖市场的变化。中国内地的嘉德、保利等拍卖行进入香港，与长期占据主导地位的佳士得和苏富比争夺市场，资源分散使得市场竞争加剧。

中国收藏
拍卖年鉴
2017

CHINESE FINE ART &
ANTIQUES AUCTION
YEARBOOK 2017

美国亚太博物馆展出 15 世纪明代藩王宫廷艺术精品

2 月 25 日,湖北省博物馆策划举办的"皇家品味——15 世纪明代藩王宫廷艺术"展在美国洛杉矶南加州大学亚太博物馆隆重开幕。南加州大学副校长加瑞特、美国著名考古学家罗泰、中国驻洛杉矶总领事馆文化参赞古今等 200 余名嘉宾及中方代表团参加开幕式。

本次展览精选 140 余件绘画、雕塑和装饰精品,集中展现古代中国皇室的尊贵风范,着重挖掘明朝初期和中期宫廷中的生活以及宗教传统,直观、具体地呈现明朝君王们的物质和精神生活。展览持续至 6 月 26 日,这是在美国巡回展的第二站,之前已在美国瑞林博物馆展出 4 个月。

故宫公布可移动文物数据

2 月 29 日,国家文物局局长刘玉珠、副局长关强一行来到故宫博物院,调研故宫博物院第一次全国可移动文物普查情况,并出席故宫博物院三年藏品清理领导小组会议。故宫博物院院长单霁翔,副院长宋纪蓉、冯乃恩、娄玮、任万平、李小城及相关部处负责人陪同参加了此次考察工作。

单霁翔院长汇报说,故宫博物院一直高度重视藏品的清理工作,对可移动文物普查工作更是积极响应。截至 2015 年年底,故宫博物院已先后上报 6 批普查数据,涉及陶瓷、文献、法书、绘画、织绣、工艺、铭刻、珍宝、古建藏品等诸多门类,共计文物 170 万余件、文物影像 47 万余张。

同时,故宫博物院结合工作和藏品实际情况,在第五次藏品清理的基础上,按照全国普查工作的时间节点,制定了 2014~2016 年度的"三年藏品清理计划",并为此成立了专项领导小组。截至 2016 年 2 月,故宫博物院已完成乾隆御稿的部门间移交、老照片玻璃底片的清洗等工作,甲骨项目成功申报国家社科基金重大项目,利用清理成果成功举办了"光影百年——故宫藏老照片特展",建成了正式向观众开放的石刻构件保护展示园区。

北齐释迦牟尼造像身首合璧

3月1日，国家文物局在国家博物馆隆重举办"星云大师捐赠北齐佛首造像回归仪式"。佛光山星云大师，文化部部长雒树刚，国家文物局局长刘玉珠，河北省副省长姜德果等有关人士和机构出席回归仪式。刘玉珠与星云大师分别代表中华文物交流协会与佛光山文化教育基金会签署了《关于合作举办文物展览的框架协议》。北齐释迦牟尼佛的佛首造像与佛身造像一起在国家博物馆合璧展出，并于30日入藏河北博物院。

这尊释迦牟尼佛首造像高0.47米、重约80公斤，面相丰满，双目微启，神态安详，和善亲切。经国家文物局专家组鉴定，其与收藏于河北博物院的幽居寺释迦牟尼佛身造像完全吻合，认定其为1996年在河北省灵寿县幽居寺被盗的国家珍贵文物。该佛身造像距今有近1500年历史，代表了北齐皇家佛像雕刻的最高水准，具有重要的历史与艺术价值。

两座知名大墓文物特展在首博展出

首都博物馆的两大春季特展"五色炫曜——南昌汉代海昏侯国考古成果展""王后·母亲·女将——纪念殷墟妇好墓考古发掘四十周年特展"分别于3月2日、3月8日正式亮相。

"汉代海昏侯国考古成果展"由江西省文物局、北京市文物局策划，首都博物馆、江西省博物馆、江西省文物考古研究所共同承办。展览从出土的1万余件（套）文物中精选具有代表性的文物300余件，从"惊现侯国"、"王侯威仪"、"刘贺其人"、"保护共享"四个方面展示南昌汉代海昏侯国的考古发掘成果，使观众领略朴拙精妙的汉代工艺，结识厚重幽远的汉代历史。展览持续至 6 月 2 日。

"纪念殷墟妇好墓考古发掘四十周年特展"由中国社科院考古研究所、北京市文物局、河南省文物局主办，首都博物馆、河南博物院共同承办。展出文物包括青铜器、玉石器、甲骨器和陶器共 411 件套，部分文物属首次公开展出。展览从多个层面向观众介绍这位王后、母亲、女将的传奇人生，进而呈现三千多年前的殷墟古都文化与商代文明。展览持续至 6 月 26 日。

北美地区最大规模秦始皇兵马俑展览亮相芝加哥

3 月 4 日，由中国陕西省文物局和美国芝加哥菲尔德博物馆共同举办的"中国秦始皇兵马俑"展在芝加哥菲尔德博物馆展出。本次展览是北美地区迄今为止规模最大的秦始皇陵兵马俑展览。

参加本次展览的 120 件（套）展品，分别来自秦始皇帝陵博物院、陕西历史博物馆、陕西省考古研究院、西安博物院以及陕西省宝鸡、延安和商洛市的共 16 家文博单位，其中来自延安市五家文物收藏单位的文物是首次出国展出。这些展品较为全面地展示了秦朝发展的历史脉络，以及陕西秦文化的最新研究成果。展览持续至 2017 年 1 月 8 日。

国务院关于进一步加强文物工作的指导意见

3 月 4 日，经李克强总理签批，国务院印发《关于进一步加强文物工作的指导意见》。《意见》围绕当前文物工作中存在的突出问题，在落实责任、加强保护、拓展利用、严格执法等方面做出了部署。

《意见》要求各级人民政府要进一步提高对文物保护重要性的认识，依法履行管理和监督责任；明确要健全国家文物登录制度，建立国家文物资源总目录和数据资源库；强调文物工作要为培育和弘扬社会主义核心价值观服务、为保障人民群众基本文化权益服务、为促进经济社会发展服务、为扩大中华文化影响力服务；强调要完善文物保护法律法规，加快推进文物保护法修订；强化文物督察，完善监督机制；加强文物执法工作，落实执法责任；严格责任追究，建立文物保护责任终身追究制。

中国参展商首次亮相欧洲艺术博览会

3 月 10 日，世界顶级的欧洲艺术博览会（英文名称 The European Fine Art Fair，简称 TEFAF）在荷兰马斯特里赫特正式开幕。拥有 29 年历史的 TEFAF 吸引了来自世界 20 多个国家的 269 家顶级美术馆、艺术机构参展，主要版块包括欧洲古典艺术、古董、现当代艺术、设计和纸本等。观众可以在欣赏古典绘画大师作品和古董的同时，置身于不同类型的现代及当代艺术精品中。香港艺术门画廊带着中国艺术家苏笑柏、朱金石的作品亮相，香港珠宝设计师陈世英的作品也出现在 TEFAF，这是中国展商首次出现在 TEFAF 的名单上。

第八届纽约亚洲艺术周隆重登场

3 月 10 日至 3 月 19 日，纽约亚洲艺术周走入第八个年头。今年的纽约亚洲艺术周集结了 44 家画廊，5 家拍卖公司以及数量众多的文化协会和博物馆等非营利机构参与其中。佳士得、苏富比、邦瀚斯等拍卖行在艺术周中呈现了将近二十场亚洲艺术品拍卖。另有来自不同国家与地区的画廊及艺术机构，展出由国际亚洲艺术专家精心推出的来自亚洲大陆的艺术精品，吸引全球各地的收藏家和策展人参观鉴赏。中国艺术是亚洲艺术最重要的组成部分之一，中国古代书画、雕塑、瓷器在艺术周中占有很大比重，彰显与日俱增的中华文化影响力。

第四届巴塞尔艺术展香港展会精彩纷呈

3 月 24 日至 26 日，第四届巴塞尔艺术展香港展会在香港会议展览中心向公众开放。巴塞尔艺术展香港展会与瑞银集团为主要合作伙伴，汇集来自 35 个不同国家及地区的 239 间顶级艺廊，展出 4000 余位艺术巨匠的孤品。其中半数参展艺廊均于亚太地区拥有展览空间。

香港展会的主要展区"艺廊荟萃"呈献现代大师级和新晋当代艺术家之作；"亚洲视野"带来亚洲及亚太地区极具特色的艺术家策展专案，而"艺术探新"则重点推介新晋艺术家的作品。此外，艺聚空间、光映现场等区域设置大型艺术装置，并播放有关艺术家的电影作品，丰富入场观众的体验。

"2016 胡润艺术榜"发布

3月24日，胡润研究院在北京泰来艺术中心发布《2016 胡润艺术榜》。榜单内容是根据 2015 年度公开拍卖市场作品总成交额为中国在世艺术家排名。

榜单显示，2015 年度中国前 100 位在世艺术家的总成交额为 37 亿元，比去年下降 45%。72 岁的国画家崔如琢以成交额近 8 亿元的成绩位列榜首，连续两年成为中国最成功的在世艺术家；52 岁的油画家曾梵志总成交额 1.1 亿元，卫冕第二，成为胡润艺术榜创榜九年以来最稳健的艺术家；59 岁的天津国画家何家英总成交额将近 1 亿元，排名上升至第三。

乌镇国际当代艺术邀请展开幕

3月27日，由文化乌镇股份有限公司主办的"乌托邦·异托邦——乌镇国际当代艺术邀请展"在中国乌镇开幕。展览汇集了来自 15 个国家和地区的 40 位（组）著名艺术家的 55 组（套）130 件作品。展览作品包括装置、雕塑、影像、摄影、行为、绘画以及声音艺术等多种媒介方式与类型，从不同的角度诠释艺术家对展览主题的理解。此外，展览还特别邀请巫鸿、乌里·希克、田霏宇等六位在国际艺术界有重要影响的专家、学者组成展览艺术委员会，为这次展览提供重要的学术支持。本次国际邀请展延续到 6 月 26 日。

2016 亚洲艺术品金融论坛召开

3月28日，以"文化力量与资本智慧"为主题的 2016 亚洲艺术品金融论坛在上海举行。来自艺术、金融、高校三个领域的专家学者围绕金融与文化的融合和共赢等相关议题进行了热烈的讨论。

同时，位于上海自贸区的亚洲艺术品金融商学院（英文名称 Asia Institute of Art&Finance，简称 AIAF）也在当天盛大揭幕。AIAF 的建立，旨在填补我国艺术品金融复合型人才的空白，培养、提升现有从业人员，并以全球视野引进国际高端艺术品金融专业人才，从根本上弥补我国艺术品金融产业发展的短板，对于实现国家的战略任务意义非常重大。

台北故宫博物院上榜 2015 年全球博物馆受欢迎度 TOP10

3 月 29 日，艺术界的权威媒体——艺术新闻（英文名称 The Art Newspaper，简称 TAN）公布了 2015 年度全球博物馆受欢迎度 TOP10。榜单数据均由每家博物馆提供，真实性与准确性值得信赖。榜单显示，卢浮宫（the Louvre）依然保持着博物馆界的霸主地位，在 2015 年以 860 万人次的访问量位居榜首。大英博物馆（British Museum）、大都会艺术博物馆（Metropolitan Museum of Art）、梵蒂冈博物馆（Vatican Museums）、英国国家美术馆（The National Gallery）、台北故宫博物院（National Palace Museum）、泰特现代美术馆（Tate Modern）、美国国家美术馆（National Gallery of Art）、艾尔米塔什博物馆（State Hermitage Museum）和奥赛博物馆（Musée d'Orsay）榜上有名。其中，台北故宫博物院以 529 万人次的访问量排名第六，是 2015 年亚洲最受欢迎的场馆，大部分访客来自中国大陆。

四月大事记

April

中国收藏
拍卖年鉴
2017

CHINESE FINE ART &
ANTIQUES AUCTION
YEARBOOK 2017

台北故宫博物院推出两大特展

4 月 2 日，台北故宫博物院推出"书中龙也——历代十七帖法书名品展"及"清明上河图特展"。两大特展均持续至 6 月 26 日。

"书中龙也——历代十七帖法书名品展"精选院藏历代《十七帖》相关作品 13 组（件），让观众欣赏"书圣"王羲之晚年时致友人信札所集成的《十七帖》，呈现此烜赫名帖的书法之美，以及其在中国书法史上的影响和递变。

"清明上河图特展"正值清明之际，博物院特辟专室，将院藏 8 件《清明上河图》作品同时呈现于世人面前，让观众一同来领略明清两代画家诠释《清明上河图》的多元面向。

香港 2016 年春拍启动，中国现当代艺术连续破亿

4 月 4 日，香港 2016 年春季拍卖的多项拍品刷新拍卖纪录。晚间拍场吴冠中的《周庄》以 2.36 亿港元成交刷新吴冠中个人作品的拍卖纪录，同时刷新中国现当代油画最高成交纪录。

继吴冠中《周庄》刷新中国现当代油画最高成交纪录后仅十余小时，在香港苏富比中国书画专场中，中国近现代书画的纪录被张大千创作于 1982 年的泼墨泼彩作品《桃源图》所打破。这件香港苏富比书画部迄今估价最高的拍品，是张大千第三张破亿拍品，龙美术馆创始人刘益谦以 2.7068 亿港元成交价将其收入囊中。

黄永砅成为首位获沃夫冈罕奖的华人艺术家

4月12日，第22届"沃夫冈罕奖"颁奖仪式在德国路德维希博物馆举行，中国艺术家黄永砅作为中国第一人获得此项大奖，并在路德维希博物馆举办个人作品展。沃夫冈罕奖创立于1994年，聚焦于长期坚持艺术创作、得到国际认可，但其作品并没有得到博物馆充分展示的当代艺术家。

1954年出生于厦门的黄永砅是先锋艺术团体"厦门达达"的发起人，也是20世纪80年代中国当代艺术的代表人物，他的作品以动物雕塑为人所熟知。2014年至2016年，"蛇杖"系列展览在罗马国立二十一世纪艺术博物馆、北京红砖美术馆、上海当代艺术博物馆巡回展出，并引起业界广泛关注。

全国文物工作会议召开

4月12日，全国文物工作会议在京召开。中共中央政治局委员、国务院副总理刘延东在会上传达了习近平总书记重要指示精神和李克强总理的批示并讲话。国家文物局、国家发展改革委、财政部和北京、山西、浙江、陕西有关负责人作大会发言。中央和国家机关、在京文博单位、各省市和有关负责人，部分在京文物界专家参加会议。

会议深入学习领会习近平总书记重要指示，紧紧围绕"四个全面"战略布局，贯彻落实《国务院关于进一步加强文物工作的指导意见》，明确新时期文物工作的指导思想、目标任务、政策措施，在新的历史起点上推动文物工作再上新台阶。

美国大都会艺术博物馆展出巴西私人收藏中国瓷器

4月25日，美国大都会艺术博物馆透过国际借展举办了"Global by Design：Chinese Ceramics from the R. Albuquerque Collection"专题展，首次向公众展示了60件来自巴西私人收藏的精美且罕见的中国瓷器。展览透过中国古代瓷器的外形和设计，主要呈现16世纪末至18世纪间，中国瓷器成为全球奢侈品并改变欧洲制瓷业与餐饮文化的历程，同时也反映了中国与欧美文化艺术交流的悠久历史。

本次展览展品的所有者——巴西收藏家Albuquerque，从23岁起便对中国瓷器非常着迷，他收藏了上千件中国瓷器。美国大都会艺术博物馆从中借展60件，所有展品之前从未展出过。展览持续至9月5日。

国务院常务会议推动文化文物单位文化创意产品开发

4月27日，国务院总理李克强主持召开国务院常务会议，确定推动文化文物单位文化创意产品开发的措施，提升社会文明水平和国家软实力。会议认为，深度发掘文化文物单位馆藏资源，推动文化创意产品开发，对弘扬优秀文化，传承中华文明，推进经济社会协调发展，具有重要意义。

会议就文化创意产品开发指出具体措施：一要选择不同类型的国有博物馆、美术馆、图书馆开展试点示范，依托馆藏资源，开发文化创意产品。二要大力培养创意研发、营销推广等人才，完善引导扶持机制，畅通人才流动渠道。三要推动优秀文化资源与创意设计、旅游等跨界融合；加强品牌建设、知识产权保护和交易；推进文化资源数字化进程。四要强化政策支持，将文化创意产品开发纳入文化产业投融资服务体系支持范围。

国博推出日本泉屋博古馆藏精品中国文物图录

4月28日，国家博物馆举行《海外藏中国古代文物精粹·日本泉屋博古馆卷》新书发布会。中国国家博物馆馆长吕章申，日本泉屋博古馆馆长小南一郎以及相关机构、新闻媒体出席发布会。

日本泉屋博古馆是以收藏、展览中国古代青铜器与明清绘画为特色的博物馆，创建于1960年。《日本泉屋博古馆卷》精选该馆藏中国古代文物珍品199件（套），其中铜器142件（套），书画57件，均为其代表作。该书的出版，为海内外古代中国文物研究者提供了宝贵的资料。

《海外藏中国古代文物精粹》丛书项目于2005年立项，是由中国国家博物馆联合世界上诸多著名博物馆合作编辑出版的大型学术性系列丛书之一。该套丛书对海外藏中国文物状况的了解以及海内外博物馆之间新型合作关系的建立具有划时代的重要意义。

美荷联手呈现亚洲外销艺术

　　日前，美国迪美博物馆联合荷兰阿姆斯特丹国家博物馆举办了"17 世纪奢侈的黄金时代——阿姆斯特丹的亚洲外销艺术"展览，聚焦和探索这一时期的亚洲外销艺术品。展览展出二百件艺术精品，包括绘画、纺织品、陶瓷、银器、漆器、家具、珠宝和书籍，表明了 17 世纪的亚洲奢侈品对荷兰艺术和生活所产生的变革性影响。展品中有相当一部分展品为借展，分别来自英国、瑞典、荷兰的皇室、博物馆以及艺术收藏机构和私人收藏，力图呈现对荷兰黄金时代研究的新视角和新观点。

中国收藏
拍卖年鉴
2017

CHINESE FINE ART &
ANTIQUES AUCTION
YEARBOOK 2017

"2016 艺术北京" 博览会开展

4月30日至5月3日，由北京市文化局支持的"2016艺术北京"博览会亮相全国农业展览馆。"艺术北京"持续秉承"立足本土、完整亚洲"的理念，把握艺术市场方向，紧跟艺术市场发展趋势，以期构建一个新颖且最具时代气息的艺术博览会。

本届博览会吸引了来自世界各地的160余家画廊和艺术机构参展，展出面积超过25000平方米，共划分为当代馆、经典馆、设计馆和公共艺术区四大部分。其中，当代馆以"发现亚洲"为主题，展出多位亚洲新兴艺术家的作品；经典馆展出从16世纪文艺复兴时期至20世纪的艺术品；设计馆推出特别策划项目及设计作品；公共艺术区则延续"理想城市艺术介入"的主旨，以"艺术为明天"为主题，关注艺术公共化的趋势。

敦煌石窟充分利用数字技术

5月1日，敦煌研究院探索多年的项目"数字敦煌"资源库正式上线，这意味着全球民众通过互联网可尽情畅游被誉为"20世纪最有价值文化发现"的敦煌石窟。"数字敦煌"利用现代数字技术拍摄、扫描、获取、存储敦煌石窟文物信息，并通过建立多元化、集成化的数字敦煌数据库、数字资产管理系统、数字资源永久保存系统，实现永久保存敦煌文化艺术资源。同时，"数字敦煌"为学术研究和多元利用提供无限可能。目前资源库精选了从北魏至元共十个朝代的30个洞窟，包括壁画4430平方米，可供网上观赏。

在"数字敦煌"上线的同时，由敦煌研究院和美国盖蒂保护研究所联合举办的"敦煌莫高窟：中国丝绸之路上的佛教艺术"展在美国洛杉矶盖蒂中心（The

Getty Center）筹备，于 5 月 7 日与公众见面。此次展览分为探索石窟遗址、珍稀文物展示和多媒体体验呈现三大部分，展出三个莫高窟原大复制洞窟，并且首次将新式科技 3D 立体虚拟实境运用于博物馆展览中。观众可以通过大型全景投影，结合 3D 虚拟实境，身临其境地体验盛唐时期石窟的立体影像。展览持续至 9 月 4 日。

故宫研究院成立中国书法研究所并发布多项成果

5 月 5 日，故宫研究院在建福宫花园举行新闻发布会，正式成立中国书法研究所，并发布多项研究成果。来自文化部科技司、外联局和相关领域的专家学者及故宫博物院、故宫研究院相关领导出席发布会。

故宫研究院是故宫博物院为与国内外著名专家学者开展合作研究和交流而成立的非建制、综合性学术机构。在此次发布会上，故宫研究院公布了多项科研新成果，包括明清历史与宫廷史、考古学理论与专项考古、古文献整理与研究、古代宫廷绘画与艺术、中国书法艺术研究与创作、清代藏传佛教历史与艺术、文学艺术创作等诸多领域。其中，考古研究所首次在紫禁城内宫廷建筑考古中发现元代遗址，对紫禁城历史及中国古代建筑史具有极为重要的意义。

"秦·俑——秦文化与兵马俑特展"开幕

5 月 6 日，由台北故宫博物院、台湾科学工艺博物馆与陕西省文物交流中心、甘肃省文物数据信息中心、时艺多媒体传播公司等联合主办的"秦·俑——秦文化与兵马俑特展"在台北故宫博物院开幕。

本次展览汇集了大陆陕西省、甘肃省 19 个博物馆与考古单位 189 件 / 组文物精品，展出展品中有 37% 以上为一级文物。展览分为"秦与周戎""东进称霸""变法革新""秦始皇帝""汉承秦制"五大展区，通过展示兵马俑、铜器、金银器、玉石器、漆器、车马器、兵器等文物，呈现西周以来秦人自起源至盛世近八百年的考古记录，透视出秦代多姿多彩的文化艺术和对后世的深远影响。展览至 8 月 31 日结束。

文化部成立文化产业专家委员会

5月6日，文化部在北京成立文化产业专家委员会，来自高校、科研等机构的18位专家受聘为专家委员会委员。文化部部长雒树刚为专家委员会委员颁发聘书并讲话。同时，会议通过了文化产业专家委员会工作章程，专家委员会实行聘任制，每届任期两年。结合文化产业发展实际，专家委员会划分为政策协调组、转型升级组等七个工作组。

文化产业专家委员会作为文化部层面设立的重要智囊机构、决策咨询机构，是文化产业体系建设工作的思想库和智囊团。文化部文化产业专家委员会的成立，是文化部适应当前文化产业发展现状，推动文化产业新局面的一项重大举措，是文化部新型智库建设的重要组成部分。

2016 年"中国—中东欧国家艺术合作论坛"开幕

5月9日，由中国文化部与北京市人民政府共同主办，文化部对外文化联络局、北京市文化局和北京市丰台区人民政府共同承办的 2016 年"中国—中东欧国家艺术合作论坛"在北京开幕。该论坛为期五天，是"2016 中国—中东欧国家人文交流年"的重要活动之一，也是迄今中国与中东欧国家举办的最大规模的艺术盛会，共邀请来自中国与阿尔巴尼亚、波黑、保加利亚等 16 个中东欧国家的著名艺术家、艺术机构代表以及部分中东欧国家驻华使节等近 300 人出席。

此次论坛以"跨文化合作"为主题，旨在为中国与中东欧各国的主流艺术机构、艺术家群体及个人搭建一个可持续的交流平台，形成政府主导、不同类型艺术机构和社会资源广泛参与的交流格局，充分挖掘、整合和利用各国的优势资源，最大限度地分享成果，并转化成市场化运作的务实合作。与会代表围绕教育培训、合作创作、学术研究、艺术管理、市场推广以及 2017 年中国—中东欧国家文化季等主题交流研讨。

2015 年度全国十大考古新发现揭晓

5月16日，2015 年度全国十大考古新发现在京揭晓。中国文物报社和中国考古学会联合召开新闻发布会，宣布云南江川甘棠箐旧石器遗址，江苏兴化、东台蒋庄遗址，浙江余杭良渚古城外围大型水利工程的调查与发掘，海南东南部沿海地区新石器时代遗存，陕西宝鸡周原遗址，湖北大冶铜绿山四方塘遗址墓葬区，江西南昌西汉海昏侯刘贺墓，河南洛阳汉魏洛阳城太极殿遗址，内蒙古多伦辽代贵妃家族墓葬，辽宁"丹东一号"清代沉船（致远舰）水下考古调查十个项目入选2015年度全国十大考古新发现。此次评选出的十项考古新发现，是从去年全国经审批的700余项考古发掘中经过层层筛选脱颖而出的。它们既是2015年度我国考古工作成果的集中体现，也充分展示了当今考古工作的理念和方法。

"5·18 国际博物馆日"中国主会场活动亮点纷呈

5月18日，由国家文物局、内蒙古自治区人民政府主办，中国博物馆协会、内蒙古自治区文化厅、内蒙古自治区文物局、呼和浩特市人民政府协办，内蒙古博物院等单位联合承办的2016年"5·18国际博物馆日"中国主会场活动，在内蒙古博物院隆重举行。内蒙古自治区人民政府代主席布小林，国家文物局局长刘玉珠，内蒙古自治区人民政府副主席刘新乐等出席主会场活动。

国际博物馆日定于每年的5月18日，由国际博物馆协会发起并创立。今年已是第四十个博物馆日，主题为"博物馆与文化景观"，旨在号召全世界博物馆对文化景观担起责任，为文化景观的管理维护贡献知识和专业技能。作为中国主会场的内蒙古博物院举办诸多精彩纷呈的活动，以非遗演示、精彩展览、专题讲座、科普教育等文化盛宴，彰显博物馆与文化景观之间的巧妙融合。

首届中国考古学大会在郑州隆重举行

5月21日至23日，由中国考古学会主办，郑州中华之源与嵩山文明研究会、河南省文物考古学会承办的首届中国考古学大会在郑州隆重举行。这是中国考古学领域规模最大、覆盖面最广的一次学术盛会。在为期三天的大会中，来自国内高等院校、科研院所及十余个国家的近400位中外考古学者和代表围绕"面向未来的中国考古学、面向世界的中国考古学"主题展开相关交流和讨论。

本次大会还颁发了首届中国考古学大会研究成果奖（金鼎奖），首届中国考古学大会青年学者奖（金爵奖），中国考古学会田野考古一、二、三等奖以及中国考古学会终身成就奖。其中，获得中国考古学会终身成就奖的是我国著名考古学家、北京大学教授宿白。此外，各专业委员会还设立了各自的奖项，江西南昌西汉海昏侯墓考古发掘现场保护等 14 个项目获考古资产保护"金尊奖"；"全国十大考古新发现"评选推介活动等 12 个项目获公共考古"金铲奖"。

国家珍贵古籍名录公布

5月 24 日，文化部召开新闻发布会，公布了第五批《国家珍贵古籍名录》和"全国古籍重点保护单位"。截至 2016 年 5 月，我国已公布《国家珍贵古籍名录》12274 部，"全国古籍重点保护单位"180 家。

本次入选古籍共 899 部，均是从一、二级古籍内选定的具有重要历史、思想和文化价值的珍贵古籍，其中收录了 13457 片甲骨文，13 种简帛文献、28 种南北朝到五代时期敦煌遗书、60 种宋元善本和拓本、652 种明清善本拓本及舆图；收录的 131 部少数民族文字古籍珍品涵盖藏文、西夏文、蒙古文、察合台文、彝文、满文、东巴文、水文、古壮字、布依文等 10 种民族文字；收录的 14 种外文古籍涵盖拉丁文、意大利文、英文等多种文字。此外，西藏自治区有 18 家单位申报的 59 部古籍入选，成为这批名录一大亮点。

June

六月大事记

首都博物馆开设网上平台

作为北京地区最大的地方综合性博物馆，首都博物馆通过两年时间集全馆之力对馆内可移动文物进行了全面梳理清点，并且建立了国内首个可移动文物普查成果展示平台。该成果展示平台于6月7日试运行，6月11日零点正式在首都博物馆官方网站上线。

此次拟公布的可移动文物普查成果，展示了从商代到民国时期的文物藏品共计10022件（套），包括金器、玉器、瓷器、铜器、银器、文具、印章、钱币、佛像、玉杂、绘画、契约十二类。观众登录首都博物馆官方网站"可移动文物普查成果"平台，便可以浏览到该文物的图片、年代、质地、文物来源、入藏时间等信息。

国家博物馆文创中国运营中心落户上海自贸区

6月13日，中国国家博物馆与中国（上海）自由贸易试验区管理委员会在国博签署战略合作协议，共同启动"文创中国"中国大区运营中心项目。项目致力于形成国家级文化品牌，推动中国文化艺术"走出去"，为文创产品开拓新的发展出路。

"文创中国"运营中心正式落户上海自贸区，旨在为"文创中国"线上平台提供全方位线下保障体系，同时构建一个涵盖设计、生产、运营、全球销售的全生态文化创意、经济与传播平台。"文创中国"运营中心具体将由上海自贸区国际艺术品交易中心与国博（北京）文化产业发展中心合作筹建运营。双方在未来合作中发挥各自优势资源，共同推进项目的实施运行。

"2016 年度全球顶级藏家 TOP100"榜单出炉

近日，全球领先的线上艺术品交易及研究平台 artnet 旗下的新闻版块 artnet News 评选出了"2016 年度全球顶级藏家 TOP 100"榜单。这份名单汇集了 artnet News 全球采编团队对于藏家们的深度剖析和来自经纪人、艺术顾问等业内专家的建议，对全球艺术市场的未来动向具有重要参考价值。

在本届榜单中，中国共有八位藏家（族）入选，分别为陈泰铭、郑志刚、王健林、刘家明、刘銮雄、陆寻、刘益谦、王薇夫妇以及乔志兵。此外，美籍华裔藏家张明（Richard Chang）也榜上有名。虽然美国等西方藏家占据了榜单的绝大多数，但是几乎要达到总体数量五分之一的亚洲藏家及其所呈现出来的收藏趋势不容小视。

第四十七届巴塞尔艺术展圆满举行

6月16日，为期四天的第四十七届巴塞尔艺术展在瑞士隆重举行，共有来自33个国家和地区的286家画廊参展，其中包括来自北京的长征空间、广州的维他命艺术空间以及上海的香格纳画廊三家中国本土画廊参展。

为了突出不同艺术品的门类，本届展会把参展艺廊分成"艺廊荟萃""限量编制""策展专题""艺创宣言""意象无限""城艺之旅""光映现场""与巴塞尔艺术展对话""沙龙漫谈"八个展区，吸引来自世界各地的不同年龄段的藏家，今年首次出现了亚洲和非洲藏家的持续增长。除此之外，本届的一大亮点是扩大了"策展专题"展区的规模，力图最大可能地追溯艺术史发展轨迹方面的信念。

旧金山亚洲艺术博物馆推出"皇帝品味"台北故宫博物院精品展

作为旧金山亚洲艺术博物馆五十周年馆庆的重头戏，"皇帝品味：台北故宫博物院精品展"于6月17日在亚洲艺术博物馆隆重开幕。展览持续三个月，至9月18日结束。

展览占据博物馆一层的全部四间展厅，以历史朝代作为展区划分，呈现了跨越宋、元、明、清四个朝代，九位统治者的150余件宫廷收藏，探索了八百年间中国在汉、满、蒙古族统治下的艺术发展。展出展品丰富多样，风格多变，包括书法、绘画、陶瓷、玉器等多种形式，多数展品是首次亮相美国。

"国家珍贵古籍特展"在国家典籍博物馆亮相

6月21日，由文化部、国家文物局联合主办，国家图书馆（国家古籍保护中心、国家典籍博物馆）承办的"民族记忆·精神家园——国家珍贵古籍特展"正式开幕。此次特展为期两个月，展览期间实行展品轮换。展厅中央专门辟出展柜，单独将最新公布的第五批《国家珍贵古籍名录》中具有代表性的珍贵典籍替换展出，以飨观众。

展览分为"珍贵古籍、书香中国""浩瀚典籍、历史智慧""古籍保护、任重道远"三大部分，共展出包括敦煌遗书、佛教经典、宋元善本、明清稿抄等百余部珍贵典籍，通过展示中华古籍中的精彩故事和文化精粹，引导观众走进博大精深的传统文化宝库，享受精彩纷呈的精神盛宴。

"中国艺术文化主题展"亮相拉斯维加斯授权展

6月21日至23日，在文化部外联局的推动和支持下，由国家对外文化贸易基地（上海）组织的"中国艺术文化主题展"在美国国际品牌授权博览会——"拉斯维加斯授权展"上举办。这是国家对外文化贸易基地（上海）首次组团参加美国国际品牌授权博览会。

此次"中国艺术文化主题展"展区总面积约372平方米，采用中国文化元素与国际视觉设计相结合的方式呈现，超过30家优秀的中国艺术设计、艺术授权运营机构和多省市文化企业、独立艺术家参展。

首届中国珐琅艺术大展与工艺美术大师精品投资基金同步启动

6月26日，由北京市经济和信息化委员会指导，北京工美集团有限责任公司、北京工艺美术行业发展促进中心、北京工业发展投资有限公司联合主办的首届中国珐琅艺术大展暨北京工艺美术大师精品投资基金启动仪式在荣会艺术馆隆重举行，文化界、工艺美术界专家与大师共赏来自全国的百余件创新珐琅精品。本次展览旨在传承国粹文化、弘扬匠心精神，全面展示当今国内珐琅的创作现状，为行业互动交流及北京工美基金募投项目提供参考。本次展览持续至7月8日。

另外，北京首支政府引导型工美基金"工艺美术大师精品投资基金"也在当日同步启动。基金重点投资于传统工艺美术保护传承、产业发展基础体系、跨界融合产品、创新企业培育等领域。这标志着北京市推动文化创意产业，促进北京市工艺美术健康发展取得新进展。

佛罗伦萨美院首次收藏华人艺术家作品

本月底，有"世界美术最高学府"之称的意大利佛罗伦萨美术学院永久收藏一幅张家界神堂湾风光题材画作——《秋色》。这幅画作成为意大利佛罗伦萨美术学院收藏的首位华人艺术家作品。

《秋色》的作者为著名书画家刘佑局，其以幻想主义绘画作品著称业界，被西方学术界媒体称为幻象主义绘画大师。此次被意大利收藏的《秋色》亦充满了幻想风格。他的画作先后被美国大西洋画廊、尼克松总统博物馆、大英博物馆等世界顶级艺术机构所收藏。

尤伦斯发声明确认 UCCA 将出售

6月30日，尤伦斯当代艺术中心（UCCA）与尤伦斯基金会在官方网站发布了一则正式声明，称"创始人尤伦斯先生打算将尤伦斯当代艺术中心及其个人艺术收藏托付于新主"。尤伦斯当代艺术中心即将易主的消息，引起收藏界、艺术界的高度关注。

UCCA 由比利时收藏家尤伦斯夫妇创建，于2007年正式开馆。作为非营利、非收藏、民营性质的美术馆，UCCA 始终以推动当代文化的传播与发展为己任，致力于向公众展现全球化语境下的中国面貌。从建馆至今，UCCA 已举办逾90场艺术展览，吸引了超过400万人次的观众，对中国艺术市场发展有重要推动作用。

402

国家美术藏品保护修复国际研讨会召开

2016 年 7 月至 9 月，由文化部、国家艺术基金资助，中国美术馆主办并实施的"国家美术藏品保护与修复示范项目"在北京举办。7 月 6 日，作为整个项目的核心内容，为期两天的"国家美术藏品保护修复国际研讨会"在中国美术馆盛大召开。来自美国大都会艺术博物馆、大英博物馆、法国藏品保护研究中心以及中国文化遗产研究院等国内外众多专业机构的专家和学者，围绕国家美术藏品保护与修复的相关政策与管理机制、藏品保存修复的原则与理念、预防性保护与现代科学技术的介入等议题展开深入研讨与交流。研讨会的举办推动了藏品修复与保护最新研究成果的交流，增强国际互助合作。

中国代表安来顺进入国际博物馆协会最高领导层

7 月 4 日至 9 日，国际博物馆领域最重要的专业盛会——国际博物馆协会第二十四届全体大会在意大利米兰召开。本次大会共吸引了来自世界五大洲近 130 个国家的 3000 余名博物馆专家和管理者参加。大会期间，各主旨报告人、32 个国际专业委员会围绕"博物馆与文化景观"这一大会主题进行了多角度、多学科的研讨，大会一致通过了"博物馆与文化景观保护"等四项决议。

7 月 9 日，大会选举委员会正式宣布新一届国际博协执委会选举结果。来自土耳其的苏埃·阿克索伊当选国际博物馆协会主席，中国代表安来顺及意大利代表阿尔贝托·加兰迪当选国际博物馆协会副主席，来自世界五大洲的其他 11 名代表当选执行委员。安来顺高票当选为国际博物馆协会两位副主席之一，任期至 2019 年，这是国际博物馆协会七十年历史上亚洲国家第二次进入最高领导层。

"青铜的对话·黄河与长江流域商代青铜文明展"启幕

7月17日，正逢三星堆大型商代祭祀坑发现发掘三十周年之际，来自中国社科院考古研究所、湖北省博物馆、湖南省博物馆、殷墟博物馆、成都金沙遗址博物馆等文博单位代表齐聚三星堆博物馆，为"青铜的对话·黄河与长江流域商代青铜文明展"揭幕。展览时间持续到10月18日。

本次展览汇集三星堆遗址、金沙遗址、河南安阳殷墟遗址、湖北武汉盘龙城遗址、湖南宁乡青铜器群等多处中国商代最具代表性的青铜文化遗址出土的精品文物135件，其中包括武丁妇好墓出土的司母辛鼎、全国唯一以人面为饰的大禾人面纹方鼎、与四羊方尊齐名的牺首兽面纹铜尊等一批"国宝级"器物。展览通过三星堆青铜器与长江中下游及黄河流域青铜器对比展示，揭示以三星堆为代表的古蜀文明在中华文明起源发展中的重要性，展现中华文明起源的多元性。

陕西文交所艺术品电子化交易平台上线

7月19日，由陕西文化产业投资控股（集团）有限公司，陕西文化产权交易所主办的陕西文交所艺术品电子化交易平台上线暨西安书画艺术品光谱技术实验室揭牌仪式在西安隆重举行。

陕西文交所艺术品电子化交易平台主要发行版权清晰、兼具艺术价值和投资价值的近现代名家的书画作品及复制品，并通过二级交易市场，进一步实现艺术品价值的发掘与价值兑现。"西安书画艺术品光谱技术实验室"是我国首家利用科学技术解决艺术品鉴定难题的专业实验室。该交易平台与实验室的启动是在国家大力推进文化产业和"互联网+"背景下的一次突破性创新，为我国艺术品流通和艺术行业健康发展起到至关重要的作用。

国内最大民营博物馆因拖欠房租被查封

据《深圳晚报》报道，7月11日，国内最大的民营博物馆——深圳隆盛博物馆因拖欠租金1200多万元被南山区法院下达了强制搬迁的通知。7月26日，隆盛博物馆已被查封。该馆馆长蔡振强表示馆方已与业主方深圳市鹏能投资控股有限公司就拖欠房租问题进行了面商，希望博物馆尽快恢复正常营业。

深圳隆盛博物馆于 2014 年取得国家级民间博物馆资质，2015 年 3 月面向公众开放，是目前藏界收集门类最全、精品最多的单体藏馆。据博物馆宣传资料显示，该馆总面积 6600 平方米，分为翡翠、瓷器、青铜器和书画油画等五个展厅。展品共计300 件，其中半数以上为斥重金回购的"海外文物"。

泰康成为苏富比第一大股东

7 月 27 日，美国证监会（SEC）披露的消息显示，泰康人寿集团在 6 月至 7 月间连续数次出手增持苏富比股份，买入价格从每股 29.61 美元至 31.99 美元不等。截至 7 月 26 日，泰康人寿持有的股份数目达到 791.87 万股，持股量约为 13.52%，成为苏富比第一大股东。苏富比其他的重要股东包括对冲基金 Third Point、Marcato Capital 资本管理公司、Point72 资产管理公司等，其中对冲基金 Third Point 为苏富比之前最大股份持有者。

泰康人寿成立于 1996 年，是一家以人寿保险为核心，拥有企业年金、资产管理、养老社区和健康保险等全产业链的全国性大型保险公司。其集团董事长兼首席执行官陈东升，也是中国嘉德国际拍卖有限公司的创始人。

八月大事记

August

中国收藏
拍卖年鉴
2017

CHINESE FINE ART &
ANTIQUES AUCTION
YEARBOOK 2017

清华—苏富比艺术论坛举办

8月5日，"清华—苏富比艺术论坛"在清华大学经济管理学院举办。本次论坛由清华大学经济管理学院与清华大学美术学院主办，来自艺术领域的企业管理者、金融投资者以及学术专家汇聚一堂，就"艺术市场回顾与展望""文博及艺术机构的机遇与挑战"这两个主题展开热烈讨论。

本次论坛由清华大学经济管理学院、清华大学美术学院及苏富比艺术学院依托在艺术和管理学科的领先优势和深厚积淀共同发起，论坛聚焦当前热点、展望未来发展，旨在打造一个整合多方优势资源的跨界平台，助力中国艺术产业的发展升级。论坛在清华—苏富比合作实践基地签约授牌仪式中落下了帷幕。

"别有天地：曹氏收藏十七世纪中国绘画"展开幕

8月7日，"别有天地：曹氏收藏十七世纪中国绘画"展（Alternative Dreams：17th-Century Chinese Paintings from the Tsao Family Collection）在洛杉矶艺术博物馆开幕。本次展览展现了旧金山已故华裔收藏家曹仲英毕生收藏的明末清初收藏精品，这部分藏品也是美国现存最好的中国绘画收藏之一。展览时间持续到12月4日。

此次展览依据时间顺序及地理区域分为"董其昌和松江绘画""画中九友""苏州和杭州绘画""福建与江西绘画""南京绘画""新安画派""正统画派""佛家僧侣""花鸟画"九个部分，别有天地地呈现了明末清初80多位艺术家的120多幅作品。展览从清初四僧、画中九友、四王吴恽，再到诸多未被记载研究的"无名"画家，为观众打开了一扇回望古老中国绘画的艺术之窗。

影印文津阁本《四库全书》"入藏"故宫博物院

8月9日，"影印文津阁本《四库全书》捐赠仪式"在故宫博物院建福宫花园敬胜斋举行。扬州市人民政府向故宫博物院捐赠影印文津阁本《四库全书》一套。《四库全书》作为中华文化的标志，是非常重要的文化资源。现存较完整的版本中，文津阁本《四库全书》保存最为完善，其中一些文献资料更是海内孤本，具有独特的历史文献价值。

本次扬州市政府捐赠的影印文津阁本《四库全书》是原大原色原样复制，全套共计3.6万余册。其制作工序复杂且多为手工制作，书内全部采用手工宣纸，包装恢复包背装装订工艺，封面采用耿绢。该书按照经、史、子、集四部，分别安放于故宫博物院内的文渊阁、昭仁殿中。

中埃两大古国的文明碰撞

8月9日，由南京博物院和加拿大皇家安大略博物馆共同主办的展览"法老·王——古埃及文明和中国汉代文明的故事"在南京博物院特展馆隆重开幕。江苏省相关部门领导、展览主办双方代表及多位重要嘉宾出席开幕式并参观展览。

"法老·王——古埃及文明和中国汉代文明的故事"是南京博物院推出的一个关于文明对比的高品质展览，展出时间持续到2017年1月9日。展览将古埃及文明和中国汉代文明放置在同一个空间展示，分为不朽、生活、权力、生灵四个单元。其通过包括木乃伊在内的110件（套）古埃及文物和包括金缕玉衣在内的140件（套）中国汉代文物揭示文明差异，更体现了不同文化背景下的相同文化认知，意义深刻。

国家文物局部署开展"文物法人违法案件专项整治行动（2016~2018年）"

为贯彻落实习近平总书记、李克强总理关于文物工作重要指示批示精神，贯彻落实《国务院关于进一步加强文物工作的指导意见》和2016年全国文物工作会议精神，国家文物局针对文物法人违法案件多发问题，决定从2016年8月起至2018年12月，在全国范围部署开展"文物法人违法案件专项整治行动（2016~2018年）"（简称"专项整治行动"），严防、严查、严办文物法人违法案件。

"专项整治行动"的目标是：严格执行《中华人民共和国文物保护法》等法律法规，严肃查处由机关、团体、企业、事业单位实施的文物违法犯罪案件，纠正违法行为，完善工作机制，加大惩治力度，坚决遏制文物法人违法案件高发态势，切实提升文物工作法治化水平。"专项整治行动"确定了三项主要任务，要求重点查处法人违法七类案件，完善文物行政执法四项制度，采取四项措施加大法人违法案件惩治力度。

艺术史家巫鸿出任 OCAT 研究中心执行馆长

8月15日，据华侨城当代艺术中心馆群（英文名称 OCT Contemporary Art Terminal，简称 OCAT）北京文献与研究馆消息，美国文理学院院士、艺术史家、批评家、策展人巫鸿，已接受华侨城当代艺术中心的邀请，出任 OCAT 北京文献与研究馆执行馆长一职。同时巫鸿先生也将继续担任 OCAT 学术委员会主席。

OCAT 北京文献与研究馆是 OCAT 在北京设立的非营利性、独立的民间学术研究机构，以艺术史的研究、出版、图书文献和展览交流为主要功能，是 OCAT 馆群在北京的展示平台。

刘海粟美术馆新馆开馆

8月18日，历时三年建成的刘海粟美术馆新馆正式开馆，新馆位于上海市长宁区延安西路凯旋路口。1995 年，刘海粟美术馆在上海建成，是国内首家以个人名字命名的省市级美术馆。此次迁址兴建新馆，设计立意取自刘海粟一生"为师为友"的黄山"云海山石"。新馆总建筑面积达 1.2 万平方米，共有六个展厅，展厅总建筑面积 4329 平方米，其中四个展厅常年展示刘海粟的捐赠。

开馆大展"再写刘海粟"将 100 件精选展品以凝练的叙述展现刘海粟百岁人生的重要面向，首次全面梳理和展示刘海粟波澜壮阔、激情豪气的艺术人生。其最有代表性的艺术作品和珍藏在此次展览中得到最全面的展示。展览持续到 9 月 25 日。

宝丰汝瓷考古再获新发现

8月18日，由河南省科学技术协会、河南省文物局主办的 2016 汝瓷工艺技术与文化产业发展论坛在宝丰举行。会上，河南省文物考古研究院副研究员郭木森披露了宝丰清凉寺汝窑遗址第六次发掘的最新发现。

清凉寺遗址是全国重点文物保护单位，1987 年开始发掘，其汝瓷窖藏和汝窑中心烧造区的发现破解了千年汝窑之谜。2012 年至今，河南省文物考古研究院在汝窑中心烧造区外围新发掘近 2000 平方米，其中，中心烧造区西南部小范围内出土素烧器（非成品）近 8 万件（片），为前所未见。除此之外，考古队在遗址中还发现两座明代窑炉遗迹，证明汝窑的烧制年代延续至明代，可以纠偏人们对河南古陶瓷史的认识。宝丰清凉寺汝窑遗址的新发现，对于还原汝瓷烧制技术、促进汝瓷文化产业发展意义重大。

中国人拍摄最早最全的敦煌石窟旧照回归故里

8 月 20 日至 22 日，为纪念莫高窟创建 1650 周年，敦煌研究院携手中国敦煌吐鲁番学会、浙江大学、兰州大学、西北师范大学举办以"交融与创新"为主题的国际学术研讨会。来自国内外敦煌文化艺术、丝绸之路研究领域的专家学者 150 余人参会。在活动上，受敦煌石窟老照片拍摄者罗寄梅之妻刘先女士的委托，美国普林斯顿大学唐氏研究中心教授经崇仪将这批老照片捐献给敦煌研究院。这是刘先捐赠的第五批敦煌照片，迄今捐赠总量达 972 张。

罗寄梅在 20 世纪 40 年代受聘为敦煌艺术研究所研究员，他与夫人刘先承担起敦煌石窟的拍摄存档任务。他拍摄的 2000 余张照片几乎涵盖了莫高窟的所有洞窟，并且对单个菩萨、飞天等局部壁画进行了拍摄。罗氏照片的系统性和完整性都是之前照片所无法比拟的，对于学术研究有很重要的价值。

艺术品拍卖领域权威奖项"青花奖"揭晓

8 月 23 日，首届中国文物艺术品拍卖排行榜和 2015 年度中国文物艺术品拍卖市场统计年报在北京发布。本次活动由商务部、文化部、国家文物局联合指导，中国拍卖行业协会主办。发布会对 2015 年度中国内地及全球中国文物艺术品拍卖市场数据进行了解读；同时依据报告数据，首次推出中国艺术品拍卖市场"青花奖"及相关年度排行榜。

中国文物艺术品拍卖"青花奖"根据 2015 年度艺术品拍卖年报数据，并依据企业发展、成交、交割、佣金、利润、贡献、专业、国际化等维度，设立了"综合""专项""特别"三类大奖。18 家拍卖企业首次获得这一艺术品拍卖领域权威奖项。

2016 "40 Under 40 Asia Pacific" 榜单出炉

8 月 30 日，创刊于 1925 年的英国艺术杂志《Apollo》发布 "40 Under 40 Asia Pacific" 榜单，评选出亚太地区艺术界 40 岁以下的杰出青年。《Apollo》自 2014 年起推出此榜单，聚焦全世界不同地区的艺术圈，评选出 40 位该区域最杰出、最有影响力的 40 岁以下年轻人，看他们如何在不同的领域引领艺术界的发展动向。

继 2014 年关注欧洲地区、2015 年聚焦美国之后，本年度榜单将目光投向亚太地区。与往年一样，榜单分为"艺术家""思想者""藏家""商界人士"四个门类，由业界专业人士组成的评委小组经过专业评选出各门类前十位杰出青年。在四个门类中，中国杰出青年所占一半，香港声音艺术家杨嘉辉、尤伦斯当代艺术中心馆长田霏宇（Philip Tinari）、香港藏家及 K11 艺术基金会创始人郑志刚，以及佳士得教育学院亚洲区主管及副主席郭心怡均榜上有名。

2016 中国国际文化艺术博览会呈现艺术市场新生态

9月2日，由文化部艺术发展中心主办，北京成聚会展有限公司承办的"2016 中国国际文化艺术博览会"在全国农业展览馆（新馆）开幕。本届博览会设立十大艺术展区，包括国际展区、当代艺术展区、传统艺术展区、非遗展区、新媒体艺术展区、艺术互联网展区、艺术院校新锐展区、艺术生活展区、外省市特色文化展区和新生代藏家精品展区。博览会邀请了包括中国在内的，韩国、俄罗斯、法国、意大利、德国、英国、朝鲜等九个国家近 200 家知名画廊及艺术机构、500 余位现当代艺术家前来参展，共展出艺术作品 8000 余件。本届展会开辟了"新媒体艺术展区"，将艺术作品与多媒体技术进行互联，引发现场观众的互动与共鸣。

清华大学艺术博物馆正式开馆

9月10日晚，清华大学艺术博物馆开馆仪式在艺术博物馆一层大厅隆重举行，相关领导、艺术家以及各界媒体参加了此次开馆仪式。9月11日起，清华大学艺术博物馆面向公众全面开放。

清华大学艺术博物馆建筑由瑞士建筑师马里奥·博塔主持设计，建筑面积 3 万平方米，展厅部分 9000 平方米，为目前国内高校面积最大的博物馆。博物馆现有藏品 1.3 万余件（组），品类包括书画、染织、陶瓷、家具、青铜器及综合艺术品等六大类。开馆首展分常设和临时展览两部分，共计七个板块十一个展览，包括"对话达·芬奇 / 第四届艺术与科学国际作品展""尺素情怀——清华学人手札展""清华藏珍——清华大学艺术博物馆藏品展"等，将艺术与科学融合，历史与人文荟萃。

兵马俑蝉联全球最佳博物馆榜单亚洲首位

9月13日，全球领先的旅行规划及预订网站 TripAdvisor 公布 2016 年"旅行者之选"全球最佳博物馆榜单。该榜单是根据 TripAdvisor 网站和手机软件上全球用户在过去一年内对博物馆的评分、点评内容与数量综合计算而来，反映了世界各地的博物馆在过去一年内受全球游客欢迎的程度。

榜单显示，全球共有 619 家博物馆获奖，分布在 55 个国家和地区，涵盖科技、艺术、文化、历史、建筑、军事等各个领域。美国纽约大都会艺术博物馆位列世界榜首，中国西安秦始皇兵马俑博物馆蝉联中国及亚洲第一。从中国榜单看，除了综合类、历史类博物馆之外，上海宣传画艺术中心，西安唐博艺术博物馆、香港海防博物馆等各类型博物馆也纷纷上榜，受到全球游客的关注和喜爱。

南宋建窑"油滴天目"茶盏成纽约亚洲周拍卖最高成交价拍品

9月15日，佳士得亚洲艺术周中备受关注的"古韵天成——临宇山人珍藏"拍卖专场在纽约洛克菲勒中心进行，中国南宋建窑"油滴天目"黑釉茶盏以 1170.1 万美金（约合 7808.25 万人民币）成交，被纽约专家 Coral Ding 代表的竞拍者收入囊中。

该建盏成为本次亚洲艺术周成交价格最高的拍品，远超 2011 年在伦敦创造的约合近 1200 万元人民币的建盏拍卖世界纪录，被正上生等业内诸多资深人士评价为"历年拍卖上最好的一件建盏，之前没有，之后也很难再有"。临宇山人珍藏的这件黑釉茶盏曾在 1935 年登记为"日本重要美术品"，这一认定于 2015 年被注销。

成都博物馆新馆正式开放

9月15日，成都博物馆新馆开馆仪式隆重举行，这标志着历时六年建成的成都博物馆新馆正式对公众开放。新馆位于成都市天府广场西侧，总建筑面积 6.4 万平方米，外观采用"金镶玉"设计，是西南地区规模最大的城市博物馆，也是国内最大规模采用隔震措施的博物馆建筑。新馆建筑地上五层、地下四层，内部空间被划分为公共活动区、展陈区、文物库区等不同的空间。

跟随成博新馆开馆而拉开帷幕的大型特展"盛世天子——清高宗乾隆皇帝特展"，是故宫博物院首次在国内举行如此大规模的帝王综合主题展，也是西南地区的首个乾隆大展。展览分为福寿皇帝、君临天下、稽古崇文、靖边宣武、怡情乐志五个单元，精选故宫博物院所藏与乾隆皇帝密切相关的文物一百余件（套），透过这些精美罕见的文物，将一个承平既久、民物雍熙的时代栩栩呈现。

美国大都会艺术博物馆拍卖中国瓷器

9月15日，纽约佳士得推出"美藏于斯——大都会艺术博物馆珍藏中国瓷器"专拍，分为线上与线下两个部分，委托品均是由大都会博物馆选出。这次大都会释出的拍品一共是403件中国瓷器，囊括了从高古到明清各时期的陶瓷作品。

美国大都会艺术博物馆是世界上最大的艺术博物馆之一，亚洲部则是其最重要的组成部分之一，至今已有百年历史，收藏有亚洲艺术品约3.5万件，中国文物1.2万件。博物馆出售藏品一直是争议的话题，据佳士得介绍，大都会处理藏品主要是为了丰富其购买资金，大多是因为博物馆里已经有了重复的作品。

首次走出西方的世界艺术史大会在北京开幕

9月16日，由国际艺术史学会（CIHA）、中央美术学院、北京大学联合主办的第三十四届世界艺术史大会在北京开幕，这是该学术会议第一次在非西方的亚洲国家举办。来自全球43个国家和地区400多名专家学者应邀前来，齐聚这一被称为国际文化艺术史界"奥林匹克"的盛会，共同交流、探讨世界艺术及艺术史学的发展与成果，会议持续到20日。

本次大会主题为"Terms"，设立21个分会场展开专题讨论，以期启发人们在全球文化语境中重新思考世界文化艺术的版图，重新评价和审视东西方文化各自的价值与贡献，特别是亚、非、拉地区的艺术与文化的发展特色，勾勒与重塑世界艺术历史的新面貌。

第七届"博博会"在成都举办

9月16日至19日，由国家文物局、成都市人民政府指导，中国博物馆协会、中国自然科学博物馆协会联合主办，中国文物报社等协办的"第七届中国博物馆及相关产品与技术博览会"在成都举办。本届"博博会"是参展规模最大的一届,展区总面积 40000 平方米,参展博物馆 264 家,参展企业 207 家(含组团参会)。

本届展会根据主题"博物馆的新驱动:科技引领、创意未来"划分为十六个板块进行展示,涵盖了文物保护与利用的众多领域。同时,四个专题展区突出了文博界服务国家的重大战略和举办地成都的特色,分别是"互联网 + 中华文明"展区、"一带一路沿线国家博物馆"展区、"国家文物保护装备产业化及应用示范"展区和"四川省及成都市文博成果展区"。此外,本届亮点之一是展会与主论坛结合,内容更加丰富,形式更加多样,国际化程度与公众参与程度都更高,为文博相关领域搭建了良好的交流平台。

曾梵志首个国内美术馆个展在 UCCA 开展

9 月 18 日,曾梵志个展"散步"在尤伦斯当代艺术中心(UCCA)开幕。展览共展出从 1990 年的作品到近年来的新作六十余件,全面梳理了艺术家近三十年的创作历程,是曾梵志迄今为止规模最大、涵盖最广泛的展览,亦为其在北京举办的首个机构个展。展览持续至 11 月 19 日。

与日本著名建筑师安藤忠雄 (Tadao Ando) 的合作是展览的亮点之一。安藤忠雄将展厅比作曾梵志的"脑部结构",以独立而开放的六面独立墙体"切片"式的串联起艺术家创作的线索,依次展开从早期创作一直到致敬系列的呈现,同时观众可以在其中穿行,营造出浸入式的整体氛围。

北京故宫与柏林国家博物馆达成合作

9 月 19 日,"中德博物馆论坛"在北京故宫博物院举行。论坛主办方故宫博物院院长单霁翔、德国柏林国家博物馆总馆长艾森豪威尔各率学术团队,围绕主题"回溯传统、面向公众",就当前博物馆界、博物馆学界关心的理论前沿和实践探索,进行了一对一的学术对话。

通过此次交流,故宫博物院和柏林国家博物馆签署了项目合作协议,双方将以"中德博物馆论坛"为开端,以文物展览、学术出版为抓手,未来的几年里,故宫博物院与柏林国家博物馆深度合作,助力"一带一路"国家战略,扩大中国文化影响力,开创中德博物馆事业合作新里程。

养心殿文物首次离开紫禁城

9月27日，由故宫博物院与首都博物馆联合举办的"走进养心殿"特展在首都博物馆开幕。展览共展出来自故宫博物院养心殿的 268 件套文物，这也是故宫养心殿文物数百年来首次"走出"紫禁城进行展览。本次展览持续到 2017 年 2 月 26 日。

该展览复原养心殿的主要建筑空间与陈设，并辅以相关处理政务、重大事件、书法绘画、寿诞婚庆、养心殿造办处等方面的介绍、展示，使观众在博物馆的空间里体验养心殿的格局与氛围，零距离感受帝王的家国情怀，了解清代帝王在养心殿的理政活动、生活起居和国家的兴衰历程。

国家文物局公布辽宁绥中锥子山长城大毛山段抢险工程调查情况

9月27日，国家文物局在京召开新闻发布会，公布了辽宁绥中锥子山长城大毛山段抢险工程调查情况。国家文物局副局长宋新潮，国家文物局文物保护与考古司副司长、辽宁绥中锥子山长城大毛山段抢险工程调查组组长陆琼及调查组成员出席会议，国家文物局政策法规司司长朱晓东主持会议。

2016 年 9 月 22 日，国家文物局派文物保护与考古司负责人与有关专家组成调查组，赴绥中县对锥子山长城大毛山段进行现场调查。调查情况表明，该工程中使用的"三合土铺平夯实"（即"抹平"）措施，存在洽商过程不规范、记录不完整等问题，且未按照《文物保护工程管理办法》有关规定报辽宁省文物局备案。此措施对锥子山长城大毛山段自然、古朴的历史面貌造成了严重影响。国家文物局及调查组对其提出了初步处理建议，并表示将加强文物保护理念，完善工作机制，提升文物保护工程的质量和水平。

2016 中国艺术品产业博览会亮相宋庄

9月29日，由文化部和北京市人民政府主办，中共北京市委宣传部、北京市文化局、北京市文资办、北京市文物局、中共北京市通州区委员会、北京市通州区人民政府承办的"2016 中国艺术品产业博览交易会"在北京拉开帷幕。本届艺博会为期七天，继续秉承"艺术品让生活更美好"的主题，着重突出京津冀文化协同和北京城市副中心文化底蕴挖掘和传承。

本届艺博会最大亮点为首次扩容，形成一个主会场、五个分会场的格局。主会场位于通州区宋庄文化创意产业集聚区，是本届艺博会的重点，包括核心交易区和多个特色馆，进一步扩大艺博会参与面，促进艺术与生活的融合。此外，本届艺博会还举办中国艺术品产业创新高峰论坛暨中国艺术品投融资高峰论坛，以及大众艺术课堂、艺术品知识讲座、艺术品发布、意向洽谈、合作签约等多种沙龙活动。

第十二届典亚艺博圆满举行

10月2日至5日，第十二届典亚艺博会在香港会议展览中心举行，展会吸引众多收藏家、行家及艺术爱好者到场参观。典亚艺博会自2006年开展以来，备受国际知名艺廊的青睐，同时也得到了世界艺术舞台的认可。作为亚洲唯一汇聚东西方艺术典藏的博览会，典亚艺博打造最强古玩与艺术品阵容，与世界知名的国际艺廊合作，为访客呈现荟萃东西方艺术典藏珍宝的视觉盛宴。展会共有近二十家国际艺廊带来包括博物馆级古董藏品、印象派和现当代艺术、古董银器、艺术珠宝及钟表等在内的数千件艺术珍宝。

"公主的雅集"亮相台北故宫博物院

10月6日至12月26日，台北故宫博物院以元朝公主祥哥刺吉收藏的书画清单为源，推出"公主的雅集——蒙元皇室与书画收藏鉴藏文化特展"。此次特展以"皇姊图书""帝王收藏""士人题跋"和"多元艺术"四部分展出蒙古公主祥哥刺吉、公主女婿元文宗和元朝最后一位帝王元顺帝收藏的四十三件宋元书画珍品，包括郭熙《早春图》、宋徽宗《蜡梅山禽》等十件限展作品，向参观者呈现蒙元皇室的收藏趣味与文化，进一步解读蒙古皇室参与中国书画艺术的文化意义和蒙元时代的多族文化互动成果。

全国考古工作会在武汉召开

10月11日至12日，全国考古工作会在湖北武汉召开。国家文物局局长刘玉珠作主旨讲话，副局长宋新潮做工作报告。湖北省人民政府副省长郭生练到会致辞。国家文物局相关司室、各省、自治区、直辖市文物行政部门、考古单位、有关高校的负责同志，以及特邀专家共150余人参加会议。本次全国考古工作会核心议题是深入学习贯彻并落实习近平总书记对文物考古工作的重要指示精神，认真总结经验，及时发现问题，准确定位考古工作的宗旨目标，精准把握考古工作的发展方向，系统梳理考古工作所面临的历史性任务，把考古工作推向新的高度。相关考古机构、高校和省级文物行政部门的代表在会上做了专题报告。

张献忠沉银盗掘文物案告破

10月14日，公安部表示，四川眉山特大盗掘古文化遗址倒卖文物案告破。"虎钮永昌大元帅金印""长沙府天启元年伍拾两金锭"和"天启七年金册"等一批考证沉船文物性质极为关键的国家级重要文物被追回，并首次曝光。在同类案件中，此次追回的国家珍贵文物数量、文物总数、抓获的犯罪嫌疑人数均为全省第一，是2016年全国破获的最大文物案。

2014年初，眉山市公安机关发现，江口镇岷江河道附近有人利用专业设备，夜间潜入"江口沉银遗址"河道区域盗挖，并将盗取的文物卖给文物贩子获取暴利。四川省公安机关经过近两年的缜密侦查，打掉盗掘文物犯罪团伙10个，破获盗掘眉山古文化遗址、倒卖文物案件328起，抓获犯罪嫌疑人70名，追回各类文物千余件，其中一级文物8件、二级文物38件，三级文物54件，涉案文物交易金额达3亿元。

佳士得北京新址开幕

10月15日上午，佳士得位于东城区金宝街的北京新址正式开幕。这是佳士得继2014年的上海安培洋行艺术空间之后，第二次在中国内地设立新空间。

10月15至17日，新空间举行了"毕加索的缪斯和神话"开幕特别展览，以六幅毕加索不同时期的经典代表作全面回溯其艺术生涯中的重要主题与灵感缪斯，首次向北京的藏家及艺术爱好者集中呈献毕加索不同创作时期的代表作品。与此同时，马克斯·恩斯特、费尔南多·波特罗、常玉、朱德群、曾梵志等东西方先锋大师的杰出作品也一并展出。

"2016 世界古代文明保护论坛"在故宫召开

10月19日至20日，"世界古代文明保护论坛"在故宫博物院拉开序幕。此次论坛由文化部、新华通讯社、国家文物局支持，故宫博物院、北京故宫文物保护基金会主办，中国考古学会、中国文物学会、新华通讯社国家高端智库协办。

为期两天的论坛活动期间，来自国际文物保护与修复研究中心、国际博物馆协会、国际古迹遗址理事会这三个国际组织，以及中国、埃及、希腊、印度、伊朗、伊拉克、意大利、墨西哥等八个文明古国的近五十位考古学家、历史学家和博物馆学者，就"针对世界古代文明保护当前亟待采取的措施""世界古代文明遗产领域交流合作的规划与前景""世界古代文明保护的挑战与机遇"三个议题进行了充分深入的对话，并共同发起了旨在促进人类文明保护与发展的《太和宣言》。

日本拍卖中国流失文物，国家文物局首次成功叫停

10月21日，国家文物局向横滨国际拍卖株式会社传真了《关于停止拍卖中国流失文物的函》，要求其停止拍卖"横滨国际2016秋季五周年拍卖会"的上第734号唐代天王敦煌壁画、第735号唐代木质彩绘佛像人物故事壁画（三件）一组、第736号唐代木质彩绘佛像人物故事壁画（七件）一组、第737号唐代木质彩绘佛像人物故事壁画、第738号唐代释迦牟尼敦煌壁画、第739号延昌一唐代国华佛典等手写唐经一批标的。国家文物局将这批文物认定为大谷广瑞等从中国非法劫掠的文物，并对有关文物保留追索权利。横滨国际拍卖行随后对相关拍卖品予以撤拍处理，将拍品返还给了委托人。这是国家文物局首次成功叫停海外中国流失文物拍卖。

故宫将新建博物院

10月23日，第二届国际旅游互联网大会在杭州召开。来自国内外旅游业界的领军人物、科研院所顶尖教授、投融资机构专家等齐聚杭州，围绕大会主题——"新

中国收藏
拍卖年鉴
2017

CHINESE FINE ART &
ANTIQUES AUCTION
YEARBOOK 2017

互联·新供给·新体验"进行研讨，共谋行业发展新篇章。

故宫博物院院长单霁翔在"国际旅游互联网大会"中透露因故宫目前每年展出藏品不到百分之一，博物院将在北京北部新建一个博物院，让更多藏品走出库房和游客见面。新博物院在距离故宫二十五公里的地方，南面有湖，北面有河，是一个位于公园绿地中的博物馆。新博物院的建设会使大量的文物藏品不再存放于库房，而得到主题鲜明的展示。同时，更多的文物得到修复可能，修复过程也将会展示给观众。

"韩美林全球巡展"在意大利威尼斯拉开帷幕

10月27日，"韩美林全球巡展"在意大利威尼斯大学拉开帷幕。展览由中国联合国教科文组织全委会、中国文学艺术界联合会、中国国家博物馆共同主办，由清华大学、威尼斯大学、中国美术家协会协办，韩美林艺术基金会和韩美林艺术馆具体承办。从2016年10月27日至2017年2月28日，在意大利威尼斯大学、法国巴黎联合国教科文组织总部、中国北京国家博物馆三地展览。展览以"全球巡展"的方式走出国门，展示东方艺术的神韵和精神内涵，开启了韩美林艺术的国际交流模式，让世界全方位了解中国和中国艺术。

敏行与迪哲——宋元书画私藏特展在龙美术馆开幕

10月28日，由龙美术馆主办、中国嘉德独家赞助、西岸集团特别支持的"敏行与迪哲——宋元书画私藏特展"在上海龙美术馆西岸馆开幕，这是新中国成立以后大陆地区举办的规模最大的一次私人珍藏宋元书画精品特展。展出作品包括书法、绘画、古籍善本在内的八十余件宋元珍品。这些珍品来自龙美术馆馆藏及海内外二十余位藏家的鼎力支持。许多著录累累或曾在市场当中惊鸿一现的名品佳作，如王羲之《草书平安帖》、苏轼《功甫帖》、宋徽宗《写生珍禽图》等均在展览中亮相。展览分为帝制文心、恪悟教礼、隐逸修身、尚意求道四个部分、共计十二个章节来表现"敏行圣人之道"的千载私人收藏传统，力求使本次特展在文物赏析之外，起到发扬传播宋元书画之美学与精神传统的价值。展览时间持续到2017年3月31日。

国家文物局印发《文物拍卖管理办法》

10月31日，为贯彻落实《国务院关于进一步加强文物工作的指导意见》有关精神，加强文物拍卖管理，规范文物拍卖经营行为，促进文物拍卖活动健康有序发展，国家文物局公布《文物拍卖管理办法》。该《办法》是对《文物拍卖管理暂行规定》及相关规范性文件的全面修订。《小法》围绕"简政放权、放管结合、优化服务"这一主线，旨在厘清政府与市场的关系，在加强规范管理、确保文物安全的前提下，激发企业经营活力，推动文物拍卖活跃有序发展。

中国收藏
拍卖年鉴
2017

CHINESE FINE ART &
ANTIQUES AUCTION
YEARBOOK 2017

湖北天门石家河遗址新发现古城址

11 月 2 日，湖北省文物考古研究所披露，考古工作者在石家河遗址中心的谭家岭遗址发现了面积二十余万平方米的城址，该城始筑年代距今五千年左右，处于中华文明形成的关键期。这些新发现为探寻长江中游史前文明提供了重要依据。位于大洪山南麓与江汉平原结合部的石家河遗址，是长江中游地区已知分布面积最大、保存最完整、延续时间最长的新石器时代聚落遗址。该地区也是已知最大的史前古城——石家河古城所在地。

2015 年以来，省文物考古研究所在石家河古城核心的谭家岭遗址进行考古发掘，揭示出早于屈家岭文化时期的城垣和环壕，表明其在距今约五千年开始筑城，将石家河城址的建城历史至少提前了五百年。此外，在谭家岭遗址的瓮棺葬出土双人连体头像玉玦、虎座双鹰玉饰等 240 余件玉器，其琢玉工艺代表了史前玉器加工工艺的最高水平。

古根海姆美术馆"故事新编"讲述中国故事

11 月 4 日，汇集中国大陆、香港和台湾三地当代艺术家作品的大型展览"故事新编"在纽约古根海姆美术馆开展。此次展览是"何鸿毅家族基金"与古根海姆合作启动"何鸿毅家族基金中国艺术计划"的第二个展览项目，旨在加强中国当代艺术的长期研究、策划和藏品建设。展览持续至 2017 年 3 月 10 日。

展览展出来自中国艺术家接受项目委约所创作的八件全新大型作品，通过"讲故事"的方式来审视和认知"地缘"的实践。参展艺术家包括饶加恩、阚萱、孙逊、孙原 & 彭禹、曾建华、阳江组和周滔。艺术家们使用绘画、动画、录像、摄影、雕塑、装置和参与性介入项目等，来探讨并重审地理与疆域的概念。

第二十届上海艺术博览会开幕

11月3日至6日，作为亚洲规模最大、历史最久、国际化程度最高的艺术品交易盛会——第二十届上海艺术博览会在上海世博展览馆盛大举行。

本届博览会由上海文化发展基金会主办，以"艺术让生活更美好"为主题。博览会共有来自美国、德国、意大利、韩国、日本等17个国家的约140家画廊参展，数千件国画、油画、雕塑、版画、影像、装置、陶瓷等艺术品参与展示和交易。此外，上海自贸区国际艺术品交易中心经过近半年的精心筹备，邀请20余位杰出的中外艺术家在艺博会开设"艺术之路"特展，推动区域文化艺术发展。

中韩日三国国家博物馆首次合作举办绘画展览

11月5日，由中国国家博物馆、韩国国立中央博物馆、日本东京国立博物馆合作举办的"东方画艺——15至19世纪中韩日绘画展"在国家博物馆隆重开幕。这是第九届"中韩日国家博物馆馆长会议"期间的一次重要活动，也是中韩日三国国家博物馆首次合作举办绘画展览。展览持续至12月18日。

展览从三馆的藏品中分别挑选了中国明清时期，韩国朝鲜王朝时期以及日本室町、江户和明治时期的文人画、风俗画和佛教画作品共计52件（套）。展览主题鲜明，展品内容丰富，既显示了各国绘画的民族特色，又展示了相互的关联和影响。

第四届中国民营美术馆发展论坛开幕

11月8日，第四届中国民营美术馆发展论坛在上海二十一世纪民生美术馆盛大开幕。本次论坛由上海二十一世纪民生美术馆、99艺术网共同主办，上海市文化广播电视管理局、浦东新区文化广播电视管理局任指导单位，并得到了浦东新区文化发展基金会、中国民生银行、上海民生艺术基金会、龙美术馆、昊美术馆、上海喜玛拉雅美术馆、今日美术馆、尤伦斯当代艺术中心、华侨城当代艺术中心、银川当代美术馆等机构的鼎力支持。

论坛以"中国民营美术馆的学术定位与公共教育"为主题，共邀请了九位国际知名美术馆专家和二十多位含港澳台地区的中国美术馆专家参与。到场嘉宾围绕"民营美术馆学术定位的多元化、差异化""民营美术馆的学术研究与收藏""民营美术馆的公共教育和社会责任"三个板块进行演讲和深度对话，推动中国民营美术馆可持续健康发展。

国际博物馆高级别论坛深圳开幕

11 月 10 日，由联合国教科文组织、中国联合国教科文组织全国委员会、国家文物局、深圳市人民政府联合主办的"国际博物馆高级别论坛"在深圳开幕。中国国家主席习近平发来贺信，对论坛召开表示热烈的祝贺。

论坛为期三天，来自 44 个国家和地区以及中国各地博物馆的近 200 名文化官员、博物馆馆长和专家学者就"新兴博物馆领——创意的途径""战乱与和平时期的文化遗产保护""博物馆的责任以及从业人员的道德与技术标准"和"面向更为广阔的国家和国际间博物馆合作"四个主题深入交换意见。论坛还发布了《深圳宣言》，重申博物馆为改善人类物质和精神生活做出的巨大贡献，呼吁各国政府和有关机构在博物馆领域开展更广泛的持续性国际合作。

第十届 CCAA 中国当代艺术奖揭晓

11 月 15 日，中国当代艺术奖（英文名称 CHINESE CONTEMPORARY ART AWARD，简称 CCAA）第十届艺术家奖于中央美术学院美术馆报告厅举办了颁奖新闻发布会暨论坛。新闻发布会中，评委会正式颁布了本届"最佳艺术家奖""最佳年轻艺术家奖"和"杰出成就奖"三个重要奖项，奖项获得者分别是艺术家曹斐、何翔宇和徐冰。

中国当代艺术奖由瑞士收藏家乌利·希克先生于 1997 年创办。作为一个独立的非营利性机构，CCAA 专门授予那些在艺术创作中表现出优异才华的中国艺术家及艺术评论人，以表彰他们杰出的创作和评论，并力争使更大范围的公众了解到中国当代艺术为中国当代文化所作出的巨大贡献。

河南洛阳西朱村曹魏大墓考古工作取得重要收获

11月16日，洛阳市文物考古研究院组织召开洛阳西朱村曹魏大墓学术研讨会。与会专家对墓葬的考古工作进行探讨，认为此是曹魏时期的高等级贵族墓葬，出土的刻铭石牌具有重要的史料价值，为研究曹魏时期高等级墓葬的葬制提供了重要参考。2015年7月19日，西朱村曹魏大墓在西朱村村民迁坟过程中被发现，因存在被盗掘的隐患，经国家文物局批准，洛阳市文物考古研究院对墓葬进行了抢救性发掘，同时对墓葬周边进行了大规模的考古调查和勘探，以期解决墓葬的陵（墓）园建筑和陪葬墓等相关问题。

截至2016年11月，勘探总面积140余万平方米，共发现两座大型墓葬，出土陶器、铁器、铜器、漆木器、骨器和玉石器等共计500余件。墓葬出土的随葬品与洛阳正始八年墓、曹休墓出土部分器物有明显的相似之处，呈现出从东汉到西晋的过渡特征。墓葬出土的石圭、璧等礼器，非普通之物。尤其是刻铭石牌，此前仅见于曹操高陵，石牌的尺寸及书写内容、格式与曹操高陵所出土的刻铭石牌相似，具有较为明显的时代和等级指向。

中国国家南海博物馆获赠十件海外回流文物

11月23日，"海外文物入藏国家南海博物馆"新闻发布会在海口举行，十件在海外漂泊数百年的珍贵陶瓷文物，经海南中视集团、恒大旅游集团两家国内企业在纽约佳士得拍卖会上成功拍下后，无偿捐献给国家南海博物馆。本次入藏的十件文物包括一件明万历青花矾红彩缠枝莲梅瓶、清19世纪一对瑞狮形香插及清19世纪外销青花器七件套。

国家南海博物馆位于海南琼海潭门，展示南海人文历史、自然生态、海上丝绸之路、中国水下文化遗产保护等四个主题。国家南海博物馆共征集和受捐文物70000多件，这批海外拍卖文物的回流入藏标志着国家南海博物馆藏品征集工作又迈出了新的一步。

北京通州发掘出汉代古城，千余古墓纵贯战国至清

11月24日，北京市人民政府新闻办公室和北京市文物局联合举办北京城市副中心文物保护与考古新发现新闻发布会。北京市文物局副局长、新闻发言人于平及相

关单位代表出席发布会，对北京城市副中心工程建设以来文物保护与考古新发现总体情况进行介绍。

2016 年 2 月 26 日至 9 月 28 日，北京市文物研究所对通州潞城镇胡各庄村、后北营村、古城村等地展开考古调查、勘探与发掘。此次考古发掘面积四万平方米，共发掘战国至清代墓葬 1092 座、古代窑址 69 座、灰坑 8 座、水井 10 眼、道路 3 条等其他各类遗迹数十处，出土陶器、瓷器、铁器、料器、皮革器、玉器等万余件（套）。大量的考古发现为探索北京东部地区汉代以来的社会文化面貌、经济发展状况、人口密度和分布、丧葬习俗等提供了证据，丰富了副中心地区的文化内涵，提升了京津冀一体化的文化底蕴。

2016 年全国美术馆馆藏精品展出季获奖名单公布

11 月 24 日，文化部办公厅正式公布了 2016 年全国美术馆馆藏精品展出季优秀展览和优秀组织单位名单。

优秀展览包括"中国美术馆：故事绘——中国美术馆藏连环画原作精品展""北京画院美术馆：一位艺术家的长征——北京画院藏沈尧伊《地球的红飘带》连环画原作研究展""黑龙江省美术馆：透视东西——黑龙江省美术馆馆藏十七至十九世纪中外版画作品展""中华艺术宫（上海美术馆）：现实的光芒——中国画现代人物画研究展""潘天寿纪念馆：潘天寿绘画作品解析展""宁波美术馆：不朽的旗帜——贺友直晚年绘画艺术展""河南省美术馆：清泉长流——沙清泉百年诞辰纪念展""广东美术馆：艺圃开荒——从赤社到广州市立美术学校""深圳市关山月美术馆：展卷图新——20 世纪 50 年代中国画长卷中的时代图景专题展""莞城美术馆：小而恢宏的力量——莞城美术馆藏藏书票展"和"陕西省美术博物馆：云开华藏——陕西省美术博物馆馆藏王子云作品及文献展"等十一个。优秀组织单位包括上海市文化广播影视管理局、浙江省文化厅、广东省文化厅。

第五届世界华人收藏家大会举行

11 月 25 日，第五届世界华人收藏家大会暨"一带一路"收藏文化研讨会在上海举行。中国收藏家协会会长罗伯健、台湾中华文物学会理事长王水衷、香港求知雅集会长何仲贤等二百多位海内外收藏家、专家学者参会。本届会议以"弘扬丝路精神，提高鉴藏水平"为主题,重点聚焦"一带一路"文物保护,呼吁加强"丝绸之路"和"海上丝绸之路"沿线国家和地区的传统文化交流。与会收藏家和专家学者围绕"中国瓷器与中国文化影响力""走向新丝路的中国文化""敦煌价值和保护"等话题分享了各自的真知灼见。

世界华人收藏家大会创立于 2007 年,以"传承文明,保护遗产,促进交流,颐养情致"为宗旨,通过举办雅集、文献出版等活动,促进海内外华人收藏家的团结,做好收藏、保护、研究、展示中华文化遗产工作。

LARRY'S LIST 公布 2016 年度藏家奖 中国藏家斩获两个重要奖项

11 月 25 日,全球领先的艺术市场资料库 LARRY'S LIST 公布了 2016 年度 LARRY'S LIST 藏家奖 (LARRY'S LIST COLLECTOR AWARDS)。自 2012 年起,LARRY'S LIST 始终跟踪分析全球范围内私人艺术藏家及私人美术馆,通过报道、采访、排名等方式对其发展予以记录。此次奖项的公布引起业界广泛关注。

该奖设有"年度新锐私人美术馆""年度私人美术馆展""年度数码收藏""年度英雄藏家奖""年度终身成就奖""年度先锋视界藏家奖"六个不同类别的奖项,致力于肯定为艺术做出了杰出成就、贡献和承诺的私人艺术藏家和私人创立的美术馆。其中在上海龙美术馆西岸馆展出的刘益谦、王薇夫妇私人藏品展——《她们:国际女性艺术特展》获"年度私人美术馆展"奖项,香港藏家郑志刚获"年度先锋视界藏家奖"。

十二月大事记

December

中国收藏
拍卖年鉴
2017

CHINESE FINE ART &
ANTIQUES AUCTION
YEARBOOK 2017

《五王醉归图卷》成为年度最贵中国艺术品

12 月 4 日，北京保利 2016 年秋拍在北京举行，任仁发画作《五王醉归图卷》亮相"中国古代书画夜场"。清宫旧藏任仁发《五王醉归图卷》以咨询价形式上拍，6800 万元起拍，经过近一小时、上百轮激烈竞价，最终以 2.64 亿元落槌，成交价 3.036 亿元，刷新个人作品拍卖纪录，创造了 2016 年度全球中国艺术品成交纪录。

据保利拍卖官网资料显示，《五王醉归图卷》为宋纸本，设色绘制，纵 35.5 厘米，横 212.5 厘米，清宫旧藏。卷绘唐朝临淄王李隆基、宋王李宪、申王李撝、岐王李范、薛王李业，花萼楼宴罢醉归的情景。

第二届广州国际文物博物馆版权交易博览会开幕

12 月 5 日，由中国文物交流中心与广州市文化广电新闻出版局（版权局、文物局）共同主办的第二届广州国际文物博物馆版权交易博览会在广州·中国进出口商品交易会展馆开幕。相关政府部门领导、展会组织机构、特邀境内外嘉宾、境内外文博单位、文化企业、版权服务商、文博服务商等参展代表，以及广东当地文博单位嘉宾等 300 余人参加开幕仪式。

本届博览会以"文博创意·版权交易·品牌授权"为主题，策划安排第二届国际文物博物馆版权保护利用高峰论坛、"互联网 + 中华文明"行动计划成果展、全国文博创意产品精品展览、文创运营管理暨版权授权培训班、文博版权资源对接推介、优秀参展单位评选颁奖等多项内涵丰富、独具特色的重要活动，以此搭建文物博物馆版权交易和品牌授权的专业性、国际化高端合作平台，提高文化遗产保护利用水平，推进文博创意产业发展进步。

宏图高科拟 22 亿现金收购匡时拍卖 100% 股权

12 月 6 日晚，江苏宏图高科技股份有限公司发布公告称，公司原拟通过发行股份方式购买匡时国际拍卖公司 100% 的股权并募集配套资金不超过 15 亿元。但自公司进入资产重组程序以来，国内并购重组监管政策发生了较大变化，证券市场亦发生了较大波动，经多次反复沟通和协商，交易各方无法就本次发行股份购买资产的具体方案达成最终一致意见。为尽快完成对标的公司的整合工作，提高交易效率，公司决定终止本次发行股份购买资产事项，改为采用现金方式收购标的公司 100% 的股权，估价 22 亿元。在此前一天的 12 月 5 日，北京匡时十周年秋拍举槌。首日开拍的 14 个专场共呈现 1500 余件拍品，最终实现总成交额 8.42 亿元人民币。

"烟云四合——清代苏州顾氏的收藏"特展开展

12 月 13 日，"烟云四合——清代苏州顾氏的收藏特展"作为苏州博物馆"清代苏州藏家"系列学术展览的首展，在江苏苏州博物馆开展。"清代苏州藏家"系列学术展览会在 2017 至 2019 年推出"梅景传家——清代苏州吴氏的收藏"，"攀古奕世——清代苏州潘氏的收藏"和"须静观止——清代苏州潘氏的收藏"展览。

本次展览集中展出顾氏一门所藏书画、古籍、碑帖、文房等共 84 件精品，年代自宋至清，展出文物来自故宫博物院、中国国家图书馆、上海博物馆、南京博物院、南京图书馆、江苏凤凰出版传媒集团、苏州图书馆、苏州市档案馆、常熟博物馆九家文博机构。展览既是对过云楼收藏概貌的呈现，也让观众可以走入以顾氏为代表的古代藏家的精神与生活。展览持续至 2017 年 3 月 12 日。

2016 年度十大创新博物馆及艺术机构发布

12 月 17 日，2016~2017 年度中国书画·工美艺术市场年度研判与发布峰会在北京举行。会上发布了 2016 年度十大创新博物馆、2016 年度最受瞩目十大书画评论家、2016 年度十大创新艺术机构三份榜单，对在博物馆运营领域、书画艺术评论领域、艺术机构经营领域中有创新、有创意、有建树的机构或个人予以发布，由点及面，以此推动整个艺术行业的发展。

常州博物馆、故宫博物院、广东省博物馆、金沙遗址博物馆、南京博物院、首都博物馆、四川广汉三星堆博物馆、苏州博物馆、文化部恭王府管理中心、浙江自然博物馆被评为"2016年度十大创新博物馆"。李一、白家峰、蔡劲松、陈明、侯样祥、张晓凌、雷祺发、胡斌、张敢、邵亦杨被评为2016年度最受瞩目十大书画评论家。北京现在画廊、博而励画廊、芳草地画廊、蜂巢当代艺术中心、前波画廊、荣宝斋当代艺术馆、宋洋美术馆、香格纳画廊、中信美术馆、中央美术学院美术馆被评为2016年度十大创新艺术机构。

2016中国古书画鉴定修复与保护国际高峰论坛举办

12月17日至19日，为期三天的"世界因遗产而璀璨——2016中国古书画鉴定修复与保护国际高峰论坛"在中国人民大学举行。本次论坛由中国人民大学信息资源管理学院主办，中国人民大学文献书画保护与鉴定研究中心承办。论坛汇集了诸多历史遗产领域的国内外专家学者，是一次全球范围内的高峰论坛。

论坛以"鉴定""修复""保护"为主题，举办多场学术报告会和圆桌会议，与会学者围绕文献书画等纸质文物的相关问题进行了讨论，旨在为中国古书画乃至中国文化提供重量级的成果，解决文献书画等在鉴定、修复与保护过程中出现的诸多问题。论坛期间，还举行了中国人民大学文献书画保护与鉴定研究中心揭牌仪式。

浙江宁波出土大批宋代越窑青瓷

12月22日上午，宁波市文物考古研究所召开新闻通报会，对东钱湖上水岙窑址考古发掘所获得重要成果进行通报。上水岙窑址位于宁波市东钱湖旅游度假区原上水村境内，2016年2月至11月，经浙江省文物局和国家文物局批准，市文物考古研究所对该窑址进行了抢救性清理发掘，共发现重复利用、整体尚存、结构清晰的龙窑窑炉遗迹两条，出土大量纹饰精美、造型别致的越窑青瓷器和窑具等遗物。从瓷器标本特征看,其主体遗存时代应在北宋中期，少量遗存年代可能早到10世纪晚期。

这次发掘的青瓷器物纹饰之精美、工艺之高超是北宋中期越窑青瓷工艺水平的典型代表，少量器物填补了越窑青瓷产品类型的空白，且对于北宋时期海外交通史、陶瓷贸易史特别是海上丝绸之路的研究具有重要参考价值。

"香港故宫文化博物馆"将于 2022 年亮相

12 月 23 日，"故宫博物院与西九文化区管理局就兴建香港故宫文化博物馆合作备忘录签字仪式"在故宫博物院举行。根据计划，故宫博物院将为预计于 2022 年竣工的香港故宫文化博物馆长期借出藏品，并就博物馆的设计和策展提供专业意见。

香港故宫文化博物馆将占地约 1 万平方米，总建筑楼面面积约 3.05 万平方米，主要设施包括多个展览厅、教育活动室、演讲厅、纪念品店及餐厅等。香港故宫文化博物馆将以固定地点、定期更换展品的形式，将故宫博物院赴香港的展览进行规范化和系统化的提升，并在此基础上结合数字多媒体展示、故宫知识讲堂，以及文化创意产品营销等，创建一个独具中国传统文化特色的故宫综合展示空间。

华中文交所被列入促进中部地区崛起"十三五"规划

12 月 26 日，经国务院正式批复，国家发改委发布《促进中部地区崛起"十三五"规划》，其中第四章明确提出"推动湖北华中文化产权交易所建设成为中部地区文化产品创新要素市场。"

湖北华中文化产权交易所由中共湖北省委宣传部主管，是以文化物权、债权、股权、知识产权等为交易对象的专业化市场，是湖北及华中地区文化体制改革的资源配置平台。华中文交所被列入《促进中部地区崛起"十三五"规划》标志着我国文化产权交易市场建设已上升到国家战略层面。

八座敦煌石窟两百余件丝路珍宝亮相成都

12 月 27 日，"'丝路之魂'敦煌艺术大展暨天府之国与丝绸之路文物特展"在成都博物馆开展。展览汇集了来自南、北、海上丝绸之路沿线的 70 余家文博机构的 200 余件精品文物，以及来自敦煌、甘肃麦积山、新疆龟兹和高昌石窟的艺术珍品。此次展览是中国国内最大规模的以丝绸之路为主题的敦煌艺术大展。

展览一大亮点是将八座敦煌石窟进行 1∶1 复原陈列，包括莫高窟第 158 窟、莫高窟第 285 窟、西夏的榆林窟第 29 窟、元代的莫高窟第 3 窟、盛唐的莫高窟第 45 窟和第 320 窟、中唐的榆林窟第 25 窟和敦煌藏经洞，让观众在别样的空间中体会敦煌石窟的风采与魅力。

中国收藏
拍卖年鉴
2017

CHINESE FINE ART &
ANTIQUES AUCTION
YEARBOOK 2017

故宫文物医院揭幕

12 月 29 日，故宫文物医院、故宫教育中心、"建福榜"揭幕仪式在故宫博物院报告厅举行。国家文物局局长刘玉珠、故宫博物院院长单霁翔等众多业内专家及嘉宾出席活动。故宫文物医院、故宫教育中心、"建福榜"的设立，标志着故宫博物院在拓宽博物馆文化公益事业、提升世界文化遗产保护水平方面，向世界一流博物馆方向又迈出了积极有力的一步。

新落成的故宫文物医院是目前国内面积最大、功能门类最完备、科研设施最齐全、专业人员数量最多的文物科技保护机构，也是服务于"平安故宫"工程子项目"院藏文物抢救性科技修复保护"的重要工程。故宫文物医院坐落于故宫西侧院墙内侧，从空间上整体划分为六大区域，分别是科技保护区、分析检测区、书画修护区、综合工艺修护区、综合艺术品修护区、金属钟表修护区；从功能上划分为文物科技实验室、文物修护工作室和文物保护管理与展示宣传三部分。

艺术品关税再下调

12 月 30 日，中国海关总署发布《关于 2017 年关税调整方案》的公告，内容指出：国务院关税税则委员会审议通过，方案中对 822 项进口商品实施暂定税率，其中 97011019(油画、粉画及其他手绘画原件)、97020000(雕版画、印制画、石印画的原本)、97030000(各种材料制的雕塑品原件)三个税则号的关税暂行税率再次降至 3%(正常税率为 12%，2012~2016 年暂调至 6%)。调整自 2017 年 1 月 1 日起实施。据悉，艺委会在 2017 年尽最大努力就 17% 进口增值税开展协调工作。

辽宁发掘出五千年前半拉山红山文化遗址

日前，辽宁省文物考古研究所已完成对辽宁朝阳半拉山红山文化遗址的发掘工作。红山文化代表中国北方地区史前文化发展的最高水平，被誉为中华五千年文明的曙光，其文明程度比中原地区早约一千年。

从 2014 年开始，考古人员对半拉山遗址实施抢救性发掘，历时三年结束。在

1600 平方米的范围内，清理出墓葬 78 座、祭坛 1 座、祭祀坑 29 座，出土文物 200
余件，其中玉器 140 余件。此次考古发掘首次完整揭示出红山文化晚期积石冢以及
墓葬、祭祀遗迹等营建过程，填补了红山文化时期社会结构变化、文化内涵、区域文
明进程等方面的空白，对于中华文明起源的研究具有重要意义。

Chapter 6
Art Industry Report: 2016

437 / Introduction

438 / Review of China's Auction Industry

446 / China's Auction Industry: Performance Analysis

450 / Online Auction Trends

454 / China's Auction Industry: Recent Developments

456 / 2017 Outlook

第六章 年度重要文献

437 ········· 引言

438 ········· 年度行业总体分析

446 ········· 年度行业经营特点

450 ········· 网络拍卖发展

454 ········· 年度行业发展评价

456 ········· 2017 年行业发展展望

引言
Introduction

　　《2016 年中国拍卖行业经营情况分析及 2017 年展望》立足于商务部全国拍卖行业管理信息系统及中国拍卖行业协会网络拍卖平台的统计数据。数据采集范围限于大陆省市，统计对象为在大陆地区合法成立并取得拍卖经营许可的企业。数据统计时限为 2016 年 1 月 1 日~12 月 31 日。

　　本期报告对转型升级中的中国拍卖业普遍关注的政策、机遇等话题给予了分析，在此基础上，本期报告更加关注于对网络拍卖和拍卖平台发展、业务创新、结构调整等热点话题。

　　我们希望通过这份报告抛砖引玉，对拍卖业界和市场参与者、社会公众有所启发，携手面向不断创新与发展中的中国拍卖市场。

　　本期报告参编人员有关妍、刘燕、欧树英、秦怡、田野、王苒、王焯、杨宝京、余锦生、张菁、赵晶（按汉语拼音首字母排序）。

年度行业
总体分析
Review of China's Auction Industry

中国收藏
拍卖年鉴
2017

CHINESE FINE ART &
ANTIQUES AUCTION
YEARBOOK 2017

一 行业基本情况

1.企业情况

根据商务部全国拍卖行业管理信息系统统计,截至 2016 年 12 月,我国内地拍卖企业共有 7083 家,分支机构 245 家,企业数量较 2015 年新增 218 家。

专业市场领域,截至 2016 年底,具备文物拍卖资质的企业约 430 家,企业数量基本稳定。这些文物艺术品拍卖企业主要分布在经济较为发达的京津、长三角和珠三角区域,并主要以北京、上海、杭州、广州等几大城市为主。

机动拍卖领域,目前全国约有 2000 余家拍卖企业涉猎,其中专业性机动车拍卖企业二十余家,主要集中在北京、上海、杭州和广州。

2.从业人员构成

行业队伍不断壮大,整体素质显著提高。截至 2016 年底,拍卖行业从业人员总数达 63041 人,较上一年度增长 3345 人。行业拥有国家注册拍卖师资格共 13059 人,正常执业 12276 人(见图 B-1)。

图 B-1 2012~2016 拍卖行业从业人员、拍卖师情况

国家注册拍卖师队伍中，随着新生代逐渐进入拍卖行业，拍卖师队伍年轻化和教育背景提升的趋势更为凸显。截至2016年底，80~90后年龄层所占比重为24.4%，90后拍卖师人数正逐年增多；本科及以上教育背景的比重为51.8%，其中硕士博士研究生比重为5.1%，较2015年有所增长（见图B-2）。随着网络技术在拍卖领域的应用，拍卖师也将面临知识更新和适应新型交易模式的挑战。

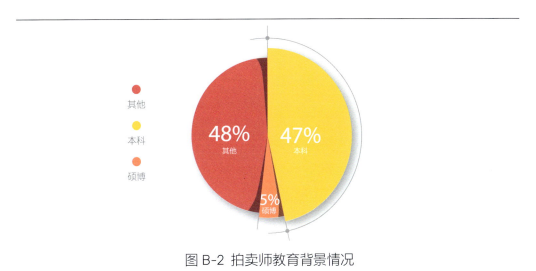

图 B-2 拍卖师教育背景情况

3.行业培训和人才培养

2016年，中国拍卖行业协会加强人才队伍的理论、基础建设，组织编写《法律教程》《拍卖概论》等拍卖师专业教程；举办各类面授培训共21期，2395人次参加；提供网络培训课程共52课时，涵盖宏观经济、拍卖业务学习等19个主题内容，满足八千余拍卖师在线学习需求。此外还针对管理人员、业务开拓等，举办包括高管班、专业人才知识更新高级培训，农村集体土地流转等新业务拓展研讨，与各地拍卖行业协会联合举办网络规程宣贯培训，有效提高了行业从业人员的水平。

4.国际交流

2016年，中国拍卖行业继续拓展国际交流与合作。2016年3月，中国拍卖行业协会应邀参加了联合国教科文组织（UNESCO）举行的2016年文化遗产保护圆桌会议，并代表中国艺术市场的参与者就文化遗产保护的监管、国际合作和职业正义进行了主题发言，这是中国拍卖行业乃至中国艺术品市场领域首次参加国际高水平专业会议。在机动车拍卖国际交流方面，于2016年10月在美国举办的拍卖企业高管研修班，标志着中国机动车拍卖行业国际交流平台已初步形成。

二 行业整体经营情况

1. 行业经营稳中有进

2016 年，在经济结构持续深度调整，消费增长相对平稳，社会投资持续减速的大背景下，全国拍卖行业发展稳中有进。截至 2016 年 12 月，全国 31 个省（区、市）共有拍卖企业 7083 家，企业数量较去年同期增加 218 家。

全年拍卖行业成交额 5192.28 亿元，同比增幅 12.02%（见图 B-3）。累计拍卖场次 95575 场，其中成交 58698 场。行业主营业务收入 85.29 亿元，同比增幅 39.82%，主营业务利润 25.8 亿元，同比增幅 0.86%，实现收入、利润双增长。

图 B-3 2012~2016 年拍卖行业成交额 单位：亿元

从具体业务成交情况看，机动车、股权债权、农副产品、文物艺术品拍卖业务、房地产、土地使用权和无形资产同比均有增长，其他类拍卖业务有所收缩。其中房地产拍卖成交 1583.73 亿元，同比增长 10.82%；土地使用权拍卖成交 1986.09 亿元，同比增长 7.3%；机动车拍卖成交 145.3 亿元，同比增长达 124.23%；农副产品拍卖业务成交 34.93 亿元，同比增长 16.28%；股权、债权类拍卖业务成交 593.62 亿元，同比上升 46.48%；无形资产类拍卖成交 291.5 亿元，同比增长 0.76%；文物艺术品拍卖成交 317.33 亿元，同比增长 13.33%；其他类拍卖业务成交 239.78 亿元，同比下降 16.09%（见表 B-1）。

表 B-1 2016 年各拍卖业务成交额及增长情况表 单位：亿元

拍卖标的	2016年成交额	2015年成交额	同比增长
房地产拍卖	1583.73	1429.12	10.82%
土地使用权拍卖	1986.09	1850.9	7.3%
机动车拍卖	145.3	64.8	124.23%
农副产品拍卖	34.93	30.04	16.28%
股权、债权拍卖	593.62	405.27	46.48%
无形资产拍卖	291.50	289.3	0.76%
文物艺术品拍卖	317.33	280	13.33%
其他拍卖	239.78	285.77	-16.09%

从各季度数据来看，2016 年拍卖成交走势"先抑后扬"，除一季度成交额同比略低于去年同期外，其余三个季度成交额均超越去年同期（见表 B-2）。

表 B-2 2012~2016 年各季度拍卖成交额变化表 单位：亿元

	1季度	2季度	3季度	4季度	全年合计
2012年	670.78	1059.28	1376.05	2622.33	5728.44
2013年	1068.12	1438.3	1628.36	2866.94	7001.72
2014年	1156.8	1233.58	1125.8	2040.2	5556.4
2015年	883.6	891.01	948.9	1911.69	4635.2
2016年	810.23	1070.6	1069.5	2241.95	5192.28

总体来看，供给侧改革、国家经济结构深入调整所带来的正面效应正在凸显，拍卖行业在保持市场既有存量的同时，业务增量也有了明显突破。如能进一步结合行业自身实际，主动发现机遇、转变观念，坚守"开放、合作、包容、共赢"的理念，拍卖行业发展潜力将进一步凸显，在未来的国家经济发展中必将大有作为。

2.委托结构相对稳定

2016 年拍卖行业各委托业务结构相对稳定。其中，政府部门委托占比权重最大，成交 2162.93 亿元，占比 41.66%；法院委托成交 1165.59 亿元，，占比 22.45%；金融机构、破产清算组、其他机构和个人委托占比 35.89%（见图 B-4）。

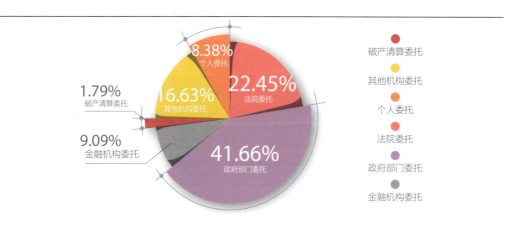

图 B-4 2016 年各委托业务占比

总的看来，在"供给侧改革"、经济结构深入调整等背景下，2016 年拍卖业务也同步凸显宏观经济去杠杆、去库存、去产能，调结构等特点。其中，以不良资产消化清收为主的金融机构委托业务拍卖成交额增长明显，总成交 471.81 亿元，同比增长 58.08%；法院委托强制执行的拍卖财产成交 1165.59 亿，同比增长 41.36%；破产清算组委托成交 93.2 亿元，同比增长 12.82%。此外，政府部门委托成交 2162.93 亿元，同比也有 8.39% 的增长；增长最小的个人委托成交 435.35 亿元，同比增长 0.52%；而其他机构委托下降 13.76%（见表 B-3）。

表 B-3 2016 年各类委托业务成交额增长变动情况 单位：亿元

委托方	2015年	2016年	增长率
法院	824.55	1165.59	41.36%
政府部门	1995.45	2162.93	8.39%
金融机构	298.46	471.81	58.08%
破产清算组	82.61	93.2	12.82%
其他机构	1001.19	863.4	−13.76%
个人	433.1	435.35	0.52%

三 行业效益有所改善

1. 四年来收入、利润首次双增

2016 年，行业主营业务收入（佣金额）85.29 亿元，同比增长 39.82%，主营业务利润 25.8 亿元，同比增长 0.86%，实现收入、利润双增长。

佣金额有所增长的同时，行业佣金率出现小幅上升。行业佣金率 1.64%，与去年同期相比增长 0.33%，佣金率四年以来最高（见表 B-4）。

表 B-4　2012~2016 年拍卖行业佣金及佣金率变化 单位：亿元

年度	成交额	佣金收入	佣金率
2012年	5728.44	107.19	1.87%
2013年	7001.72	94.08	1.34%
2014年	5556.4	80.2	1.43%
2015年	4635.2	61	1.31%
2016年	5192.28	85.29	1.64%

2.法院委托佣金率降幅最大，个人委托佣金率最高

从各主要委托佣金率来看，法院委托佣金率 1.43%，比去年同期下降 0.17 个百分点；政府部门委托佣金率 0.5%，与去年同期持平；金融机构委托佣金率 0.83%，同比下降 0.07 个百分点；破产清算组委托佣金率 0.8%，同比下降 0.1 个百分点；其他机构佣金率 1.37%，较去年同期上升 0.27 个百分点；值得关注的是，主要来源于个人委托的拍卖业务以 41.42 亿元的佣金总额和 9.51% 的佣金率，仍居榜首，佣金率较去年同期上涨 4.21 个百分点（见表 B-5.图 B-5）。

表 B-5　2016 年各委托业务成交额及佣金情况表 单位：亿元

委托部门	成交额	佣金额	佣金率
法院委托	1165.59	16.63	1.43%
政府部门委托	2162.93	10.76	0.5%
金融机构委托	471.81	3.93	0.83%
破产清算组委托	93.2	0.75	0.8%
其他机构委托	863.4	11.8	1.37%
个人委托	435.35	41.42	9.51%

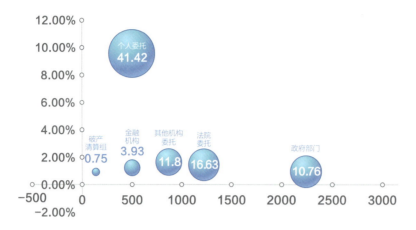

图 B-5 2016 年各委托业务佣金情况气泡图 单位：亿元
（备注：横轴为成交额，纵轴为佣金率，气泡面积为佣金额）

四 市场区域分化明显

2016 年拍卖市场的区域分化明显，仅浙江、山东、上海、河北、北京和广东 6 省市的成交额占比即已近半。全国 31 个省（区、市）中，浙江省、山东省、上海市、河北省、北京市和广东省拍卖成交额均超过 300 亿，共计成交 2533.42 亿元，占 2016 年全行业拍卖成交额的 48.79%。

拍卖成交额在 150~300 亿区间的有 8 个省（区、市），分别有安徽省、福建省、四川省、江苏省、辽宁省、湖北省、海南省和天津市。此区间成交额占比 32.9%。

拍卖成交额在 50~150 亿区间的有 8 个省（区、市），分别是湖南省、广西壮族自治区、河南省、甘肃省、内蒙古自治区、重庆市、江西省、云南省。此区间成交额占比 14.17%。

拍卖成交额在 10~50 亿以下的有 7 个省（区、市），分别是山西省、陕西省、黑龙江省、新疆维吾尔自治区、吉林省、宁夏回族自治区和贵州省。此区间成交额占比 4.06%。

拍卖成交额在 10 亿以下的有 2 个省（区、市），分别是青海省和西藏自治区（见图 B-6. 图 B-7）。在以上五个区间分布的省（区、市）数量类似，各区间之间形成的梯带比去年同期平缓，但成交额差距依然比较明显。

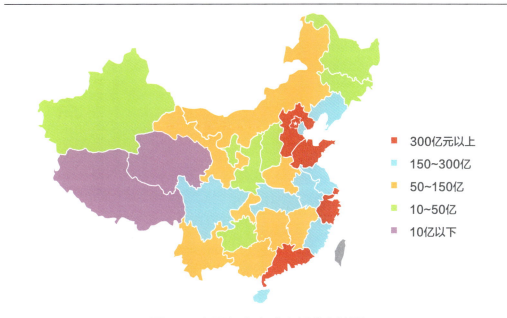

图 B-6 全国各省市成交额分布地图

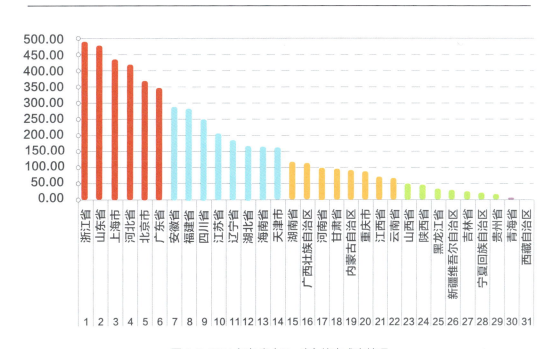

图 B-7 2016 年各省（区、市）拍卖成交情况

中国收藏
拍卖年鉴
2017

CHINESE FINE ART &
ANTIQUES AUCTION
YEARBOOK 2017

年度行业
经营特点

China's Auction Industry:
Performance Analysis

2016 年，在经济结构持续深度调整，消费增长相对平稳，社会投资持续减速的大背景下，全国拍卖行业发展稳中有进，在保持市场既有存量的同时，业务增量也有了明显突破。

其中，房地产、土地使用权、机动车、农副产品、股权债权、无形资产拍卖业务同比均有增长。机动车拍卖成交 145.3 亿元，同比增长达 124.23%；股权、债权类拍卖业务成交额 593.62 亿元，同比上升 46.48%；农副产品拍卖业务成交 34.93 亿元，同比增长 16.28%。文物艺术品拍卖成交 317.33 亿元，同比增长 13.33%。具体业务板块成交额情况和占比情况见表 C-1 和图 C-1。

表 C-1 2012~2016 年各拍卖业务成交情况表 单位：亿元

	房地产	土地使用权	机动车	农副产品	股权、债权	无形资产	文物艺术品	其他	合计
2012年	1699.22	2792.84	45	22.75	253.64	304.71	281.04	329.22	5728.44
2013年	2097.1	3465.84	59.56	20.8	311.48	314.52	313.83	418.59	7001.72
2014年	1762.2	2362.5	74.91	24.11	289.46	420.15	307.6	315.52	5556.4
2015年	1429.12	1850.9	64.8	30.04	405.27	289.3	280	285.77	4635.2
2016年	1583.73	1986.09	145.3	34.93	593.62	291.5	317.33	239.78	5192.28

4.62%
其他拍卖

6.11%
文物艺术品拍卖

5.61%
无形资产拍卖

0.67%
农副产品拍卖

11.43%
股权、债权拍卖

30.50%
房地产拍卖

2.80%
机动车拍卖

38.25%
土地使用权拍卖

农副产品拍卖
股权、债权拍卖
无形资产拍卖
文物艺术品拍卖
其他拍卖
房地产拍卖
土地使用权拍卖
机动车拍卖

图 C-1 2016 年各拍卖业务占比

文物艺术品拍卖：稳中提质

2016 年，在我国宏观经济调控积极、稳健的背景下，全国文物艺术品拍卖得以稳步发展，全国共举行文物艺术品拍卖 1857 场，成交额 317.33 亿元，较 2015 年增长 13.33%（见图 C-3）。"稳中提质"仍是文物艺术品拍卖专业流域的主旋律。

实际上，自 2011 年市场回调 5 年来，文物艺术品拍卖市场基本完成了一轮净化和淘汰，市场规模稳定在 300 亿元左右，各方参与者更趋务实和理性。"去泡沫"、"练内功"、"走国际"、"提质量"几乎成为近几年来市场变化的主路径。

281.04 2012年
313.83 2013年
307.6 2014年
280 2015年
317.33 2016年

图 C-3 2012-2016 年全国文物艺术品拍卖成交情况 单位：亿元

2016 年，文物艺术品拍卖市场格局基本稳定，据对北京保利、北京匡时、中国嘉德、杭州西泠、北京翰海、广东崇正、北京荣宝、北京诚轩、上海朵云轩、北京华辰等 10 家样本拍卖公司春、秋两季大拍的统计（按成交额排序），10 家公司成交额占全国文物艺术品交易额的 61.66%，并呈现以下变化：

1. 市场规模稳中有升

2016 年度，10 家公司共举办 403 个专场拍卖，上拍 64516 件（套），成交 47162 件（套），成交率 73.10%，成交额为 195.65 亿元。相比 2015 年，成交量保持稳定，成交额增长了 16.23%（见图 C-4）。

图 C-4 2010~2016 年 10 家拍卖公司各季成交额 单位：亿元

2. 拍品均价持续提升

2016 年度，10 家公司单件拍品成交均价达 41.48 万元 / 件（套），较 2015 年的 36.54 万元 / 件（套）有较大提升，再次表明"减量提质"继续成为当前我国文物艺术品拍卖企业的经营策略和市场趋势。

在拍品价档结构上，2016 年度 100 万元以上拍品份额为 6.59%，同比上年提升 0.71 个百分点，尤其是 1000 万元以上拍品，由上年的 184 件（套）增至 265 件（套），增长 44.02%（见表 C-4）。

表 C-4 2016 年 10 家公司成交拍品价档区间分布

价位区间	100万元以下	100（含）~1000万元	1000（含）~5000万	5000（含）~10000万	10000万以上
成交量（件/套）	44054	2843	240	16	9
数量占比	93.41%	6.03%	0.51%	0.03%	0.02%

3. 古代书画成为亮点

2016 年度，10 家样本公司中国书画共成交 123.85 亿元，其中古代书画占 37.77%，达 46.78 亿元，成交额较上年增长 75.80%。在古代书画拍卖中，成交价在

中国收藏
拍卖年鉴
2017

CHINESE FINE ART &
ANTIQUES AUCTION
YEARBOOK 2017

1000万元以上的拍品数量竟与近现代书画不相上下，仅5000万元以上成交拍品达11件（套），其中有4件（套）拍品在1亿元以上，并有曾巩、宋克、夏圭、吴镇、恽寿平、蒋廷锡等十多位古代书画家刷新拍卖纪录，这对整个文物艺术品拍卖市场而言，无疑是一个重要的风向标。

4. 佛教艺术增长较人

2016年度，10家公司共推出佛教相关艺术专场20个，成交1061件（套），成交率73.43%，成交额9.14亿元；成交额较上年提升29.83%，且年度内共有三个专场成交超过亿元，分别是：北京翰海"西路十年——金铜佛像"成交1.42亿元，北京保利"重要佛教艺术夜场"和"大圆觉——重要佛教美术夜场"分别成交1.36亿元、1.01亿元。

5. 名家佳作效应明显，傅抱石成为年度主角

2016年度，傅抱石作品云集拍卖市场，成交1000万元以上拍品17件（套），总计成交6.43亿元。其中，北京保利推出的傅抱石《云中君和大司命》以2.3亿元成交，成为年度成交价最高的近现代书画作品；次之为中国嘉德推出的傅抱石《风光好》《山鬼》分别以6612.5万元、5175万元成交，而北京诚轩推出的《山瀑清会》以4025万元成交。

6. 品牌专场效应升温

2016年度，10家公司成交率100%的专场共计39个，成交20.21亿元，较上年成交额增加5.80亿元；此外，10家公司成交额在1亿元以上的专场共计38个，成交2725件（套），成交额104.80亿元，这38个专场的成交额占10家公司成交总额超过一半，且拍品均价高达384.58万元。这充分表明拍卖企业在重要专场的学术策划能力和市场运作能力上逐年提升，并形成自有品牌。比如，北京保利的"中国书画夜场"，中国嘉德的"大观夜场"，北京匡时的"澄道夜场"，西泠拍卖的"西泠印社部分社员作品专场"、广东崇正的"九藤书屋专场"等等。

网络拍卖发展
Online Auction Trends

一 网络拍卖发展环境更趋成熟

2016 年,我国互联网社会环境进一步成熟。根据中国互联网络信息中心 (CNNIC) 发布的最新数据显示,截至 2016 年 12 月,我国的互联网普及率为 53.2%,中国网民规模达到 7.31 亿,其中网络购物的用户规模达到 4.67 亿。另据商务部统计,2016 年中国网络零售交易额已达 5.16 万亿元人民币,同比增长 26.2%。互联网社会环境的成熟,线上线下融合的持续推进,对 2016 年网络拍卖的发展产生了积极的推动作用。

同时,网络拍卖的政策、规范环境也同步跟进。11 月 1 日网络拍卖领域的首部国家标准《GB/T32674-2016 网络拍卖规程》正式实施,网络拍卖进入了"有规可依"的时代。

二 网络拍卖平台发展形成规模

自 2000 年,国内首个网络拍卖企业嘉德在线正式上线,经过十余年的发展,随着网络拍卖环境日益成熟,在网络拍卖活动中为交易各方提供相关服务的信息系统——网络拍卖平台也进一步发展并形成一定规模。一批由拍卖企业自主开发或由互联网企业跨界进入开发的网络拍卖平台持续发展,形成了全国性、地方性平台相互补充,艺术品、机动车、资产等专业性平台和综合性平台各有优势的网络拍卖平台发展格局。据不完全统计,截至 2016 年底,各类网络拍卖平台数量已过百家,平台年成交额已超千亿。

2016 年 11 月,最高人民法院发布公告,将包括淘宝网、京东网、人民法院诉讼资产网、公拍网、中国拍卖行业协会网在内的 5 个网络拍卖平台纳入网络服务提供者名单库，成为网络拍卖和平台发展过程中一个标志性事件。这五家平台既有电商网络拍卖平台，也包括拍卖行业自主研发平台；既有如中国拍卖行业协会网络拍卖平台的全国性平台，也有如上海公拍网的地方性平台，是首批在国家部委层面得到正式认可的网络拍卖平台，集中体现了各大网络拍卖平台的快速发展和日趋激烈的市场竞争。可以预见，随着互联网技术的发展，平台竞争将逐渐从技术竞争转向服务能力的竞争。整合资源、专业化、集约化的发展将成为平台发展的必经之路。

三 拍卖行业网络拍卖发展特点

2016 年，据拍卖行业几个主要拍卖平台（中拍协网络拍卖平台、上海公拍网、四川省拍卖行业网络同步拍卖信息系统、广西拍卖网等）不完全统计，2016 年网络拍卖成交额为 350.98 亿元，较 2015 年同比增加 14.28%。

1. 网络拍卖用户群体潜力巨大

据中国拍卖行业协会网络拍卖平台（http：//pm.caa123.org.cn）统计，2016 年该平台上参与网络拍卖的竞买人数较 2015 年增长了 336%。竞买人年龄分布如图 D-1 所示。

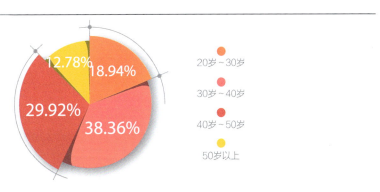

图 D-1 2016 年网络竞买人年龄分布

可以预见，伴随着中国互联网普及率的不断提高，网络拍卖线上、线下服务的不断融合和创新，认同并参与网络拍卖的竞买人将持续增长。

2. 网络拍卖持续升温

2016 年中拍协网络拍卖平台（http：//pm.caa123.org.cn）上的拍卖公告、上拍标的、拍卖场次等全面增长。平台全年发布公告数较 2015 年增长 41.39%；拍卖企业在该平台举办网络拍卖会 7450 场，较 2015 年增加了 2718 场，增长 57.44%（见图 D-2）；上拍标的 59559 件，较 2015 年增长了 218%。2016 年全年成交额达到 67.63 亿元，较 2015 年增长了 29.14%（见图 D-3）。

图 D-2　2016.2015 年中拍协网络拍卖平台拍卖会场次对比（按委托方分类）

图 D-2　2016.2015 年中拍协网络拍卖平台拍卖会成交额对比（按委托方分类）
单位：亿元

3. 拍卖企业网拍活跃度增强

据中国拍卖行业协会网络拍卖平台（http：//pm.caa123.org.cn）统计，2016 年平台活跃企业 689 家，比 2015 年增加 170 家，增加了 32.76%。成交额过亿元的企业 15 家，包括：宁夏嘉德拍卖行（有限公司）、齐齐哈尔鑫鼎拍卖有限责任公司、安徽盘龙企业拍卖集团有限公司、山东天恒星拍卖行有限公司、河南拍卖行有限公司、山东中恒拍卖有限公司、潍坊广大拍卖有限公司、安徽新世纪拍卖有限公司、北京中鼎国际拍卖有限公司、山东鑫汇银通拍卖行有限公司、海南冠亚拍卖有限公司、安徽鸿达拍卖有限公司、金诺国际拍卖有限公司、甘肃九方拍卖有限公司、吉林省金石拍卖有限责任公司，山东省 5 家，安徽省 3 家。29 个省、市、自治区在平台上召开网络拍卖会，山东、河北、安徽、江西、福建网络拍卖会场次位居前五，其中：山东省成交额最高，达到 22.8 亿元（其中司法拍卖成交额占 24%）；其次是安徽省，达到 7.08 亿元（其中司法拍卖成交额占 72%）。

4. 网络司法拍卖业务增长

2016 年中拍协网络拍卖平台（http：//pm.caa123.org.cn）司法拍卖会场次达到 3286 场，比 2015 年增加 1399 场，增长 74.14%；成交额达到 22.03 亿元，占全年总成交额 32.57%（见图 D-4），比 2015 年增加 8.4 亿元，增长 62.03%。

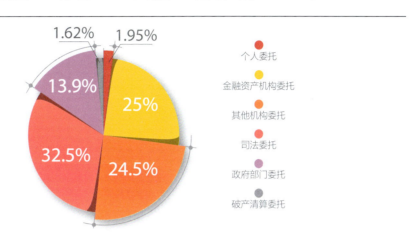

图 D-4 2016 年网络拍卖会成交额占比分布

2016 年，全国有 25 个省市的各级法院在中国拍卖行业协会网络拍卖平台举办司法拍卖活动。司法委托网络拍卖成交额过亿元的拍卖企业包括：安徽盘龙企业拍卖集团有限公司、北京中鼎国际拍卖有限公司、安徽鸿达拍卖有限公司、甘肃九方拍卖有限公司。

中国收藏
拍卖年鉴
2017

CHINESE FINE ART &
ANTIQUES AUCTION
YEARBOOK 2017

年度行业
发展评价

China's Auction Industry:
Recent Developments

一　创新、融合带来市场"增量"

艺术品拍卖领域跨界融合成为趋势

2016 年，艺术品拍卖领域的跨界融合倍受关注。泰康人寿收购苏富比股份成为第一大股东、上市公司宏图高科收购北京匡时国际拍卖有限公司 100% 股权、保利拍卖和华谊兄弟跨界合作成立拍卖企业，都表明艺术品拍卖与资本、文化相关领域的碰撞和融合正在进入实质阶段；此外，一些艺术金融的尝试在 2016 年也进一步进入到拍卖企业的视野，给拍卖市场的发展带来了新的活力。未来，艺术品与资本市场等相关领域的融合必将带来更多的艺术品拍卖业态与产品的创新。

二　"拍卖 + 互联网"深入渗透市场

2016 年，拍卖行业在"拍卖 + 互联网"发展模式的指引下，取得了不俗的业绩。除司法拍卖外，机动车、农产品、房地产、无形资产、股权债权等各类拍卖业务全面触网，并开始植根于行业的各类业务经营之中。特别是在机动车、农产品等新兴拍卖业务领域，"拍卖 + 互联网"这一经营模式的广泛运用也较好地解决了拍卖机制快速切入流通市场问题，有效促进了新业务的发展。在这个过程中，中国拍卖行业协会注重行业网络平台的建设，变革体制机制，着力保障中拍平台的稳定运行，为全行业互联网拍卖业务的正常开展提供了有力的保障。

三　企业年会带动理念变革

2016 年中国拍卖行业协会坚持"开放、合作、包容、共赢"的发展理念，努力引领行业转变观念，为行业未来发展注入新动力。2016 年 11 月，首届中国拍卖行业企业年会在西安成功举办。年会以"创新思维、创造市场、创造客户、创新发展"为主题，举办了包括高端论坛及艺术品、机动车、农产品、互联网与资产等分论坛在内的丰富活动，同时首次推出包括农村土地流转、拍卖＋金融、机动车拍卖、绿色拍卖、农产品拍卖，五家"2016 中国拍卖行业企业创新奖"获奖拍卖企业，为拍卖企业创新发展树立典型，有效启发了行业发展理念的变革。企业年会的成功举办，标志着行业协会带领拍卖企业大胆探索新路、攻坚克难增加的新的手段和方式。

四　行业人才建设取得新的成绩

2016 年，第四届"全国拍卖师大赛"成功举办。大赛的成功举办，是对拍卖行业人才队伍的一次检阅，也是推动拍卖行业发展、人才队伍素质提升的一项重要举措。大赛评选出包括"金槌"、"银槌"、"铜槌"等在内百余名新生代优秀拍卖师，涌现了一批年轻的拍卖师精英，展现了中国拍卖人的职业高度，提高了拍卖师队伍的职业认同，促进了拍卖业新生代与拍卖业开拓者之间的职业传承，已成为激励全国拍卖人继续同行，共同追寻中国拍卖业光荣与梦想的全新起点。

中国收藏
拍卖年鉴
2017

CHINESE FINE ART &
ANTIQUES AUCTION
YEARBOOK 2017

2017 年行业
发展展望
2017 Outlook

一 立足国家战略，抓住十大发展机遇

我国经济经过近年来的持续改革，经历了消费结构调整，去库存、去产能、去杠杆带来的供给端调整，经济更加良性发展，为 2017 年拍卖行业发展创造了良好环境。

中国拍卖行业协会认为，2017 年，拍卖行业应抓住国家供给侧继续深化改革的机遇，抓住公共资源加快进入市场的机遇，抓住产业结构调整的机遇，抓住"一带一路"国家战略的机遇，抓住"去库存"的机遇，抓住文化产业大发展大繁荣的机遇，抓住公车改革促进二手车拍卖发展的机遇，抓住农产品交易引入拍卖机制的机遇，抓住网络拍卖迅速发展的机遇，抓住大众消费提升的机遇，努力拓展拍卖资源和市场；同时，以客户需求为服务导向，大力发展联合拍卖、合作拍卖、专业拍卖、特色拍卖、网络拍卖、供应链拍卖、服务链拍卖等新兴业态，实现拍卖企业资源拓展新空间、客户延伸新空间、效益提升新空间。

二 关注重点领域，拓展发展新空间

2017 年，拍卖行业应继续以创新发展为理念，以提高传统拍卖服务技术和质量为基础，将网络拍卖服务手段相结合，坚持创新驱动发展，积极研究和创新拍卖服务品类，发挥拍卖在价格发现、公开、公正、公平及便捷、高效处置能力上的"长板"优势，扩展拍卖市场发展新空间。具体说来，有以下重点领域值得关注：

在供给侧改革方面，重点可结合农业供给侧结构性改革，运用网络、电子钟、结合大宗农产品拍卖的现代化交易手段，推动绿色优质农产品的市场供给。同时，以

拍卖方式促进重要农产品价格形成机制的改革。

在公共资源加快进入市场领域方面，重点可关注公共资源拍卖平台建设和业务扩展，关注农村土地流转，关注工信部新修订《中华人民共和国无线电管理条例》后通过招标拍卖方式分配地面公众移动通信等商用频率等市场机遇。

在产业结构调整方面，可重点关注因产业转移、科技转化、生态环保产业发展等带来的不良资产处置、专利技术成果拍卖和绿色环保物资拍卖等机会。

在抓住"一带一路"国家战略机遇方面，可重点关注"一带一路"沿线传统文化资源的整合，在行业协会的指导下，加强拍卖业内、业外的联合，创新开拓包括艺术品拍卖、农产品拍卖等在内丰富拍卖活动。

在"去库存"方面，可重点关注工业企业库存产品、废旧物资、外贸加工边角料规范处置，以及工业企业提质增效等带来机遇；此外，在房地产领域，还可重点关注三四线城市房地产去库存过程中的住宅和商业地产拍卖，充分运用全国性网络拍卖平台，提升拍卖关注度，扩大竞买群体覆盖范围，尤其可挖掘一、二线城市潜在购买力。

三　提升服务能力适应司法拍卖政策变化

2017 年是司法拍卖政策重大转向后的第一年。作为拍卖行业 20 多年来重要业务之一的司法拍卖，由委托拍卖转向法院在网络拍卖平台自行拍卖，不可避免的将对拍卖企业的司法委托拍卖业务造成冲击，对拍卖行业尽快适应政策变化，调整转变经营模式也提出了迫切要求。

针对这一情况，一方面拍卖企业应尽快调整适应司法辅助机构的新角色定位，加强自身服务能力建设，用专业线下服务撬动线上拍卖的优势；拍卖行业也应积极与各级人民法院沟通，进一步发挥好拍卖行业客户资源优势，发挥现有拍卖队伍的专业优势，依托有资质的拍卖企业，快速建立司法辅助服务团队；依托网络拍卖平台，用"平台＋企业"的模式加快建设司法辅助服务中心，快速建立网络司法拍卖的线下服务体系，在新形势下继续协助司法机构有效提高司法拍卖成交率，切实破解"执行难"，维护社会公平正义。

四　产业政策趋向关注行业规范、健康发展

2017 年，拍卖行业政策将继续调整。宏观层面，稳定和完善宏观经济政策，继续实施积极的财政政策和稳健的货币政策，加强产业、区域、投资、消费、价格、土地、环保等政策协调配合将成为拍卖行业产业政策调整的社会、经济大背景。具

中国收藏
拍卖年鉴
2017

CHINESE FINE ART &
ANTIQUES AUCTION
YEARBOOK 2017

体到行业政策层面，规范、促进拍卖行业发展将成为 2017 年拍卖行业政策调整的主基调。2 月 15 日，商务部发布《关于规范和促进拍卖行业发展的意见》（商流通发〔2017〕50 号），指出要通过完善法律法规、加强事中事后监管、创新监管方式和手段，进一步规范拍卖行为，营造行业发展良好环境。与之相呼应，2 月 20 日，国家工商总局办公厅发布《关于做好 2017 年市场规范管理和合同行政监管有关工作的意见》（办字〔2017〕34 号），明确要依法加大对违法拍卖活动打击力度，加强对违法拍卖活动投诉举报的办理工作，促进拍卖市场规范健康发展。

可以预见，在这一主基调下，商务、法院、公安、文化、国资、海关、税务、工商、文物等部门围绕拍卖业发展的沟通协调将进一步加强。一方面，相关部委将继续鼓励拍卖行业发挥现代商品流通重要渠道的作用，鼓励企业积极开展农产品和机动车等新兴领域拍卖业务，鼓励推进传统拍卖业与新技术的融合；另一方面，业务规范和引导也将进一步加强，《不适合以拍卖形式交易的拍卖标的指引》《网络拍卖规程》标准等具体业务指导的引导和宣贯将为规范市场发展提供保障。此外，关注网络拍卖监管新情况，建立完善线上、线下统一拍卖市场规则、加强对违规行为的研究和查处力度等也将成为年度拍卖产业政策调整的重点领域。

综上所述，2017 年，将是我国"十三五"规划、经济结构调整和产业结构调整深度推进的关键之年，也是我国拍卖行业适应经济发展新常态、转型升级、攻坚克难的关键之年。拍卖行业如能抓住机遇，继续保持行业经营在 2016 年已经出现，并已趋于"软着陆"的势头，继续重点突破机动车、农产品、不良资产等专项拍卖业务领域，实现关键指标持续增长，拍卖行业整体经营将在 2017 年进一步企稳向好，行业发展也将有望进入新一轮增长周期。

Chapter 7

Arts & Culture: Policy Updates

第七章　政策聚焦

文化部办公厅关于印发
《文化市场黑名单管理办法（试行）》的通知

成文日期：2016 年 1 月 6 日
发布日期：2016 年 2 月 3 日
发文单位：文化部文化市场司
政策法规号：办市发〔2016〕1 号

各省、自治区、直辖市文化厅（局），新疆生产建设兵团文化广播电视局，西藏自治区、北京市、天津市、上海市、重庆市文化市场（综合）行政执法总队：

为了贯彻落实《国务院关于促进市场公平竞争维护市场正常秩序的若干意见》（国发〔2014〕20 号）、《国务院关于印发社会信用体系建设规划纲要（2014-2020 年）的通知》（国发〔2014〕21 号）等有关规定，建立文化市场信用监管制度，加强文化市场内容监管，加大对严重违法经营主体的惩戒力度，促进行业诚信自律，维护市场秩序，我部制定了《文化市场黑名单管理办法（试行）》，现印发给你们，请结合实际贯彻执行。

当前，国家正在大力推动简政放权、放管结合、优化服务，构建以信用监管为核心的事中事后监管体系。文化市场黑名单制度是文化市场信用监管的基本制度。开展黑名单管理是适应简政放权、先照后证改革、创新文化市场事中事后监管的迫切要求，是完善文化产品准入退出机制、实现文化市场精确管理的有效手段，是强化市场主体责任、加强行业自律、扩大社会监督的重要举措。要通过黑名单管理，完善守信激励、失信惩戒机制，提高文化市场监管效能，营造良好信用环境，保护未成年人合法权益，促进文化市场健康有序发展。

按照试点先行、逐步推开的原则，在全国试行文化产品黑名单管理，在河北、天津、上海、浙江、湖南、广东、广西、重庆、云南等省（直辖市）试点文化市场经营主体黑名单管理，试点期限为一年。试点地区省级文化行政部门可以在现行规定的基础上，适当增加经营主体黑名单的列入情形，探索相关联合惩戒措施。试点期间，省级文化行政部门应当每半年向文化部报送试点工作情况。文化部将在试点结束后进行总结评估，并在完善管理制度和工作机制的基础上，适时在全国推开。

特此通知。

文化部办公厅

2016 年 1 月 6 日

文化市场黑名单管理办法（试行）

第一条　为了贯彻落实《国务院关于促进市场公平竞争维护市场正常秩序的若干意见》（国发〔2014〕20号）、《国务院关于印发社会信用体系建设规划纲要（2014-2020年）的通知》（国发〔2014〕21号）等有关规定，加强文化市场内容监管，加大对严重违法经营主体的惩戒力度，保护未成年人合法权益，促进行业诚信自律，净化市场环境，根据我国文化市场有关法规规章，制定本办法。

第二条　本办法所称文化市场黑名单管理，是指文化行政部门或者文化市场综合执法机构将含有禁止内容且社会危害严重的文化产品、严重违反文化市场有关法规规章的经营主体列入文化市场黑名单，并向社会公布，实施信用约束、联合惩戒等措施的统称。文化市场黑名单包括文化产品黑名单和经营主体黑名单。

第三条　本办法所称文化产品，包括营业性演出、艺术品、游戏游艺设备、歌舞娱乐场所播放的曲目和画面以及网络音乐美术娱乐、网络游戏、网络动漫、网络演出剧（节）目、网络表演、手机音乐等网络文化产品。

第四条　文化部负责指导全国文化市场黑名单管理工作，负责文化产品黑名单的列入、公布工作，负责建立文化市场黑名单管理系统。县级以上文化行政部门或者文化市场综合执法机构负责本辖区文化市场黑名单管理工作，负责违法文化产品的信息的报送工作，负责本辖区经营主体黑名单的列入、移出等管理工作。

第五条　文化部根据专家审查意见，经依法认定，将含有《营业性演出管理条例》、《娱乐场所管理条例》、《互联网上网服务营业场所管理条例》、《互联网文化管理暂行规定》、《网络游戏管理暂行办法》、《美术品经营管理办法》等文化市场有关法规规章禁止内容且社会危害严重的文化产品，列入文化产品黑名单。

第六条　县级以上文化行政部门、文化市场综合执法机构按照"谁处罚，谁报送"的原则，将含有禁止内容的文化产品的信息，自行政处罚决定生效之日起5日内，通过文化市场黑名单管理系统或者其他方式报送文化部。

报送内容应当包括违法文化产品名称、类型、经营者、统一社会信用代码、案由、处罚信息及违法文化产品内容（含视频、音频、游戏、歌词、剧本等）。

第七条　县级以上文化行政部门或者文化市场综合执法机构按照属地管理及"谁处罚，谁列入"的原则，将有下列严重违法情形之一的经营主体，列入黑名单。

（一）因擅自从事文化市场经营活动，被文化行政部门或者文化市场综合执法机构行政处罚两次以上的；

（二）被文化行政部门或者文化市场综合执法机构吊销许可证的；

（三）因欺骗、贿赂等不正当手段取得的许可证、批准文件被文化行政部门撤销或者因伪造、变造许可证、批准文件被文化行政部门或者文化市场综合执法机构行政处罚的；

（四）法规规章规定的其他情形。

第八条　符合本办法第七条规定情形的，文化行政部门或者文化市场综合执法机构自行政处罚决定或者行政决定生效之日起5日内，将经营主体列入黑名单。

经营主体跨区域从事文化市场违法经营活动，被异地文化行政部门或者文化市场综合执法机构行政处罚，符合本办法第七条规定的，由作出行政处罚的文化行政部门或者文化市场综合执法机构通报经营主体所在地同级文化行政部门或者文化市场综合执法机构，由其负责将经营主体列入黑名单。

第九条　经营主体被列入黑名单后，列入机关应当于列入当日将有关信息录入文化市场黑名单管理系统。录入信息应当包括经营主体名称、法定代表人或者主要负责人、统一社会信用代码、地址、案由、处罚信息、列入日期、列入机关等。

第十条　除依法不宜公开的之外，文化部统一向社会公布全国文化市场黑名单。地方各级文化行政部门、文化市场综合执法机构可以根据各地实际情况，将本辖区的经营主体黑名单，同时通过官方网站、报纸、广播、电视等方式予以公布。文化市场黑名单全国适用。

第十一条　经营主体被列入黑名单满5年的，由列入机关组织监督检查，未发现在列入期间有违反文化市场有关法规规章行为的，移出黑名单并予公布。

第十二条　经营者对其文化产品被列入黑名单有异议的，或者经营主体对被列入黑名单有异议的，可以自公布之日起30日内，向列入机关提出书面申请并提交相关证明材料。列入机关应当在5日内决定是否受理。予以受理的，应当在20日内核实，并将核实结果书面告知申请人；不予受理的，将不予受理的理由书面告知申请人。

通过核实发现列入黑名单存在错误的，应当自查实之日起5日内予以更正。

第十三条　列入经营主体黑名单所依据的行政决定或者行政处罚决定被撤销的，列入机关应当在知道相关决定后3日内，将经营主体移出黑名单并报告文化部。

第十四条　文化行政部门或者文化市场综合执法机构向涉嫌严重违法经营主体下达《行政处罚事先告知书》时，应当提示其可能被列入黑名单的风险。

第十五条　禁止传播、经营被列入黑名单的文化产品。文化行政部门进行行政审批时，对申请中含有黑名单文化产品的，不予批准；对传播、经营过黑名单文化产品的经营者提交的申请予以重点审查。

第十六条　经营主体被列入黑名单期间，其法定代表人或者主要负责人依法不得担任新设立文化市场经营主体的法定代表人或者主要负责人。

第十七条　各级文化行政部门、文化市场综合执法机构应当将被列入黑名单的文化产品及经营主体纳入重点监管对象，加大执法检查频次，对再次发生违法违规行为的，依法从重处罚。

第十八条　文化行政部门、文化市场综合执法机构不得将被列入黑名单的文化产品纳入评奖评优的范围，不得将被列入黑名单的经营主体纳入表彰奖励、政策试点、政府采购、政策性资金

中国收藏
拍卖年鉴
2017

CHINESE FINE ART &
ANTIQUES AUCTION
YEARBOOK 2017

及项目扶持等范围。

第十九条　文化行政部门、文化市场综合执法机构可以将经营主体黑名单通报有关部门，予以联合惩戒。

第二十条　鼓励社会组织和个人对传播、经营黑名单文化产品的行为，对被列入黑名单的经营主体的经营行为进行监督，发现有违反文化市场有关法规规章行为的，有权向文化行政部门或者文化市场综合执法机构举报。

第二十一条　文化行政部门、文化市场综合执法机构在文化市场黑名单管理过程中，滥用职权、玩忽职守、徇私舞弊的，应当依法依规予以追责。

第二十二条　本办法由文化部负责解释。

《艺术品经营管理办法》

成文日期：2015 年 12 月 17 日

发布日期：2016 年 1 月 18 日

发文单位：文化部文化市场司

政策法规号：中华人民共和国文化部令第 56 号

中华人民共和国文化部令
第 56 号

《艺术品经营管理办法》已经 2015 年 12 月 17 日文化部部务会议审议通过，现予发布。

部长 雒树刚

二〇一六年一月十八日

《艺术品经营管理办法》

第一章 总 则

第一条 为了加强对艺术品经营活动的管理，规范经营行为，繁荣艺术品市场，保护创作者、经营者、消费者的合法权益，制定本办法。

第二条 本办法所称艺术品，是指绘画作品、书法篆刻作品、雕塑雕刻作品、艺术摄影作品、装置艺术作品、工艺美术作品等及上述作品的有限复制品。本办法所称艺术品不包括文物。

本办法规范的艺术品经营活动包括：

（一）收购、销售、租赁；

（二）经纪；

（三）进出口经营；

（四）鉴定、评估、商业性展览等服务；

（五）以艺术品为标的物的投资经营活动及服务。

利用信息网络从事艺术品经营活动的适用本办法。

第三条 文化部负责制定艺术品经营管理政策，监督管理全国艺术品经营活动，建立艺术品市场信用监管体系。

省、自治区、直辖市人民政府文化行政部门负责艺术品进出口经营活动审批，建立专家委员会，为文化行政部门开展的内容审查、市场监管相关工作提供专业意见。

县级以上人民政府文化行政部门负责本行政区域内艺术品经营活动的日常监督管理工作，县级以上人民政府文化行政部门或者依法授权的文化市场综合执法机构对从事艺术品经营活动违反国家有关规定的行为实施处罚。

第四条　加强艺术品市场社会组织建设。鼓励和引导行业协会等社会组织制定行业标准，指导、监督会员依法开展经营活动，依照章程，加强行业自律，推动诚信建设，促进行业公平竞争。

第二章　经营规范

第五条　设立从事艺术品经营活动的经营单位，应当到其住所地县级以上人民政府工商行政管理部门申领营业执照，并在领取营业执照之日起15日内，到其住所地县级以上人民政府文化行政部门备案。

其他经营单位增设艺术品经营业务的，应当按前款办理备案手续。

第六条　禁止经营含有以下内容的艺术品：

（一）反对宪法确定的基本原则的；

（二）危害国家统一、主权和领土完整的；

（三）泄露国家秘密、危害国家安全或者损害国家荣誉和利益的；

（四）煽动民族仇恨、民族歧视，破坏民族团结，或者侵害民族风俗、习惯的；

（五）破坏国家宗教政策，宣扬邪教、迷信的；

（六）宣扬恐怖活动，散布谣言，扰乱社会秩序，破坏社会稳定的；

（七）宣扬淫秽、色情、赌博、暴力或者教唆犯罪的；

（八）侮辱或者诽谤他人，侵害他人合法权益的；

（九）违背社会公德或者民族优秀文化传统的；

（十）蓄意篡改历史、严重歪曲历史的；

（十一）有法律、法规和国家规定禁止的其他内容的。

第七条　禁止经营以下艺术品：

（一）走私、盗窃等来源不合法的艺术品；

（二）伪造、变造或者冒充他人名义的艺术品；

（三）除有合法手续、准许经营的以外，法律、法规禁止交易的动物、植物、矿物、金属、化石等为材质的艺术品；

（四）国家规定禁止交易的其他艺术品。

第八条　艺术品经营单位不得有以下经营行为：

（一）向消费者隐瞒艺术品来源，或者在艺术品说明中隐瞒重要事项，误导消费者的；

（二）伪造、变造艺术品来源证明、艺术品鉴定评估文件以及其他交易凭证的；

（三）以非法集资为目的或者以非法传销为手段进行经营的；

（四）未经批准，将艺术品权益拆分为均等份额公开发行，以集中竞价、做市商等集中交易方式进行交易的；

（五）法律、法规和国家规定禁止的其他经营行为。

第九条　艺术品经营单位应当遵守以下规定：

（一）对所经营的艺术品应当标明作者、年代、尺寸、材料、保存状况和销售价格等信息；

（二）保留交易有关的原始凭证、销售合同、台账、账簿等销售记录，法律、法规要求有明确期限的，按照法律、法规规定执行；法律、法规没有明确规定的，保存期不得少于 5 年。

第十条　艺术品经营单位应买受人要求，应当对买受人购买的艺术品进行尽职调查，提供以下证明材料之一：

（一）艺术品创作者本人认可或者出具的原创证明文件；

（二）第三方鉴定评估机构出具的证明文件；

（三）其他能够证明或者追溯艺术品来源的证明文件。

第十一条　艺术品经营单位从事艺术品鉴定、评估等服务，应当遵守以下规定：

（一）与委托人签订书面协议，约定鉴定、评估的事项，鉴定、评估的结论适用范围以及被委托人应当承担的责任；

（二）明示艺术品鉴定、评估程序或者需要告知、提示委托人的事项；

（三）书面出具鉴定、评估结论，鉴定、评估结论应当包括对委托艺术品的全面客观说明，鉴定、评估的程序，做出鉴定、评估结论的证据，鉴定、评估结论的责任说明，并对鉴定、评估结论的真实性负责；

（四）保留书面鉴定、评估结论副本及鉴定、评估人签字等档案不得少于 5 年。

第十二条　文化产权交易所和以艺术品为标的物的投资经营单位，非公开发行艺术品权益或者采取艺术品集中竞价交易的，应当执行国家有关规定。

第三章　艺术品进出口经营活动

第十三条　艺术品进出口经营活动包括：

（一）从境外进口或者向境外出口艺术品的经营活动；

（二）以销售、商业宣传为目的在境内公共展览场所举办的，有境外艺术品创作者或者境外艺术品参加的各类展示活动。

第十四条　从境外进口或者向境外出口艺术品的，应当在艺术品进出口前，向艺术品进出口口岸所在地省、自治区、直辖市人民政府文化行政部门提出申请并报送以下材料：

（一）营业执照、对外贸易经营者备案登记表；

（二）进出口艺术品的来源、目的地；

（三）艺术品图录；

（四）审批部门要求的其他材料。

文化行政部门应当自受理申请之日起 5 日内做出批准或者不批准的决定。批准的，发给批准文件，申请单位持批准文件到海关办理手续；不批准的，书面通知申请人并说明理由。

第十五条 以销售、商业宣传为目的的在境内公共展览场所举办有境外艺术品创作者或者境外艺术品参加的展示活动，应当由举办单位于展览日45日前，向展览举办地省、自治区、直辖市人民政府文化行政部门提出申请，并报送以下材料：

（一）主办或者承办单位的营业执照、对外贸易经营者备案登记表；

（二）参展的境外艺术品创作者或者境外参展单位的名录；

（三）艺术品图录；

（四）审批部门要求的其他材料。

文化行政部门应当自受理申请之日起15日内做出批准或者不批准的决定。批准的，发给批准文件，申请单位持批准文件到海关办理手续；不批准的，书面通知申请人并说明理由。

第十六条 艺术品进出口口岸所在地省、自治区、直辖市人民政府文化行政部门在艺术品进出口经营活动审批过程中，对申报的艺术品内容有疑义的，可提交专家委员会进行复核。复核时间不超过15日，复核时间不计入审批时限。

第十七条 同一批已经文化行政部门内容审核的艺术品复出口或者复进口，进出口单位可持原批准文件到进口或者出口口岸海关办理相关手续，文化行政部门不再重复审批。

第十八条 任何单位或者个人不得销售或者利用其他商业形式传播未经文化行政部门批准进口的艺术品。

个人携带、邮寄艺术品进出境，不适用本办法。个人携带、邮寄艺术品超过海关认定的自用、合理数量，海关要求办理进出口手续的，应当参照本办法第十四条办理。

以研究、教学参考、馆藏、公益性展览等非经营性用途为目的的艺术品进出境，应当参照本办法第十四条或者第十五条办理进出口手续。

第四章　法律责任

第十九条 违反本办法第五条规定的，由县级以上人民政府文化行政部门或者依法授权的文化市场综合执法机构责令改正，并可根据情节轻重处10000元以下罚款。

第二十条 违反本办法第六条、第七条规定的，由县级以上人民政府文化行政部门或者依法授权的文化市场综合执法机构没收非法艺术品及违法所得，违法经营额不足10000元的，并处10000元以上20000元以下罚款；违法经营额10000元以上的，并处违法经营额2倍以上3倍以下罚款。

第二十一条 违反本办法第八条规定的，由县级以上人民政府文化行政部门或者依法授权的文化市场综合执法机构责令改正，没收违法所得，违法经营额不足10000元的，并处10000元以上20000元以下罚款；违法经营额10000元以上的，并处违法经营额2倍以上3倍以下罚款。

第二十二条 违反本办法第九条、第十一条规定的，由县级以上人民政府文化行政部门或者依法授权的文化市场综合执法机构责令改正，并可根据情节轻重处30000元以下罚款。

第二十三条 违反本办法第十四条、第十五条规定，擅自开展艺术品进出口经营活动，及违反

第十八条第一款规定的，由县级以上人民政府文化行政部门或者依法授权的文化市场综合执法机构责令改正，违法经营额不足 10000 元的，并处 10000 元以上 20000 元以下罚款；违法经营额 10000 元以上的，并处违法经营额 2 倍以上 3 倍以下罚款。

<h2 align="center">第五章 附 则</h2>

第二十四条　本办法规定的行政许可、备案、专家委员会复核的期限以工作日计算，不含法定节假日。

第二十五条　本办法由文化部负责解释。

第二十六条　本办法自 2016 年 3 月 15 日起施行。2004 年 7 月 1 日公布的《美术品经营管理办法》同时废止。

国务院关于进一步加强文物工作的指导意见

成文日期：2016 年 3 月 4 日

发布日期：2016 年 3 月 8 日

发文单位：国务院

政策法规号：国发〔2016〕17 号

各省、自治区、直辖市人民政府，国务院各部委、各直属机构：

为切实加强文物工作，进一步发挥文物资源在传承和弘扬中华优秀传统文化、实现中华民族伟大复兴中国梦中的重要作用，现提出如下意见。

一　重要意义

中华民族具有五千多年连绵不断的文明历史，创造了博大精深的中华文化，留下了极其丰厚的文化遗产。文物是不可再生的珍贵文化资源，是国家的"金色名片"，是中华民族生生不息发展壮大的实物见证，是传承和弘扬中华优秀传统文化的历史根脉，是培育和践行社会主义核心价值观的深厚滋养。加强文物保护，让收藏在博物馆里的文物、陈列在广阔大地上的遗产、书写在古籍里的文字都活起来，对于传承中华优秀传统文化、满足人民群众精神文化需求、提升国民素质、增强民族凝聚力、展示文明大国形象、促进经济社会发展具有十分重要的意义。

近年来，在党中央、国务院的高度重视下，我国文物事业取得了显著成就。全社会保护文物的意识进一步增强，文物保护基础工作不断夯实，资源状况基本摸清，保护经费和保护力量持续增长，保护状况明显改善，博物馆建设步伐加快，公共文化服务水平稳步提高，文物利用的广度深度不断拓展，文物拍卖市场管理逐步规范，文物对外交流合作日益扩大，文物事业呈现出前所未有的良好态势。同时也应看到，随着经济社会快速发展，文物保护与城乡建设的矛盾日益显现，随着文物数量大幅度增加，文物保护的任务日益繁重，文物工作面临着一些新的问题和困难。全社会保护文物的法治观念有待提升，文物保护的配套法规体系尚需完善；一些地方履行文物保护的责任不到位，法人违法行为屡禁不止；一些文物保护单位因自然和人为因素遭到破坏，一些革命文物的保护没有得到足够重视，尚未核定公布为文物保护单位的不可移动文物消失加快；文物建筑火灾事故多发，盗窃盗掘等文物犯罪屡打不止；文物执法力量薄弱，执法不严、违法不究现象时有发生；文物拓展利用不够，文物保护管理的能力建设有待加强。面对文物保护的严峻形势和突出问题，必须增强紧迫感和使命感，本着对历史负责、对人民负责、对未来负责的态度，采取切实有效措施，进一步加强新时期的文物工作。

二　总体要求

（一）指导思想。全面贯彻落实党的十八大和十八届二中、三中、四中、五中全会精神，按照党中央、国务院决策部署，坚持创新、协调、绿色、开放、共享的发展理念，坚持"保护为主、抢救第一、合理利用、加强管理"的文物工作方针，深入挖掘和系统阐发文物所蕴含的文化内涵和时代价值，切实做到在保护中发展、在发展中保护，努力为建设社会主义文化强国做出更大贡献。

（二）基本原则。

坚持公益属性。政府在文物保护中应发挥主导作用，公平对待国有和非国有博物馆，发挥文物的公共文化服务和社会教育功能，保障人民群众基本文化权益，拓宽人民群众参与渠道，共享文物保护利用成果。

坚持服务大局。始终把保护文物、传承优秀传统文化、建设共有精神家园作为文物工作服务大局的出发点和落脚点，统筹协调文物保护与经济发展、城乡建设、民生改善的关系，充分发挥文物资源传承文明、教育人民、服务社会、推动发展的作用。

坚持改革创新。深化行政管理体制改革，简政放权、放管结合、优化服务，破除影响文物事业发展的体制机制障碍。更新观念，协同创新，发挥社会各方面参与文物保护利用的积极性。

坚持依法管理。完善文物法律法规体系，全面落实法定职责，健全依法决策机制，强化责任追究。加大执法力度，严肃查处违法行为，严厉打击文物犯罪。

（三）主要目标。到2020年，文物事业在传承中华优秀传统文化、弘扬社会主义核心价值观、推动中华文化走出去、提高国民素质和社会文明程度中进一步发挥重要作用；文物资源状况全面摸清，全国重点文物保护单位、省级文物保护单位保存状况良好，市县级文物保护单位保存状况明显改善，尚未核定公布为文物保护单位的不可移动文物保护措施得到落实；馆藏文物预防性保护进一步加强，珍贵文物较多的博物馆藏品保存环境全部达标；文物保护的科技含量和装备水平进一步提高，文物展示利用手段和形式实现突破；主体多元、结构优化、特色鲜明、富有活力的博物馆体系日臻完善，馆藏文物利用效率明显提升，文博创意产业持续发展，有条件的文物保护单位基本实现向公众开放，公共文化服务功能和社会教育作用更加彰显；文物法律法规体系基本完备，文物保护理论架构基本确立，行业标准体系和诚信体系基本形成；文物行业人才队伍结构不断优化，专业水平明显提升；文物执法督察体系基本建立，执法力量得到加强，安全责任体系更加健全，安全形势明显好转；社会力量广泛参与文物保护利用格局基本形成，文物保护成果更多惠及人民群众，文物资源促进经济社会发展的作用进一步增强，促进中外人文交流的作用进一步发挥。

三　明确责任

（一）落实政府责任。各级人民政府要进一步提高对文物保护重要性的认识，敬重祖先留下来的珍贵遗产，依法履行管理和监督责任。地方人民政府要切实履行文物保护主体责任，把文物工

中国收藏
拍卖年鉴
2017

CHINESE FINE ART &
ANTIQUES AUCTION
YEARBOOK 2017

作列入重要议事日程，作为地方领导班子和领导干部综合考核评价的重要参考；建立健全文物保护责任评估机制，每年对本行政区域的文物保存状况进行一次检查评估，发现问题及时整改。

（二）强化主管部门职责。要支持文物行政部门依法履行职责，加强文物行政机构建设，优化职能配置。文物保护，基础在县。县级人民政府应根据本地文物工作实际，明确相关机构承担文物保护管理职能。各级文物行政部门要深化行政管理体制改革，转变职能，强化监管，守土尽责，敢于担当。

（三）加强部门协调。各地要建立由主管领导牵头的文物工作协调机制，地方各级人民政府相关部门和单位要认真履行依法承担的保护文物职责。在有关行政许可和行政审批项目中，发展改革、财政、住房城乡建设、国土资源、文物等部门要加强协调配合。建立文物、文化、公安、住房城乡建设、国土资源、环境保护、旅游、宗教、海洋等部门和单位参加的行政执法联动机制，针对主要问题适时开展联合检查和整治行动。发挥全国文物安全工作部际联席会议作用，公安、海关、工商、海洋、文物等部门和单位要保持对盗窃、盗掘、盗捞、倒卖、走私等文物违法犯罪活动的高压态势，完善严防、严管、严打、严治的长效机制，结案后应及时向文物行政部门移交涉案文物。加强文物行政执法和刑事司法衔接，建立文物行政部门和公安、司法机关案情通报、案件移送制度。工业和信息化、文物等部门和单位要共同推进文物保护装备产业发展。教育部门要在文物工作急需人才培养方面给予支持和倾斜。

四 重在保护

（一）健全国家文物登录制度。完善文物认定标准，规范文物调查、申报、登记、定级、公布程序。抓紧制定不可移动文物的降级撤销程序和馆藏文物退出机制。建立国家文物资源总目录和数据资源库，全面掌握文物保存状况和保护需求，实现文物资源动态管理，推进信息资源社会共享。

（二）加强不可移动文物保护。对存在重大险情的各级文物保护单位应及时开展抢救性保护，在项目审批上开辟"绿色通道"，在资金安排上予以保障；组织实施一批具有重大影响和示范意义的文物保护重点项目；加强文物日常养护巡查和监测保护，提高管理水平，注重与周边环境相协调，重视岁修，减少大修，防止因维修不当造成破坏。文物保护工程要遵循其特殊规律，依法实行确保工程质量的招投标方式和预算编制规范。加强长城保护。注重革命文物的维修保护。加强大遗址保护和国家考古遗址公园建设。开展水下考古调查，基本掌握水下文物整体分布和保存状况，划定水下文物保护区，实施一批水下文物保护重点工程，加快建设国家文物局水下文化遗产保护中心南海基地，研究建立涵括水下文化遗产的海洋历史文化遗址公园。做好世界文化遗产申报和保护管理工作，加快世界文化遗产监测预警体系建设。

（三）加强城乡建设中的文物保护。高度重视城市改造和新农村建设中的文物保护，突出工作重点，区分轻重缓急，加强历史文化名城、村镇、街区和传统村落整体格局和历史风貌的保护，防止拆真建假、拆旧建新等建设性破坏行为；涉及各级文物保护单位建设控制地带和地下文物埋藏区的建设项目，应当严格按照文物保护法律法规的规定办理相关手续；不可移动文物不得擅自迁移、拆除，因建设工程确需迁移、拆除的，应当严格按照文物保护法律法规的规定办理相关手续。做好基本建设中的考古调查、勘探、发掘和文物保护工作，搞好配合，提高时效。研究制定文物保护补偿办法，依法确定补偿对象、补助范围等内容。利用公益性基金等平台，采取社会募集等方式筹措资金，解决产权属于私人的不可移动文物保护维修的资金补助问题，使文物所有者和使用者更好地履行保护义务。

（四）加强文物保护规划编制实施。要将文物行政部门作为城乡规划协调决策机制成员单位，按照"多规合一"的要求将文物保护规划相关内容纳入城乡规划。国务院文物行政部门统筹指导各级文物保护单位保护规划的编制工作。全国重点文物保护单位保护规划由省级人民政府组织编制，经国务院文物行政部门审核同意后公布实施。地方各级人民政府要及时核定本行政区域相应级别的文物保护单位和不可移动文物名录，依法划定文物保护单位保护范围和建设控制地带，并通过政务信息平台向社会公开，接受社会监督。

（五）加强可移动文物保护。实施馆藏文物修复计划，及时抢救修复濒危珍贵文物，优先保护材质脆弱珍贵文物，分类推进珍贵文物保护修复工程，注重保护修复馆藏革命文物。实施预防性保护工程，对展陈珍贵文物配备具有环境监测功能的展柜，完善博物馆、文物收藏单位的文物监测和调控设施，对珍贵文物配备柜架囊匣。要为处于地震带的博物馆的珍贵文物配置防震保护设备。实施经济社会发展变迁物证征藏工程，征集新中国成立以来反映经济社会发展的重要实物，记录时代发展，丰富藏品门类。

（六）加强文物安全防护。实施文物平安工程，完善文物建筑防火和古遗址古墓葬石窟寺石刻防盗防破坏设施，切实降低文物保护单位安全风险。落实文物管理单位主体责任。夯实基层文物安全管理，健全县（市、区）、乡镇（街道）、村（社区）三级文物安全管理网络，逐级落实文物安全责任；发挥乡镇综合文化站作用，完善文物保护员制度，推行政府购买文物保护服务，逐处落实文物安全责任单位或责任人。

（七）制定鼓励社会参与文物保护的政策措施。指导和支持城乡群众自治组织保护管理使用区域内尚未核定公布为文物保护单位的不可移动文物。制定切实可行的政策措施，鼓励向国家捐献文物及捐赠资金投入文物保护的行为。对社会力量自愿投入资金保护修缮市县级文物保护单位和尚未核定公布为文物保护单位的不可移动文物的，可依法依规在不改变所有权的前提下，给予一定期限的使用权。培育以文物保护为宗旨的社会组织，发挥文物保护志愿者作用。鼓励民间合法收藏文物，支持非国有博物馆发展。制定文物公共政策应征求专家学者、社会团体、社会公众的意见，提高公众参与度，形成全社会保护文物的新格局。

五　拓展利用

（一）为培育和弘扬社会主义核心价值观服务。挖掘研究文物价值内涵，以物知史，以物见人，

中国收藏
拍卖年鉴
2017

CHINESE FINE ART &
ANTIQUES AUCTION
YEARBOOK 2017

传播优秀传统文化，引领社会文明风尚。推出一批具有鲜明教育作用、彰显社会主义核心价值观的陈列展览、文物影视节目和图书等多媒体出版物。推动建立中小学生定期参观博物馆的长效机制，鼓励学校结合课程设置和教学计划，组织学生到博物馆开展学习实践活动。

（二）为保障人民群众基本文化权益服务。完善博物馆公共文化服务功能，扩大公共文化服务覆盖面，将更多的博物馆纳入财政支持的免费开放范围。建立博物馆免费开放运行绩效评估管理体系。加强革命老区、民族地区、边疆地区、贫困地区博物馆建设，促进博物馆公共文化服务标准化、均等化。考古发掘单位要依法向博物馆移交文物。推动博物馆由数量增长向质量提升转变，完善服务标准，提升基本陈列质量，提高藏品利用效率，促进馆藏资源、展览的共享交流。实施智慧博物馆项目，推广生态博物馆、流动博物馆，有条件的地方可以建立社区博物馆。提升古遗址古建筑石窟寺展示利用水平，拓宽近现代文物的利用方式。推动有条件的行政机关、企事业单位管理使用的文物保护单位定期或部分对公众开放。

（三）为促进经济社会发展服务。发挥文物资源在文化传承中的作用，丰富城乡文化内涵，彰显地域文化特色，优化社区人文环境。发挥文物资源在促进地区经济社会发展、壮大旅游业中的重要作用，打造文物旅游品牌，培育以文物保护单位、博物馆为支撑的体验旅游、研学旅行和传统村落休闲旅游线路，设计生产较高文化品位的旅游纪念品，增加地方收入，扩大居民就业。实行文物保护的分类管理、精准管理，针对城市、乡村、荒野等不同地域，以考古勘探等工作为基础，合理划定古遗址的保护区划；对传统村落中的文物建筑分别实行整体保护、外貌保护、局部保护，实现文物保护与延续使用功能、改善居住条件相统一。切实加强文物市场和社会文物鉴定的规范管理，积极促进文物拍卖市场健康发展。

（四）大力发展文博创意产业。深入挖掘文物资源的价值内涵和文化元素，更加注重实用性，更多体现生活气息，延伸文博衍生产品链条，进一步拓展产业发展空间，进一步调动博物馆利用馆藏资源开发创意产品的积极性，扩大引导文化消费，培育新型文化业态。鼓励众创、众筹，以创新创意为动力，以文博单位和文化创意设计企业为主体，开发原创文化产品，打造文化创意品牌，为社会资本广泛参与研发、经营等活动提供指导和便利条件。实施"互联网＋中华文明"行动计划，支持和引导企事业单位通过市场方式让文物活起来，丰富人民群众尤其是广大青少年的精神文化生活。

（五）为扩大中华文化影响力服务。积极参与国际文化遗产保护事务，扩大与相关国际组织的合作，形成文物交流双边、多边合作机制。与更多国家和地区签署防止盗窃、盗掘和非法进出境文物双边协定，通过外交、司法、民间等多种形式推进非法流失海外文物的追索与返还。拓宽文物对外展示传播渠道，加强文物与外交、文化、海洋等部门和单位联动。推进与"一带一路"沿线国家文物保护领域的实质性合作。

（六）合理适度利用。任何文物利用都要以有利于文物保护为前提，以服务公众为目的，以彰显文物历史文化价值为导向，以不违背法律和社会公德为底线。文物景区景点要合理确定游客承载量；国有不可移动文物不得转让、抵押，不得作为企业资产经营，不得将辟为参观游览场所的国有文物保护单位及其管理机构整体交由企业管理。

六 严格执法

（一）完善文物保护法律法规。加快推进文物保护法、水下文物保护管理条例等法律法规修订工作。省级人民政府和具有立法权的市级人民政府要推动文物保护地方性法规规章制修订工作，健全法治保障体系。

（二）强化文物督察。完善文物保护监督机制，畅通文物保护社会监督渠道。加强层级监督，依法对地方履行文物保护职责情况进行督察，对重大文物违法案件和文物安全事故进行调查督办，集中曝光重大典型案例，对影响恶劣的要约谈地方人民政府负责人。优化国务院文物行政部门执法督察力量配置。

（三）加强地方文物执法工作。地方各级人民政府要结合综合行政执法改革，进一步加强文物执法工作，落实执法责任。加强省级文物行政部门执法督察力量。市县级文物行政部门要依法履行好行政执法职能，也可通过委托由文化市场综合执法队伍或其他综合行政执法机构承担文物执法职能。文物资源密集、安全形势严峻的地方可根据实际需要，设立专门的警务室。文物行政部门要强化预防控制措施，加大执法巡查力度，及时制止违法行为；建立案件分级管理、应急处置、挂牌督办等机制，建设文物执法管理平台。

（四）严格责任追究。地方各级人民政府、各有关部门和单位因不依法履行职责、决策失误、失职渎职导致文物遭受破坏、失盗、失火并造成一定损失的，要依法依纪追究有关人员的责任；涉嫌犯罪的，移送司法机关处理。造成国家保护的珍贵文物或者文物保护单位损毁、灭失的，要依法追究实际责任人、单位负责人、上级单位负责人和当地政府负责人的责任。建立文物保护责任终身追究制，对负有责任的领导干部，不论是否已调离、提拔或者退休，都必须严肃追责。建立健全文物保护工程勘察设计、施工、监理、技术审核质量负责制，对违反国家法律法规和相关技术标准，造成文物和国家财产遭受重大损失的，要依法追究相关单位和人员的责任。

（五）加大普法宣传力度。要将文物保护法的学习宣传纳入普法教育规划，纳入各级党校和行政学院教学内容。文化、新闻出版广电等部门和单位要主动做好文物保护法的宣传普及工作。落实"谁执法谁普法"的普法责任制，各级文物行政部门要将文物保护法的宣传普及作为重要工作任务常抓不懈，切实提高全民文物保护意识和执行文物保护法的自觉性。开展多种形式的以案释法普法教育活动。建立健全文物、博物馆、考古等有关企事业单位的守法信用记录，完善守法诚信行为褒奖机制和违法失信行为惩戒机制。

七 完善保障

（一）保障经费投入。县级以上人民政府要把文物保护经费纳入本级财政预算。要将国有尚未核定公布为文物保护单位的不可移动文物保护纳入基本公共文化服务范畴，积极引导和鼓励社会力量参与，多措并举，落实保护资金的投入。探索对文物资源密集区的财政支持方式，在土地置换、容积率补偿等方面给予政策倾斜。加强经费绩效管理和监督审计，提高资金使用效益。大力推广政府和社会资本合作（PPP）模式，探索开发文物保护保险产品，拓宽社会资金进入文物保护利用的渠道。

（二）加强科技支撑。发挥科技创新的引领作用，充分运用云计算、大数据、"互联网+"等现代信息技术，推动文物保护与现代科技融合创新。通过国家科技计划（专项、基金等），重点支持文物价值认知、保护修复和传统工艺科学化、考古综合技术、大遗址展示利用、文物预防性保护、智慧博物馆等方面的科技攻关，突破一批共性、关键、核心技术；针对土遗址、彩塑壁画、石质文物、纸质文物、纺织品的保护，实施一批重点科技示范工程，形成系统解决方案；建立跨部门跨地区的协同创新工作机制，在重点方向成立工程技术研究中心和技术创新战略联盟，全面提升集成创新、区域创新能力。提高文物保护装备制造能力。加快重要和急需标准制修订，支持有关企业、行业标准的制订，完善文物保护准则，进一步推广应用文物保护技术标准和行业规范，提升文物工作标准化、科学化水平。

（三）重视人才培养。实施人才培养"金鼎工程"，加快文博领军人才、科技人才、技能人才、复合型管理人才培养，形成结构优化、布局合理、基本适应文物事业发展需要的人才队伍。组织高等院校、科研院所以及文物大省的专业人才，实施保护项目与人才培养联动战略，加快文物保护修复、水下考古、展览策划、法律政策研究等紧缺人才培养。重视民间匠人传统技艺的挖掘、保护与传承。加强县级文物行政执法、保护修复等急需人才培训，适当提高市县文博单位中高级专业技术人员比例。加大非国有博物馆管理人员、专业人员培训力度，完善文物保护专业技术人员评价制度，加强高等院校、职业学校文物保护相关学科建设和专业设置。

各地、各有关部门和单位要根据本指导意见要求，结合工作实际，认真抓好贯彻落实。

国务院

2016年3月4日

《文物拍卖标的审核办法》

成文日期：2016 年 3 月 9 日

发布日期：2016 年 3 月 9 日

发文单位：国家文物局

政策法规号：文物博发〔2016〕4 号

各省、自治区、直辖市文物局（文化厅）：

为贯彻落实《国务院关于进一步加强文物工作的指导意见》有关精神，规范文物拍卖标的审核工作，推动文物经营活动健康有序发展，我局制订了《文物拍卖标的审核办法》。现印发给你们，请遵照执行。

特此通知。

国家文物局

2016 年 3 月 9 日

文物拍卖标的审核办法

第一章　总则

第一条　为加强对文物拍卖标的的审核管理，规范文物拍卖经营行为，依据《中华人民共和国文物保护法》、《中华人民共和国文物保护法实施条例》等法律法规，制定本办法。

第二条　本办法适用于《中华人民共和国文物保护法》《中华人民共和国文物保护法实施条例》等法律法规规定、需经审核才能拍卖的文物。

第三条　文物拍卖标的由省、自治区、直辖市人民政府文物行政部门（以下简称"省级文物行政部门"）负责审核。

第四条　国家文物局对省级文物行政部门文物拍卖标的的审核工作进行监督指导。

第二章　申请与受理

第五条　拍卖企业应在文物拍卖公告发布前 20 个工作日，提出文物拍卖标的的审核申请。

省级文物行政部门不受理已进行宣传、印刷、展示、拍卖的文物拍卖标的的审核申请。

第六条　拍卖企业应向注册地省级文物行政部门提交文物拍卖标的的审核申请。

拍卖企业在注册地省级行政区划以外举办文物拍卖活动的，按照标的就近原则，可向注册地

中国收藏
拍卖年鉴
2017

CHINESE FINE ART &
ANTIQUES AUCTION
YEARBOOK 2017

或者拍卖活动举办地省级文物行政部门提交文物拍卖标的审核申请。

两家以上注册地在同一省级行政区划内的拍卖企业联合举办文物拍卖活动的，由企业联合向省级文物行政部门提交文物拍卖标的审核申请。

两家以上注册地不在同一省级行政区划内的拍卖企业联合举办文物拍卖活动的，按照标的就近原则，由企业联合向某一企业注册地或者拍卖活动举办地省级文物行政部门提交文物拍卖标的审核申请。

联合拍卖文物的拍卖企业，均应具备文物拍卖资质。其文物拍卖资质范围不同的，按照资质最低的一方确定文物拍卖经营范围。

第七条　拍卖企业须报审整场文物拍卖标的，不得瞒报、漏报、替换标的，不得以艺术品拍卖会名义提出文物拍卖标的审核申请，不得以"某代以前"、"某某款"等字眼或不标注时代的方式逃避文物拍卖标的监管。

第八条　拍卖企业申请文物拍卖标的审核时，应当提交下列材料：

（一）有效期内且与准许经营范围相符的《拍卖经营批准证书》、《企业法人营业执照》及《文物拍卖许可证》的复印件；

（二）《文物拍卖标的审核申请表》；

（三）标的清册（含电子版）；

（四）标的图片（每件标的图片清晰度300dpi以上）；

（五）标的合法来源证明（如有）；

（六）文物拍卖专业人员出具的标的征集鉴定意见；

（七）省级文物行政部门要求提交的其他材料。

其中，材料（一）、（二）、（三）、（五）、（六）须以书面形式加盖企业公章提交，材料（三）、（四）提交电子材料。

第九条　省级文物行政部门对拍卖企业提出的文物拍卖标的审核申请，应当根据下列情况分别处理，并告知企业：

（一）文物拍卖经营资质有效，申请材料齐全，符合相关法律法规规定的，决定受理；

（二）文物拍卖经营资质无效，或者不属于审核范围的，决定不予受理；

（三）申请材料不齐全或者不符合相关规定的，要求补充。

第十条　省级文物行政部门受理文物拍卖标的审核申请后，须按照《中华人民共和国行政许可法》第四十二条有关规定，应于20个工作日内做出审核决定。符合《中华人民共和国行政许可法》第四十二条、第四十五条相关情形的，不受该时限限制。

第三章　审核与批复

第十一条　省级文物行政部门在做出文物拍卖标的审核决定前，可委托相关专业机构开展文物拍卖标的审核工作。

文物拍卖标的应当进行实物审核。

第十二条 文物拍卖标的审核须由 3 名以上审核人员共同完成，其中省级文物鉴定委员会委员不少于 1 名。审核意见由参加审核人员共同签署。

审核过程中，省级文物行政部门可要求拍卖企业补充标的合法来源证明及相关材料。

第十三条 下列物品不得作为拍卖标的：

（一）依照法律应当上交国家的出土（水）文物，以出土（水）文物名义进行宣传的标的；

（二）被盗窃、盗掘、走私的文物或者明确属于历史上被非法掠夺的中国文物；

（三）公安、海关、工商等执法部门和人民法院、人民检察院依法没收、追缴的文物，以及银行、冶炼厂、造纸厂及废旧物资回收单位拣选的文物；

（四）国有文物收藏单位及其他国家机关、部队和国有企业、事业单位等收藏、保管的文物，以及非国有博物馆馆藏文物；

（五）国有文物商店收存的珍贵文物；

（六）国有不可移动文物及其构件；

（七）涉嫌损害国家利益或者有可能产生不良社会影响的标的；

（八）其他法律法规规定不得流通的文物。

第十四条 合法来源证明材料包括：

（一）文物商店销售文物发票；

（二）文物拍卖成交凭证及发票；

（三）文物进出境审核机构发放的文物进出境证明；

（四）其他符合法律法规规定的证明文件等。

第十五条 未列入本办法第十三条的文物，经文物行政部门审核不宜进行拍卖的，不得拍卖。

第十六条 省级文物行政部门依据实物审核情况出具决定文件，并同时抄报国家文物局备案。备案材料应包含标的清册、图片（含电子材料）、合法来源证明（如有）等。

两家以上拍卖企业联合举办文物拍卖活动的，审核决定主送前列申请企业，同时抄送其他相关省级文物行政部门。

第十七条 文物拍卖标的审核决定，不得作为对标的真伪、年代、品质及瑕疵等方面情况的认定。

第四章 文物拍卖监管

第十八条 拍卖企业应在文物拍卖图录显著位置登载文物拍卖标的审核决定或者决定文号。

第十九条 省级文物行政部门应以不少于 10% 的比例对文物拍卖会进行监拍。监拍人员应按照《文物行政处罚程序暂行规定》等相关规定，对拍卖会现场出现的违法行为采取相应措施。

第二十条 拍卖企业应于文物拍卖会结束后 30 个工作日内，按照《中华人民共和国文物保护法实施条例》第四十三条相关规定，将文物拍卖记录报省级文物行政部门备案。

第二十一条 省级文物行政部门应当对照文物拍卖标的审核申请材料对文物拍卖记录进行核查，及时发现并查处拍卖企业瞒报、漏报、替换文物拍卖标的等违法行为。

中国收藏
拍卖年鉴
2017

CHINESE FINE ART &
ANTIQUES AUCTION
YEARBOOK 2017

第二十二条　省级文物行政部门应加强对拍卖企业标的征集管理，将文物拍卖标的审核情况记入拍卖企业和专业人员诚信档案，作为对拍卖企业和专业人员监管的重要依据。

第五章　附则

第二十三条　本办法自发布之日起实施。

中共中央办公厅、国务院办公厅印发
《关于进一步深化文化市场综合执法改革的意见》

发布日期：2016 年 4 月 4 日
发布单位：中共中央办公厅、国务院办公厅

为贯彻落实《中共中央关于全面推进依法治国若干重大问题的决定》、《国务院关于促进市场公平竞争维护市场正常秩序的若干意见》，进一步深化文化市场综合执法改革，促进文化市场持续健康发展，现提出如下意见。

一 重要意义

2004 年以来，按照党中央、国务院决策部署，文化市场综合执法改革由试点逐步向全国推开，各直辖市和市、县两级基本完成文化（文物）、新闻出版广电（版权）等文化市场领域有关行政执法力量的整合，组建文化市场综合执法机构，提升了执法效能，规范了市场秩序，推动了优秀文化产品的生产和传播，促进了社会效益和经济效益有机统一。

当前，文化市场发展与管理面临许多新形势新要求。文化体制改革向纵深拓展，文化开放水平不断提高，各类文化市场主体迅速发展，新型文化业态大量涌现，迫切需要创新文化市场管理体制机制，丰富方式手段。行政执法体制、市场准入制度等方面改革逐步深入，迫切需要文化市场综合执法改革同步跟进、有效衔接。文化市场存在一些突出问题，如不良文化产品和服务时有泛滥，有害文化信息不断出现，损害未成年人文化权益、侵犯知识产权等行为屡禁不止，广大人民群众反映十分强烈，迫切需要进一步提高文化市场综合执法能力和水平。文化产品既具有经济属性，也具有意识形态属性，必须坚持把社会效益放在首位、社会效益和经济效益相统一。要高度重视文化市场管理问题，进一步完善文化市场综合执法，推动现代文化市场体系建设，更好地维护国家文化安全和意识形态安全，更好地促进文化事业文化产业繁荣发展。

二 总体要求

（一）指导思想。全面贯彻党的十八大和十八届三中、四中、五中全会精神，以邓小平理论、"三个代表"重要思想、科学发展观为指导，深入贯彻习近平总书记系列重要讲话精神，围绕"四个全面"战略布局，建立健全符合社会主义核心价值观要求、适应现代文化市场体系需要的文化市场综合执法管理体制，维护文化市场正常秩序，推动社会主义文化大发展大繁荣。

（二）总体目标。通过深化改革，建设文化市场综合执法法律法规支撑体系；形成权责明确、监督有效、保障有力的文化市场综合执法管理体制；建设一支政治坚定、行为规范、业务精通、作风过硬的文化市场综合执法队伍；进一步整合文化市场执法权，加快实现跨部门、跨行业综合执法。

（三）基本原则

——坚持党的领导。坚持社会主义先进文化前进方向，弘扬社会主义核心价值观，通过有力有效的文化市场综合执法，加强思想文化阵地建设，向社会传导正确价值取向，维护国家文化安全。

——坚持依法行政。坚持法定职责必须为、法无授权不可为，严格规范公正文明执法。加强执法监督，完善执法责任制，提升执法公信力。

——坚持分类指导。针对不同层级综合执法机构职责，确定工作任务和执法重点；针对不同地区经济文化差异，科学设置综合执法机构；针对不同执法事项的特点，采取有效方式加强监管。

——坚持权责一致。落实市场主体守法经营责任、综合执法机构执法责任、行政主管部门监管责任和属地政府领导责任。厘清综合执法机构和行政主管部门关系，减少职责交叉，形成监管合力。

三　重点任务

（一）明确综合执法适用范围。文化市场综合执法机构的职能主要包括：依法查处娱乐场所、互联网上网服务营业场所的违法行为，查处演出、艺术品经营及进出口、文物经营等活动中的违法行为；查处文化艺术经营、展览展播活动中的违法行为；查处除制作、播出、传输等机构外的企业、个人和社会组织从事广播、电影、电视活动中的违法行为，查处电影放映单位的违法行为，查处安装和设置卫星电视广播地面接收设施、传送境外卫星电视节目中的违法行为，查处放映未取得《电影片公映许可证》的电影片和走私放映盗版影片等违法活动；查处图书、音像制品、电子出版物等方面的违法出版活动和印刷、复制、出版物发行中的违法经营活动，查处非法出版单位和个人的违法出版活动；查处著作权侵权行为；查处网络文化、网络视听、网络出版等方面的违法经营活动；配合查处生产、销售、使用"伪基站"设备的违法行为；承担"扫黄打非"有关工作任务；依法履行法律法规规章及地方政府赋予的其他职责。

（二）加强综合执法队伍建设。严格实行执法人员持证上岗和资格管理制度，未经执法资格考试合格，不得授予执法资格，不得从事执法活动。探索建立执法人员资格等级考试制度。健全执法人员培训机制，实施业务技能训练考核大纲和中西部地区执法能力提升计划，定期组织开展岗位练兵、技能比武活动。全面落实综合执法责任制，严格确定不同岗位执法人员执法责任，建立健全责任追究机制，通过落实党内监督、行政监督、社会监督、舆论监督等方式强化文化市场执法监督。落实综合执法标准规范，加强队容风纪管理，严格廉政纪律。使用统一执法标识、执法证件和执法文书，按规定配备综合执法车辆。

（三）健全综合执法制度机制。建立文化市场综合执法权力清单制度和行政裁量权基准制度，完善举报办理、交叉检查、随机抽查、案件督办、应急处置等各项工作流程。严格执行罚缴分离和收支两条线制度，严禁将罚没收入同综合执法机构利益直接或变相挂钩。建立文化市场跨部门、跨区域执法协作联动机制，完善上级与下级之间、部门之间、地区之间线索通报、案件协办、联合执法制度。建立文化市场行政执法和刑事司法衔接机制，坚决防止有案不移、有案难移、以罚代刑现象。推进政务信息公开，向社会公开执法案件主体信息、案由、处罚依据及处罚结果，提高执法透明度和公信力。

（四）推进综合执法信息化建设。加快全国文化市场技术监管与服务平台建设应用，加强与各有关行政部门信息系统的衔接共享，推进行政许可与行政执法在线办理，实现互联互通。通过视频监控、在线监测等远程监管措施，加强非现场监管执法。采用移动执法、电子案卷等手段，提升综合执法效能。推动信息化建设与执法办案监督管理深度融合，运用信息技术对执法流程进行实时监控、在线监察，规范执法行为，强化内外监督，建立开放、透明、便民的执法机制。构建文化市场重点领域风险评估体系，形成来源可查、去向可追的信息链条，切实防范区域性、行业性和系统性风险。

（五）完善文化市场信用体系。建设文化市场基础数据库，完善市场主体信用信息记录，探索实施文化市场信用分类监管，建立文化市场守信激励和失信惩戒机制。建立健全文化市场警示名单和黑名单制度，对从事违法违规经营、屡查屡犯的经营单位和个人，依法公开其违法违规记录，使失信违规者在市场交易中受到制约和限制。落实市场主体守法经营的主体责任，指导其加强事前防范、事中监管和事后处理工作。推动行业协会、商会等社会组织建立健全行业经营自律规范、自律公约和职业道德准则，引导行业健康发展。

（六）建立健全综合执法运行机制。文化市场综合执法机构依据法定职责和程序，相对集中行使文化（文物）、新闻出版广电（版权）等部门文化市场领域的行政处罚权以及相关的行政强制权、监督检查权，开展日常巡查、查办案件等执法工作。有关行政部门在各自职责范围内指导、监督综合执法机构开展执法工作，综合执法机构认真落实各有关行政部门的工作部署和任务，及时反馈执法工作有关情况，形成分工负责、相互支持、密切配合的工作格局。

四　组织领导

（一）加强组织实施。中央文化体制改革和发展工作领导小组统一领导全国深化文化市场综合执法改革工作，领导小组办公室负责组织对改革进展情况进行督促检查。中央宣传部、中央网信办、文化部、新闻出版广电总局要根据本意见要求统筹推进改革，涉及互联网信息内容的执法工作由中央网信办统筹协调。各省（自治区、直辖市）党委和政府要高度重视，将深化文化市场综合执法改革工作列入重要议事日程，确保改革各项措施落实到位。

（二）完善文化市场综合执法管理体制。建立由国务院文化行政部门牵头的全国文化市场管理工作联席会议制度，充分发挥各部门职能作用和资源优势，加强统筹、协调和指导。充实完善省、市、县三级文化市场管理工作领导小组，统一领导本行政区文化市场管理和综合执法工作，推动文化领域跨部门、跨行业综合执法；领导小组由同级党委宣传部部长任组长，同级政府有关负责同志任副组长。

国务院文化行政部门负责指导全国文化市场综合执法工作，推动各直辖市和市、县两级文化（文物）、新闻出版广电（版权）等部门整合文化市场领域的执法职能；建立统一规范的综合执法工作规则，建设全国文化市场技术监管体系，推进综合执法队伍建设；协调各有关行政部门对综合执法工作进行绩效考核。

省（自治区）文化行政部门负责指导本地区文化市场综合执法工作，统筹综合执法队伍建设；依法履行执法指导监督、跨区域执法协作、重大案件查处等职责。

（三）明确机构设置、编制、人员和经费。各地应根据中央关于深化行政执法体制改革的有关精神，结合本地实际，探索文化市场综合执法机构设置的有效形式。直辖市文化市场综合执法机构可探索对区县文化市场综合执法工作实行直接管理，整合执法资源，提升执法能力。副省级城市、省辖市可整合市区两级文化市场综合执法队伍，组建市级文化市场综合执法机构。县级市和县的文化市场综合执法机构要加强队伍建设，切实履行监管责任。对经济发达、城镇化水平较高的乡镇，县级市和县文化广电新闻出版行政部门可根据需要和条件通过法定程序委托乡镇政府行使部分文化市场执法权。

文化市场综合执法机构干部任免参照宣传文化单位干部管理规定办理。综合执法人员依法依规纳入参照公务员法管理。在省（自治区、直辖市）范围内，要统一规范综合执法机构名称，并结合本辖区地理范围、执法任务等情况，统筹考虑综合执法机构编制安排。综合执法机构的工作经费和能力建设经费列入同级政府财政预算。

（四）健全考核机制。文化市场综合执法工作要纳入社会治安综合治理成效评价体系，推动各级党委和政府履职尽责。健全文化市场综合执法绩效考评制度，加强对依法行政、市场监管、社会服务效能等方面的监督和评估。充分发挥"12318"文化市场举报电话和网络平台作用，畅通公众意见反馈渠道。建立文化市场综合执法工作第三方评价机制和群众评议反馈机制，制定公众满意度指标，增强综合执法工作评价的客观性和科学性。

（五）推动相关立法。做好文化市场综合执法立法与文化市场综合执法改革重大政策的衔接，加强理论研究，积累改革经验，研究制定文化市场综合执法管理规定，加快制定地方文化市场综合执法相关法规，推动综合执法机构依法行政，提高文化市场综合执法工作法治化水平。

《网络拍卖规程》

发布日期：2016 年 4 月 25 日

实施日期：2016 年 11 月 1 日

发布单位：中华人民共和国国家质量监督检验检疫总局、中国国家标准化管理委员会

中国标准分类号（CCS）：A10

国际标准分类号（ICS）：03.080.99

前　言

本标准按照 GB/T1.1—2009 给出的规则起草。

本标准由中华人民共和国商务部提出。

本标准由全国拍卖标准化技术委员会 (SAC/TC366) 归口。

本标准起草单位：中国拍卖行业协会、上海市拍卖行业协会、广东省拍卖业协会、北京市盛峰律师事务所、中国科学院计算机网络信息中心、大连华信计算机技术股份有限公司、易拍全球（北京）科贸有限公司、上海赵涌电子商务服务有限公司。

本标准主要起草人：刘燕、于国富、陆春阳、崔海乐、张立。

网络拍卖规程

1. 范围

本标准规定了网络拍卖的基本原则、网络拍卖平台及网络拍卖的实施。

本标准适用于通过网络开展的各类拍卖活动。

2. 规范性引用文件

下列文件对于本文件的应用是必不可少的。凡是注日期的引用文件，仅注日期的版本适用于本文件。凡是不注日期的引用文件，其最新版本（包括所有的修改单）适用于本文件。

SB/T10641 拍卖术语

3. 术语和定义

SB/T10641 界定的以及下列术语和定义适用于本文件。

3.1 网络拍卖 online auction

通过网络，以公开竞价的形式，将特定物品或者财产权利转让给最高应价者的买卖方式。

3.2 网络拍卖平台 online auction platform

在网络拍卖活动中，为交易各方提供相关服务的信息系统。

3.3 网络竞买人 online bidder

在网络拍卖活动中，通过网络竞购拍卖标的的自然人、法人或其他组织。

3.4 网络买受人 online buyer

在网络拍卖活动中，通过网络以最高应价购得拍卖标的的竞买人。

3.5 电子成交确认书 online confirmation letter

在网络拍卖活动中，拍卖成交后由买受人和拍卖人对拍卖成交事实予以确认的电子凭证。

4. 基本原则

4.1 网络拍卖活动应遵循公开、公平、公正，诚实信用原则。

4.2 网络拍卖规则应透明。

4.3 网络拍卖平台应功能完善、安全、稳定。

5. 基本要求

5.1 网络拍卖平台

设立网络拍卖平台，应满足以下基本要求：

——有符合拍卖法等相关法律、法规、规章的规则；

——有保障网络拍卖业务正常开展的计算机信息系统，功能可包括：发布公告，拍卖标的网上展示，网络竞价，记录竞价过程，生成电子成交确认书，网上结算服务，网络与现场同步拍卖；

——有开展网络拍卖活动的业务流程，可包括：用户注册，拍卖主体资格审核，公告发布，拍卖标的网上展示，竞买登记，网络竞价及成交确认，网上结算，资料存档；

——有与所从事的网络拍卖业务和规模相配套的服务器、网络设施、技术人员、拍卖专业人员和资金；

——根据《互联网信息服务管理办法》，按照平台性质取得许可或备案。

5.2 拍卖主体

网络拍卖活动的主体应满足以下基本要求：

——符合拍卖法等相关法律、法规、规章的要求，取得从事拍卖业务的行政许可；

——有组织网络拍卖活动的专业人员，包括：拍卖专业人员，网络技术人员。

5.3 制度

网络拍卖应有完善的规章制度，包括但不限于：

——拍卖主体资格审核制度；

——公告发布制度；

——网络拍卖规则；

——保密制度；

——数据安全管理制度；

——信息披露制度；

——信用评价制度。

5.4 安全

5.4.1 系统安全管理

网络拍卖应有保障系统安全的管理体系，包括：

——系统安全管理制度；

——专业系统管理人员；

——防病毒系统、防火墙系统、防入侵系统等安全产品。

5.4.2 突发事件预案

网络拍卖应有对因硬件故障、软件故障、人为因素、不可抗力等导致的突发事件的应急预案，内容包括：

——对平台可能存在的系统服务暂时中断、信息被篡改等风险的告知；

——需要告知的拍卖当事人、监管部门等对象；

——中止拍卖、恢复拍卖，变更拍卖方式，终止拍卖等突发事件的处置方式；

——应急联系人、联系方式等应急联络机制。

6. 网络拍卖公告与展示

6.1 公告发布

6.1.1 公告发布时间

网络拍卖应根据拍卖标的的性质和特点确定公告发布时间。

6.1.2 公告内容

网络拍卖公告内容应准确、完整，包括：

——拍卖标的；

——拍卖时间和网络拍卖平台；

——预展时间和地点；

——参与竞买应当办理的手续；

——拍卖人联系方式；

——需要公告的其他事项。

6.1.3 公告发布媒介

拍卖公告可在网络新闻媒介发布。

6.2 拍卖标的展示

6.2.1 网络拍卖前应展示拍卖标的。

6.2.2 通过网络展示的，应提供拍卖标的的文字说明、真实图片或音、视频等资料。

6.2.3 通过线下展示的，应提供拍卖标的的实物或文字说明、现场咨询服务。

7. 网络拍卖的实施

7.1 网络竞买人注册登记

7.1.1 网络竞买人首次登录网络拍卖平台前，应办理注册手续，填写必要的信息，内容包括：

——登录名；

——密码；

——身份信息；

——联系方式；

——其他相关信息。

7.1.2 网络竞买人参加网络拍卖活动前，应完成竞买登记，内容包括：

——竞买人身份证明；

——签署竞买协议；

——按拍卖人要求缴纳竞买保证金。

7.2 拍卖主持

7.2.1 网络拍卖应由拍卖师主持。拍卖师可在线主持，也可通过其认可的预设拍卖程序、文字、语音或动画等方式主持。

7.2.2 拍卖前应通过网络拍卖平台宣布拍卖规则和注意事项。

7.2.3 拍卖标的无保留价的，应在拍卖前通过网络拍卖平台予以说明。

7.2.4 拍卖师可根据竞价情况调整竞价幅度、竞价时间。

7.3 网络竞价

7.3.1 网络竞买人应按照网络拍卖规则竞价。

7.3.2 网络拍卖平台应对网络竞价过程做记录，内容包括：

——竞买人；

——应价时间；

——应价价格；

——成交结果；

——其他需要记录的事项。

7.3.3 当网络拍卖发生异常时，应由拍卖师按照应急预案处理。

7.4 成交确认

7.4.1 拍卖师通过网络拍卖平台确认最高应价后，拍卖成交。

7.4.2 拍卖成交后，买受人与拍卖人可使用电子签名技术，通过网络拍卖平台签署电子成交确认书。

7.5 拍卖记录

7.5.1 平台应保存完整的网络拍卖信息，内容包括：

——拍卖的时间、场所或网址；

——拍卖标的的种类、数量等信息；

——竞买人的姓名（名称）、应价信息；

——买受人的姓名（名称）、成交价、成交时间等信息；

——中止或终止拍卖信息；

——其他应记录的信息。

7.5.2 拍卖人可通过网络拍卖平台生成电子拍卖笔录。

7.5.3 拍卖人应妥善保管电子拍卖笔录。

8. 网络拍卖档案

8.1 形式

网络拍卖档案可以电子数据形式保存。可将该电子数据通过打印、拷贝等方式制作副本。

8.2 内容

网络拍卖档案应真实、准确、完整，内容包括：

——委托拍卖合同、委托人的证照复印件等有关资料；

——拍卖公告；

——拍卖标的资料；

——委托人对拍卖标的享有所有权或处分权的证明材料；

——网络竞买人身份证明资料；

——拍卖规则、竞买须知、重要说明等；

——竞价过程记录；

——电子拍卖笔录；

——成交确认书；

——结算记录；

——拍卖未成交、中止和终止拍卖的有关资料；

——其他相关信息。

8.3 保存

中国收藏
拍卖年鉴
2017

CHINESE FINE ART &
ANTIQUES AUCTION
YEARBOOK 2017

拍卖人应妥善保管网络拍卖档案，保管期限自委托拍卖合同终止之日起计算，不得少于五年。

8.4 查阅

网络拍卖平台应提供网络拍卖信息的查询服务，内容包括：

——拍卖公告；

——拍卖标的信息；

——应价记录；

——成交价格；

——其他相关信息。

最高人民法院关于人民法院网络司法拍卖若干问题的规定

成文日期：2016 年 5 月 30 日

发布日期：2016 年 8 月 2 日

发文单位：最高人民法院

政策法规号：法释〔2016〕18 号

《最高人民法院关于人民法院网络司法拍卖若干问题的规定》已于 2016 年 5 月 30 日由最高人民法院审判委员会第 1685 次会议通过，现予公布，自 2017 年 1 月 1 日起施行。

最高人民法院

2016 年 8 月 2 日

法释［2016］18 号
最高人民法院
关于人民法院网络司法拍卖若干问题的规定

（2016 年 5 月 30 日最高人民法院审判委员会第 1685 次会议通过，

自 2017 年 1 月 1 日起施行）

为了规范网络司法拍卖行为，保障网络司法拍卖公开、公平、公正、安全、高效，维护当事人的合法权益，根据《中华人民共和国民事诉讼法》等法律的规定，结合人民法院执行工作的实际，制定本规定。

第一条　本规定所称的网络司法拍卖，是指人民法院依法通过互联网拍卖平台，以网络电子竞价方式公开处置财产的行为。

第二条　人民法院以拍卖方式处置财产的，应当采取网络司法拍卖方式，但法律、行政法规和司法解释规定必须通过其他途径处置，或者不宜采用网络拍卖方式处置的除外。

第三条　网络司法拍卖应当在互联网拍卖平台上向社会全程公开，接受社会监督。

第四条　最高人民法院建立全国性网络服务提供者名单库。网络服务提供者申请纳入名单库的，其提供的网络司法拍卖平台应当符合下列条件：

（一）具备全面展示司法拍卖信息的界面；

（二）具备本规定要求的信息公示、网上报名、竞价、结算等功能；

（三）具有信息共享、功能齐全、技术拓展等功能的独立系统；

（四）程序运作规范、系统安全高效、服务优质价廉；

中国收藏
拍卖年鉴
2017

CHINESE FINE ART &
ANTIQUES AUCTION
YEARBOOK 2017

（五）在全国具有较高的知名度和广泛的社会参与度。

最高人民法院组成专门的评审委员会，负责网络服务提供者的选定、评审和除名。最高人民法院每年引入第三方评估机构对已纳入和新申请纳入名单库的网络服务提供者予以评审并公布结果。

第五条　网络服务提供者由申请执行人从名单库中选择；未选择或者多个申请执行人的选择不一致的，由人民法院指定。

第六条　实施网络司法拍卖的，人民法院应当履行下列职责：

（一）制作、发布拍卖公告；

（二）查明拍卖财产现状、权利负担等内容，并予以说明；

（三）确定拍卖保留价、保证金的数额、税费负担等；

（四）确定保证金、拍卖款项等支付方式；

（五）通知当事人和优先购买权人；

（六）制作拍卖成交裁定；

（七）办理财产交付和出具财产权证照转移协助执行通知书；

（八）开设网络司法拍卖专用账户；

（九）其他依法由人民法院履行的职责。

第七条　实施网络司法拍卖的，人民法院可以将下列拍卖辅助工作委托社会机构或者组织承担：

（一）制作拍卖财产的文字说明及视频或者照片等资料；

（二）展示拍卖财产，接受咨询，引领查看，封存样品等；

（三）拍卖财产的鉴定、检验、评估、审计、仓储、保管、运输等；

（四）其他可以委托的拍卖辅助工作。

社会机构或者组织承担网络司法拍卖辅助工作所支出的必要费用由被执行人承担。

第八条　实施网络司法拍卖的，下列事项应当由网络服务提供者承担：

（一）提供符合法律、行政法规和司法解释规定的网络司法拍卖平台，并保障安全正常运行；

（二）提供安全便捷配套的电子支付对接系统；

（三）全面、及时展示人民法院及其委托的社会机构或者组织提供的拍卖信息；

（四）保证拍卖全程的信息数据真实、准确、完整和安全；

（五）其他应当由网络服务提供者承担的工作。

网络服务提供者不得在拍卖程序中设置阻碍适格竞买人报名、参拍、竞价以及监视竞买人信息等后台操控功能。

网络服务提供者提供的服务无正当理由不得中断。

第九条　网络司法拍卖服务提供者从事与网络司法拍卖相关的行为，应当接受人民法院的管理、监督和指导。

第十条　网络司法拍卖应当确定保留价，拍卖保留价即为起拍价。

起拍价由人民法院参照评估价确定；未作评估的，参照市价确定，并征询当事人意见。起拍价不得低于评估价或者市价的百分之七十。

第十一条　网络司法拍卖不限制竞买人数量。一人参与竞拍，出价不低于起拍价的，拍卖成交。

第十二条　网络司法拍卖应当先期公告，拍卖公告除通过法定途径发布外，还应同时在网络司法拍卖平台发布。拍卖动产的，应当在拍卖十五日前公告；拍卖不动产或者其他财产权的，应当在拍卖三十日前公告。

拍卖公告应当包括拍卖财产、价格、保证金、竞买人条件、拍卖财产已知瑕疵、相关权利义务、法律责任、拍卖时间、网络平台和拍卖法院等信息。

第十三条　实施网络司法拍卖的，人民法院应当在拍卖公告发布当日通过网络司法拍卖平台公示下列信息：

（一）拍卖公告；

（二）执行所依据的法律文书，但法律规定不得公开的除外；

（三）评估报告副本，或者未经评估的定价依据；

（四）拍卖时间、起拍价以及竞价规则；

（五）拍卖财产权属、占有使用、附随义务等现状的文字说明、视频或者照片等；

（六）优先购买权主体以及权利性质；

（七）通知或者无法通知当事人、已知优先购买权人的情况；

（八）拍卖保证金、拍卖款项支付方式和账户；

（九）拍卖财产产权转移可能产生的税费及承担方式；

（十）执行法院名称，联系、监督方式等；

（十一）其他应当公示的信息。

第十四条　实施网络司法拍卖的，人民法院应当在拍卖公告发布当日通过网络司法拍卖平台对下列事项予以特别提示：

（一）竞买人应当具备完全民事行为能力，法律、行政法规和司法解释对买受人资格或者条件有特殊规定的，竞买人应当具备规定的资格或者条件；

（二）委托他人代为竞买的，应当在竞价程序开始前经人民法院确认，并通知网络服务提供者；

（三）拍卖财产已知瑕疵和权利负担；

（四）拍卖财产以实物现状为准，竞买人可以申请实地看样；

（五）竞买人决定参与竞买的，视为对拍卖财产完全了解，并接受拍卖财产一切已知和未知瑕疵；

（六）载明买受人真实身份的拍卖成交确认书在网络司法拍卖平台上公示；

（七）买受人悔拍后保证金不予退还。

第十五条　被执行人应当提供拍卖财产品质的有关资料和说明。

人民法院已按本规定第十三条、第十四条的要求予以公示和特别提示，且在拍卖公告中声明不能保证拍卖财产真伪或者品质的，不承担瑕疵担保责任。

中国收藏
拍卖年鉴
2017

CHINESE FINE ART &
ANTIQUES AUCTION
YEARBOOK 2017

第十六条　网络司法拍卖的事项应当在拍卖公告发布三日前以书面或者其他能够确认收悉的合理方式，通知当事人、已知优先购买权人。权利人书面明确放弃权利的，可以不通知。无法通知的，应当在网络司法拍卖平台公示并说明无法通知的理由，公示满五日视为已经通知。

优先购买权人经通知未参与竞买的，视为放弃优先购买权。

第十七条　保证金数额由人民法院在起拍价的百分之五至百分之二十范围内确定。

竞买人应当在参加拍卖前以实名交纳保证金，未交纳的，不得参加竞买。申请执行人参加竞买的，可以不交保证金；但债权数额小于保证金数额的按差额部分交纳。

交纳保证金，竞买人可以向人民法院指定的账户交纳，也可以由网络服务提供者在其提供的支付系统中对竞买人的相应款项予以冻结。

第十八条　竞买人在拍卖竞价程序结束前交纳保证金经人民法院或者网络服务提供者确认后，取得竞买资格。网络服务提供者应当向取得资格的竞买人赋予竞买代码、参拍密码；竞买人以该代码参与竞买。

网络司法拍卖竞价程序结束前，人民法院及网络服务提供者对竞买人以及其他能够确认竞买人真实身份的信息、密码等，应当予以保密。

第十九条　优先购买权人经人民法院确认后，取得优先竞买资格以及优先竞买代码、参拍密码，并以优先竞买代码参与竞买；未经确认的，不得以优先购买权人身份参与竞买。

顺序不同的优先购买权人申请参与竞买的，人民法院应当确认其顺序，赋予不同顺序的优先竞买代码。

第二十条　网络司法拍卖从起拍价开始以递增出价方式竞价，增价幅度由人民法院确定。竞买人以低于起拍价出价的无效。

网络司法拍卖的竞价时间应当不少于二十四小时。竞价程序结束前五分钟内无人出价的，最后出价即为成交价；有出价的，竞价时间自该出价时点顺延五分钟。竞买人的出价时间以进入网络司法拍卖平台服务系统的时间为准。

竞买代码及其出价信息应当在网络竞买页面实时显示，并储存、显示竞价全程。

第二十一条　优先购买权人参与竞买的，可以与其他竞买人以相同的价格出价，没有更高出价的，拍卖财产由优先购买权人竞得。

顺序不同的优先购买权人以相同价格出价的，拍卖财产由顺序在先的优先购买权人竞得。

顺序相同的优先购买权人以相同价格出价的，拍卖财产由出价在先的优先购买权人竞得。

第二十二条　网络司法拍卖成交的，由网络司法拍卖平台以买受人的真实身份自动生成确认书并公示。

拍卖财产所有权自拍卖成交裁定送达买受人时转移。

第二十三条　拍卖成交后，买受人交纳的保证金可以充抵价款；其他竞买人交纳的保证金应当在竞价程序结束后二十四小时内退还或者解冻。拍卖未成交的，竞买人交纳的保证金应当在竞价程序结束后二十四小时内退还或者解冻。

第二十四条　拍卖成交后买受人悔拍的，交纳的保证金不予退还，依次用于支付拍卖产生的费用损失、弥补重新拍卖价款低于原拍卖价款的差价、冲抵本案被执行人的债务以及与拍卖财产相关的被执行人的债务。

悔拍后重新拍卖的，原买受人不得参加竞买。

第二十五条　拍卖成交后，买受人应当在拍卖公告确定的期限内将剩余价款交付人民法院指定账户。拍卖成交后二十四小时内，网络服务提供者应当将冻结的买受人交纳的保证金划入人民法院指定账户。

第二十六条　网络司法拍卖竞价期间无人出价的，本次拍卖流拍。流拍后应当在三十日内在同一网络司法拍卖平台再次拍卖，拍卖动产的应当在拍卖七日前公告；拍卖不动产或者其他财产权的应当在拍卖十五日前公告。再次拍卖的起拍价降价幅度不得超过前次起拍价的百分之二十。

再次拍卖流拍的，可以依法在同一网络司法拍卖平台变卖。

第二十七条　起拍价及其降价幅度、竞价增价幅度、保证金数额和优先购买权人竞买资格及其顺序等事项，应当由人民法院依法组成合议庭评议确定。

第二十八条　网络司法拍卖竞价程序中，有依法应当暂缓、中止执行等情形的，人民法院应当决定暂缓或者裁定中止拍卖；人民法院可以自行或者通知网络服务提供者停止拍卖。

网络服务提供者发现系统故障、安全隐患等紧急情况的，可以先行暂缓拍卖，并立即报告人民法院。

暂缓或者中止拍卖的，应当及时在网络司法拍卖平台公告原因或者理由。

暂缓拍卖期限届满或者中止拍卖的事由消失后，需要继续拍卖的，应当在五日内恢复拍卖。

第二十九条　网络服务提供者对拍卖形成的电子数据，应当完整保存不少于十年，但法律、行政法规另有规定的除外。

第三十条　因网络司法拍卖本身形成的税费，应当依照相关法律、行政法规的规定，由相应主体承担；没有规定或者规定不明的，人民法院可以根据法律原则和案件实际情况确定税费承担的相关主体、数额。

第三十一条　当事人、利害关系人提出异议请求撤销网络司法拍卖，符合下列情形之一的，人民法院应当支持：

（一）由于拍卖财产的文字说明、视频或者照片展示以及瑕疵说明严重失实，致使买受人产生重大误解，购买目的无法实现的，但拍卖时的技术水平不能发现或者已经就相关瑕疵以及责任承担予以公示说明的除外；

（二）由于系统故障、病毒入侵、黑客攻击、数据错误等原因致使拍卖结果错误，严重损害当事人或者其他竞买人利益的；

（三）竞买人之间，竞买人与网络司法拍卖服务提供者之间恶意串通，损害当事人或者其他竞买人利益的；

（四）买受人不具备法律、行政法规和司法解释规定的竞买资格的；

中国收藏
拍卖年鉴
2017

CHINESE FINE ART &
ANTIQUES AUCTION
YEARBOOK 2017

（五）违法限制竞买人参加竞买或者对享有同等权利的竞买人规定不同竞买条件的；

（六）其他严重违反网络司法拍卖程序且损害当事人或者竞买人利益的情形。

第三十二条　网络司法拍卖被人民法院撤销，当事人、利害关系人、案外人认为人民法院的拍卖行为违法致使其合法权益遭受损害的，可以依法申请国家赔偿；认为其他主体的行为违法致使其合法权益遭受损害的，可以另行提起诉讼。

第三十三条　当事人、利害关系人、案外人认为网络司法拍卖服务提供者的行为违法致使其合法权益遭受损害的，可以另行提起诉讼；理由成立的，人民法院应当支持，但具有法定免责事由的除外。

第三十四条　实施网络司法拍卖的，下列机构和人员不得竞买并不得委托他人代为竞买与其行为相关的拍卖财产：

（一）负责执行的人民法院；

（二）网络服务提供者；

（三）承担拍卖辅助工作的社会机构或者组织；

（四）第（一）至（三）项规定主体的工作人员及其近亲属。

第三十五条　网络服务提供者有下列情形之一的，应当将其从名单库中除名：

（一）存在违反本规定第八条第二款规定操控拍卖程序、修改拍卖信息等行为的；

（二）存在恶意串通、弄虚作假、泄漏保密信息等行为的；

（三）因违反法律、行政法规和司法解释等规定受到处罚，不适于继续从事网络司法拍卖的；

（四）存在违反本规定第三十四条规定行为的；

（五）其他应当除名的情形。

网络服务提供者有前款规定情形之一，人民法院可以依照《中华人民共和国民事诉讼法》的相关规定予以处理。

第三十六条　当事人、利害关系人认为网络司法拍卖行为违法侵害其合法权益的，可以提出执行异议。异议、复议期间，人民法院可以决定暂缓或者裁定中止拍卖。

案外人对网络司法拍卖的标的提出异议的，人民法院应当依据《中华人民共和国民事诉讼法》第二百二十七条及相关司法解释的规定处理，并决定暂缓或者裁定中止拍卖。

第三十七条　人民法院通过互联网平台以变卖方式处置财产的，参照本规定执行。

执行程序中委托拍卖机构通过互联网平台实施网络拍卖的，参照本规定执行。

本规定对网络司法拍卖行为没有规定的，适用其他有关司法拍卖的规定。

第三十八条　本规定自 2017 年 1 月 1 日起施行。施行前最高人民法院公布的司法解释和规范性文件与本规定不一致的，以本规定为准。

《文物拍卖管理办法》

成文日期：2016 年 9 月 28 日

发布日期：2016 年 10 月 20 日

发文单位：国家文物局

政策法规号：文物博发〔2016〕20 号

各省、自治区、直辖市文物局（文化厅）：

为贯彻落实《国务院关于进一步加强文物工作的指导意见》有关精神，加强文物拍卖管理，规范文物拍卖行为，促进文物拍卖活动健康有序发展，我局制订了《文物拍卖管理办法》，并经 2016 年 9 月 28 日第 28 次党组会议审议通过。现予公布，请遵照执行。

特此通知。

国家文物局

2016 年 10 月 20 日

文物拍卖管理办法

第一章　总则

第一条　为加强文物拍卖管理，规范文物拍卖行为，促进文物拍卖活动健康有序发展，根据《中华人民共和国文物保护法》、《中华人民共和国拍卖法》、《中华人民共和国文物保护法实施条例》等法律法规，制定本办法。

第二条　在中华人民共和国境内，以下列物品为标的的拍卖活动，适用本办法：

（一）1949 年以前的各类艺术品、工艺美术品；

（二）1949 年以前的文献资料以及具有历史、艺术、科学价值的手稿和图书资料；

（三）1949 年以前与各民族社会制度、社会生产、社会生活有关的代表性实物；

（四）1949 年以后与重大事件或著名人物有关的代表性实物；

（五）1949 年以后反映各民族生产活动、生活习俗、文化艺术和宗教信仰的代表性实物；

（六）列入限制出境范围的 1949 年以后已故书画家、工艺美术家作品；

（七）法律法规规定的其他物品。

第三条　国家文物局负责制定文物拍卖管理政策，协调、指导、监督全国文物拍卖活动。

省、自治区、直辖市人民政府文物行政部门负责管理本行政区域内文物拍卖活动。

第二章 文物拍卖企业及人员

第四条 依法设立的拍卖企业经营文物拍卖的，应当取得省、自治区、直辖市人民政府文物行政部门颁发的文物拍卖许可证。

第五条 拍卖企业申请文物拍卖许可证，应当符合下列条件：

（一）有 1000 万元人民币以上注册资本，非中外合资、中外合作、外商独资企业；

（二）有 5 名以上文物拍卖专业人员；

（三）有必要的场所、设施和技术条件；

（四）近两年内无违法违规经营文物行为；

（五）法律、法规规定的其他条件。

第六条 拍卖企业申请文物拍卖许可证时，应当提交下列材料：

（一）文物拍卖许可证申请表；

（二）企业注册资本的验资证明，历次股权结构变动情况记录；

（三）《企业法人营业执照》正本及副本复印件；《拍卖经营批准证书》正本及副本（含变更记录页）复印件；

（四）文物拍卖专业人员相关证明文件、聘用协议复印件；

（五）场所、设施和技术条件证明材料。

第七条 省、自治区、直辖市人民政府文物行政部门应当于受理文物拍卖许可证申领事项后 30 个工作日内做出批准或者不批准的决定。决定批准的，发给文物拍卖许可证；决定不批准的，应当书面通知当事人并说明理由。

第八条 文物拍卖许可证不得涂改、出租、出借或转让。

第九条 省、自治区、直辖市人民政府文物行政部门对取得文物拍卖许可证的拍卖企业进行年审，年审结果作为是否许可拍卖企业继续从事文物拍卖活动的依据。

第十条 省、自治区、直辖市人民政府文物行政部门应当于开展文物拍卖许可证审批、年审、变更、暂停、注销等工作后 30 日内，将相关信息报国家文物局备案。

第十一条 文物拍卖专业人员不得参与文物商店销售文物、文物拍卖标的审核、文物进出境审核工作；不得同时在两家（含）以上拍卖企业从事文物拍卖活动。

第三章 文物拍卖标的

第十二条 拍卖企业须在文物拍卖会举办前，将拟拍卖标的整场报省、自治区、直辖市人民政府文物行政部门审核。报审材料应当由文物拍卖专业人员共同签署标的征集鉴定意见。

联合开展文物拍卖活动的拍卖企业，均应取得文物拍卖许可证。

第十三条 省、自治区、直辖市人民政府文物行政部门受理文物拍卖标的审核申请后，应组织开展实物审核，于 20 个工作日内办理审核批复文件，并同时报国家文物局备案。

参加文物拍卖标的审核的人员，不得在拍卖企业任职。

第十四条 下列物品不得作为拍卖标的：

（一）依照法律应当上交国家的出土（水）文物，以出土（水）文物名义进行宣传的标的；

（二）被盗窃、盗掘、走私的文物或者明确属于历史上被非法掠夺的中国文物；

（三）公安、海关、工商等执法部门和人民法院、人民检察院依法没收、追缴的文物，以及银行、冶炼厂、造纸厂及废旧物资回收单位拣选的文物；

（四）国有文物收藏单位及其他国家机关、部队和国有企业、事业单位等收藏、保管的文物，以及非国有博物馆馆藏文物；

（五）国有文物商店收存的珍贵文物；

（六）国有不可移动文物及其构件；

（七）涉嫌损害国家利益或者有可能产生不良社会影响的标的；

（八）其他法律法规规定不得流通的文物。

第十五条　拍卖企业从境外征集文物拍卖标的、买受人将文物携运出境，须按照相关法律法规办理文物进出境审核手续。

第十六条　国家对拍卖企业拍卖的珍贵文物拥有优先购买权。国家文物局可以指定国有文物收藏单位行使优先购买权。优先购买权以协商定价或定向拍卖的方式行使。

以协商定价方式实行国家优先购买的文物拍卖标的，购买价格由国有文物收藏单位的代表与文物的委托人协商确定，不得进入公开拍卖流程。

第十七条　拍卖企业应当在文物拍卖活动结束后30日内，将拍卖记录报原审核的省、自治区、直辖市人民政府文物行政部门备案。省、自治区、直辖市人民政府文物行政部门应当将文物拍卖记录报国家文物局。

第四章　附则

第十八条　国家文物局和省、自治区、直辖市人民政府文物行政部门应当建立文物拍卖企业及文物拍卖专业人员信用信息记录，并向社会公布。

第十九条　文物拍卖企业、文物拍卖专业人员发生违法经营行为，国家文物局和省、自治区、直辖市人民政府文物行政部门应当依法予以查处。

第二十条　拍卖企业利用互联网从事文物拍卖活动的，应当遵守本办法的规定。

第二十一条　本办法自颁布之日起实施，《文物拍卖管理暂行规定》同时废止。

国家文物局、国家发展和改革委员会、科学技术部、工业和信息化部、财政部关于印发《"互联网+中华文明"三年行动计划》的通知

发布日期：2016 年 11 月 29 日

发文单位：国家文物局

政策法规号：文物博函（2016）1944 号

各省、自治区、直辖市、新疆生产建设兵团文物局（文化厅）、发展改革委、科技厅（委、局）、工业和信息化主管部门、财政厅（局）：

为贯彻落实国务院《关于进一步加强文物工作的指导意见》（国发（2016）17 号）和《关于积极推进"互联网+"行动的指导意见》（国发（2015）40 号），国家文物局、国家发展和改革委员会、科学技术部、工业和信息化部、财政部共同编制了《"互联网+中华文明"三年行动计划》。现印发给你们，请结合实际，认真抓好贯彻落实。

国家文物局 国家发展和改革委员会

科学技术部 工业和信息化部 财政部

2016 年 11 月 29 日

"互联网+中华文明"三年行动计划

文化遗产承载灿烂文明，传承历史文化，维系民族精神，是国家的"金色名片"。为贯彻习近平总书记关于文化遗产保护的系列重要论述精神，落实国务院《关于进一步加强文物工作的指导意见》（国发（2016）17 号）和《关于积极推进"互联网+"行动的指导意见》（国发（2015）40 号），把互联网的创新成果与中华传统文化的传承、创新与发展深度融合，深入挖掘和拓展文物蕴含的历史、艺术、科学价值和时代精神，彰显中华文明的独特魅力，丰富文化供给，促进文化消费，特制定"互联网+中华文明"三年行动计划。

一 总体要求

（一）总体思路

深入贯彻落实习近平总书记系列重要讲话精神，牢固树立"创新、协调、绿色、开放、共享"

发展理念，以有利于全社会参与文物保护、有利于提供多样化的文化产品与服务、有利于中华文明的传播与弘扬为原则，坚持政府积极引导、社会共同参与，充分发挥市场作用，通过观念创新、技术创新和模式创新，推动文物信息资源开放共享，推进文物信息资源、内容、产品、渠道、消费全链条设计，不断丰富文化产品和服务，进一步发挥文物在培育弘扬社会主义核心价值观、构建中华优秀传统文化传承体系和公共文化服务体系中的独特作用。

（二）发展目标

到 2019 年末，初步构建文物信息资源开放共享体系，基本形成授权经营、知识产权保护等规则规范；树立一批具有示范性、带动性和影响力的融合型文化产品和品牌；培养一批高素质人才，培育一批具有核心竞争力的文博单位和骨干企业；初步建立政府引导、社会参与、开放协作、创新活跃的业态环境，扩展文物资源的社会服务功能，为满足人民群众多层次、多形式、多样化的精神文化需求，促进文化繁荣和经济社会发展做出新的贡献。

二 主要任务

（一）推进文物信息资源开放共享

建立文物资源信息名录公开机制，首批向社会公开 1 万处文物保护单位和 100 万件（组）国有可移动文物名录和基础信息，并逐步推进文物资源信息公开的广度和深度。加强统筹协调，出台相关政策和标准规范，推进文物大数据平台建设，实现优质资源共享。

支持文物博物馆单位有序开放文物资源信息，将资源信息开放、信息内容挖掘创新、信息产品提供等纳入文物博物馆单位评估定级标准和绩效考核范围。

专栏 1

文物大数据平台：优先整合全国不可移动文物普查、可移动文物普查、以及文物价值创新挖掘工程和文物数字化展示利用工程的成果，研究统筹建立文物大数据平台；逐步推动建设跨部门、跨区域、跨行业"物理分散、逻辑互联、全国一体、交互共享"的云平台。建立文物资源信息采集、加工、存储、传输、交换系列标准，对文物信息资源进行分级分类，实现文物信息资源科学化、规范化管理和应用。鼓励各类第三方服务提供商、"双创"企业（个人）与文物博物馆单位合作，参与平台建设或基于云平台提供各种应用服务，提供文物图形图像、音视频、三维模型等数字资源，丰富文物知识、创意设计素材库，创作基于文物资源的影视、游戏、音乐、出版、商标以及计算机软件等数字产品，从事文物实体的数字化发行与信息网络传播推广，以及基于知识产权技术保护手段与网络的授权交易技术平台，以实现文物信息资源共享、利用、挖掘、创新的云服务。

（二）调动文物博物馆单位用活文物资源的积极性

充分发挥文物博物馆单位在文物藏品资源、学术研究、人才队伍、形象品牌等方面的优势，加强与社会力量的合作，建立优势互补、互利共赢的合作机制，促进文物的合理利用和中华文明的传播弘扬。

加强文物基础价值挖掘工作。开展文物资源的知识挖掘和信息组织，确保专业性和科学性，为后续产品开发和领域融合提供基础支撑。

加强文物数字化展示利用。通过数据汇集、分析和加工，建立面向应用的文物信息资源库和陈列展览专题信息资源库，持续推动文物信息资源盘活存量，做优增量，做大总量。

依法建立文物博物馆单位文物信息资源和品牌资源的授权机制并在部分地区先行先试，通过总体授权、单独授权、专项授权等，将资源优势转变为市场优势。严格区分社会公益服务与商业授权委托。

依托文物博物馆单位场馆空间优势，重点关注公共文化服务领域需求，积极开发和引入与文物博物馆单位功能定位相适应的产品、技术、装备等，不断丰富产品供给渠道。

通过文化创意产品开发所取得的事业收入、经营收入和其他收入等按规定纳入本单位预算统一管理，可用于加强公益文化服务、藏品征集、继续投入文化创意产品开发、对符合规定的人员予以绩效奖励等。

专栏 2

文物价值挖掘创新：支持文物博物馆单位与高等院校、科研院所和相关企业合作，针对体现中华文明独特魅力的典型性文物，开展多视角、多维度、多层次的价值挖掘，阐述文物背后的故事，突出文物的历史、艺术和科学价值，加强文物间关联性和系统性研究，为后续产品研发、领域融合等提供更具专业性和科学性的文物信息资源。鼓励社会力量与文物博物馆单位合作，开展文物价值挖掘创新，分类进行文博知识产权分析研究和应用前景的市场评估。

文物数字化展示利用：推进文物博物馆单位通过独立开展、项目合作或购买服务等方式，针对国家重点文物保护单位、馆藏珍贵文物、精品陈列展览，利用遥感测绘技术、三维扫描/建模技术、高清影像采集技术等，采集和整合数字化信息，搭建面向应用的文物资源数据库和陈列展览专题数据库，开发数字体验文化产品；鼓励有条件的文物博物馆开展智慧博物馆工作。鼓励大型互联网企业综合运用物联网、云计算、大数据和移动互联网等新技术手段，提供文物信息资源深度开发利用服务。

（三）激发企业创新主体活力

充分发挥企业在技术、人才、渠道、资金和体制机制灵活等方面的优势和创新主体作用，支持企业与文物博物馆单位通力合作，通过内容创新、技术创新、管理创新、模式创新和业态创新，发展融合型文化产品。

鼓励各类市场主体，以市场需求为导向，以互联网创新成果为支撑，依托文物信息资源，重点开展互联网＋文物教育、文物文创、文物素材再造、文物动漫游戏、文物旅游，以及渠道拓展与聚合等工作，形成一批具有广泛影响和普遍示范效应的优秀产品与服务，有力促进大众创新、万众创业。

形成"互联网＋中华文明"优秀产品。重点围绕文明源流、国学经典、传统美德、艺术欣赏、古代科技、古代建筑、乡土民俗、红色记忆、"一带一路"和文保知识等主题，以及人民群众喜闻乐见的其他题材，进行创作、创新、创造，让文物可见、可感、可亲，讲述好中国故事、传播好中国声音。

重点培育骨干型企业，丰富产品内容、完善产品形态、拓展产品渠道，形成一批有影响、有品牌、有竞争力的领军企业或企业集团；支持中小企业向"专、精、特、新"方向发展，强化特色产品、特色经营、特色服务，形成中小企业集群。

鼓励跨行业、跨领域的企业与文博单位间、企业间、文博单位间的合作，如专题研讨、培训、洽谈、会展、推介等活动，鼓励文物博物馆单位、企业、第三方服务机构等不同主体之间的信息互换、双向学习、观念更新，着力打破行业间的"竖井"，形成融合互动的"通渠"。充分发挥不同市场主体的自身优势，推动分领域组建"互联网＋中华文明"创新联盟，促进各类创新要素集聚，形成核心竞争力。引导技术创新、产品创新和渠道创新，鼓励技术入股、融资租赁和生产性服务等模式创新。

专栏 3

互联网＋文物教育：针对不同年龄、不同区域青少年特点，研究提炼文物博物馆资源与教育的有机结合点，利用网络与多媒体技术表现形式丰富多样、信息获取方便快捷等优势，鼓励通过社会力量开发数字化、网络化的文物教育课程及其他教学资源。利用现有的远程教育终端系统、广播电视、互联网视频平台，以及学校与博物馆网站系统，增加中小学教育的文物博物馆音像录播教学和网络互动教学。把博物馆历史实践、艺术欣赏教育引入学校，鼓励通过 VR/AR 技术虚拟历史场景和重要历史文物 3D 打印实践教学等新形式、新技术，激发学生对文物历史的兴趣爱好。开发系列文物博物馆教育教学专用 APP，提供文物全息欣赏、虚拟触摸和历史事件沉浸式体验，增强用户主体交互体验，直观感知文物的历史、艺术和科学价值。支持利用网络传播、社交媒体、VR 平台及其他主流网络平台，提供面向公众的历史文化教育内容。鼓励文物博物馆单位、学校、青少年活动中心与有实力的技术服务提供商共同实施。

互联网＋文物文创产品：鼓励社会力量与文物博物馆单位深度合作，或通过网络众筹、众包等方式，针对文物博物馆单位具有代表性的文物与博物馆藏品资源，广泛应用多种载体和表现形式，开发兼具艺术性、趣味性和实用性，满足现代生活需求的文化创意系列产品，打造文化创意品牌。鼓励建立大数据分析系统，分析多样化的客户选题需求，进行文化创意产品个性化定制和定向销售。

互联网+文物素材创新：鼓励工业企业、设计机构、高等院校、科研院所与文博单位建立多种形式的合作机制。构建面向设计服务的文物素材库和知识库，实现开放式的远程虚拟设计服务和定向服务。在传统制造业、战略性新兴产业、现代服务业等重点领域，推进文物素材再造和相关设计服务产业化、专业化、集约化、品牌化发展。培育一批创意设计特色企业，研发一批选题创意新颖、特色突出、形式活泼的文物素材再造设计产品与服务，提高工业设计产业发展水平和服务水平。

互联网+文物动漫游戏：充分挖掘我国文物和优秀传统文化资源，深入对接网络创意和科技元素，结合国家重大战略、重点工作和社会公众需求，重点发展表达中国特色、中国风格、中国气派的原创动漫、游戏、影视产品及衍生产品开发和服务，推进内容创作、音乐创作、形象设计、节目制作、版权交易创新发展。借助国内大型互联网平台在用户资源、知识产权、运营能力和技术创新等方面的优势，引导传统动漫和游戏企业打破固有的"黑盒子"创作模式，形成连接文物信息资源授权单位、动漫游戏生产机构与网络用户三方的开放共创方式，吸引网民参与互动体验，促进形成比较完整的文物网络动漫游戏生产体系、市场体系和传播体系。鼓励举办基于文物和优秀传统文化内容为主题的网络原创动漫游戏作品大赛、动漫产品研发交流会、动漫读书会、动漫音乐节，扩大影响力和知名度。

互联网+文物旅游：促进文物与旅游相结合，以文化提升旅游的内涵，以旅游扩大中华文明的传播。积极培育以文物为内容、旅游为载体、线上与线下相结合的融合发展新模式，丰富游客多层次、多角度现场与非现场深度体验。鼓励具备条件的文物博物馆单位与相关机构合作，研究设立虚拟展厅和数字体验中心，利用3S、3D/4D、VR/AR、激光成像和全息投影等技术，围绕文物本体及其历史环境等重要元素，开发以智能终端平台或现场展示平台为承载的文物旅游数字化产品系列。鼓励国内大型互联网企业与文物博物馆单位合作，提供基于地图服务的文物博物馆旅游线路规划、虚拟展示、智慧导览、参观预约及个性化服务，满足旅游参观前、中、后三阶段的不同体验要求；利用大数据挖掘分析手段，拓展游、购、娱、食、住、行等服务，优化文物旅游产品供给水平。

渠道拓展与聚合：强化需求导向，科学分析文化消费需求，有针对性地拓展市场渠道，引领和培育新的文化消费。鼓励有条件的央地共建博物馆、国家一级博物馆、国家考古遗址公园、世界文化遗产地调动各方资源对商店、体验中心进行必要的改造升级，提升场景消费能力；鼓励有条件的单位在符合市场规律、进行科学规划和充分论证的前提下，在国内外旅游景点、重点商圈、城市大型综合体、交通枢纽等传统商业终端渠道开设专卖店或代售点，探索体验式交易模式；加强与大型电子商务平台合作，按地域和文化主题建立文化产品网络营销专区，支持文化产品提供商入驻，发展社交电商等网络营销新模式，提升产品网络营销水平，鼓励开展跨境电子商务。同时，积极探索文博行业既有渠道、传统商业渠道、线上渠道的有机聚合，发展线上线下融合营销（O2O），实现全渠道覆盖。

（四）完善业态发展支撑体系

重点加强新技术新装备应用支撑体系、授权经营体系、双创空间体系等 3 大支撑体系建设，突破一批文物资源数字化、数字展示、网络传播等领域的核心关键技术和装备；探索建立基于文物信息资源、创意、产品、渠道和品牌的多层级授权经营体系；构建一批创新与创业相结合的双创空间，为创新创业者提供低成本、便利化、全要素的工作空间、网络空间、社交空间和资源共享空间，整合和调动更多创新要素，支撑文物信息资源合理利用新模式、新业态健康可持续发展。

专栏 4

新技术新装备应用支撑体系：充分运用物联网、云计算、大数据、移动互联等现代信息技术，推动新技术与新装备的研发与应用示范。重点支持文物价值挖掘、文物数字化、现代展陈、网络传播、智慧博物馆等方面的科技攻关，突破一批共性、关键、核心技术，在此基础上重点研发（含升级改造或二次开发）一批新技术、新工具和新装备，提高装备的适用性、安全性、可靠性和智能化水平。重点培育一批骨干创新型技术装备研发生产服务企业。

授权经营体系：开展"互联网＋中华文明"品牌经营与维护，探索建立基于文物信息资源、创意、产品、渠道和品牌的多层级授权体系。推动具备条件的文物博物馆单位依托本单位文物信息资源，结合自身实际情况，采取合作共建、授权委托、独立开发等方式开展文物信息资源的开发利用工作。鼓励有实力的社会机构参与品牌资源授权经营。

双创空间体系：加强与地方政府合作，遴选和培育建立一批"互联网＋中华文明"双创空间，通过市场化机制、专业化服务和资本化运营途径构建服务平台，为"双创"企业（个人）与文博单位、科研机构、高校、社会团体等机构的对接牵线搭桥。鼓励有条件的地方采取相应政策措施，引导民间资本和社会力量参与，聚合优秀创意团队和创新人才，提供资金、技术、内容、渠道、金融等多方面支持，激发双创空间企业活力。

三　保障措施

（一）政策保障

注重原创价值、坚持创新驱动、突出示范引领，加快文物资源数字化进程，推进文物信息资源开放共享；充分挖掘文物信息资源价值，加强二次创作、创造，促进互联网应用创新，建立信息资源、文物知识、原创内容的产权保护政策，提升知识产权服务附加值；加大对创新创业团队支持力度，强化横向、纵向联合，形成协同育人、创业创新、成果转化、服务社会的"互联网＋"新机制。

（二）经费支持

中国收藏
拍卖年鉴
2017

CHINESE FINE ART &
ANTIQUES AUCTION
YEARBOOK 2017

统筹利用现有资金渠道，发挥引导作用，重点对文物数字化和创业创新人才培养等给予必要支持；吸引社会资金以众筹、众包等市场化运作形式支持创业创新团队发展；积极开展与投资基金等金融机构合作。

（三）人才保障

坚持"以用为本、人才优先、创新机制、服务发展"的人才保障机制，重点培育文物与相关领域融合发展的高端复合型人才，开展战略规划、创意设计、科技创新、项目管理、资本运作等专业型人才的引进和培养，加强创业创新指导培训。鼓励和吸引互联网相关研究机构、高等院校、高新技术企业、文博单位等各领域高水平业务人才开展广泛合作，推动人才结构调整、提高人才质量，形成一批懂专业、有创意、善管理、有国际视野的优秀人才团队。

（四）机构保障

建立部际会商机制，国家文物局牵头负责，加强部门间的沟通协调，推动部门与部门间、中央与地方间、文博单位与企业间的协同与合作。组建专家咨询委员会，提供专业知识技术支撑。

国家文物局办公室秘书处

2016 年 11 月 29 日印发

Chapter 8

Appendix

512 / Art Authentication Organisations in China

515 / Important Museums in China

523 / Art Collection Organisations in China

526 / Higher Education in the Arts

536 / Auction Houses in China

550 / Overseas Auction Houses

556 / Important Art Market Associations

第八章　附录

512 ·········· 全国文物评估鉴定机构

515 ·········· 全国重要美术馆及文物艺术类博物馆

523 ·········· 全国重要文物艺术品收藏组织

526 ·········· 开设文物艺术相关专业高校

536 ·········· 中国文物艺术品拍卖机构

550 ·········· 海外地区主要文物艺术品拍卖机构

556 ·········· 全球重要文物艺术品交易行业协会

扫码解析艺术市场

全国文物评估鉴定机构
Art Authentication Organisations in China

涉案文物鉴定评估机构名单

  《最高人民法院　最高人民检察院　关于办理妨害文物管理等刑事案件适用法律若干问题的解释》于2016年1月1日起正式施行。该司法解释第十五条明确表示，对案件涉及的有关文物鉴定、价值认定等专门性问题难以确定的，由司法鉴定机构出具鉴定意见，或者由国务院文物行政部门指定的机构出具报告。其中，对于文物价值，也可以由有关价格认证机构做出价格认证并出具报告。根据此条司法解释，国家文物局于2016年1月4日确定了首批涉案文物鉴定评估机构。为满足司法机关对涉案文物鉴定评估工作的需要，充分发挥文物鉴定评估对依法打击文物违法犯罪活动的支撑作用，国家文物局于2016年9月30日公布第二批涉案文物鉴定评估机构名单。

批次	机构名称	电话	地址
第一批	北京市文物进出境鉴定所	010-64014608	北京市东城区府学胡同36号
	天津市文物管理中心	022-23395236	天津市和平区大理道44号
	山西省文物鉴定站	0351-4050840	山西省太原市文庙巷33号
	内蒙古博物院	0471-4608462	内蒙古自治区呼和浩特市新华东街27号
	辽宁省文物保护中心	024-24846318	辽宁省沈阳市沈河区朝阳街少帅府巷48号
	浙江省文物鉴定审核办公室	0571-87081576	浙江省杭州市教场路26号
	安徽省文物鉴定站	0551-62826619	安徽省合肥市安庆路268号
	国家文物出境鉴定河南站	0371-65963495	河南省郑州市人民路11号
	湖南省文物鉴定中心	0371-84441768	湖南省长沙市斯芙蓉区五一大道399号
	广东省文物鉴定站	020-87047999	广东省广州市天河水荫四横路32号楼5-7楼
	国家文物出境鉴定四川站	028-86120526	四川省成都市少城路6号
	陕西省文物鉴定研究中心	029-85360103	陕西省西安市雁塔区雁塔西路193号陕西省文物局内103.105室
第二批	北京市古代建筑研究所	010-83168738	北京市西城区东经路21号
	河北省博物院	0311-86045642	河北省石家庄市长安区东大街4号
	山西省文物交流中心	0351-7225133	山西省太原市迎泽区小南关西街6号
	辽宁省文物总店	024-23224679	辽宁省沈阳市和平区民主路68号
	吉林省博物院	0431-81959567	吉林省长春市净月高新产业开发区永顺路1666号
	黑龙江省博物馆	0451-53636187	黑龙江省哈尔滨市南岗区红军街50号
	上海市文物保护研究中心	021-54651200	上海市徐汇区岳阳路48号
	南京博物院	025-84800448	江苏省南京市玄武区中山东路321号
	苏州文物商店	0512-65224972	江苏省苏州市姑苏区人民路1208号

	淮安市博物馆	0517-83645659	江苏省淮安市清河区健康西路146-1
	福建省文物鉴定中心	0591-87118174	福建省福州市台江区白马中路15号
	江西省文物商店	0791-86778942	江西省南昌市东湖区民德路349号
	山东省文物鉴定中心	0531-85058086	山东省济南市历下区经十路11899号
	湖北省博物馆	027-86783171	湖北省武汉市武昌区东湖路160号
	湖南省文物考古研究所	0731-84441768	湖南省长沙市开福区东风路东风二村巷18号
	广西壮族自治区博物馆	0771-2707025	广西壮族自治区南宁市青秀区民族大道34号
	国家文物进出境审核海南管理处	0898-66961649	海南省海口市龙华区龙昆南路76号金霖花园45栋
	重庆市文化遗产研究院	023-63526660	重庆市渝中区枇杷山正街72号
第二批	重庆中国三峡博物馆	023-63679011	重庆市渝中区人民路236号
	贵州省博物馆	0851-86822214	贵州省贵阳市云岩区北京路168号
	云南省文物总店有限公司	0871-63158542	云南省昆明市五华区青年路371号4楼
	西藏文物鉴定中心	0891-6826335	西藏自治区拉萨市城关区天海路16号
	甘肃省文物考古研究所	0931-2138656	甘肃省兰州市城关区和平路165号
	甘肃省博物馆	0931-2346308	甘肃省兰州市七里河区西津西路3号
	青海省博物馆	0971-6118691	青海省西宁市城西区西关大街58号
	青海省文物考古研究所	0971-8176135	青海省西宁市城东区为民巷15号
	宁夏回族自治区博物馆	0951-5015460	宁夏回族自治区银川市金凤区人民广场东街6号
	新疆维吾尔自治区文物总店	0991-2825161	新疆维吾尔自治区乌鲁木齐市天山区解放南路39号
	新疆维吾尔自治区博物馆	0991-4533451	新疆维吾尔自治区乌鲁木齐市沙依巴克区西北路581号

民间收藏文物鉴定试点单位

为积极回应社会关切，引导规范民间收藏文物鉴定行为，国家文物局于2014年10月24日发布通知，批准7家文博单位面向社会公众开展民间收藏文物鉴定试点工作。此举旨在通过引导国有文博单位参与民间收藏文物鉴定活动，探索民间收藏文物鉴定管理制度，逐步建立民间收藏文物鉴定程序及标准，以规范民间收藏文物鉴定行为，引导公众树立正确的文物价值观。

机构名称	电话	地址
天津市文物开发咨询服务中心	022-23119579 022-23396363	天津市和平区大理道44号
黑龙江省龙博文物司法鉴定所	0451-53636187	黑龙江省哈尔滨市南岗区红军街62号
西泠印社艺术品鉴定评估中心	0571-86018223	浙江省杭州市西湖区孤山路31号
厦门市文物鉴定中心	0592-5052004	福建省厦门市思明区湖滨北路36号文物大楼四楼
湖南省文物鉴定中心	0731-84444472 0731-84441768	湖南省长沙市芙蓉区五一大道399号

| 广东省文物鉴定站 | 020-87047165 | 广东省广州市天河区水荫四横路32号 |
| 云南文博文物评估鉴定有限公司 | 0871-63160925 | 云南省昆明市青年路371号文化科技大楼4楼401室 |

国家文物进出境审核管理机构名录

依据《中华人民共和国文物保护法》第六十一条，和《中华人民共和国文物保护法实施条例》第四十五条，由国家文物局指定的文物进出境审核机构决定是否受理文物出境许可证的申请；由相关文物进出境审核机构具体审核并做出决定；经审核允许出境的文物，由相关文物进出境审核机构发给由国家文物局签发的文物出境许可证。

机构名称	电话	地址
北京管理处	010-64019714	北京市东城区府学胡同36号
天津管理处	022-23396363	天津市和平区大理道44号
河北管理处	0311-85377032	河北省石家庄市西大街46号
上海管理处	021-23128175	上海市黄浦区岳阳路48号
江苏管理处	025-84807921	江苏省南京市中山东路321号
浙江管理处	0571-87916116	浙江省杭州市校场路26号
安徽管理处	0551-62827802	安徽省合肥市安庆路268号
福建管理处	0591-83312552	福建省福州市白马中路15号
山东管理处	0531-85058188	山东省济南市经十一路14号
河南管理处	0371-65963945	河南省郑州市金水区人民路11号
湖北管理处	027-68892374	湖北省武汉市武昌区东湖路167号
广东管理处	020-87047999	广东省广州市水荫四横路32号5-7楼
云南管理处	0871-66179529	云南省昆明市五一路118号
陕西管理处	029-85360103	陕西省西安市雁塔西路193号
四川管理处	028-86240201	四川省成都市青羊区蜀都大道少城路6号
辽宁管理处	024-24870529-803	辽宁省沈阳市沈河区朝阳街少帅府巷48号
山西管理处	0351-5687506	山西省太原市文庙巷33号
内蒙古管理处	0471—4608271	内蒙古呼和浩特市新城区新华大街27号
西藏管理处	0891—6826332	西藏拉萨市城关区天海路16号

全国重要美术馆及文物艺术类博物馆
Important Museums in China

全国重要文物艺术类博物馆*

*注：全国重要文物艺术类博物馆名单摘自国家文物局公布的《2015年度全国博物馆名录（2017.1.4更新）》，仅收录其中质量等级为一、二级的省、市级文物艺术类博物馆以及县级文物艺术类特色博物馆。

序号	名称	质量等级	地址
\multicolumn{4}{c}{北京市}		
1	故宫博物院	一级	东城区景山前街4号
2	中国国家博物馆	一级	东城区东长安街16号
3	首都博物馆	一级	西城区复兴门外大街16号
4	恭王府博物馆	一级	西城区前海西街17号
5	北京古代建筑博物馆	二级	西城区东经路21号
6	大钟寺古钟博物馆	二级	海淀区北三环西路甲31号
\multicolumn{4}{c}{天津市}		
7	天津博物馆	一级	河西区平江道62号
8	元明清天妃宫遗址博物馆	二级	河东区大直沽中路51号
\multicolumn{4}{c}{河北省}		
9	河北博物院	一级	石家庄市东大街4号
10	邯郸市博物馆	一级	邯郸市中华北大街45号
11	石家庄市博物馆	二级	石家庄市建设北大街11号
12	唐山博物馆	二级	唐山市路北区龙泽南路22号
13	武强年画博物馆	二级	武强县武强镇新开街1号
14	张家口市博物馆	二级	张家口市桥东区东兴街14号
15	磁州窑博物馆	二级	磁县磁州路中段路北
\multicolumn{4}{c}{山西省}		
16	山西博物院	一级	太原市滨河西路北段13号
17	大同市博物馆	二级	大同市御东新区太和路
18	晋城博物馆	二级	晋城市凤台东街1263号
19	吕梁市汉画像石博物馆	二级	吕梁市离石区龙凤南大街39号
20	山西省艺术博物馆	二级	太原市起凤街一号

21	太原市晋祠博物馆	二级	太原市晋源区晋祠镇
22	长治市博物馆	二级	长治市太行西街259号
内蒙古自治区			
23	鄂尔多斯博物馆	一级	鄂尔多斯市康巴什新区文化西路南5号
24	内蒙古博物院	一级	呼和浩特市新华东街27号
25	赤峰市博物馆	二级	赤峰市新城区富河街10A
26	鄂尔多斯青铜器博物馆	二级	鄂尔多斯市东胜区准格尔南路3号
27	呼和浩特博物馆	二级	呼和浩特市新城区通道北路62号
28	内蒙古包头博物馆	二级	包头市昆区阿尔大街25号
辽宁省			
29	大连现代博物馆	一级	大连市沙河口区会展路10号
30	辽宁省博物馆	一级	沈阳市沈河区市府大路363号
31	沈阳故宫博物院	一级	沈阳市沈河区沈阳路171号
32	锦州市博物馆	二级	锦州市古塔区北三里1号
吉林省			
33	吉林省博物院	一级	长春市净月高新技术产业开发区永顺路1666号
34	伪满皇宫博物院	一级	长春市光复北路5号
35	白城市博物馆	二级	白城市金辉北街文化中心C座
36	吉林市博物馆	二级	吉林市丰满区吉林大街100号
37	延边博物馆	二级	延吉市长白西路8627号
黑龙江省			
38	大庆市博物馆	一级	大庆市高新开发区文苑街2号
39	黑龙江省博物馆	一级	哈尔滨市南岗区红军街50号
40	黑龙江省民族博物馆	二级	哈尔滨市南岗区文庙街25号
41	齐齐哈尔市博物馆	二级	齐齐哈尔市建华区中华路1号
42	伊春市博物馆	二级	伊春市伊春区新兴西大街1号
上海市			
43	上海博物馆	一级	人民大道201号
44	嘉定博物馆	二级	嘉定镇博乐路215号
45	上海市青浦区博物馆	二级	青浦区华青南路1000号
江苏省			
46	常州博物馆	一级	常州市新北区龙城大道1288号
47	南京博物院	一级	南京市中山东路321号
48	南京市博物总馆	一级	南京市秦淮区中华路257号
49	南通博物苑	一级	南通市濠南路19号

50	苏州博物馆	一级	苏州市东北街204号
51	扬州博物馆	一级	扬州市文昌西路468号
52	常熟博物馆	二级	常熟市北门大街1号
53	淮安市博物馆	二级	淮安市健康西路146-1
54	江阴市博物馆	二级	江阴市澄江中路128号
55	连云港市博物馆	二级	连云港市朝阳东路68号
56	无锡博物院	二级	无锡市钟书路100号
57	徐州博物馆	二级	徐州市和平路101号
58	徐州汉兵马俑博物馆	二级	徐州市云龙区兵马俑路1号
59	徐州汉画像石艺术馆	二级	徐州市泉山区湖东路
浙江省			
60	杭州博物馆	一级	杭州市上城区粮道山18号
61	宁波博物馆	一级	宁波市鄞州区首南中路1000号
62	温州博物馆	一级	温州市鹿城区市府路491号
63	浙江省博物馆	一级	杭州市西湖区孤山路25号
64	中国丝绸博物馆	一级	杭州市玉皇山路73-1号
65	杭州南宋官窑博物馆	二级	杭州市上城区南复路60号
66	杭州市余杭博物馆	二级	杭州市余杭区临平南大街95号
67	湖州市博物馆	二级	湖州市仁皇山新区吴兴路1号
68	嘉兴博物馆	二级	嘉兴市南湖区海盐塘路485号
69	宁波市天一阁博物馆	二级	宁波市天一街5号
70	衢州市博物馆	二级	衢州市新桥街98号
71	上虞博物馆	二级	上虞区人民中路228号
72	余姚市河姆渡遗址博物馆	二级	余姚市河姆渡镇芦山寺村
安徽省			
73	安徽博物院	一级	合肥市怀宁路268号（新馆）、合肥市安庆路268号（老馆）
74	安徽中国徽州文化博物馆	一级	黄山市屯溪迎宾大道50号
75	安徽祁红博物馆	二级	黄山市祁门县华扬工业园区
76	安庆市博物馆	二级	安庆市沿江东路150号
77	淮北市博物馆	二级	淮北市相山区博物馆路1号
78	淮南市博物馆	二级	淮南市洞山中路15号
福建省			
79	福建博物院	一级	福州市鼓楼区湖头街96号
80	德化县陶瓷博物馆	二级	泉州市德化县浔中镇唐寨山

81	福州市博物馆	二级	福州市晋安区文博路8号
82	晋江市博物馆	二级	晋江市世纪大道382号
83	泉州市博物馆	二级	泉州市丰泽区北清东路西湖公园北侧
84	漳州市博物馆	二级	漳州市龙文区迎宾路与龙文路交接处
85	长乐市博物馆	二级	长乐市爱心路198号
	江西省		
86	江西省博物馆	一级	南昌市新洲路2号
87	八大山人纪念馆	二级	南昌市青云谱区青云谱路259号
88	景德镇陶瓷馆	二级	景德镇市紫晶路1号
	山东省		
89	青岛市博物馆	一级	青岛崂山区梅岭东路51号
90	青州市博物馆	一级	青州市范公亭西路1号
91	山东博物馆	一级	济南市经十路11899号（燕山立交桥东2公里）
92	潍坊市博物馆	一级	潍坊市奎文区东风东街6616号
93	烟台市博物馆	一级	烟台市芝罘区毓岚街2号
94	东营市历史博物馆	二级	东营市广饶县月河路270号
95	济南市博物馆	二级	济南市历下区经十一路30号
96	临沂市博物馆	二级	临沂市北城新区兰陵路10号
97	齐国故城遗址博物馆	二级	淄博市临淄区齐都镇张皇路7号
98	泰安市博物馆	二级	泰安市泰山区朝阳街7号（岱庙内）
99	诸城市博物馆	二级	诸城市和平北街125号
100	淄博市博物馆	二级	淄博市张店区商场西街153号
	河南省		
101	河南博物院	一级	郑州市农业路8号
102	开封市博物馆	一级	开封市鼓楼区迎宾路26号
103	洛阳博物馆	一级	洛阳市洛龙区聂泰路
104	南阳市汉画馆	一级	南阳市汉画街398号
105	郑州博物馆	一级	郑州市嵩山南路168号
106	鹤壁市博物馆	二级	鹤壁市淇滨区湘江路12号
107	洛阳古代艺术博物馆	二级	洛阳市机场路45号
108	南阳市博物馆	二级	南阳市卧龙路766号
109	三门峡市虢国博物馆	二级	三门峡市六峰北路
110	许昌市博物馆	二级	许昌市许都路东段
	湖北省		
111	湖北省博物馆	一级	武汉市武昌区东湖路160号

112	荆州博物馆	一级	荆州市荆中路166号
113	武汉博物馆	一级	武汉市江汉区青年路373号
114	鄂州市博物馆	二级	鄂州市鄂城区寒溪路7号
115	黄石博物馆	二级	黄石市下陆区团城山广会路12号
116	十堰市博物馆	二级	十堰市北京北路91号
117	随州市博物馆	二级	随州市擂鼓墩大道98号
118	襄阳市博物馆	二级	襄阳市襄城区北街1号（昭明台）
119	宜昌博物馆	二级	宜昌市夷陵大道115号
湖南省			
120	湖南省博物馆	一级	长沙市开福区东风路50号
121	长沙简牍博物馆	一级	长沙市天心区白沙路92号
122	常德博物馆	二级	常德市武陵区武陵大道南段282号
123	岳阳博物馆	二级	岳阳市岳阳楼区龙舟路14号
124	长沙市博物馆	二级	长沙市开福区八一路538号
125	株洲市博物馆	二级	株洲市芦淞区建设中路文化园内
广东省			
126	广东省博物馆	一级	广州市天河区珠江东路2号
127	广州博物馆	一级	广州市越秀区解放北路988号越秀公园山镇海楼
128	西汉南越王博物馆	一级	广州市解放北路867号
129	深圳博物馆	一级	深圳市福田区同心路6号
130	潮州市博物馆	二级	潮州市人民广场西侧
131	东莞市博物馆	二级	东莞市城区新芬路36号
132	广州艺术博物院	二级	广州市麓湖路13号
133	惠州市博物馆	二级	惠州市江北市民乐园西路3号
134	江门市博物馆	二级	江门市白沙大道西37号
135	韶关市博物馆	二级	韶关市武江区工业西路90号
136	云浮市博物馆	二级	云浮市云城区世纪大道中博物馆大楼
137	肇庆市博物馆	二级	肇庆市端州区江滨路
138	珠海市博物馆	二级	珠海市吉大景山路191号九洲城
广西壮族自治区			
139	广西民族博物馆	一级	南宁市青环路11号
140	广西壮族自治区博物馆	一级	南宁市青秀区民族大道34号
141	桂海碑林博物馆	二级	桂林市七星区龙隐路1号
142	桂林博物馆	二级	桂林市秀峰区西山路4号
143	柳州市博物馆	二级	柳州市解放北路37号

	海南省		
144	海南省博物馆	一级	海口市国兴大道68号
	四川省		
145	成都金沙遗址博物馆	一级	成都市金沙遗址路2号
146	成都武侯祠博物馆	一级	成都市武侯祠大街231号
147	四川博物院	一级	成都市浣花南路251号
148	四川广汉三星堆博物馆	一级	广汉市西安路133号
149	成都永陵博物馆	二级	成都市金牛区永陵路10号
150	泸州市博物馆	二级	泸州市江阳区江阳西路37号
151	眉山三苏祠博物馆	二级	眉山市东坡区沙縠行南段72号
152	四川宋瓷博物馆	二级	遂宁市船山区西山路613号
	贵州省		
153	贵州省博物馆	二级	贵阳市云岩区北京路168号
	云南省		
154	云南省博物馆	一级	昆明市官渡区广福路6393号
155	云南民族博物馆	一级	昆明市滇池路1503号
156	楚雄州博物馆	二级	楚雄市鹿城南路471号
157	大理州博物馆	二级	大理市下关洱河南路8号
158	红河州博物馆	二级	蒙自市天马路65号
159	玉溪市博物馆	二级	玉溪市红塔区红塔大道30号
	西藏自治区		
160	西藏博物馆	一级	拉萨市民族南路2号
	陕西省		
161	宝鸡青铜器博物院	一级	宝鸡市滨河大道中华石鼓园
162	汉阳陵博物馆	一级	西安市咸阳国际机场专线公路东段
163	秦始皇帝陵博物院	一级	西安市临潼区
164	陕西历史博物馆	一级	西安市雁塔区小寨东路91号
165	西安碑林博物馆	一级	西安市碑林区三学街15号
166	西安博物院	一级	西安市碑林区友谊西路72号
167	西安大唐西市博物馆	一级	西安市莲湖区劳动南路118号
168	汉中市博物馆	二级	汉中市汉台区东大街26号
169	茂陵博物馆	二级	兴平市南位镇茂陵村南
170	乾陵博物馆	二级	咸阳市乾县
171	咸阳博物院	二级	咸阳市中山街53号

172	耀州窑博物馆	二级	铜川市王益区黄堡镇新宜南路25号
173	昭陵博物馆	二级	咸阳市礼泉县烟霞镇
甘肃省			
174	敦煌研究院	一级	敦煌市莫高窟
175	甘肃省博物馆	一级	兰州市七里河区西津西路3号
176	天水市博物馆	一级	天水市秦州区伏羲路110号
177	兰州市博物馆	二级	兰州市城关区庆阳路240号
178	平凉市博物馆	二级	平凉市崆峒区城东宝塔梁
青海省			
179	青海省博物馆（青海民族博物馆）	一级	西宁市西关大街58号
宁夏回族自治区			
180	宁夏回族自治区博物馆	一级	银川市金凤区人民广场东街6号
181	固原博物馆	一级	固原市西城路133号
新疆维吾尔自治区			
182	新疆维吾尔自治区博物馆	一级	乌鲁木齐市西北路581号
183	吐鲁番博物馆	一级	吐鲁番市木纳尔路1268号

全国重要美术馆*

*注：2016年5月11日《国务院办公厅转发文化部等部门关于推动文化文物单位文化创意产品开发若干意见的通知》（国办发〔2016〕36号）印发以来，文化部、国家文物局确定（以下称：文创开发试点）或备案（以下称：文创开发试点备案）了154家试点单位。本名单仅收录其中的美术馆。

序号	名称	质量等级	地址
1	中国美术馆	文创开发试点	北京市东城区五四大街1号
2	中央美术学院美术馆	文创开发试点	北京市朝阳区花家地南街8号
3	中国美术学院美术馆	文创开发试点	浙江省杭州市上城区南山路218号
4	北京画院美术馆	文创开发试点备案	北京市朝阳区朝阳公园南路12号院北京画院院内
5	河北美术馆	文创开发试点备案	河北省石家庄市槐安东路113号（世纪公园北门对面）
6	中华艺术宫（上海美术馆）	文创开发试点备案	上海市浦东新区上南路205号
7	上海刘海粟美术馆	文创开发试点备案	上海市延安西路1609号
8	上海当代艺术博物馆	文创开发试点备案	上海市黄浦区花园港路200号
9	江苏省美术馆	文创开发试点备案	江苏省南京市长江路333号
10	南京书画院（金陵美术馆）	文创开发试点备案	江苏省南京市秦淮区剪子巷50号

11	宁波美术馆	文创开发试点备案	浙江省宁波市江北区人民路122号（老外滩）
12	江西省美术馆	文创开发试点备案	江西省南昌市高新大道1978号
13	山东美术馆	文创开发试点备案	山东省济南市经十路11777号（燕山立交桥东2公里）
14	济南市美术馆	文创开发试点备案	山东省济南市腊山河西路与威海路交叉口
15	河南省美术馆	文创开发试点备案	河南省郑州市郑东新区商务内环路1号
16	广西美术馆	文创开发试点备案	广西南宁市五象新区秋月路西段
17	广东美术馆	文创开发试点备案	广东省广州市越秀区二沙岛烟雨路38号
18	深圳美术馆	文创开发试点备案	广东省深圳市爱国路东湖一街32号（东湖公园内）
19	深圳关山月美术馆	文创开发试点备案	广东省深圳市红荔路6026号
20	重庆美术馆	文创开发试点备案	重庆市渝中区临江路1号国泰艺术中心
21	四川美术馆	文创开发试点备案	四川省成都市人民西路6号
22	陕西省美术博物馆	文创开发试点备案	陕西省西安市长安北路14号

全国重要文物艺术品收藏组织
Art Collection Organisations in China

中国大陆地区

单位名称	联系电话	地址
中国收藏家协会	010-64012635 010-84027307	北京市朝阳区高碑店西店1118号国粹苑C座二层
中国文物学会	010-84020901 010-84621819	北京市东城区雍和宫大街戏楼胡同1号
中国文物保护基金会	010-64025850	北京市东城区五四大街29号
中国博物馆协会	010-64031809	北京市东城区戏楼胡同1号
中国书法家协会	010-59759345	北京市朝阳区农展馆南里10号
中国美术家协会	010-59759390	北京市朝阳区北沙滩1号院32号楼B座18层
中国文学艺术界联合会	010-59759350	北京市朝阳区北沙滩1号院32号楼
中国艺术研究院	010-64891166	北京市朝阳区惠新北里甲1号
中国艺术科技研究院	010-67172619	北京市崇文区广渠门南小街领行国际1号楼2单元20层
中国国家画院	010-68464569 010-68479020	北京市海淀区西三环北路54号
北京画院	010-65025171	北京市朝阳区朝阳公园南路12号院
李可染艺术基金会	010-67203123 010-67206303 13801326799	北京市朝阳区王四营观音堂文化大道21-23号
中国长城学会	010-58772531 010-58772532	北京市朝阳区北辰西路69号峻峰华亭C座1010
李可染画院	010-56916301 010-68250507	北京市大兴区北兴路西红门星光生态文化休闲公园1号
北京收藏家协会	010-63370493	北京复兴门外大街16号首都博物馆内
天津市收藏家协会	022-27258136	天津市南开区城厢中路 778号9号楼3门
河北省收藏家协会	0311-86212249	河北省石家庄市西大街46号省文物局107房间
山西省收藏家协会	0351-4085545	山西省太原市太原广场收投分公司01012信箱
内蒙古收藏家协会	0471-6916317	内蒙古呼和浩特市新华大街18号
辽宁省收藏家协会	024-23848168	辽宁省沈阳市沈河区青年大街215号62B
大连市收藏家协会	0411-82563218	辽宁省大连市中山区天津街135号
吉林省收藏家协会	0431-86772798	吉林长春市重庆路279号吉林古玩城内五楼西侧
黑龙江省收藏家协会	0451-87000845	黑龙江省哈尔滨市道外区靖宇大街368号同记珠宝古玩城五楼
上海市收藏协会	021-63140930	上海市中山南路1551号
上海市工商联收藏俱乐部	021-65879910	上海市中山西路518号3楼3126天山茶城古瓷轩

上海市收藏鉴赏家协会	021-64877449	上海市南丹东路300弄3号103室
江苏省收藏家协会	025-68150783	江苏省南京市秦淮区瞻园路19号中国秦淮古玩城三层306.307室
苏州市收藏家协会	0512-68268037	江苏省苏州市南门路48号
浙江省收藏协会	0571-86053603	浙江省杭州市文晖路269号通盛嘉苑1栋902室
安徽省收藏家协会	0551-4692776	安徽省合肥市长江东路1121圣大国际大厦5-1706
六安市收藏家协会	0564-3334315	安徽省六安市交通路28号
福建省收藏家协会	0591-834435868	福建省福州市鼓楼区湖东路278号太阳广场9楼B2C3
江西省收藏家协会	18070097629	江西省南昌市西湖区丁公路98号恒茂22栋B302
山东省收藏家协会	0531- 2060628	山东省济南市马鞍山路15号新世界商城3楼东厅609室
河南省收藏协会	0371-65865531	河南省郑州市经五路1号附5号
湖北省收藏家协会	027-83744659 027-83744112	湖北省武汉市硚口崇仁路92号3楼
武汉市收藏协会	027-85837630	湖北省武汉市硚口区崇仁路110号
湖南省收藏协会	0731-4443953	湖南省长沙市韭菜园南路大麓珍宝古玩城旁富顺大厦403室
醴陵市收藏协会	0731-23165333	湖南省醴陵市迎宾大道1号盛世华亭A13栋东方瓷典
广东省收藏家协会	020-83333406	广东省广州市解放北路542号
广西收藏协会	0771-2564939	广西南宁市民主路北四里12-3号
海南省收藏家协会	0898-6928942	海南省海口市琼山区国兴大道68号省博物馆
海口市收藏协会	13876779993	海南省海口市国贸三横路9号
重庆收藏协会	023- 63528552	重庆市渝北区红锦大道金山路3号汇景台东宫会所
四川省收藏家协会	028-86932300	四川省成都市青羊区酱园公所街9号4楼
贵州省收藏家协会	13985424779	贵州省贵阳市新添大道南段187号（大营坡）银佳花园5栋2单元5号
遵义市收藏家协会	0852-8687276	贵州省遵义市沙盐路红花岗区机关9号楼
云南省收藏家协会	0871-5389989	云南省昆明市人民西路124号昆明潘家湾文化市场办公楼二楼
西藏自治区收藏家协会	0891-6887792 0891-6687878	西藏拉萨市巴尔库路10号自治区文物局
陕西省收藏家协会	029-84352528	陕西省西安市东新街2号
西安市收藏协会	029-87431653	陕西省西安市东一路1号西北古玩城4楼22号
甘肃省收藏协会	0931-4607166	甘肃省兰州市城关区陇西路金城大剧院西侧
青海省收藏家协会	0971-7115771	青海省西宁市七一路328号一楼青海省西宁市军区办公楼
青海省艺术品收藏协会	0971-8127911	青海省西宁市共和南路56号4单元2号楼1室
青海民间收藏协会	13893602609	青海省西宁市城中区七一路青海省军区政治部
宁夏收藏协会	0951-4123896	宁夏银川市兴庆区北京东路365号国际花园3号楼2单元504室
宁夏收藏家协会	0951-5025665	宁夏银川市兴庆区民族南街博文大厦8楼兴业律师事务所
新疆收藏家协会	0991-8877177	新疆乌鲁木齐市幸福路9号名家古玩城4楼

港澳台地区

敏求精舍（香港）	协会简介："敏求精舍"是一个成立于1960年的收藏家团体，其成员是一群醉心于中国文物艺术品收藏的香港藏家。他们以《论语·述而篇》"我非生而知之者，好古敏而求之者也"的经典论述，给收藏社团命名为"敏求精舍"，又以"研究艺事，品鉴文物"作为敏求的宗旨。敏求的会友荟萃了一批既是社会栋梁之材，又是收藏佼佼者的知名人士。他们的藏品不但等级高，影响大，在一定程度上可以说享誉世界。为弘扬中华文化，"敏求精舍"经常与不同机构合作举办讲座、研讨会及展览，也组织会友到世界各地参观学习，举办会友藏珍展览，有力推动香港艺术市场的发展，有效地防止和保护了中华文物精品的流失，使中国的民间收藏最早与世界接轨，在香港社会中所发挥的作用不容忽视。
清翫雅集（台湾）	协会简介："清翫雅集"成立于1992年，由一群台湾知名的收藏家共同发起。团体立名引籍明朝嘉靖年间书刊"清翫"为典，以突显其崇尚博雅的古风，而"翫"乃玩的古字，寓意观赏与研习。与该会创建的发想与目的相辅相成。"清翫雅集"成员的收藏涵盖多个领域，非常丰富，每个成员均有其专精的系列收藏，他们的藏品也先后在北京故宫博物院、台北历史博物馆、首都博物馆举办过多次大展。

开设文物艺术相关专业高校
Higher Education in the Arts

省份	开设院校	历史学类			艺术学理论类	美术学类				设计学类		院校等级
		文博类	考古学	文物保护/修复技术		绘画（中国画、油画、版画、水彩等）/美术（非师范）	雕塑	摄影	书法学	工艺美术	公共艺术	
北京	北京大学	√	√	√	√							985①/211②
	北京航空航天大学					√						985/211
	北京师范大学										√	985/211
	清华大学			√		√	√			√		985/211
	中国人民大学		√			√						985/211
	中央民族大学	√				√						985/211
	中国传媒大学							√				211
	中央财经大学									√		211
	中国人民解放军艺术学院					√						军事院校③
	北京城市学院			√					√	√	√	
	北京电影学院					√		√				
	北京服装学院			√		√	√			√	√	
	北京联合大学	√				√						
	北京语言大学					√						
	首都师范大学	√	√			√						
	首都师范大学科德学院								√			
	中国戏曲学院					√						
	中央美术学院			√		√	√	√	√		√	
天津	南开大学	√	√			√						985/211
	南开大学滨海学院						√					
	天津科技大学										√	
	天津理工大学						√					
	天津美术学院					√	√	√	√	√	√	
	天津商业大学					√						
	天津师范大学	√	√						√			

| 省份 | 开设院校 | 历史学类 | | | 艺术学理论类 | 美术学类 | | | | 设计学类 | | 院校等级 |
		文博类	考古学	文物保护/修复技术		绘画（中国画、油画、版画、水彩等）/美术（非师范）	雕塑	摄影	书法学	工艺美术	公共艺术	
天津	天津师范大学津沽学院							√				
	天津体育学院运动与文化艺术学院							√				
河北	保定学院	√				√			√			
	河北传媒学院							√				
	河北大学	√	√						√			
	河北经贸大学					√						
	河北科技大学					√					√	
	河北科技学院										√	
	河北美术学院					√	√	√	√	√	√	
	河北农业大学					√						
	河北师范大学		√			√	√		√			
	河北师范大学汇华学院					√			√			
	华北理工大学					√						
	华北理工大学轻工学院					√						
	廊坊师范学院						√					
	邢台学院					√	√					
	燕山大学					√						
山西	太原理工大学			√	√	√		√		√		211
	晋中学院							√	√			
	山西大同大学			√		√	√					
	山西大学	√	√		√	√	√		√	√	√	
	山西师范大学								√			
	山西师范大学现代文理学院								√			
	太原科技大学					√				√		
	太原理工大学现代科技学院							√				
	太原师范学院	√				√		√	√			
	忻州师范学院					√			√			
内蒙古	内蒙古大学	√				√	√					211
	赤峰学院		√	√	√							
	呼和浩特民族学院							√				
	呼伦贝尔学院					√	√	√	√			

省份	开设院校	历史学类			艺术学理论类	美术学类				设计学类		院校等级
		文博类	考古学	文物保护/修复技术		绘画（中国画、油画、版画、水彩等）/美术（非师范）	雕塑	摄影	书法学	工艺美术	公共艺术	
内蒙古	内蒙古师范大学	√	√		√	√	√				√	
	内蒙古大学创业学院					√						
	内蒙古师范大学鸿德学院					√		√				
	内蒙古艺术学院					√						
辽宁	大连理工大学						√					985/211
	辽宁大学		√					√				211
	鞍山师范学院						√	√	√			
	渤海大学	√				√						
	大连工业大学						√	√				
	大连医科大学						√					
	大连艺术学院					√	√			√		
	辽宁传媒学院						√	√			√	
	辽宁科技学院					√						
	辽宁师范大学	√	√		√	√	√	√	√	√	√	
	鲁迅美术学院				√	√	√	√	√	√		
	沈阳城市学院							√				
	沈阳大学					√	√				√	
	沈阳工学院									√		
	沈阳航空航天大学					√						
	沈阳师范大学					√	√				√	
吉林	吉林大学	√	√			√						985/211
	东北师范大学						√					211
	延边大学					√						211
	北华大学					√	√					
	东北师范大学人文学院					√						
	吉林动画学院					√		√		√		
	吉林建筑大学城建学院						√				√	
	吉林师范大学					√						
	吉林艺术学院				√	√	√	√	√		√	
	通化师范学院					√	√					
	长春大学					√						

省份	开设院校	历史学类			艺术学理论类	美术学类				设计学类		院校等级
		文博类	考古学	文物保护/修复技术		绘画（中国画、油画、版画、水彩等）/美术（非师范）	雕塑	摄影	书法学	工艺美术	公共艺术	
吉林	长春工程学院										√	
	长春建筑学院										√	
	长春师范大学				√				√			
黑龙江	大庆师范学院					√						
	哈尔滨理工大学					√					√	
	哈尔滨师范大学			√		√	√	√	√			
	哈尔滨学院					√			√	√	√	
	黑河学院					√			√			
	黑龙江大学	√	√			√						
	黑龙江工商学院							√				
	佳木斯大学					√						
	牡丹江师范学院					√					√	
	齐齐哈尔大学					√						
上海	复旦大学	√	√	√								985/211
	华东师范大学					√	√					985/211
	上海大学				√	√	√					211
	上海工程技术大学							√				
	上海师范大学					√		√	√			
	上海视觉艺术学院					√		√		√	√	
	上海应用技术大学					√						
江苏	南京大学		√		√							985/211
	江南大学										√	211
	南京师范大学	√				√		√				211
	常州工学院										√	
	淮阴师范学院					√			√			
	江苏大学										√	
	江苏理工学院							√				
	江苏师范大学					√			√			
	南京工程学院									√		
	南京林业大学							√			√	
	南京师范大学泰州学院							√				

省份	开设院校	历史学类			艺术学理论类	美术学类				设计学类		院校等级
		文博类	考古学	文物保护/修复技术		绘画（中国画、油画、版画、水彩等）/美术（非师范）	雕塑	摄影	书法学	工艺美术	公共艺术	
江苏	南京师范大学中北学院							√				
	南京晓庄学院					√						
	南京艺术学院			√	√	√		√	√	√	√	
	三江学院					√		√				
	无锡太湖学院					√						
	扬州大学							√			√	
	中国传媒大学南广学院			√								
浙江	浙江大学	√	√									985/211
	杭州师范大学					√			√	√		
	丽水学院					√		√				
	绍兴文理学院								√			
	浙江财经大学					√						
	浙江传媒学院					√						
	浙江工业大学										√	
	浙江农林大学					√						
	中国美术学院			√	√	√		√	√	√	√	
安徽	安徽大学	√	√			√						211
	安徽财经大学					√						
	安徽工程大学									√		
	安徽三联学院							√				
	安徽师范大学			√		√	√	√	√	√		
	安徽师范大学皖江学院					√		√				
	阜阳师范学院					√						
	淮北师范大学					√			√			
	淮南师范学院							√				
	宿州学院					√			√			
福建	厦门大学		√		√	√	√					985/211
	福州大学				√	√	√			√		211
	闽江学院				√	√	√					
	闽南师范大学										√	
	莆田学院									√		

省份	开设院校	历史学类			艺术学理论类	美术学类				设计学类		院校等级
		文博类	考古学	文物保护/修复技术		绘画（中国画、油画、版画、水彩等）/美术（非师范）	雕塑	摄影	书法学	工艺美术	公共艺术	
福建	泉州师范学院								✓			
江西	南昌大学				✓							211
	江西科技师范大学	✓								✓		
	江西师范大学	✓			✓	✓	✓					
	井冈山大学	✓										
	景德镇陶瓷大学	✓	✓			✓	✓				✓	
	景德镇陶瓷大学科技艺术学院					✓	✓			✓		
	九江学院					✓						
	上饶师范学院					✓			✓			
	宜春学院								✓			
山东	山东大学	✓	✓									985/211
	北京电影学院现代创意媒体学院			✓		✓			✓			
	济南大学								✓			
	济南大学泉城学院								✓			
	聊城大学								✓			
	临沂大学								✓			
	齐鲁工业大学								✓			
	齐鲁理工学院								✓			
	齐鲁师范学院					✓			✓			
	青岛大学					✓	✓					
	青岛科技大学					✓					✓	
	青岛理工大学					✓						
	青岛农业大学					✓						
	曲阜师范大学	✓				✓			✓			
	山东工艺美术学院			✓	✓	✓		✓	✓	✓	✓	
	山东师范大学								✓			
	山东艺术学院				✓	✓		✓	✓	✓	✓	
	泰山学院	✓										
	潍坊学院	✓										
河南	郑州大学		✓			✓		✓	✓			211
	安阳工学院					✓						
	安阳师范学院		✓			✓			✓			

省份	开设院校	历史学类			艺术学理论类	美术学类				设计学类		院校等级
		文博类	考古学	文物保护/修复技术		绘画（中国画、油画、版画、水彩等）/美术（非师范）	雕塑	摄影	书法学	工艺美术	公共艺术	
河南	河南财经政法大学					√						
	河南大学	√	√		√	√			√	√		
	河南科技学院新科学院									√		
	河南师范大学					√						
	华北水利水电大学										√	
	黄河科技学院							√				
	洛阳师范学院			√		√						
	南阳师范学院					√		√	√	√		
	商丘师范学院					√		√	√			
	信阳师范学院					√						
	许昌学院					√			√			
	郑州轻工业学院					√		√		√		
	中原工学院							√				
	周口师范学院					√						
湖北	武汉大学	√	√									985/211
	华中师范大学					√						211
	汉口学院									√		
	湖北工业大学										√	
	湖北美术学院			√		√	√	√	√			
	湖北民族学院					√						
	湖北民族学院科技学院					√						
	湖北商贸学院							√		√		
	湖北师范学院							√				
	湖北文理学院			√		√	√					
	华中师范大学武汉传媒学院							√				
	江汉大学					√					√	
	武昌工学院							√				
	武昌理工学院									√		
	武汉纺织大学							√			√	
	武汉工商学院					√						
	武汉科技大学					√					√	

省份	开设院校	历史学类			艺术学理论类	美术学类				设计学类		院校等级
		文博类	考古学	文物保护/修复技术		绘画（中国画、油画、版画、水彩等）/美术（非师范）	雕塑	摄影	书法学	工艺美术	公共艺术	
湖北	中南民族大学	√				√					√	
湖南	湖南师范大学					√	√					211
	衡阳师范学院					√						
	湖南第一师范学院								√			
	湖南科技大学					√	√					
	湖南人文科技学院								√			
广东	中山大学	√	√									985/211
	北京理工大学珠海学院									√		
	广东培正学院					√				√		
	广州大学					√						
	广州美术学院				√	√	√	√	√	√		
	岭南师范学院								√			
	汕头大学										√	
	肇庆学院								√	√		
	中山大学南方学院										√	
广西	北京航空航天大学北海学院					√						
	广西师范大学					√			√			
	广西师范学院								√			
	广西艺术学院				√	√	√	√	√	√	√	
	桂林电子科技大学								√			
	桂林理工大学									√		
	桂林旅游学院									√		
	南宁学院									√		
	玉林师范学院					√						
海南	海南大学					√						211
	海南师范大学					√						
	三亚学院						√					
重庆	重庆大学					√	√					985/211
	西南大学				√	√	√					211
	四川美术学院				√	√	√	√	√	√	√	
	四川外国语大学重庆南方翻译学院					√						

省份	开设院校	历史学类			艺术学理论类	美术学类				设计学类		院校等级
		文博类	考古学	文物保护/修复技术		绘画（中国画、油画、版画、水彩等）/美术（非师范）	雕塑	摄影	书法学	工艺美术	公共艺术	
重庆	长江师范学院						√					
	重庆第二师范学院					√					√	
	重庆工商大学							√				
	重庆师范大学	√				√		√				
四川	四川大学	√	√		√	√						985/211
	成都文理学院					√				√		
	成都学院					√						
	四川传媒学院						√	√		√	√	
	四川师范大学					√						
	四川文化艺术学院	√				√	√	√				
	四川音乐学院			√		√	√	√			√	
	西华师范大学		√			√						
	西南民族大学	√				√	√	√				
贵州	贵州大学					√	√	√				211
	贵州民族大学					√						
	贵州师范大学					√		√	√			
云南	云南大学					√						211
	楚雄师范学院					√	√		√			
	大理大学					√						
	红河学院					√		√		√		
	昆明理工大学					√						
	曲靖师范学院					√			√			
	玉溪师范学院					√						
	云南民族大学					√						
	云南师范大学	√				√			√			
	云南艺术学院					√	√	√				
	云南艺术学院文华学院					√	√	√				
西藏	西藏大学					√	√					211
	西藏民族大学	√										
陕西	西安交通大学						√		√			985/211
	西安工业大学								√			985

省份	开设院校	历史学类			艺术学理论类	美术学类				设计学类		院校等级
		文博类	考古学	文物保护/修复技术		绘画（中国画、油画、版画、水彩等）/美术（非师范）	雕塑	摄影	书法学	工艺美术	公共艺术	
陕西	陕西师范大学	√	√		√	√						211
	西北大学	√	√	√								211
	陕西学前师范学院					√						
	西安建筑科技大学					√	√	√				
	西安建筑科技大学华清学院					√		√				
	西安交通大学城市学院								√			
	西安理工大学						√	√				
	西安美术学院				√	√	√	√	√	√	√	
	西安培华学院									√		
	西北大学现代学院								√			
	咸阳师范学院					√			√			
甘肃	兰州大学	√										985/211
	甘肃政法学院					√						
	河西学院					√						
	兰州财经大学					√					√	
	兰州城市学院									√		
	兰州交通大学博文学院									√		
	兰州商学院长青学院									√		
	陇东学院					√						
	天水师范学院	√				√				√		
	西北民族大学	√		√		√						
	西北师范大学				√	√	√		√			
宁夏	北方民族大学					√	√				√	
	宁夏师范学院					√						
新疆	新疆师范大学	√										
	新疆艺术学院				√	√	√	√		√		

① 1998年5月，时任国家主席江泽民同志在北京大学百年校庆时提出"为了实现现代化，我国要有若干所具有世界先进水平的一流大学"。1999年，国务院批转教育部《面向21世纪教育振兴行动计划》，"创建若干所具有世界先进水平的一流大学和一批一流学科"，"985工程"正式启动，分期开展。在随后的几年时间里，陆续有39所高校进入重点建设行列。

② "211工程"即面向21世纪、重点建设100所左右的高等学校和一批重点学科的建设工程。1995年，经国务院批准，原国家计委、原国家教委和财政部联合下发《"211工程"总体建设规划》，"211工程"正式启动，最终选定112所建设高校。

③ 军事院校是军队所属的以培养军事人才为主要任务的学历教育院校和非学历教育院校的统称。

535

中国收藏
拍卖年鉴
2017

CHINESE FINE ART &
ANTIQUES AUCTION
YEARBOOK 2017

中国文物艺术品拍卖机构*
Auction Houses in China

*注：中国文物艺术品拍卖机构名单来自国家文物局公布的《文物拍卖企业信息表（2017.1.20更新）》，不包含暂停资质的文物拍卖企业。等级评估名单来自中国拍卖行业协会公布的《2012年拍卖企业等级评估结果公布》中拍协[2013]6号；行业自律公约成员名单来自中拍协公布的《文物艺术品拍卖企业自律公约成员名单》首批56家，及其他陆续加入的文物艺术品拍卖企业；标准化达标企业名单来自中拍协公布的《关于第二届中国文物艺术品拍卖标准化达标企业评定结果的公告》中拍协[2015]14号。

序号	省份	拍卖机构	等级评估	行业自律公约成员	标准化达标企业
1	北京市	北京翰海拍卖有限公司	AAA	√	√
2	北京市	北京华辰拍卖有限公司	AAA	√	√
3	北京市	北京荣宝拍卖有限公司	AAA	√	√
4	北京市	北京瑞平国际拍卖有限公司	AAA	√	√
5	北京市	北京中招国际拍卖有限公司	AAA	√	√
6	北京市	中都国际拍卖有限公司	AAA	√	√
7	北京市	中国嘉德国际拍卖有限公司	AAA	√	√
8	北京市	北京嘉禾国际拍卖有限公司	AAA	√	
9	北京市	中鸿信国际拍卖有限公司	AAA	√	
10	北京市	北京保利国际拍卖有限公司	AA	√	√
11	北京市	北京诚轩拍卖有限公司	AA	√	√
12	北京市	北京匡时国际拍卖有限公司	AA	√	√
13	北京市	北京长风拍卖有限公司	AA	√	√
14	北京市	太平洋国际拍卖有限公司	AA	√	√
15	北京市	北京传是国际拍卖有限责任公司	AA	√	
16	北京市	北京海华宏业拍卖有限责任公司	AA	√	
17	北京市	北京建亚世纪拍卖有限公司	AA	√	
18	北京市	北京永乐国际拍卖有限公司	AA	√	
19	北京市	北京中汉拍卖有限公司	AA	√	
20	北京市	东方国际拍卖有限责任公司	AA	√	
21	北京市	中宝拍卖有限公司	AA	√	
22	北京市	中联国际拍卖中心有限公司	AA	√	
23	北京市	北京中鼎国际拍卖有限公司	AA		
24	北京市	鼎丰国际拍卖有限公司	AA		

25	北京市	中安太平（北京）国际拍卖有限公司	AA		
26	北京市	北京德宝国际拍卖有限公司	A	√	√
27	北京市	北京中拍国际拍卖有限公司	A	√	√
28	北京市	北京泰和嘉成拍卖有限公司	A	√	
29	北京市	北京银座国际拍卖有限公司		√	√
30	北京市	中贸圣佳国际拍卖有限公司		√	√
31	北京市	北京包盈国际拍卖有限责任公司		√	
32	北京市	北京东方大观国际拍卖有限公司		√	
33	北京市	北京东方利德拍卖有限公司		√	
34	北京市	北京东正拍卖有限公司		√	
35	北京市	北京歌德拍卖有限公司		√	
36	北京市	北京海王村拍卖有限责任公司		√	
37	北京市	北京华夏传承国际拍卖有限公司		√	
38	北京市	北京嘉德在线拍卖有限公司		√	
39	北京市	北京九歌国际拍卖股份有限公司		√	
40	北京市	北京琴岛荣德国际拍卖有限公司		√	
41	北京市	北京市古天一国际拍卖有限公司		√	
42	北京市	北京天琅文晖拍卖有限公司		√	
43	北京市	北京文博苑国际拍卖有限公司		√	
44	北京市	北京宣石国际拍卖有限公司		√	
45	北京市	北京亚洲宏大国际拍卖有限公司		√	
46	北京市	北京印千山国际拍卖有限公司		√	
47	北京市	北京盈时国际拍卖有限公司		√	
48	北京市	北京卓德国际拍卖有限公司		√	
49	北京市	汉秦（北京）国际拍卖有限公司		√	
50	北京市	品盛（北京）国际拍卖有限公司		√	
51	北京市	朔方国际拍卖（北京）有限公司		√	
52	北京市	中联环球国际拍卖（北京）有限公司	AA	√	
53	北京市	保信利诚拍卖（北京）有限公司			
54	北京市	北京八方荟萃拍卖有限公司			
55	北京市	北京百衲国际艺术品拍卖有限公司			
56	北京市	北京宝纶国际拍卖有限公司			
57	北京市	北京宝瑞盈国际拍卖有限公司			
58	北京市	北京宝裕国际拍卖有限公司			

59	北京市	北京博宝拍卖有限公司			
60	北京市	北京博美国际拍卖有限公司			
61	北京市	北京传观国际拍卖有限公司			
62	北京市	北京大晋浩天国际拍卖有限公司			
63	北京市	北京鼎兴天和国际拍卖有限公司			
64	北京市	北京东联盛世宝国际拍卖有限公司			
65	北京市	北京东拍国际拍卖有限公司			
66	北京市	北京东西方国际拍卖有限责任公司			
67	北京市	北京梵堂艺术品拍卖有限公司			
68	北京市	北京富比富国际拍卖有限公司			
69	北京市	北京富古台国际拍卖有限公司			
70	北京市	北京古玩城国际拍卖有限公司			
71	北京市	北京古吴轩国际拍卖有限公司			
72	北京市	北京观唐皕榷国际拍卖有限公司			
73	北京市	北京亨申世纪拍卖有限公司			
74	北京市	北京恒盛鼎国际拍卖有限公司			
75	北京市	北京恒元泰国际拍卖有限公司			
76	北京市	北京弘宝国际拍卖有限公司			
77	北京市	北京宏正国际拍卖有限公司			
78	北京市	北京洪阡拍卖有限公司			
79	北京市	北京华夏鸿禧国际拍卖有限公司			
80	北京市	北京华夏天天拍卖有限公司			
81	北京市	北京吉古国际拍卖有限公司			
82	北京市	北京际华春秋拍卖有限公司			
83	北京市	北京佳银国际拍卖有限公司			
84	北京市	北京今典联合国际拍卖有限公司			
85	北京市	北京金槌宝成国际拍卖有限公司			
86	北京市	北京金锤声国际拍卖有限公司			
87	北京市	北京金仕德国际拍卖有限公司			
88	北京市	北京景星麟凤国际拍卖有限公司			
89	北京市	北京巨力国际拍卖有限公司			
90	北京市	北京聚宝金鼎国际拍卖有限公司			
91	北京市	北京骏璟伟业国际拍卖有限公司			
92	北京市	北京匡德国际拍卖有限公司			

93	北京市	北京隆荣国际拍卖有限公司			
94	北京市	北京美三山拍卖有限公司			
95	北京市	北京明珠双龙国际拍卖有限公司			
96	北京市	北京盘古拍卖有限公司			
97	北京市	北京旗标典藏拍卖有限公司			
98	北京市	北京启石国际拍卖有限公司			
99	北京市	北京冉东国际拍卖有限公司			
100	北京市	北京荣盛轩国际拍卖有限公司			
101	北京市	北京儒嘉拍卖有限公司			
102	北京市	北京瑞宝行国际拍卖有限公司			
103	北京市	北京桑杰国际拍卖有限公司			
104	北京市	北京尚古品逸国际拍卖有限公司			
105	北京市	北京晟永国际拍卖有限公司			
106	北京市	北京盛佳国际拍卖有限公司			
107	北京市	北京适珍国际拍卖有限公司			
108	北京市	北京收藏在线拍卖有限公司			
109	北京市	北京双宝通国际拍卖有限公司			
110	北京市	北京天雅恒逸国际拍卖有限公司			
111	北京市	北京维塔维登国际拍卖有限公司			
112	北京市	北京文津阁国际拍卖有限责任公司			
113	北京市	北京伍伦国际拍卖有限公司			
114	北京市	北京西荣阁拍卖有限公司			
115	北京市	北京新华拍卖有限公司			
116	北京市	北京新民勤拍卖有限公司			
117	北京市	北京玄和国际拍卖有限公司			
118	北京市	北京亚洲宸泽拍卖有限公司			
119	北京市	北京一峰翰林国际拍卖有限公司			
120	北京市	北京艺典臻藏国际拍卖有限公司			
121	北京市	北京艺融国际拍卖有限公司			
122	北京市	北京银河国际拍卖有限公司			
123	北京市	北京盈昌国际拍卖有限公司			
124	北京市	北京湛然国际拍卖有限公司			
125	北京市	北京至诚国际拍卖有限公司			
126	北京市	北京中博国际拍卖有限公司			

127	北京市	北京中海艺澜国际拍卖有限公司			
128	北京市	北京中和正道国际拍卖有限公司			
129	北京市	北京中恒信拍卖有限公司			
130	北京市	北京中天信达拍卖有限公司			
131	北京市	北京中豫国际拍卖有限公司			
132	北京市	大威德（北京）国际拍卖有限公司			
133	北京市	大象（北京）国际拍卖有限公司			
134	北京市	东方国蕴拍卖有限公司			
135	北京市	东方求实国际拍卖（北京）有限公司			
136	北京市	东方融讯（北京）国际拍卖有限公司			
137	北京市	东方御藏国际拍卖（北京）有限公司			
138	北京市	宏善拍卖（北京）有限公司			
139	北京市	冀德国际拍卖有限公司			
140	北京市	嘉珑国际拍卖有限公司			
141	北京市	金远见（北京）国际拍卖有限公司			
142	北京市	龙泽德拍卖（北京）有限公司			
143	北京市	舍得拍卖（北京）有限公司			
144	北京市	无与伦比（北京）国际拍卖有限公司			
145	北京市	亚洲上和（北京）拍卖有限公司			
146	北京市	中古陶（北京）拍卖行有限公司			
147	北京市	中恒一品（北京）国际拍卖有限公司			
148	北京市	中惠拍卖有限公司			
149	北京市	重锤国际拍卖（北京）有限责任公司			
150	天津市	天津蓝天国际拍卖行有限责任公司	AAA	√	√
151	天津市	海天国际拍卖（天津）有限公司	AA	√	
152	天津市	天津市同方国际拍卖行有限公司	AA	√	
153	天津市	天津鼎天国际拍卖有限公司	A	√	√
154	天津市	天津国际拍卖有限责任公司	A	√	
155	天津市	瀚琮国际拍卖（天津）有限公司			
156	天津市	天津滨海健业拍卖有限公司			
157	天津市	天津博世嘉拍卖行有限公司			
158	天津市	天津德隆国际拍卖有限公司			
159	天津市	天津瀚雅拍卖有限公司			
160	天津市	天津融德堂艺术品拍卖行有限公司			

161	河北	大马河北拍卖有限公司			
162	河北	河北翰如拍卖有限公司			
163	河北	河北嘉海拍卖有限公司	AAA		
164	河北	巨力国际拍卖有限公司			
165	河北	石家庄盛世东方国际拍卖有限公司			
166	山西	山西百业拍卖有限公司	AAA	√	
167	山西	山西晋宝拍卖有限公司	AA	√	√
168	山西	山西融易达拍卖有限公司	AA		
169	山西	山西兴晋拍卖股份有限公司	AA		
170	山西	山西晋德拍卖有限责任公司		√	
171	山西	山西晋通拍卖有限公司	A	√	
172	辽宁	富佳斋拍卖有限公司	AA		
173	辽宁	辽宁建投拍卖有限公司	AA	√	
174	辽宁	辽宁国际商品拍卖有限公司	A	√	
175	辽宁	辽宁华安拍卖有限公司	A		
176	辽宁	辽宁友利拍卖有限公司			
177	辽宁	辽宁中正拍卖有限公司			
178	吉林省	吉林省虹桥拍卖有限公司			
179	黑龙江	黑龙江嘉瑞拍卖有限公司			
180	上海	上海大众拍卖有限公司	AAA	√	√
181	上海	上海东方国际商品拍卖有限公司	AAA	√	√
182	上海	上海朵云轩拍卖有限公司	AAA	√	√
183	上海	上海国际商品拍卖有限公司	AAA	√	√
184	上海	上海拍卖行有限责任公司	AAA	√	√
185	上海	上海青莲阁拍卖有限责任公司	AAA	√	√
186	上海	上海长城拍卖有限公司	AAA	√	√
187	上海	上海华夏拍卖有限公司	AAA	√	
188	上海	上海黄浦拍卖行有限公司	AAA	√	
189	上海	上海老城隍庙拍卖行有限公司	AAA	√	
190	上海	上海泓盛拍卖有限公司	AA	√	√
191	上海	上海驰翰拍卖有限公司	AA	√	
192	上海	上海宝江拍卖有限公司	AA		
193	上海	上海产权拍卖有限公司	AA		
194	上海	上海技术产权拍卖有限公司	AA		

195	上海	上海捷利拍卖有限公司	AA		
196	上海	上海金槌商品拍卖有限公司	AA		
197	上海	上海金沪拍卖有限公司	AA		
198	上海	上海奇贝拍卖有限公司	AA		
199	上海	上海大公拍卖有限公司	A		
200	上海	上海嘉泰拍卖有限公司	A		
201	上海	荣宝斋（上海）拍卖有限公司		√	√
202	上海	上海博古斋拍卖有限公司		√	√
203	上海	上海宝龙拍卖有限公司		√	
204	上海	上海道明拍卖有限公司		√	
205	上海	上海泛华拍卖有限公司		√	
206	上海	上海工美拍卖有限公司		√	
207	上海	上海恒利拍卖有限公司		√	
208	上海	上海敬华艺术品拍卖有限公司		√	
209	上海	上海聚德拍卖有限公司		√	
210	上海	上海联合拍卖有限公司		√	
211	上海	上海明轩国际艺术品拍卖有限公司		√	
212	上海	上海铭广拍卖有限公司		√	
213	上海	上海中福拍卖有限公司		√	
214	上海	上海博海拍卖有限公司			
215	上海	上海传世拍卖有限公司			
216	上海	上海涵古轩拍卖有限公司		√	
217	上海	上海汉霖拍卖有限公司			
218	上海	上海和韵拍卖有限公司			
219	上海	上海宏大拍卖有限公司			
220	上海	上海鸿生拍卖有限公司			
221	上海	上海华宇拍卖有限公司			
222	上海	上海汇元拍卖有限公司			
223	上海	上海嘉多拍卖有限公司			
224	上海	上海嘉禾拍卖有限公司		√	
225	上海	上海金艺拍卖有限公司			
226	上海	上海康华拍卖有限公司			
227	上海	上海孟真拍卖有限公司			
228	上海	上海天赐玉成拍卖有限公司			

中国收藏
拍卖年鉴
2017

CHINESE FINE ART &
ANTIQUES AUCTION
YEARBOOK 2017

229	上海	上海天衡拍卖有限公司			
230	上海	上海熙雅拍卖有限公司			
231	上海	上海新华拍卖有限公司			
232	上海	上海雅藏拍卖有限公司			
233	上海	上海阳明拍卖有限公司			
234	上海	上海中南拍卖有限公司			
235	上海	上海中亿拍卖有限公司			
236	江苏	江苏省拍卖总行有限公司	AAA	√	
237	江苏	江苏省实成拍卖有限公司	AAA	√	
238	江苏	南京经典拍卖有限公司	AA	√	√
239	江苏	苏州市吴门拍卖有限公司	AA	√	√
240	江苏	南京嘉信拍卖有限公司	AA	√	√
241	江苏	苏州东方艺术品拍卖有限公司	AA	√	√
242	江苏	江苏景宏国际拍卖有限公司	AA	√	
243	江苏	江苏苏天拍卖有限公司	AA		
244	江苏	江苏五爱拍卖有限公司	AA		
245	江苏	江苏爱涛拍卖有限公司	A	√	√
246	江苏	江苏淮海国际拍卖有限公司	A	√	
247	江苏	江苏天诚拍卖有限公司	A		
248	江苏	南京十竹斋拍卖有限公司		√	
249	江苏	南京正大拍卖有限公司		√	
250	江苏	江苏沧海拍卖有限公司		√	
251	江苏	江苏凤凰国际拍卖有限公司			
252	江苏	江苏观宇艺术品拍卖有限公司			
253	江苏	江苏嘉恒国际拍卖有限公司			
254	江苏	江苏九德拍卖有限公司			
255	江苏	江苏聚德拍卖有限公司		√	
256	江苏	江苏旷世国际拍卖有限公司			
257	江苏	江苏磊峰拍卖有限公司			
258	江苏	江苏两汉拍卖有限公司			
259	江苏	江苏龙城拍卖有限公司			
260	江苏	江苏五彩石拍卖有限公司			
261	江苏	江苏真德拍卖有限公司			
262	江苏	江苏中山拍卖有限公司			

263	江苏	南京海德国际拍卖有限公司			
264	江苏	荣宝斋（南京）拍卖有限公司			
265	江苏	无锡阳羡拍卖有限公司			
266	浙江	浙江国际商品拍卖中心有限责任公司	AAA	√	√
267	浙江	浙江三江拍卖有限公司	AAA	√	√
268	浙江	温州汇丰拍卖行有限公司	AAA	√	
269	浙江	浙江嘉泰拍卖有限公司	AAA		
270	浙江	浙江皓翰国际拍卖有限公司	AA		
271	浙江	浙江汇通拍卖有限公司	AA		
272	浙江	浙江省省直拍卖行	AA		
273	浙江	浙江一通拍卖有限公司	AA	√	
274	浙江	浙江浙商拍卖有限公司	AA		
275	浙江	浙江佳宝拍卖有限公司	A	√	√
276	浙江	浙江大地拍卖有限公司	A		
277	浙江	浙江鸿嘉拍卖有限公司	A		
278	浙江	浙江经典拍卖有限公司	A		
279	浙江	浙江世贸拍卖中心有限公司	A	√	
280	浙江	浙江中财拍卖行有限公司	A		
281	浙江	浙江中钜拍卖有限公司	A		
282	浙江	西泠印社拍卖有限公司		√	√
283	浙江	宁波富邦拍卖有限公司		√	
284	浙江	浙江美术传媒拍卖有限公司		√	
285	浙江	浙江长乐拍卖有限公司		√	
286	浙江	杭州开源拍卖有限公司			
287	浙江	杭州天工艺苑拍卖有限公司			
288	浙江	杭州旺田国际拍卖有限公司			
289	浙江	绍兴翰越堂拍卖有限公司			
290	浙江	浙江横店拍卖有限公司			
291	浙江	浙江嘉瀚拍卖有限公司		√	
292	浙江	浙江嘉浩拍卖有限公司			
293	浙江	浙江骏成拍卖有限公司			
294	浙江	浙江丽泽拍卖有限公司			
295	浙江	浙江六通拍卖有限公司			
296	浙江	浙江隆安拍卖有限公司			

297	浙江	浙江南北拍卖有限公司			
298	浙江	浙江其利拍卖有限公司			
299	浙江	浙江盛世拍卖有限公司			
300	浙江	浙江中赢拍卖有限公司			
301	安徽	安徽盘龙企业拍卖集团有限公司	AA	√	√
302	安徽	安徽古今天元拍卖有限公司			
303	安徽	安徽省盛唐拍卖有限公司			
304	安徽	安徽星汉拍卖有限公司			
305	安徽	安徽艺海拍卖有限责任公司			
306	福建	福建省贸易信托拍卖行有限公司	AAA	√	√
307	福建	福建省顶信拍卖有限公司	AAA	√	
308	福建	福建省华夏拍卖有限公司	AAA		
309	福建	厦门特拍拍卖有限公司	AAA		
310	福建	福建省拍卖行	AA	√	
311	福建	福建运通拍卖行有限公司	AA		
312	福建	福建静轩拍卖有限公司		√	
313	福建	保利（厦门）国际拍卖有限公司			
314	福建	福建东南拍卖有限公司			
315	福建	福建省伯雅拍卖有限公司			
316	福建	福建省大明拍卖有限公司			
317	福建	福建省定佳拍卖有限公司			
318	福建	福建省居正拍卖行有限公司			
319	福建	厦门谷云轩拍卖有限公司			
320	福建	厦门华辰拍卖有限公司			
321	福建	厦门市方分拍卖有限公司			
322	山东	佳联国际拍卖有限公司	AA		
323	山东	山东同亨拍卖有限公司	AA		
324	山东	山东新世纪拍卖行有限公司	A		
325	山东	迦南国际拍卖有限公司			
326	山东	青岛中艺拍卖有限公司			
327	山东	荣宝斋（济南）拍卖有限公司			
328	山东	山东天下收藏拍卖有限公司			
329	河南	河南拍卖行有限公司	AAA	√	
330	河南	郑州拍卖总行	AAA	√	

331	河南	河南省方迪拍卖有限公司	AA		
332	河南	河南省清风拍卖行有限公司	AA		
333	河南	河南省豫呈祥拍卖有限责任公司	AA	√	
334	河南	河南金帝拍卖有限公司	A	√	√
335	河南	河南省日信拍卖有限公司	A	√	
336	河南	河南省新恒丰拍卖行有限公司	A	√	
337	河南	河南福德拍卖有限公司			
338	河南	河南和同拍卖有限公司			
339	河南	河南鸿远拍卖有限公司			
340	河南	河南厚铭拍卖有限公司			
341	河南	河南华宝拍卖有限公司			
342	河南	河南省匡庐拍卖有限公司			
343	河南	河南中嘉拍卖有限公司			
344	河南	嘉信诚（郑州）拍卖有限公司			
345	河南	洛阳市佳德拍卖有限公司			
346	湖北	湖北诚信拍卖有限公司	AAA	√	√
347	湖北	湖北德润古今拍卖有限公司	AAA		
348	湖北	湖北嘉宝一品拍卖有限公司			
349	湖北	湖北圣典拍卖有限公司			
350	湖北	武汉市大唐拍卖有限责任公司			
351	湖北	武汉中信拍卖有限公司			
352	湖南	湖南省国际商品拍卖有限公司	A	√	
353	湖南	湖南雅丰拍卖有限公司			
354	广东	广东省拍卖行有限公司	AAA	√	√
355	广东	广州华艺国际拍卖有限公司	AAA	√	√
356	广东	深圳市拍卖行有限公司	AAA	√	√
357	广东	安华白云拍卖行有限公司	AAA	√	
358	广东	广东华友拍卖行有限公司	AAA		
359	广东	广东衡益拍卖有限公司	AA	√	√
360	广东	广州市皇玛拍卖有限公司	AA	√	√
361	广东	广东保利拍卖有限公司	AA		
362	广东	广东光德拍卖有限公司	AA		
363	广东	广东浩宏拍卖有限公司	AA	√	
364	广东	广东旭通达拍卖有限公司	AA	√	

365	广东	广东省古今拍卖有限公司	A	√	√
366	广东	广东崇正拍卖有限公司		√	√
367	广东	广东凤凰拍卖有限公司		√	
368	广东	广州市银通拍卖行有限公司		√	√
369	广东	广东精诚所至艺术品拍卖有限公司			
370	广东	广东侨鑫拍卖有限公司			
371	广东	广东小雅斋拍卖有限公司			
372	广东	深圳市华夏典藏拍卖有限公司			
373	广西	广西正槌拍卖有限责任公司	AAA		
374	广西	广西华盛拍卖有限公司	AA		
375	广西	广西泓历拍卖有限公司			
376	广西	广西邕华拍卖有限责任公司			
377	广西	荣宝斋（桂林）拍卖有限公司			
378	海南	海南恒鑫拍卖有限公司	A		
379	海南	海南安达信拍卖有限公司			
380	四川	四川嘉诚拍卖有限公司	AAA	√	√
381	四川	四川盈信天地拍卖有限公司	AAA		
382	四川	成都市金沙拍卖有限公司	AA		
383	四川	四川达州市万星拍卖有限公司	AA		
384	四川	四川东方拍卖有限责任公司	A		
385	四川	四川中天拍卖有限责任公司	A		
386	四川	四川翰雅拍卖有限公司		√	
387	四川	成都八益拍卖有限公司		√	
388	四川	成都诗婢家拍卖有限责任公司			
389	四川	四川德轩拍卖有限责任公司			
390	四川	四川嘉宝拍卖有限公司			
391	四川	四川联拍拍卖有限公司	AA		
392	四川	四川省梦虎拍卖有限责任公司		√	
393	四川	四川世玺拍卖有限公司			
394	四川	四川重华拍卖有限公司			
395	云南	云南典藏拍卖集团有限公司	A	√	
396	云南	昆明雅士得拍卖有限公司			
397	重庆	重庆恒升拍卖有限公司	AAA	√	√
398	重庆	重庆市拍卖中心有限公司	AAA		

399	重庆	重庆华夏文物拍卖有限公司	A	√	√
400	陕西	陕西天龙国际拍卖有限公司	AAA	√	√
401	陕西	陕西宝隆拍卖有限责任公司	AA		
402	陕西	陕西诚挚拍卖有限责任公司	A		
403	陕西	陕西大德拍卖有限责任公司	A		
404	陕西	陕西金花拍卖有限责任公司	A		
405	陕西	陕西华夏国际拍卖有限公司			
406	陕西	陕西秦商拍卖有限责任公司			
407	陕西	陕西瑞晨拍卖有限公司			
408	陕西	陕西盛世长安拍卖有限公司			
409	陕西	陕西天一国际拍卖有限公司			
410	陕西	西安力邦拍卖有限公司			
411	甘肃	未来四方集团拍卖有限公司	AAA	√	√
412	宁夏	宁夏力鼎拍卖有限公司			
413	香港	邦瀚斯国际（香港）拍卖有限公司			
414	香港	宝港国际拍卖有限公司			
415	香港	保利香港拍卖有限公司			
416	香港	淳浩拍卖有限公司			
417	香港	东京中央拍卖（香港）有限公司			
418	香港	富艺斯拍卖有限公司			
419	香港	佳士得香港有限公司			
420	香港	利得丰香港有限公司			
421	香港	拍得高拍卖（国际）有限公司			
422	香港	普艺拍卖有限公司			
423	香港	仕宏拍卖有限公司			
424	香港	苏富比（香港）国际拍卖有限公司			
425	香港	天成国际拍卖有限公司			
426	香港	万昌斯拍卖行有限公司			
427	香港	香港佳富拍卖行有限公司			
428	香港	北京匡时国际拍卖（香港）有限公司			
429	香港	中国嘉德（香港）国际拍卖有限公司			
430	香港	香港怡和国际拍卖有限公司			
431	香港	香港中怡国际拍卖有限公司			
432	澳门	澳门新亚太国际拍卖有限公司			

433	台湾	帝图科技文化股份有限公司			
434	台湾	金仕发拍卖有限公司			
435	台湾	景薰楼国际拍卖股份有限公司			
436	台湾	罗芙奥股份有限公司			
437	台湾	门德扬拍卖股份有限公司			
438	台湾	沐春堂拍賣股份有限公司			
439	台湾	台北富博斯国际艺术有限公司			
440	台湾	台北宇珍国际艺术有限公司			
441	台湾	台湾富德国际拍卖股份有限公司			
442	台湾	台湾壶禄堂拍卖公司			
443	台湾	台湾世家国际拍卖			
444	台湾	新光国际艺术有限公司			
445	台湾	艺流国际拍卖股份有限公司			
446	台湾	易拍好股份有限公司			
447	台湾	中诚国际艺术股份有限公司			
448	台湾	新象艺术文创			

海外地区主要文物艺术品拍卖机构
Overseas Auction Houses

序号	国家	拍卖机构
1	爱尔兰	Sheppard's Irish Auction House
2	爱沙尼亚	Baltic Auction Group
3	奥地利	Galerie Zacke Vienna
4	奥地利	Westlicht Photographica Auction
5	比利时	51 Gallery
6	比利时	Carlo Bonte Auctions
7	比利时	DVC
8	比利时	Galerie Moderne
9	比利时	Rob Michiels Auctions
10	比利时	Veilinghuis Loeckx
11	波兰	Desa Unicum
12	丹麦	Auktionshuset A/S
13	德国	Auction Team Breker
14	德国	Auktionshaus Eppli
15	德国	Auktionshaus Dr. Fischer
16	德国	Auktionshaus Geble
17	德国	Auktionshaus Rheine
18	德国	Badisches Auktionshaus
19	德国	Ginhart
20	德国	Günther
21	德国	Hampel Fine Art Auctions
22	德国	Hargesheimer Kunstauktionen Düsseldorf
23	德国	Henry's Auktionshaus AG
24	德国	Historia Auktionshaus
25	德国	Jeschke Van Vliet
26	德国	Karl & Faber
27	德国	Karl-Heinz Cortrie GmbH
28	德国	Kastern
29	德国	Kaupp
30	德国	Kiefer Buch-und Kunstauktio
31	德国	Kunst & Kuriosa

32	德国	Kunstauktionshaus Schlosser
33	德国	Lempertz
34	德国	Nagel
35	德国	Neumeister
36	德国	Ruef
37	德国	Schmidt Kunstauktionen Dresden OHG
38	德国	Sigalas
39	德国	Stahl
40	德国	Van Ham
41	俄罗斯	Anticvarium
42	法国	Art Richelieu
43	法国	Artcurial
44	法国	Artprecium
45	法国	Beaussant Lefèvre
46	法国	Boisgirard-Antonini
47	法国	Christie's Paris
48	法国	Cornette De Saint-Cyr
49	法国	Expertisez.com
50	法国	Fauve Paris
51	法国	FL Auction
52	法国	Giafferi
53	法国	Lebrech & Associes
54	法国	Leclere - Maison De Ventes
55	法国	Origine Auction
56	法国	Osenat
57	法国	Pescheteau Badin
58	法国	Sotheby's Paris
59	法国	Thierry De Maigret
60	法国	Tajan
61	法国	Var Encheres
62	荷兰	AAG Arts & Antiques Group
63	荷兰	Middelburgs Veilinghuis
64	荷兰	Oriantal Art Auctions
65	荷兰	Venduhuis de Jager

66	荷兰	Venduehuis der Notarissen
67	荷兰	Zeeuws Veilinghuis-Auctionhouse Zeeland
68	捷克共和国	Antikvity
69	捷克共和国	Arcimboldo
70	捷克共和国	Auction House Zezula
71	罗马尼亚	Goldart
72	摩纳哥	Accademia Fine Art
73	葡萄牙	Marques dos Santos
74	葡萄牙	P55 Art & Auctions
75	葡萄牙	Veritas Art Auctioneers
76	瑞典	Z-Point Auktioner
77	瑞士	Dogny Auction
78	瑞士	Fischer
79	瑞士	Galartis SA
80	瑞士	Genève Enchères
81	瑞士	Piguet Hôtel des Ventes
82	瑞士	Koller Auctions
83	瑞士	Raphaël's Auctions Sàrl
84	瑞士	Schuler Auktionen AG
85	西班牙	La Suite Subastas
86	西班牙	Marbella Online Art Auction
87	西班牙	Sala Moyua de Brancas
88	匈牙利	Biksady Gallery
89	意大利	Ansuini Aste
90	意大利	Aste Boetto
91	意大利	Cambi Casa d'Aste
92	意大利	Capitolium Art
93	意大利	Casa d'Aste Martini
94	意大利	Colasanti Casa d'Aste
95	意大利	IL Ponte Casa d'Aste
96	意大利	Lucas Aste
97	意大利	Pandolfini Casa d'Aste
98	意大利	Sotheby's Milan
99	意大利	Wannenes

100	英国	Baldwin's
101	英国	Bolton Auction Rooms
102	英国	Bonhams Edinburgh
103	英国	Bonhams London
104	英国	British Bespoke Auctions
105	英国	Bromley Fine Art
106	英国	Canterbury Auction Galleries
107	英国	Cheffins
108	英国	Chiswick Auctions
109	英国	Christie's London
110	英国	Dreweatts & Bloomsbury
111	英国	Eastbourne Auction Rooms
112	英国	Ewbank's
113	英国	Fellows
114	英国	Gardiner Houlgate
115	英国	Gorringes
116	英国	Halls Fine Art Auctioneers
117	英国	Henry Aldridge & Son
118	英国	International Autograph Auctions
119	英国	Lawrences
120	英国	London Auction
121	英国	Lyon & Turnbull
122	英国	MacDougall's
123	英国	Mallams Ltd.
124	英国	McTear's
125	英国	Nicholas Mellors Auctioneers
126	英国	Peter Wilson
127	英国	Roseberys London
128	英国	Sotheby's London
129	英国	Sworders
130	英国	Toovey's
131	加拿大	Dupuis Fine Jewellery Auctioneers Inc.
132	加拿大	Eins Auction & Appraisal
133	加拿大	Gosby Auction

134	美国	Ander's Auction
135	美国	Antique Reader
136	美国	Apex Art & Antiques Auctioneer Inc
137	美国	Artingstall & Hind
138	美国	Bonhams New York
139	美国	Bonhams San Francisco
140	美国	California Asian Art Auction Gallery USA
141	美国	Christie's New York
142	美国	Converse Auctions
143	美国	Doyle New York
144	美国	Eddie's Auction
145	美国	Empire Auction House
146	美国	Leslie Hindman Auctioneers
147	美国	Maven Auction
148	美国	Phillips
149	美国	Pook & Pook, INC.
150	美国	Royal Fine Antiques Asia
151	美国	Skinner
152	美国	Sotheby's New York
153	美国	William's Auction,LLC
154	澳大利亚	Bonhams Sydney
155	澳大利亚	David Barsby
156	澳大利亚	Graham's Auction
157	澳大利亚	Lugosi Auctioneers & Valuers
158	澳大利亚	Mossgreen PTY LTD
159	澳大利亚	WA Art Auctions
160	南非	Provenance Auction House
161	亚美尼亚	Arman Antiques LLC
162	以色列	Pasarel
163	以色列	Tiroche Auction House
164	韩国	K Auction
165	日本	iART 拍卖公司
166	日本	JADE株式会社（日本美协）
167	日本	禅机（东京）国际拍卖株式会社

168	日本	东京国际拍卖有限公司
169	日本	东京新日本拍卖股份有限公司
170	日本	东京古典籍古美术研究研究所株式会社
171	日本	关西美术竞卖株式会社
172	日本	横滨国际拍卖公司
173	日本	株式会社东京中央拍卖
174	日本	日本每日拍卖行
175	日本	日本伊斯特拍卖有限公司
176	新加坡	33拍卖公司
177	新加坡	新加坡国际拍卖有限公司
178	新加坡	新加坡臻冠国际拍卖公司

全球重要文物艺术品交易行业协会
Important Art Market Associations

中国大陆地区

协会名称	地址	电话	网址
中国拍卖行业协会	北京市西城区月坛北街25号院8层	010-68391137/38/39/40	www.caa123.org.cn
北京拍卖行业协会	北京市西城区北礼士路甲98号阜成大厦B座305室	010-68334469	www.bjpmhyxh.com
北京画廊协会	北京市朝阳区望京阜通东大街6号方恒国际中心A座1808室	010-84783776	www.aga.org.cn
河北省拍卖行业协会	河北省石家庄市建设南大街21号	0311-86045287	www.hebaa.cn
山西省拍卖行业协会	山西省太原市迎泽大街229号省财贸大楼3楼352室	0351-4185257	www.sxspx.cn
内蒙古拍卖行业协会	内蒙古呼和浩特市新华东街长安金座F座2020室	0471-6935861	www.nmpx.cn
辽宁省拍卖行业协会	辽宁省沈阳市皇姑区白龙江街60号5楼	024-86894299	www.lnspx.org.cn
吉林省拍卖行业协会	吉林省长春市安达街982号	0431-88549466	www.jlpm.info
黑龙江拍卖行业协会	黑龙江省哈尔滨市道里区经纬五道街16号	0451-84283460	www.hljpm.com
上海市拍卖行业协会	上海市黄浦区乔家路2号（近中华路）	021-64226596	www.staa.com.cn
江苏省拍卖行业协会	江苏省南京市中山北路101号后楼301室	025-83301180	www.js-auction.com
浙江省拍卖行业协会	浙江省杭州市武林路100号鸿鼎商务楼510室	0571-87913705	www.zjpmw.com
安徽省拍卖协会	安徽省合肥市政务区祁门路1688号兴泰金融广场18楼	0551-63542827	www.aaa123.org.cn
福建省拍卖行业协会	福建省福州市五四路210号国际大厦9层A区	0591-87872331	www.fjaac.com
江西省拍卖行业协会	江西省南昌市洪城路8号长青国贸大厦21楼2102室	0791-86286850	www.jxpmxh.com
山东省拍卖行业协会	山东省济南市历下区佛山苑小区一区9号楼	0531-86041244	www.sdaa123.org.cn
河南省拍卖行业协会	河南省郑州市任砦北街2号1号楼218房间	0371-63937879	www.pai.org.cn
湖北省拍卖行业协会	湖北省武汉市硚口区建设大道439号湖北商业广场521.526室	027-8361662	www.hbpm123.cn
湖南省拍卖行业协会	湖南省长沙市五一大道351号省政府机关二院机关印刷厂205	0731 - 82212852	www.hnpx.org.cn
广东省拍卖行业协会	广东省广州市越秀区水荫路2号恒鑫大厦西座903室	020-87396612	www.gdaa.cn
广西拍卖行业协会	广西南宁市桃源路59号	0771-5323043	www.gxpm123.com
四川省拍卖行业协会	四川省成都市文武路38号新时代广场12楼D1	028-86617321	www.saa123.com

云南省拍卖行业协会	云南省昆明市广福路与前卫西路交叉口奥宸财富广场C2座1109室	0871-63625025	www.ynpm.cn
重庆市拍卖行业协会	重庆市渝中区上清寺太平洋广场B座1502室	023-63616169	www.cqspx.com
陕西省拍卖行业协会	陕西省西安市碑林区长安北路91号富城大厦1306	029-87294521	www.sxpmxh.com
甘肃省拍卖行业协会	甘肃省兰州市城关区南关什字世纪广场C座2506室		www.gsaa.org.cn
贵州省拍卖行业协会	贵州省贵阳市中华北路188号外贸大楼三楼	0851-6571340	www.gzspm.com
宁夏拍卖行业协会	宁夏银川市金凤区上海西路101号-粮食大厦317室	0951-5024310	www.nxpm.com.cn
新疆拍卖行业协会	新疆乌鲁木齐市新华南路17号商业厅院内	0991-2326133	www.xjpm.com

港澳台地区

协会名称	地址	电话	网址
香港拍卖行业协会			www.chinahkaa.hk
香港画廊协会	香港上环荷李活道248号地下	+852 3480 5051	www.hk-aga.org
台湾画廊协会	台湾省台北市松山区光复南路1号2楼之1室	+8862 2742 3968	www.aga.org.tw

海外地区

协会名称	协会简介	地址	网址
CINOA - International Confederation of Art and Antique Dealers' Associations	CINOA (艺术品和古董经销商协会国际联合会)，1935年成立于比利时首都布鲁塞尔，是全球性的艺术品和古董经销商联合会，参会成员包括来自22个国家，32个协会的5000多家文物艺术品经销商，其交易内容广泛，从古代文物到当代艺术应有尽有。CINOA要求会员以丰富的学术知识为基础，秉持"高品质、专业化、全方位"的行业准则，致力于在全球范围内形成高等级的行业道德标准，传播艺术市场咨询，以及促进世界艺术品的自由流通。		www.cinoa.org
ILAB - International League of Antiquarian Booksellers	ILAB (国际古书商联合会)是珍贵书籍交易商的全球性网络，从印刷术发明到如今的21世纪，ILAB在所有领域、所有专业都能提供优质的书籍、精准的描述和专业的价格。ILAB的会员们共享全球范围内的品质、知识、建议和经验。		www.ilab.org
ADAA - Art Dealers Association of America	ADAA (美国艺术经销商协会)是艺术品领域非营利性的画廊会员组织，成立于1962年。协会致力于在行业内推广最高标准的鉴赏能力、学术水平和行业规范。协会成员主要涉足绘画、雕塑、版画、素描和照片，时间跨度覆盖文艺复兴时期直至今天。每个协会成员都是自身领域的行业翘楚，如今，ADAA已经在美国25座城市拥有175家画廊会员。	205 Lexington Avenue, Suite #901, New York, NY 10016	www.artdealers.org

NAADAA - National Antique & Art Dealers Association of America, Inc.	NAADAA (美国国家古董及艺术品经销商协会) 是美国主要艺术品交易商组成的非营利性组织。其成员承诺维护通过正当道德的途径购买、出售或收集古董艺术品的行为。多年的研究和实践经验使NAADAA的成员积累了丰富的专业素养，并在各自领域里树立了威望。	220 East 57th Street, New York NY, 10022	www.naadaa.org
NAA - National Auctioneers Association	NAA(美国拍卖行业协会)成立于1949年，是全球最大的拍卖行业专业人士的协会，协会成员服务于广泛的拍卖业务。协会致力于为其成员提供教育规划和各类资源，同时，协会成员遵守严格的职业道德规范，并与网络拍卖的专业人士进行广泛合作。	8880 Ballentine St. Overland Park, KS 66214, United States	www.auctioneers.org
FEAGA - Federation of European Art Galleries Association	FEAGA (欧洲画廊协会联盟) 代表着活跃在欧盟及瑞士的现当代艺术画廊的利益，在各国之间协助游说，例如降低增值税税率和艺术家转售权利等问题。	President: Adriaan Raemdonck, Galerie De Zwarte Panter, Hoogstraat 70-72, B-2000 Antwerpen, Belgium	www. europeangalleries.org
BAMF - British Art Market Federation	BAMF (英国艺术市场联合会) 成立于1996年，在与政府沟通时，代表了英国庞大而多元化的文物及艺术品市场的利益。BAMF的成员共同组成了英国文物及艺术品市场的中坚力量，如：英国古董经销商协会 (British Antique Dealers' Association)、邦瀚斯、佳士得、苏富比、伦敦艺术经销商协会(SLAD)、艺术品拍卖师和估价协会(SOFAA)等。	52 Ailesbury Park, Newbridge, Co Kildare	clikcreative.com/ project/british-art-market-federation/
SLAD - Society of London Art Dealers	SLAD(伦敦艺术经销商协会) 成立于1932年，是英国主要艺术品交易商共同发起的协会。134家会员的经营范围涵盖了古典绘画艺术、雕塑、当代艺术等，协会章程要求会员秉承诚信、专业的准则，以专业素养和可信度获得买家的信赖。	CK International House, 1 - 6 Yarmouth Place, Mayfair, London, W1J 7BU	www.slad.org.uk
LAPADA - Association of Art & Antique Dealers	从1974年成立以来，LAPADA (艺术品和古董交易商协会) 已拥有超过600名会员，成为英国最大的专业艺术品和古董交易商协会。虽然协会的大部分会员来自英国，但是近几年陆续有来自16个国家的50名会员申请加入。LAPADA对会员资格要求严格：丰富的行业经验、高质量的艺术品收藏、专业的文物艺术品研究水平等。如今，LAPADA的会员收藏涵盖了从古代文物到当代艺术的各个品类。	535 Kings Road, Chelsea London, SW10 OSZ	lapada.org
SOFAA - Society of Fine Art Auctioneers And Valuers	SOFAA(艺术品拍卖师和估价师协会)成立于1973年，为全英国范围的专业机构提供服务。协会成员致力于提供全面而专业的古董、艺术品、珠宝和不动产拍卖及估价服务。	2 Kingfisher Court,Bridge Road,East Molesey,Surrey KT8 9HL	www.sofaa.org
CSDET - Chambre Syndicale de L' Estamps, du Dessin et du Tableau	CSDET (法国版画、绘画及人物画工会）成立于1919年，会员包括从事艺术品销售、当代艺术家推广、原创版画销售和海报收集的画廊等艺术机构。工会致力于保护和推广其会员，在法国政府部门间协调以争取行业利益。	10 rue de Buci, F-75006, Paris	www. salondelestampeparis.fr

《中国收藏拍卖年鉴》经过数年积累与沉淀，一直致力于全面、客观、公正地反映全球中国文物艺术品收藏和拍卖市场发展状况。《中国收藏拍卖年鉴2017》汲取往年成果，在此基础上进行改版创新，在编写思路及内容方面更加注重国际化，以全球范围内的中国文物艺术品为研究对象，立足中国、放眼海外，力求更全面、准确地反映中国收藏拍卖行业的发展与特点。

本卷秉承一贯的权威、学术定位，邀请行业管理部门领导、文博领域鉴定专家、知名学者、艺术家、行业协会负责人等担任专家顾问委员会与编辑委员会成员，同时邀请文博机构、鉴定机构担任指导单位。

本卷新增"文物艺术品市场综述""年度收藏与拍卖行业政策法规点评""年度重要文献选编"三个部分，从多个角度透视行业发展，解读行业现状。在"中国文物艺术品全球拍卖市场分析报告"部分突出大数据的应用，基于海量的公开拍卖数据编制艺术品指数，并推出全球艺术品市场分析报告，为收藏拍卖行业提供更为科学准确的市场信息与行业发展趋势。

此外，本卷延续年鉴的工具性及实用性，对中国收藏拍卖行业各相关方面的信息进行梳理、整合以及分析，为读者全面、系统地了解行业现状及发展提供可靠的依据，对研究学习有重要的参考价值。

《中国收藏拍卖年鉴2017》的编撰准备工作从2016年下半年启动。在文物部门领导的关怀下，在组稿单位的支持下，经过编写人员的努力，《中国收藏拍卖年鉴2017》得以付梓发行。值此之际，衷心感谢为本卷编撰、出版付出辛勤劳动的全体人员，衷心感谢所有关心、支持《年鉴》编写工作的领导、专家、机构、协会、企业等。

由于本卷进行了较大幅度改版，加之编辑周期有限，虽经数番校订，仍难免存在疏漏与不足之处，尚祈读者与专家教正，我们会及时勘误。

《中国收藏拍卖年鉴》编辑委员会

2017年6月